Pottinger
Professionalisierung im Sport

Peter Pöttinger

Wirtschaftliche und soziale Grundlagen der Professionalisierung im Sport

Limpert

Dr. phil. habil. Peter Pöttinger
Sportzentrum der TU München
Connollystr. 32
8000 München 40

CIP-Titelaufnahme der Deutschen Bibliothek

Pöttinger, Peter:
Wirtschaftliche und soziale Grundlagen der
Professionalisierung im Sport / Peter Pöttinger. — 1. Aufl. —
Wiesbaden: Limpert, 1989
Zugl.: Salzburg, Univ., Habil.-Schr., 1988
ISBN 3-7853-1505-8

1. Auflage 1989

Gesamtherstellung: WS-Druckerei, Bodenheim
Printed in Germany/Imprimé en Allemagne
ISBN 3-7853-1505-8

Inhalt

Vorwort

Die vorliegende Arbeit soll einen Beitrag zur Sportökonomie leisten.
Die Bearbeitung der wirtschaftlichen und sozialen Hintergründe der Professionalisierung im Sport entstammt damit einer weiteren, sich allmählich etablierenden Disziplin der Sportwissenschaft.
Die Beschäftigung mit der vorliegenden, interdisziplinär relevanten Thematik wurde wesentlich gefördert sowohl durch den mir vom Institut für Sportwissenschaften der Universität Salzburg anvertrauten Lehrauftrag "Sport und Wirtschaft" als auch durch mehrere Akademiegespräche "Ökonomie des Sports" an der Berliner Führungs- und Verwaltungsakademie des Deutschen Sportbundes.

Mein Dank für zahlreiche fachliche Anregungen und Hilfen gilt den Herren Professoren der Universität Salzburg Dr. S. Größing und Dr. R. Bachleitner-Hofmann sowie Herrn Prof. Dr. A. Egger, Wirtschaftsuniversität Wien.

Für die organisatorische Unterstützung im empirischen Teil danke ich ganz besonders Herrn Prof. Dr. P. Bernett, Institut für Sporttraumatologie der Technischen Universität München und Herrn W.S. Frantz, M.A., München, für Hilfen bei Datenerhebung und Auswertung.

1. Einführung und Begriffe

1.1 Problemstellung, Zielsetzung und Methoden

In der vorliegenden Arbeit geht es darum, die wirtschaftlichen und sozialen Rahmenbedingungen der Professionalisierung im Sport aufzuzeigen.
Sportsoziologie, Sporthistorie, Sportpsychologie, Sportpädagogik, Sportmedizin, Sportethik sowie Bewegungslehre und Trainingslehre haben immer wieder die Probleme des Berufssports aufgegriffen. Sportökonomische Betrachtungen hierüber sind bisher zu kurz gekommen.
Zunächst liegt es auf der Hand, daß die Person des im Professionalisierungsprozeß befindlichen Sportlers im Mittelpunkt des Interesses steht. Zusätzlich soll aber auch seine Einbindung in das sozio-ökonomische Gefüge des betroffenen Professionalisierungsumfeldes wie Sportorganisationen, Trainer, Agenten, Sponsoren und Medien aufgezeigt werden. Als Ansatzpunkt einer sportwissenschaftlichen Analyse erscheint wohl der arrivierte Fußball-, Tennis-, Golf-, Ski-, Handball-, Basketball- oder Eishockeystar mit Spitzenmanagergehalt als geeignet, jedoch interessiert der sportlich, sozial und wirtschaftlich hintergründige bzw. latente Verlauf der Ontogenese eines profiambitionierten Jugendlichen mindestens ebenso sehr.
Die sportethischen und pädagogischen Konsequenzen hieraus reichen jedoch über die vorliegende Thematik hinaus.

Von berufs- und sportsoziologischen Definitionen über die Berufsrolle des angehenden Profisportlers wird ausgegangen, um dann über sozial- und wirtschaftsgeschichtliche Wurzeln des Verberuflichungsprozesses zu ökonomisch relevanten Kriterien des Professionalisierungsgrades zu gelangen.
Gegenstand der Untersuchung sind vorwiegend die Erscheinungsformen des Sports in der Bundesrepublik Deutschland, wenn auch mitunter Vergleiche und Beispiele aus England und dem deutlich anders strukturierten, aber auch weiter entwickelten Sportprofiland USA aufschlußreich erscheinen.

Die deskriptive Methode steht im Vordergrund. Jedoch bei der empirischen Überprüfung bisheriger, vor allem sportsoziologisch orientierter Kriterien des Professionalisierungsgrades wird methodisch die betriebswirtschaftliche Aufwands- und Ertragsrechnung eingesetzt.
Mit einer Analyse aus dem Leistungstennis wurde beispielhaft eine Sportart ausgewählt, die einerseits in den letzten 20 Jahren einen ungeheuren, auch kommerziellen Aufschwung genommen hat und die andererseits bisher überhaupt sportwissenschaftlich wenig bearbeitet wurde.

1.2 Sportökonomie als Bindeglied zwischen Sporttheorie und ökonomischer Theorie

Um wirtschaftliche und soziale Grundlagen der Professionalisierung im heutigen Sport freizulegen, ist es zunächst erforderlich, die Verflechtungen zwischen vielfältigen Formen des sportlichen und ökonomischen Handelns aufzuzeigen.
Interdependenzen zwischen Wirtschaft und Sport treten nicht nur im Leistungssport - wenn auch hier mitunter sehr deutlich - sondern auch im Freizeit- und Breitensport zu Tage.
Die Finanzierungsnot vieler breiten- und wettkampforientierter Vereine erfordert einerseits potente Werbepartner. Andererseits nutzen Unternehmungen der unterschiedlichsten Branchen den Sport mit seinem überwiegend positiven gesellschaftlichen Image für ihre Marketingkonzepte (vgl. HEINEMANN o.J., S. 130 ff.).

Als neu entstehende Teildisziplin der Sportwissenschaft befaßt sich somit die Sportökonomie im weitesten Sinn mit den Zusammenhängen zwischen Sport und Wirtschaft, wobei im einzelnen der Sport mit seinen Erscheinungsformen Individualsport, Schulsport, Vereinssport und Gewerbesport unter betriebswirtschaftlichen, volkswirtschaftlichen, wirtschaftshistorischen, wirtschaftsgeografischen und wirtschaftsrechtlichen Aspekten untersucht wird (vgl. PÜTTINGER 1986 a, S. 98 ff.).

Während man unter Wirtschaft nach von STACKELBERG (zit. nach GABLER 1984, S. 2271) "die Gesamtheit der Einrichtungen und Maßnahmen zur planvollen Deckung des menschlichen Bedarfs nach Gütern" versteht, ist unter wissenschaftssystematischer Betrachtung die ökonomische Theorie (Wirtschaftswissenschaften) neben Soziologie, Politologie, Sozialpsychologie und Recht unter die Sozialwissenschaften einzureihen.

Kontakte und Verflechtungen zwischen sportlichem und wirtschaftlichem Handeln und somit sportökonomische Ansatzpunkte ergeben sich, wenn sportliche Aktivitäten einen Ausgleich zwischen menschlichen Bedürfnissen und den zur Befriedigung dieses Mangelgefühls nötigen Sachgütern und Dienstleistungen auf dem Markt erfordern. Die Wechselwirkung zwischen Wirtschaft und Sport funktioniert auch dann, wenn wirtschaftliches Handeln sportliches Tun anregt. Außerdem ist die Sportökonomie immer dann angesprochen, wenn wirtschaftliche Probleme mit sportlichen Fragestellungen der jeweiligen Theoriebereiche tangiert werden (vgl. Abb. 1). Somit können ökonomische Überlegungen auch in anderen sportwissenschaftlichen Disziplinen größere (z.B. in Sportsoziologie, Sportrecht, Sportgeschichte) oder geringere Bedeutung (z.B. Trainingslehre, Sportpsychologie, Sportethik) erlangen.

Bisher sind wirtschaftliche Probleme mitunter unter soziologischem bzw. pädagogischem Aspekt mit deren disziplinadäquater Fachsprache behandelt worden, wobei dem Wirtschaftler die ethisch-normative Orientierung auffällt (vgl. HECKER 1982, S. 98 ff. über Grenzen des Leistungssports; vgl. HEINEMANN 1984, S. 45 ff. über Folgen der Kommerzialisierung im Sport).

In der Betriebswirtschaftslehre als ausgereifte ökonomische Teiltheorie, die im Zentrum bisheriger sportökonomischer Problemstellung steht, überwiegt die werturteilsfreie Richtung, wie das die "praktisch-normative Betriebswirtschaftslehre (HEINEN 1985, S. 25 ff.) bzw. die "wertfreie Betriebswirtschaftslehre" (vgl. WÖHE 1984, S. 53-56) im Gegensatz zur "ethisch-normativen Betriebswirtschaftslehre" (NICKLISCH, KALVERAM, G. FISCHER) zeigt.

Neben betriebswirtschaftlichen Fragestellungen sind auch volkswirtschaftliche Überlegungen von sportökonomischem Interesse (vgl. PÖTTINGER 1986 b). Die Entstehung von Freizeit- und Sportmärkten, die Strukturen der Sportartikelindustrie und des -handels sowie die besondere Bedeutung der Sportgüter für das Dienstleistungs- und Fremdenverkehrsgewerbe sprechen die ökonomische Funktion des Sports für verschiedene Wirtschaftssektoren an. Auswirkungen mancher Sportarten (z.B. Wintersport, Wassersport) auf die lokale und regionale

Wirtschafts- und Sozialstruktur sind ebenso für makroökonomische Betrachtungsweise relevant wie finanzwirtschaftliche Aspekte der Sportselbstverwaltung.
Wirtschaftsgeografische Überlegungen leisten Hilfestellung bei der Entscheidung über umweltbelastende Freizeit- und Sporteinrichtungen. Lange Zeit gab man ökonomischen Interessen den Vorrang vor ökologischer Würdigung, wodurch Naturzerstörung, Lärm- und Verkehrsbelastung überhand nahmen.

Die Sozial- und Wirtschaftsgeschichte erschließt wichtige Erkenntnisse zum tieferen Verständnis sportsoziologischer und sporthistorischer Probleme wie Sport und Arbeit, Sport und Olympische Idee sowie zum vorliegenden Thema der Professionalisierung im Sport.
Außerdem ist sportwissenschaftliches Handeln immer auch mit rechtlichen Grundlagen verbunden, so daß neben dem Bürgerlichen und Öffentlichen Recht auch das Wirtschaftsrecht sportökonomische Rahmenbedingungen setzt.

Die Bearbeitung sportökonomischer Fragen setzt die Kenntnis wirtschaftswissenschaftlicher Tatbestände und Abläufe sowie ein angemessenes Instrumentarium wie Terminologie und Methoden (Ökonometrie, Modellbildung) voraus. Im übrigen wird die Genese der Sportökonomie als eigener Teilbereich der Sporttheorie durch die Einrichtung neuer Sportstudiengänge wie für Sportmanagement und Sportökonomie gefördert. Somit kann die Sportwissenschaft, von LENK 1979 (zit. nach HEINEMANN 1985, S. 44) als "multidisziplinäre Aggregatwissenschaft" charakterisiert, durch Beiträge über das Verhalten des "homo oeconomicus" sicherlich bereichert werden. In diesem Sinne bezweckt die vorliegende Arbeit, auch die ökonomische Funktion des Sports stärker als bisher geschehen zu verdeutlichen.

Abb. 1:
Sportökonomie zwischen ökonomischer Theorie und Sporttheorie

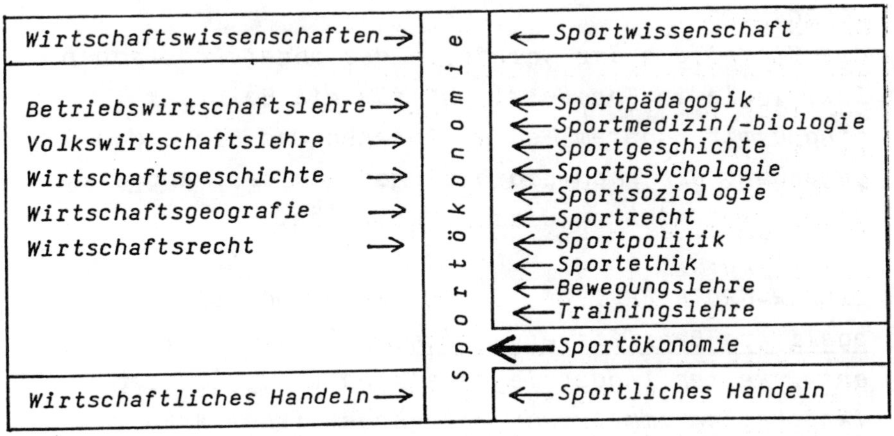

1.3 Zum Begriff der Professionalisierung

Etymologisch stammt der Begriff Professionalisierung von Profession ab, ein Wort, das seit dem 16. Jahrhundert im deutschen Sprachraum benutzt wird (vgl. FISCHER 1986, S. 6 ff.). Abgeleitet vom Lateinischen "professio" ist es über das Französische "profession" ins Deutsche übernommen worden.

Die früher gebräuchliche Bedeutung war "öffentliches Gelübde, Ordensgelübde, Professur"
1.3.1 und bezeichnete unter elitärem Aspekt Berufe wie die der Advokaten, Gelehrten und Theologen, welche gemäß ihrer Herkunft, Ausbildung und gesellschaftlichen Funktion eine Sonderstellung innehatten.
Die Einteilung der Berufe in der angelsächsischen Soziologie in "professions" für die Berufsgruppe mit höherem Maß an Ansehen und Einkommen gegenüber den "non-professions" wie das Handwerk, orientiert sich an dieser Denkweise.

LINDER-GROTHEER 1986, S. 30, weist auf die
1.3.2 egalitäre Begriffsverwandlung hin, wonach in entwickelten Industriegesellschaften geistige Tätigkeiten immer auch mit körperlicher Arbeit und umgekehrt verbunden seien und somit nicht zwischen akademischen und nichtakademischen Berufspositionen unterschieden werden könne.

Von WIESE 1933, S. 333 ff., hat erstmals in der deutschen Soziologie den Begriff Professionalisierung als "Entstehung und Festigung von Berufen zum Zweck des Aufbaus eines solideren Gebildezusammenhangs" eingeführt und damit auf den sozialen Prozeß der Institutionalisierung hingewiesen.
1.3.3 Diese prozessuale Betrachtungsweise des Professionsbegriffs der heutigen Berufssoziologie weist auf den dynamischen Verlauf der Professionalisierung hin, wobei entweder die funktionale Bedeutung der Berufspositionen mit ihrer Wissensdimension (vgl. DAHEIM 1970, S. 42) oder der Aspekt der Verwissenschaftlichung (vgl. KAIRAT 1969), oder die soziale Dimension (vgl. HARTMANN 1972, S. 49) jeweils hervorgehoben werden.
Der Professionsbegriff bei HESSE 1972, S. 131, zielt auf die Arbeitskraftverwertung durch hohe Chancen für Einkommen, Ansehen und Einfluß der Berufsangehörigen ab.
Die in den USA vorherrschende weit gefaßte "profession"-Definition leitet ebenso zum Begriff Professionalisierung über und betont einerseits den fortschreitenden "process of professionalization", woraus sich eine "professionalization of everyone" ergeben könnte (vgl. WILENSKY 1972, S. 198 ff.; vgl. FISCHER 1986, S. 2).
Andererseits stellt z.B. SARFATTI-LARSON 1977, S. XVI, den wirtschaftlichen Aspekt der monopolistischen Marktbeherrschung im Professionalisierungsprozeß heraus. Sie betrachtet

"professionalization as the process by which producers of special services sought to constitute and control a market for their expertise. Because marketable expertise is a crucial element in the structure of modern inequalty, professionalization appears also as a collective assertion of special social status and as a collective process of upward social mobility".

Die vielfältigen Aspekte des Bedeutungsinhaltes Professionalisierung mit seinem dynamisch-prozessualen Charakter kommen in der Definition des Lexikons zur Soziologie

1.3.4 1973 zum Ausdruck, worin Professionalisierung verstanden wird als "Spezialisierung und Verwissenschaftlichung von Berufspositionen aufgrund gestiegener Anforderungen an das für die Berufsausübung erforderliche Fachwissen, verbunden mit einer Höherqualifizierung der Berufsausbildung, der Einrichtung formalisierter Studiengänge, einer Kontrolle des Berufszugangs durch Fachprüfungen, der Organisation von Berufsangehörigen in besonderen Berufsverbänden, der Kodifizierung berufsethischer Normen, der Zunahme universeller Leistungsorientierung und beruflicher Autonomie sowie einer Steigerung von Berufsprestige und Einkommen".

Ergänzend zu dieser umfassenden Begriffsbestimmung für Professionalisierung erscheint auch die bekannte Berufsdefinition von M.WEBER 1972, S. 80, für unsere weiteren Betrachtungen geeignet:

"Beruf soll jene Spezifizierung, Spezialisierung und Kombination von Leistungen einer Person heißen, welche für sie Grundlage einer kontinuierlichen Versorgungs- und Erwerbschance ist". Neuere Berufsdefinitionen wie von RÖTHIG 1983 - "Unter Beruf versteht man den auf eine bestimmte Aufgabe bezogenen Komplex von Tätigkeiten und Fertigkeiten, die ein Mensch in einer Arbeitsorganisation ausübt und die ihm zum Erwerb seines Lebensunterhalts dienen" - stellen entweder die Einbindung in eine Arbeitsorganisation heraus oder betonen den produktiven Beitrag für die Gesellschaft: Beruf ist "die Betätigung eines Einzelnen im Rahmen der arbeitsteiligen menschlichen Gesellschaft, durch die er einen Beitrag zum Sozialprodukt leistet. Der Beruf ist i.d.R. Erwerbstätigkeit und dient als Grundlage der wirtschaftlichen Existenz" (GABLER 1984, S. 570). In fortgeschrittenen Industriegesellschaften entstehen ständig neue Berufe und die Berufspositionen werden zunehmend wissenschaftsorientierter, so daß Professionalisierung als ein Symptom unserer Zeit erkannt wird (vgl. KÖNIG 1973, S. 196).

Die Bedeutung der Träger professionalisierter Berufe für unsere Gesellschaft wird an der Unterscheidung von HABERMAS 1969, S. 116 ff., zwischen ihren "funktionalen" und "extrafunktionalen" Fertigkeiten und Eigenschaften deutlich. Die funktionalen Fertigkeiten umfassen die beruflichen Kenntnisse im Rahmen der normalen Berufstätigkeit. Von professionalisierten, akademischen Berufsträgern erwartet man jedoch "extrafunktionale" Fähigkeiten, die darüber hinausgehen, wie z.B. institutionengerechte Ausübung der Amtsautorität, angemessenes Handeln auch in Situationen der Unsicherheit sowie ausgewogene Urteilskraft im Berufsbereich (vgl. LINDER-GROTHEER 1986, S. 10 ff.).

1.3.5 Nach diesem allgemein berufssoziologisch orientierten Überblick über den Professionalisierungsbegriff sollen nun im nächsten Schritt einige sportbezogene Definitionen aufgezeigt werden.
HORTLEDER 1978, S. 33, sieht im Sport "Professionalisierung als Prozeß der Verberuflichung des Hochleistungssports und der Verwissenschaftlichung des gesamten Sports".
Weder HEINEMANN 1983, S. 124, noch GRIESWELLE 1978, S. 44, geben in ihrer jeweiligen sportsoziologischen Einführung eine explizit sportbezogene Professionalisierungsdefinition.
Nach BETTE/NEIDHARDT 1985, S. 25, beinhaltet Professionalisierung den Vorgang der "Verberuflichung von Positionen, die Bindung der Berufszulassung an eine wissenschaftlich orientierte Ausbildung und die Kontrolle der Berufsausübung durch einen Berufsverband". Abgesehen von dieser ebenfalls nicht sportrelevanten Begriffsbestimmung fehlen hier ebenso wie bei HEINEMANN 1983 definitorisch sowohl der Leistungs- als auch der Einkommensaspekt, zwei ökonomisch höchst relevante Kriterien.
Nach RÖTHIG 1983, S. 56 ff., ist von Professionalisierung als dem Prozeß der Verberuflichung der Professionalismus abzugrenzen. Hierbei handelt es sich um die organisierte, aktive Betätigung in einer Sportart vorwiegend zum Zwecke der Existenzsicherung.

Der Berufssportler erhält für die aufgewendete Zeit sowie für die erbrachten sportlichen Leistungen mehr Mittel, als nach den jeweils gültigen Amateurbestimmungen zulässig ist.
Insgesamt tendiert die sportliche Bewegungsleistung wie jede menschliche kulturelle Leistung zur Professionalisierung.
In der sportbezogenen Umgangssprache findet man die Bezeichnung "Professionals" oder "Professionelle" für Berufssportler oder Berufsspieler, auch abgekürzt als "Profi" oder "Pro" zur Unterscheidung vom Amateur. Damit und ebenso mit dem Wort "Profitum" wird der qualitative Aspekt der berufsmäßigen, fachmännischen, ernsthaften Arbeitseinstellung und Leistungsorientierung ausgedrückt, im Gegensatz zum Sportliebhaber als Nichtfachmann. BÖRNER 1969, S. 29, grenzt die unmittelbaren Berufssportler, die durch Teilnahme an sportlichen Wettbewerben ihren Lebensunterhalt ganz oder teilweise bestreiten, von den Berufssportlern im weiteren Sinne wie Sportlehrer und Trainer ab. Diese sind als mittelbare Berufssportler zu bezeichnen.
Unter Profisport versteht HORTLEDER 1978, S. 35, den "primär unter kommerziellen Bedingungen ausgeübten Sport in kapitalistischen Gesellschaften, also den reinen Berufssport".
Diese Einengung des Berufssports auf ein bestimmtes Gesellschafts- und Wirtschaftssystem erscheint für unsere weiteren Überlegungen nicht zweckmäßig, da die zugrundegelegten Merkmale und Kennzeichen der Professionalisierung (gemäß Lexikon zur Soziologie, s.S. 11) im berufsmäßig ausgeübten Sport in ähnlicher Ausprägung auch im sozialistisch-planwirtschaftlichen Gesellschafts- und Wirtschaftssystem aufzuspüren sind.

Professionalisierung berührt die Sportler ebenso wie die Vereine und Sportorganisationen, die Trainer, Spielervermittler, Sponsoren und Medien.
Die Professionalisierung vollzieht sich im Sport mit unterschiedlicher Dynamik. Zunächst leitet eine Teilprofessionalisierung (FISCHER 1986, S. 164) diesen Prozeß ein, wodurch eine neue Berufskonstruktion infolge der zunehmenden Erwerbschance des Sportlers nach außen hin sichtbar wird. Der Fußball-, Eishockey- bzw. Tennisprofi tritt in Erscheinung.

Die bisherige Literatur über Sportprofessionalisierung stellt überwiegend auf den Leistungs- bzw. Hochleistungssport ab, dem der Profisport ursprünglich seine Entstehung verdankt.
Somit kann man die historisch determinierte Teilprofessionalisierung (FISCHER 1986) wohl treffender als Primärprofessionalisierung bezeichnen. Damit ist die eventuell mögliche, irreführende Bedeutung als nicht vollständige, sondern nur teilweise Professionalisierung des Sportlers, die ja gar nicht beabsichtigt ist, vermieden.
Wenn die Verberuflichung auf Vereinsmanagement und Verbandsführung, auf Interessenvertretung der Sportler, auf Trainer und Agenten, auf Berichterstattung, auf Sponsorenschaft und Sportunterrichtstätigkeit übergreift, dann kann man von Umfeldprofessionalisierung oder Sekundärprofessionalisierung sprechen. Der Begriff Umfeldprofessionalisierung bringt den lokalen

Bezug des Verberuflichungsvorganges in den einzelnen Sportbereichen zum Ausdruck, während Sekundärprofessionalisierung auf die zeitliche Komponente abstellt, wenn der professionalisierte Sportler weitere Verberuflichungsprozesse auslöst. Inwieweit und ob überhaupt Umfeldprofessionalisierung den Anstoß auch zur Primärprofessionalisierung geben kann, wird im Laufe der Untersuchung zu prüfen sein.
Von Deprofessionalisierung (FISCHER 1986, S. 165) spricht man, wenn Mannschaften mit Profilizenzen der höchsten Spielklassen in Amateurklassen absteigen oder Einzelsportler reamateurisiert werden. Der Übergang aus dem Profilager ins sog. Amateurlager wirft mit dem damit verbundenen Schrumpfungsprozeß häufig ebenso gravierende sozioökonomische und rechtliche Probleme auf, wie die aufwärtsgerichtete Professionalisierung.

1.4 Zu den Begriffen Kommerzialisierung und Merkantilisierung

In der sporttheoretischen Literatur wird im Zusammenhang mit Professionalisierung häufig auf den in der Wirtschaftstheorie heutzutage allerdings nur selten gebrauchten Begriff "Kommerzialisierung" hingewiesen.
Vom Wortursprung (lat. commercium = Handel, Geschäftsverkehr) ausgehend bedeutet kommerzielle Tätigkeit kaufmännisches Handeln, das sich auf das Gewerbe bzw. auf Handelsgeschäfte bezieht.

1.4.1 Kommerzialisierung wird in diversen Lexika allgemein definiert als Umwandlung von öffentlichen bzw. staatlichen Schulden in privatwirtschaftliche Verbindlichkeiten, wofür als Beispiel die Aufnahme von privaten Auslandskrediten nach dem 1. Weltkrieg durch Dawes- und Young-Anleihen zur Bezahlung der deutschen Reparationen herangezogen wird.

Kommerzialisierung im Sport bedeutet nach HEINEMANN 1984, S. 43, "daß der Markt als Austauschmechanismus innerhalb des Sports und mit anderen Systemen - etwa von Sport und Wirtschaft - zunehmend an Bedeutung gewinnt, also Nutzenströme nicht mehr freiwillig, aufgrund reziproker Verpflichtungen oder als öffentliches Gut zur Verfügung gestellt, sondern als Leistung und Gegenleistung mit dem Ziel individueller Interessenverwirklichung ausgehandelt werden, bedeutet daher etwa auch die zunehmende Umwandlung von öffentlichen Gütern oder freiwilligen Leistungen in marktfähige Waren. Es entstehen Märkte, in denen etwa Sport gegen Eintrittsgeld, als Konzessions- und Eigentumsrecht, sportliches Können als berufliche Leistung verkauft werden".

Um die vor allem sportsoziologisch viel-
1.4.2 strapazierte Kommerzialisierung im Sport mit stärker ökonomisch orientierter Definition praktikabler in den Griff zu bekommen, ist es nötig, auf die Bedeutungsinhalte der beiden vorgenannten Begriffsbestimmungen näher einzugehen. Die allgemeine Definition unterscheidet

sich von der zweitgenannten sportbezogenen zunächst bilanziell, da vom Umwandlungsprozeß der Schulden, also von der Passivseite der Bilanz ausgegangen wird im Unterschied zur zweiten Definition, welche die Umwandlung von öffentlichen Gütern in marktfähige Waren und damit den Aspekt der Vermögenswerte, somit die Bilanzaktiva, anspricht. Außerdem hebt die letztgenannte Definition auf den Vereinssport im Rahmen einer korporativen Organisation ab (vgl. HEINEMANN 1984, S. 42 ff.).
Obwohl der Sportbegriff noch näher bestimmt werden muß, ist an dieser Stelle der Hinweis nötig, daß der Vorgang der Kommerzialisierung heute in allen Erscheinungsformen des Sports, nicht nur im vereinsgebundenen Sport, also auch im Individual-, Schul- und Gewerbesport mehr oder minder stark ausgeprägt anzutreffen ist. Dabei ist in ähnlicher Weise wie bei der Professionalisierung an das Kommerzialisierungsumfeld in Form des Handels und Verkaufs von Sportausrüstung, Sportgeräten und Sportbekleidung zu erinnern, bei der es nicht um die Vermarktung aktiver sportlicher Leistungen durch einen Profisportler geht.

Das Herausstellen der Umwandlung öffentlicher Schulden in private Schulden oder öffentlicher Güter in privatwirtschaftlich genutzte Güter erscheint für eine klarere, sowohl ökonomisch als auch sportlich relevante Definition nicht nötig, wenn man zutreffender das auf Gewinn- bzw. Nutzenmaximierung ausgerichtete "Erwerbswirtschaftliche Prinzip" heranzieht.

Weitere Grundsätze wirtschaftlichen Handelns wie das Bedarfsdeckungsprinzip, das Gemeinwirtschaftliche Prinzip oder auch der Grundsatz der Gemeinnützigkeit und ihr jeweiliger Professionalisierungsbezug werden an anderer Stelle noch genauer zu analysieren sein.

Das ökonomisch Nutzbare und Verwertbare am sportlichen Handeln sind Sportgüter, die als Sachgüter oder Dienstleistungen zum Konsum in verschiedenen Sportbereichen bestimmt sind.
Der Schlußsatz der Kommerzialisierungsdefinition nach HEINEMANN weist im übrigen auch darauf hin. Allerdings betrifft Kommerzialisierung entsprechend seiner etymologischen Herkunft nicht den Bereich der Güterproduktion, sondern zielt auf die absatzwirtschaftliche Komponente ökonomischer Tätigkeit ab. Kommerzielles Handeln im Sport beschäftigt sich somit nicht mit der Entstehung von Sportgütern, also nicht mit den Grundlagen der betrieblichen Leistungserstellung mit Hilfe der Produktionsfaktoren, sondern stellt auf die Leistungsverwertung, also "die entgeltliche Übernahme der vom Unternehmen (bzw. vom Sportler - d.Verf.) erstellten Sach- oder Dienstleistungen auf einem Markt" ab (vgl. LECHNER/EGGER/SCHAUER 1983, S. 262 ff.).

Damit ist neben der erwerbswirtschaftlichen Ausrichtung eine weitere Abgrenzung gegenüber dem "Wirtschaftlichen Handeln" an sich gegeben. Ähnlich wie bei der Professionalisierung muß auch der prozessuale Charakter in der Definition wesenhaft enthalten sein.

1.4.3 Unter Kommerzialisierung des Sports im engeren, sportökonomischen Sinne kann man somit verstehen "die nach dem erwerbswirtschaftlichen Prinzip erfolgende fortschreitende Vermarktung von Sportgütern".
Daneben erscheint es aus einer naiv-vereinfachenden Wortdeutung heraus im weitesten Sinne zulässig, Kommerzialisierung im Sport gleichzusetzen mit "Vergeschäftlichung des Sports".
Kommerzialisierung kann somit als Teilprozeß der Professionalisierung betrachtet werden, welche sowohl bezüglich ihrer ökonomischen als auch ihrer weiteren gesellschaftlichen Zielsetzungen umfassender strukturiert ist.
Der Teilprofessionalisierung ist sie jedoch nicht gleichzusetzen (s.S. 26).

EICHBERG 1979, S. 52, 53, 82, verwendet mehr-
1.4.4 fach den Begriff Merkantilisierung des Sports und sieht in ihr die Ursache für den Berufssport als "Arbeit im industriellen Kontext".
Hierbei fällt eine schlagwortartige Begriffsverwendung ohne Definitionsversuch mit dem dafür nötigen ökonomischen Hintergrund auf.
In Anlehnung an den Merkantilismus als ein an Nationalreichtum, Peuplierung, Manufakturwesen und aktiver Handelsbilanz orientiertes, protektionistisches, absolutistisches Wirtschaftssystem (vgl. GABLER 1984) ist an der Merkantilisierung des Sports der Handelsaspekt hervorzuheben.
Unter Merkantilisierung des Sports kann man somit "den zunehmenden Handel mit Sportgütern

nach kaufmännischen Grundsätzen verstehen". Wenn auch im engeren Sinne nicht vollständige Identität besteht, so kommen sich Kommerzialisierung und Merkantilisierung in ihren Bedeutungsinhalten doch sehr nahe. Im weitesten Sinne ist wohl auch Merkantilisierung mit Vergeschäftlichung gleichzusetzen.

1.5 Professionalisierung im Sport und ökonomische Theorie

Nach der überblicksartigen Analyse der vielfältigen Bedeutungsinhalte der Professionalisierungs- und Kommerzialisierungsdefinition einschließlich einiger sportbezogener Begriffsableitungen steht in einem weiteren Schritt die Frage offen, welche wirtschaftstheoretisch relevanten Gebiete den Problemkreis der Professionalisierung im Sport a priori berühren könnten?

1.5.1 Aus betriebswirtschaftlicher Betrachtung heraus interessiert zunächst einmal der Beitrag der Produktionsfaktoren "menschliche Arbeit" und "dispositiver Faktor" (vgl. GUTENBERG 1984) zur Erstellung von marktfähigen Sportgütern.

Neben den Besonderheiten der Produktionsfunktion für die verschiedenen Arten von Sportgütern scheint auch eine Analyse ihres Absatzes einschließlich der im Profisport eingesetzten Werbe- und Marketingkonzepte nötig.

Mit Hilfe der Finanzierungstheorie als weitere betriebswirtschaftliche Teiltheorie gewinnt man außerdem Aufschluß über private und öffentliche Ressourcen, aus denen Berufssportler ihre materielle Existenzgrundlage beziehen. Nicht unerwähnt soll in diesem Zusammenhang die Mittelbeschaffung auch für das Profi-Umfeld bleiben.
Daß schließlich auch steuerrechtliche Überlegungen zur Professionalisierung von großer Bedeutung sein können, zeigen mitunter medienwirksame Wohnsitzverlagerungen in Steueroasen von herausragenden Profisportlern auf.

Die Inhalte der betriebswirtschaftlichen Teilbereiche Produktions-, Absatz-, Finanzierungs- sowie betriebliche Steuerlehre werden detailliert bei der Untersuchung der sozioökonomischen Rahmenbedingungen des heutigen Profisports nutzbar gemacht.

Wie bereits bei der Begriffsklärung Professionalisierung angeklungen ist, so bieten historische Grundlagen über das Problemfeld Sport und Arbeit bzw. Sport und Beruf einen weiteren Ansatzpunkt zur Erschließung der heutigen Professionalisierungsproblematik.

1.5.2 <u>Die Sozial- und Wirtschaftsgeschichte</u> kann das sporthistorisch relevante Aufspüren der sozialen und wirtschaftlichen Hintergründe für Verberuflichungsansätze in früheren Zeiten unterstützen und damit das Verständnis für ähnliche Vorgänge heutzutage erleichtern.

Bekanntlich waren die Sieger der antiken Olympischen Spiele mit ihren hellenistisch orientierten Leibesübungen alles andere als Amateure. Während der monatelangen Vorbereitungszeit erhielten sie von den entsendenden Städten materielle Zuwendungen. Nach den Spielen bezogen manche von ihnen Häuser, andere Äcker, Sklaven, Vieh, Geldbeträge oder eine Lebensrente als Geschenke.
Auch Teilnehmer der ersten Spiele der Neuzeit 1896 empfingen "Siegprämien". Dem griechischen Hirten Spyridon Louis schenkte man für seinen Marathonsieg Juwelen, Uhren, 2000 Pfund Schokolade, einen "Olympischen Acker"; ein Schneider kleidete ihn sein Leben lang ein; ein Friseur rasierte ihn bis zu seinem Lebensende und ein Weinhändler ließ den Wein nicht ausgehen (vgl. RÖSCH 1972).
Nicht nur die Geschichte der Olympischen Spiele offenbart Beispiele für professionalisierte und kommerzialisierte Leibesübungen, sondern vor allem England liefert aus der Phase der Entstehung des modernen Sports eine Vielzahl von ähnlichen Vorgängen. Trotz Berücksichtigung der vielen differierenden sozioökonomischen und gesamtgesellschaftlichen Voraussetzungen lassen sich eine Fülle von Professionalisierungstendenzen im englischen Sport des 17., 18., und 19. Jahrhunderts finden, welche auf Analogien in unseren heutigen Erscheinungsformen des Sports hinweisen.
Diese Parallelen aufzuzeigen erfordert zunächst, die wirtschafts- und sozialgeschichtlichen Grundlagen des modernen Sports in England generell aufzudecken, um danach speziell auf die sozialen und ökonomischen Wurzeln der Professionalisierung eingehen zu können.

2. Wirtschafts- und sozialgeschichtliche Grundlagen des modernen Sports in England

Im 17. und 18. Jahrhundert entwickelte sich in England eine von den kontinentalen Formen der Leibesübungen eigenständige Art, der Sport, welcher etwa ab der Mitte des 19. Jahrhunderts auf Mitteleuropa übergriff und auch in Deutschland rasche Verbreitung fand.
Der Begriff "Sport" war vor 1828 in Deutschland unbekannt (BOHUS 1986, S. 126).

2.1 Zum Begriff Sport

Anfang des 14. Jahrhunderts wurde das Wort to disport aus dem lateinischen Ursprung portare, mittellateinisch desportare "sich betragen, sich vergnügen" über mittelfranzösisch desporter in England übernommen (vgl. EICHBERG 1979, S. 29 ff.).
"Sport" war zunächst der adlig-ständischen Welt im Sinne von "Vergnügung, Unterhaltung, Zerstreuung" vorbehalten und unterschied sich damit von den volkstümlichen games, common and rural recreations ebenso wie von den gymnastics der humanistischen Schriftsteller und den militärisch orientierten exercises. Heute weisen die beiden Wörter "sport" und "game" (Spiel), welches germanischen Ursprungs ist, eine verwirrende Vielfalt von teilweise gegensätzlichen Bedeutungsinhalten auf (vgl. HARRIS 1971, S. 134 ff.). "Field sports" bezeichnet Freizeitbeschäftigungen wie Jagen, Schießen und Fischen im Unterschied zu "games" wie Fußball oder Tennis.

Jedoch wird "game" auch gebraucht in Fachausdrücken der Jagdsprache.
Während "sport" nur für Spiele im Freien benutzt wird, bezeichnet man als "games" die meisten kampfbetonten Formen von Vergnügungen, gleichgültig ob im Haus oder im Freien. Jedoch spricht man auch von "Olympic Games", obwohl normalerweise weder Wettläufe noch athletische Übungen als "game" bezeichnet werden.
"Sports" als Pluralform hat manchmal die spezielle Bedeutung von leichtathletischen Übungen.

Nach diesem kurzen semantischen Überblick wollen wir uns dem Problem zuwenden, welche geistigen, sozialen und wirtschaftlichen Hintergründe ausschlaggebend waren für die Entstehung des Sports als spezifische Form der Leibesübungen in England.
Dieser Frage kann im Zusammenhang mit dem Gesamtthema nur mit äußerster Knappheit nachgegangen werden.
Deshalb bleibt der wirtschaftlich-technologische Verlauf der Industrialisierung, auch im Sinne des Aufschwungs als kumulativer Prozeß ("take off" nach ROSTOW 1967), weitgehend außer Betracht.

2.2 Geistiger und ökonomischer Liberalismus

Auf die Tatsache, daß Sport und Industrialisierung von England ausgingen, wird in der sporthistorischen Literatur immer wieder hingewiesen, wobei mitunter ein enger Zusammenhang bezüglich des zeitlichen Verlaufs unterstellt wird (vgl. BOHUS 1986, S. 127).

EICHBERG 1979, S. 80 ff., stellt die zeitliche Parallelität beider gesellschaftlicher Phänomene in England in Frage und weist darauf hin, daß sich wesentliche Merkmale des modernen Sports bereits im 17. und 18. Jahrhundert erkennen lassen, während der Beginn der Industrialisierung deutlich später, etwa ab 1760 (BAIROCH 1985, S. 314) bzw.1780 (CIPOLLA 1985, S. 1) anzusetzen ist.

LANDES 1973, S. 19, charakterisiert die wirtschaftliche Ausgangslage vor der Industriealisierung folgendermaßen: "Der Engländer des Jahres 1750 befand sich, was die Versorgung mit materiellen Gütern betrifft, in größerer Nähe zu den Legionären Caesars als zu seinen Urenkeln".
Die nun einsetzende schnelle technologische Entwicklung als Kernstück einer umfassenden Modernisierung des Lebens war verbunden mit Veränderungen von Produktions- und Regierungsweise, von sozialer und institutioneller Ordnung, von Wissen, des Verhaltens und der Werte.

BORCHARDT 1978, S. 39, versteht unter Industrieller Revolution jene Periode, in der sich neue Techniken durchsetzten, die natürlichen Rohstoffe Eisen und Kohle erstmalig massenhaft genutzt wurden, das Fabriksystem als Organisationsform arbeitsteiliger gewerblicher Produktion seine Überlegenheit bewies und freie Lohnarbeit die herrschende Erwerbsform der Massen wurde.

CIPOLLA 1985, S.1, vergleicht den Radikalismus des gesellschaftlichen Wandels mit der neolithischen
2.2.1 Revolution, welche die Ablösung der Sammler und Jäger durch Ackerbauern und Viehzüchter bewirkte. Die geistigen Grundlagen der großen Wende zwischen etwa 1750 und 1850 reichen nach BRUSATTI 1967, S. 19, bis ins 13. Jahrhundert zurück.

Als Vorläufer in wirtschaftlicher Hinsicht nimmt
2.2.2 BORCHARDT 1978, S. 29, eine kommerzielle Revolution an, die ausgehend vom mittelalterlichen Italien in Anlehnung an den Orient in einem langen Prozeß neue Handelstechniken, moderne Betriebs- und Unternehmungsformen, exaktere Methoden der Planung und Kontrolle wirtschaftlicher Dispositionen sowie neuartigen Geldverkehr herausbildete. "Humanismus, Renaissance und Reformation legten den Blick auf Natur und Gesellschaft frei" (BORCHARDT, 1978, S. 38).

2.2.3 Die wissenschaftliche Revolution der großen Naturwissenschaftler des 16. und 17. Jahrhunderts Nikolaus Kopernikus (1473-1543), Galileo Galilei (1564-1642) und Johannes Kepler (1571-1630) gilt als eine der wesentlichen Wurzeln der europäischen Aufklärung.

2.3.4 Die Ideen der von den Niederlanden und England ausgehenden Aufklärung auf philosophischem (Thomas Hobbes 1588-1679, John Locke 1632-1704) und naturwissenschaftlichem (Isaac Newton 1643-1727) Gebiet, welche auch vom Rationalismus des Franzosen René Descartes (1596-1650) beeinflußt waren, zielten auf die Veränderung der Lebensbedingungen ab.

Den Menschen sollte mit Hilfe der Vernunft eine höhere Form des Daseins zugänglich sein.
Hierzu strebte man Befreiung von Bevormundungen durch Autorität und Tradition an. Reformation und Säkularisation erschütterten die kirchliche Autorität. In der englischen Wirtschaft führte die Aufklärung früher als auf dem Kontinent zur Ablösung des vom Absolutismus geprägten Merkantilismus, der als Maxime staatlicher Wirtschaftspolitik eine aktive Handelsbilanz anstrebte.
LÜTGE 1960, S. 298, weist auf die besondere ökonomische Bedeutung der "Declaration of Rights" von 1689 hin, die dem König das Recht auf eine merkantilistische Wirtschaftspolitik nahm und den Sieg des Prinzips des freien Wettbewerbs brachte.

Die gesellschaftlichen Veränderungen nach Ablauf des vorindustriellen Zeitalters wurden verstärkt durch Veröffentlichungen der politischen Ökonomie, aus der sich etwa ab der Mitte des 18. Jahrhunderts die klassische Volkswirtschaftslehre herauskristallisierte.

Adam Smith (1723-1790) hat in seiner 1776 erschienenen "Inquiry into the Nature and Causes of the Wealth of Nations" das "merkantile System" mit der Instrumentalisierung der Wirtschaft zum ausschließlichen Nutzen des Staats bzw. einzelner Schichten kritisiert und unter Zusammenfassung vorausgegangener Veröffentlichungen (Quesnay, F.: Tableau Economique 1758; Cantillons, R.: Essays on the Nature of Commerce in General 1755; Turgot, A.R.J.: Réflexions sur la formation et la distribution des richesses 1766;

Steuart, J.: Inquiry into the Principles of Political Economy 1767) nicht nur die Aufhebung von Beschrän-
2.2.5 kungen und damit wirtschaftliche Freiheit gefordert, sondern auch begründet, daß dies zu höherem Lebensstandard der ganzen Gesellschaft führt (vgl. WINCH 1985, S. 336 ff.). Die Naturgesetze Newton's sollten auf Wirtschaft und Gesellschaft übertragen werden.

2.3 Wohlstands- und Einkommenszuwachs als Folge des ökonomischen und technologischen Wandels

Der Industriellen Revolution war in England eine
2.3.1 Agrarrevolution (BAIROCH 1985, S. 297 ff.) mit Beginn des 18. Jahrhunderts vorausgegangen. Sie war verbunden mit einer deutlichen Steigerung der landwirtschaftlichen Produktivität. Die
2.3.2 demographische Revolution zwischen 1740 und 1850 mit dem Bevölkerungsanstieg um über 150 % ist nicht so sehr durch medizinische Erkenntnisse ausgelöst worden, die ja erst ab der 2. Hälfte des 18. Jahrhunderts größere Bedeutung erlangten, als viel mehr durch den Fortschritt in der Nahrungsmittelproduktion. Der Aufschwung der Landwirtschaft führte zu Nachfragesteigerung nach Konsumgütern, insbesondere auch nach Textil- und Eisenerzeugnissen. Dadurch erhielt die Industrielle Revolution wesentliche Impulse.

Obwohl England bereits das 18. Jahrhundert mit dem
2.3.3 höchsten Wohlstandsniveau der ganzen Welt begann, stieg die reale Produktion der Industrie und des Handels während des 18. Jahrhunderts fast auf das Vierfache (vgl. LILLEY 1985, S. 137).

Die Einkommen waren gleichmäßiger verteilt als auf dem Kontinent und das Wachstum der englischen Landwirtschaft mit einem Anteil von etwa 3/4 an der Gesamtbevölkerung vermied weitgehend den später von Thomas Robert Malthus (1766-1834) beschriebenen Nahrungsmittelengpaß als Folge fortschreitender Überbevölkerung. 1801, dem Jahr der ersten Volkszählung in England, war der Anteil der Landbevölkerung an der Gesamtbevölkerung auf 35 % gefallen (BERGIER 1985, S. 279).

Nach LANDES 1973, S. 57 ff., waren vor der Industriellen Revolution Kaufkraft und Lebensstandard beträchtlich höher als auf dem Kontinent. Selbst auf den Speisekarten der englischen Armenhäuser, die kaum dazu gedacht waren, ihren Bewohnern das Leben angenehm zu machen, gab es täglich oder zumindest mehrmals in der Woche Fleisch. Der englische Arbeiter aß nicht nur besser, er gab auch einen geringeren Teil seines Einkommens als sein kontinentaleuropäischer Kollege für Nahrungsmittel aus. Folglich konnte der Engländer mehr für andere Dinge, einschließlich Manufakturwaren, ausgeben. Er ging in Wolle gekleidet, während der französische und der deutsche Bauer Leinen trugen. Die Löhne waren doppelt so hoch wie in Frankreich. Luxusgesetze, die die unteren Schichten in ihre Schranken weisen sollten, waren bereits 1604 außer Kraft gesetzt worden, da sie nicht mehr relevant waren. Untere Klassen waren nach der Kleidung von den Angehörigen der höheren Schichten nicht mehr zu erkennen. In der 2. Hälfte des 18. Jahrhunderts verschlechterten sich dann infolge der starken Bevölkerungszunahme des Proletariats die Lebensbedingungen.

2.3.4 Die Ausbildungsbedingungen waren zu Beginn des 18. Jahrhunderts auch für Handwerker gut gewesen, da es Ausbildungsstätten in Dörfern wie Manchester sowie Akademien der Dissenters, d.h. der nicht der Anglikanischen Kirche angehörenden Protestanten, gab. Mathematische und kommerzielle Privatschulen boten Abendunterricht und praxisbezogene Lehrbücher; Zeitschriften und Lexika waren vorhanden. Die Bevölkerung war bereits so genau wie in keinem anderen Land mit den Techniken des Bank-, Geld- und Kreditwesens vertraut. Nach BRUSATTI 1967, S. 104, gab es bereits Ende des 18. Jahrhunderts in England 500 Banken.

2.3.5 Die Finanzrevolution des 19. Jahrhunderts (LANDES 1973, S. 197) als Gegenstück zur technologischen Entwicklung äußerte sich später in der Spezialisierung des Bankwesens und der Kreditgewährung.
Außerdem förderte die calvinistische Prädestinationslehre (Johann Calvin 1509-1564) durch ihre Verbindung von Heilserwartung mit weltlich - diesseitigem Erfolgsstreben die Wohlstandsmehrung. Die mit der calvinistischen Ethik verbundene Rationalität der Werte und Lebensweise hat deutlich M. WEBER 1922 herausgestellt.

2.3.6 Der darauf aufbauende englische Puritanismus des 17. und 18. Jahrhunderts beinhaltet zwar einerseits das Streben nach Leistung, Einkommen und Reichtum, was dem Sportgedanken sicherlich förderlich sein konnte, jedoch andererseits auch Abscheu und Verdammung von Vergnügen und Zerstreuung, eine ethische Haltung, die zwar Muße und zweckfreies Spiel ausschloß, dem leistungs- und wettkampforientierten Sport jedoch wesensgemäß eher nahestehen mußte.

Das auf dem Primogeniturgesetz basierende
2.3.7 Erbrecht trug zur Öffnung und Nivellierung der Gesellschaft bei und förderte einen wirt-
2.3.8 schaftlich einflußreichen Mittelstand.
Für die Peers, den Mitgliedern des House of Lords, ebenso wie für die Gentry, dem Landadel, war in der Erbfolge um Titel und Land nur das erstgeborene männliche Kind berechtigt. Deshalb sahen sich die adligen Familienoberhäupter gezwungen, Erträge und Vermögen zur Erhaltung des Familienguts und zur Mitgiftbereitstellung für die Töchter zu erwirtschaften.
Die jüngeren nichtadligen Söhne strebten nicht nur nach Regierungs- und Kolonialämtern, Kirchenpfründen und Offizierspatenten, sondern ergriffen auch gesellschaftlich angesehene Beschäftigungen in Handel und Wirtschaft sowie als Unternehmer. Das für den kontinentalen Adel typische Zitat "Geschäfte macht kein Windischgrätz" (LANDES 1973, S. 129) galt nicht für den englischen Adel, der sich am Wettbewerb der sozialen Schichten beteiligte.
Der relative Wohlstand vor und im Verlaufe der Industriellen Revolution war sicherlich auch auf die Früchte der Kolonialpolitik, auf das Ausbleiben vergleichbarer vorausgegangener Verelendungskriege wie des Dreißigjährigen Krieges in Deutschland, auf freies Unternehmertum, auf die gestiegene Produktivität der Landwirtschaft, des Verlagswesens und der Manufakturen, auf das Fehlen von Handelsrestriktionen sowie auf die Repräsentanz auch des Handels und der Wirtschaft im Parlament zurückzuführen.

2.3.9 Die Einkommen in England waren zwischen 1688 und 1812 durch eine deutliche Vergrößerung ihrer Ungleichheit gekennzeichnet. Nach MINCHINTON 1985, S. 71, "scheinen sich die Einkommen in der ersten Phase der Industrialisierung in den oberen Schichten im allgemeinen um mehr als den nationalen Durchschnitt erhöht zu haben, während die Lebenshaltungsniveaus der kleinen Bauern, der ungelernten Arbeiter und der Armen, deren Anteil an der Gesamtbevölkerung zunahmen, vermutlich unterdurchschnittlich gestiegen sind".
Großkaufleute, Industrieunternehmer und freie Berufe konnten in dieser Phase ihre Einkommen erhöhen, die Aristokraten unter den Arbeitern, die gelernten Facharbeiter, waren in der Lage, ihren Lebensstandard beizubehalten.
BERGIER 1985, S. 282, weist darauf hin, daß sich mit Beginn der Industrialisierung der extrem niedrige Lebensstandard der Industriearbeiter kurzfristig über das bloße Existenzminimum hob. Mit der Zunahme des Industrieproletariats nach Beginn des 19. Jahrhunderts sank das Lebenshaltungsniveau der Arbeitermasse wieder deutlich ab. 1840 entsprach ihr Lohnniveau etwa dem der kontinentalen Kollegen.
Die Unternehmer entwickelten dagegen einen immer aufwendigeren Lebensstil.
Der große moralische Skandal der Industriellen Revolution war bekanntlich neben der Ausbeutung und Verelendung der Industriearbeiter die Frauen- und Kinderarbeit, die sich unter fast gleichen Bedingungen wie die Männerarbeit vollzog.

Wenn auch die Aussagen von BERGIER teilweise den vorhergegangenen Ausführungen über die relativ zufriedenstellende Einkommenssituation der Arbeiterschaft widersprechen, was auf mehr optimistisch oder mehr pessimistisch gefärbte Schilderungen zurückzuführen ist, so herrscht doch Übereinstimmung in der Sozial- und Wirtschaftsgeschichte vor, daß in der 2. Phase der Industrialisierung, vor allem nach 1850, die Realeinkommen allgemein wieder deutlich anstiegen. Andererseits ist gesamtwirtschaftlich zu berücksichtigen, daß der Anteil der Fabrikarbeiter an der Gesamtbevölkerung in England 1841 ca. 5 % betrug (BERGIER 1985, S. 280).
MINCHINTON 1985, S. 68, nimmt im Laufe des 19. Jahrhunderts insgesamt eine Vervierfachung der Realeinkommen im englischen Königreich an.
Mit der Industrialisierung begann die Zahl der Dienstleistungsberufe des tertiären Sektors und ihre Spezialisierung rasch zuzunehmen, während sie im vorindustriellen 17. und 18. Jahrhundert nur wenig expandierten (vgl. HARTWELL 1985, S. 238 ff.).
Mit dem industriellen Wachstumsprozeß und der damit verbundenen Steigerung des Lebensstandards zog die Nachfrage nach Dienstleistungen aller Art rascher an als die Nachfrage nach Sachgütern. Auch die fortschreitende Urbanisierung mit steigenden Ansprüchen an Verkehrswesen, Straßenreinigung, Unterhaltung und
2.3.10 *Polizei trugen zur Dienstleistungsrevolution bei.*

Einerseits wurde mit der Industriealisierung der Konsum von Freizeit- und kulturellen Bedürfnissen mehr vom Land in die Städte verlagert, wobei diese Dienstleistungsangebote nun berufsmäßig erfolgten, andererseits entstanden neue Freizeit- und Kultureinrichtungen. So wurde die volkstümliche Unterhaltung, die im 18. Jahrhundert hauptsächlich in den Wirtshäusern und auf Straßen und Plätzen dargeboten worden war, im 19. Jahrhundert in eigene Veranstaltungssäle verlegt. Ebenso stieg das Angebot von Musik infolge des Aufkommens des modernen Orchesters und an bildender Kunst durch Gründung von Museen und Galerien.

Daß der Konsum von Sport- und Unterhaltungsdienstleistungen u.a. als Folge des Einkommens- und Freizeitzuwachses ebenfalls an Bedeutung gewann, wird noch näher zu untersuchen sein.
Insgesamt betrachtet war die geistige und wirtschaftliche "Infrastruktur" für die Entstehung des englischen Sports im 17. und 18. Jahrhundert sowie seiner weiteren Entfaltung im 19. Jahrhundert günstig.
Besonders deutlich sind die in der bisherigen sportsoziologischen und sporthistorischen Literatur weitgehend vernachlässigten Faktoren Einkommen und Lebensstandard als eine der wichtigen Grundvoraussetzungen für sportliches Handeln herauszustellen.
Die englische Sozial- und Wirtschaftsgeschichte weist für den Zeitraum zwischen 17. - 19. Jahrhundert einschließlich der Industrialisierung ein für viele Bevölkerungsteile weit über dem Existenzminimum anzusetzendes Einkommen nach, so daß man neben anderen gesellschaftlichen Faktoren auch die
2.3.11 "Wohlstandstheorie" als Erklärungsmodell für die Sportentstehung und -ausbreitung heranziehen könnte.

2.4 Weitere gesellschaftliche Grundlagen der Sportentstehung

Zu Beginn des englischen Sports im 17. Jahrhundert
2.4.1 spielte das Wetten eine große Rolle.
Die Sozial- und Wirtschaftsgeschichte sowie die Sportgeschichte belegen, daß das Glücksspiel eine sowohl geographisch wie gesellschaftlich allumfassende Freizeitbeschäftigung war (vgl. MINCHINTON 1985, S. 103). Vor allem von Angehörigen des Adels wurden dafür enorme Summen geboten. Die Wetteinsätze waren nicht nur sehr hoch, die Wettanlässe waren auch vielfältig. Sie reichten von Pferderennen wie dem des John Lepton von Kepwick vom Hofe Jakobs I, der 1606 aufgrund einer Geldwette innerhalb einer Woche fünfmal die Strecke zwischen London und York zurücklegte, über makabre Wettkämpfe zwischen Kleinkindern und Krüppeln bis zu den Possen zweier Fliegen auf einer Fensterscheibe (vgl. KLOEREN 1935; EICHBERG 1979, S. 98).
Das öffentliche Glücksspiel oder Kartenspiel wurde in England gesetzlich mehrmals - 1745, 1845 und 1892 - verboten; aber illegal wurde es in Clubs weitergespielt. Im 18. Jahrhundert stieg die Beliebtheit des Pferderennens an. Vor 1800 gab es bereits Rennbahnen in Ascot, Doncaster, Epsom, Newmarket, Nottingham und Manchester (MINCHINTON 1985.) Zwar wurde dieser Sport der Könige überwiegend von der Oberschicht finanziert und durchgeführt, jedoch konnte auch der kleine Mann durch Wetten daran ebenso Spaß haben wie an Windhundrennen, Fuchsjagden und Preisboxkämpfen.

Im 19. Jahrhundert verlor der grausame Arbeitersport wie die Stierhatz, die Bärenhatz, der Hahnenkampf, das Rattentöten und die Dachsjagd in England zwar an Bedeutung, an ihre Stelle traten andere wettgeeignete Spannungssportarten wie Fußball und Boxen. Der in der englischen Volksmentalität wurzelnde Spekulationsgeist regte sportliche Wettkämpfe an und förderte häufig auch deren Professionalisierung, wie watermen- und footmen-Rennen sowie Box- und Cricketwettbewerbe zeigen. Der Beitrag dieser patronisierten Sportveranstaltungen zur Verberuflichung wird noch näher zu untersuchen sein.

Neben der ausgeprägten Wettleidenschaft, die von KROCKOW 1972, S. 10 ff., als wesentlichen Ursprung des englischen Sports überhaupt ansieht, fand der Sport auch Aufschwung durch die im 15. und 16. Jahr-
2.4.2 hundert entstandenen Privatschulen des Adels und des Großbürgertums, durch die Universitäten wie Oxford und Cambridge sowie durch das seit dem 17. Jahrhundert sich ausbreitende Clubwesen (BOHUS 1986, S. 128). Sportspiele wie Fußball, Cricket, Hockey, Rugby und Tennis sowie Sportarten wie Segeln und Rudern verdanken ihre moderne Entwicklung den Public Schools mit angeschlossenem Internat wie in Eton, Harrow, Rugby, Westminster und Winchester.

So erfreuten sich Eton-Schüler bereits vor 1800 am Rudern. Der Ursprung des ersten Bootsrennen zwischen Oxford und Cambridge 1829 liegt im Verfolgungsrudern von Oxford - Undergraduates, die sich zum Nachmittagsvergnügen nach Sandford oder Nuneham stromabwärts begaben.

Auf der Rückfahrt am Abend trafen sie sich in der Schleuse von Iffley. Nach Öffnung derselben versuchte - bis nach Hause wettrudernd - einer den anderen einzuholen (vgl. HARRIS 1972, S. 158 ff.).

Ein berühmter Elizabethanischer Schuldirektor, RICHART MULCASTER, gab in seinen "Positions" 1581 an, daß football zwar rauh war, aber er ging davon aus, daß die "trainings masters" dieses Spiel in den Schulen für Jungens passend anwenden konnten. Fast 3 Jahrhunderte mußten vergehen, bis diese erste Empfehlung organisierter Spiele in britischen Schulen verwirklicht wurde. An den meisten Schulen und Hochschulen wurde es dennoch ohne Mithilfe der Lehrer, meist sogar gegen ausdrückliches Verbot, um nicht vom Studium abzulenken und wegen seiner Gefährlichkeit, gespielt.
In der englischen Schulreform von THOMAS ARNOLD (1795 - 1842) wurde dann der um 1840 legalisierte Sport als offizieller Gegenstand der Schülerselbstverwaltung und -selbsterziehung anerkannt (EICHBERG 1979, S. 62).
In "TOM BROWN'S SCHOOLDAYS" 1857 schildert THOMAS HUGHES aus Rugby den Schulsport Football, Cricket, Boxen, Cross-Country, Ringen und Fives.
Die vor allem dann im 19. Jahrhundert häufig von ehemaligen Studenten für die Arbeiterjugend gegrün-
2.4.3 deten Sportclubs waren mitunter mit einer Kirchen- oder Sonntagsschule verbunden. Auf diese Art entstanden manche der heute berühmten Fußball-Profi-Clubs wie Everton, Southampton und Wolverhampton Wanderers.

Manche Sportclubs in England erlangten sowohl hinsichtlich der Regelkodifizierung oder auch bezüglich der Veranstaltung von Wettbewerben eine dominierende Bedeutung. So erreichten der "Royal Yacht Squadron" (gegr. 1833) im Segeln einen ähnlichen Status wie die "Henley Stewards" (1839) - eine Vereinigung von Schiffsstewards - im Rudern, der "Marylebone Cricket Club" (1787) im Cricketspiel, der schottische "Royal Caledonian Curling Club" (1838) für Curling, der "All-England Croquet Club" (ab 1875) für Lawn Tennis und "St. Andrews" für das Golfspiel.

HARRIS 1972, S. 143, weist auch bezüglich des Cricketspiels darauf hin, daß vom englischen
2.4.4 Klerus wesentliche Impulse für den Dorf- und Clubsport ausgingen. Erstaunlich hoch ist die Zahl der Geistlichen, die sich aktiv daran auch in der heutigen Zeit beteiligen.

2.4.5 Sport- und Spielverbote der Obrigkeit, wie beispielsweise für football erstmals aus dem 14. Jahrhundert, erfolgten zugunsten des Bogenschießens oder zum Schutz gegen Beschädigung von Personen und Eigentum. Ansonsten patronisierten Adlige und Könige als Schirmherrn nicht nur militärisch orientierte und leichtathletische Leibesübungen, sondern nahmen auch wie HEINRICH VIII (1491 - 1547) selbst erfolgreich an Wettbewerben teil:

"To ride, run, leap or cast by violence
Stone, bar or plummet or such other thing
It not refuseth any prince or king" (HARRIS 1972, S. 150).

Das Real (von Royal abgeleitet) oder Court Tennis war ein Spiel der Könige und Höflinge.

Neben HEINRICH VII (1457 - 1509) und HEINRICH VIII, dessen in seinem Palast in Hampton gebauter Platz noch heute in Gebrauch ist, frönten auch andere englische Könige diesem Hallen-Rückschlagspiel. Die meisten Stuart-Könige pflegten das von Schottland übernommene Golfspiel. In der Residenz des Herzogs von Beaufort in Badminton wurde 1860 zum ersten Mal Federball gespielt. Die Anekdote von Sir Francis DRAKE und dem "bowls"-Spiel, das er unbedingt erst beenden mußte, bevor er 1588 zur Bekämpfung der spanischen Armada ausfuhr, hat seinen festen Platz in der englischen Geschichte (HARRIS 1972, S. 174). Von einem Osborne, Herzog von Leeds, wird berichtet, daß er sich oft mit Leuten niedrigster Klasse zum Spaß in den Straßen Londons herumboxte und nicht der einzige Peer von England war, der zum Schrecken für die Londoner Droschkenkutscher und Sänftenträger wurde (SCHÖFFLER 1935, S. 26).

Die vom Adel, dem Klerus, an Schulen, Universitäten und Clubs gepflegten Spiele und sportlichen Übungen waren einer gehobenen Schicht vorbehalten. Die Anfänge der Unterscheidung zwischen dem Amateursport als "Gentlemansport" der Oberschicht und dem professionalisierten Sporttreiben um Geldpreise der Unterschicht gehen hierauf zurück. Der Amateurgedanke entstand bekanntlich als Mittel der sozialen Abgrenzung.
Der in der englischen Politik seit dem Mittelalter beobachtbare Trend zur Demokratisierung mit der damit
2.4.6 verbundenen parlamentarischen Routine trug ebenfalls zur Sportentstehung bei. Bei der Regelkodifizierung war diese politische Erfahrung hilfreich (BOHUS 1986, S. 128).

2.4.7 Der Einfluß der Technik auf die Sportgenese wirkte sich auf verschiedenen Gebieten aus:
Die Leistungsmessung im englischen Reit- und Laufsport erfolgte schon um 1670 in Minuten, vereinzelt bereits in Bruchteilen von Minuten, um 1730 erstmals mit Stoppuhr und Sekundenmessung (vgl. KLOEREN 1935, S. 184-275).

Sportbauten wie Ballhäuser, von denen es 1615 in London allein 14 gab, (vgl. STRUTT 1903, S. 87, EICHBERG 1978, S. 99) und das Amphitheater in London von JAMES FIGG aus dem Jahre 1719, trugen zur Versportung ebenso bei wie die Entwicklung neuer Geräte, die Verwendung neuer Materialien und neuer Technologie. So weist beispielsweise HARRIS 1972, S. 159, sowohl auf die erstmalige Verwendung von Auslegern im Jahr 1845 zur Unterscheidung der Rennruderboote von anderen zweifellos langsameren Booten als auch auf das erste kiellose Ruderboot mit einer Hülle aus gebogenem Holz aus dem Jahre 1856 hin.
Technische Errungenschaften wie das Motorrad brachten neue Sportarten mit eigenen Wettbewerben hervor, wie die erste englische Tourist Trophy 1907 auf der Insel Man zeigt.
Die Perfektionierung von Verhaltenstechniken im Sinne der Optimierung sportlicher Bewegungen verbesserte die sportlichen Leistungen, weckte damit das Sportinteresse und steigerte den Anreizwert vieler Sportarten. Der sportliche Leistungswettbewerb drängte zur Verwissenschaftlichung und Spezialisierung infolge des Einsatzes technischer Hilfen im motorischen Lernprozeß und im Training.

RIGAUER 1969, S. 38, versuchte in angreifbarer Weise eine Kausalbeziehung zwischen Sport und industrieller Arbeitswelt herzustellen:
"Genetisch steht der Leistungssport offenbar in einem kausalen, historisch-gesellschaftlichen Zusammenhang mit der industriellen Entwicklung der rationalen Organisation menschlicher Arbeit."
Die Rationalisierung des sportlichen Trainings mit der einhergehenden Bewegungszerlegung ursächlich auf das arbeitsteilige, industrielle Fertigungsprinzip des Taylorismus zurückzuführen, scheitert am zeitlichen Auftreten des Manufakturwesens als vorindustrielle Betriebsform in England. Arbeitsteilige manufakturelle Produktion ist seit dem 16. Jahrhundert ebenso nachgewiesen wie die Aufteilung von Bewegungsvorgängen zu Lernzwecken bei den Philanthropen bereits ab der 2. Hälfte des 18. Jahrhunderts (vgl. BERNETT 1973, EICHBERG 1979, S. 86).
FREDERICH WINSLOW TAYLOR (1856 - 1915) hat in seinen "Principles of Scientific Management" zu Beginn des 20. Jahrhunderts die wissenschaftliche Betriebsführung mit dem Ziel der Hebung der Produktivität menschlicher Arbeit begründet. Arbeits- und Bewegungsstudien bilden die Grundlage einer rational-funktionalen Betriebsorganisation.
Wenn auch weder ein Kausalzusammenhang zwischen der Entstehung der Industriearbeit als gewerbliche Produktion mit mechanischen Mitteln und dem Sport bewiesen werden kann, noch ihre zeitliche Parallelität eindeutig auszumachen ist (vgl. EICHBERG 1979, S. 86 ff.), so sind doch viele analoge Strukturen

zwischen der durch Technik geprägten Industrialisierung und der englischen Sportbewegung auffällig, welche auf viele gemeinsame geistige und sozioökonomische Grundlagen zurückgehen. Eine völlig strukturelle Gleichheit (BOHUS 1986, S. 127 ff.) anzunehmen, erscheint unhaltbar und dürfte auf einen zu wenig differenzierten Sportbegriff zurückzuführen sein. Die Identität der englischen Sportkultur des 18. und 19. Jahrhunderts ist nicht total, sondern es lassen sich auch Pluralitätsansätze im Sportverhalten erkennen. In diesem Zusammenhang erhebt sich auch die Frage, ob es gerechtfertigt erscheint, den in England enstandenen Sport so eindeutig als völlig neue Art der Leibesübungen darzustellen, wie es überwiegend heute geschieht.
Sicherlich enthält der Sport auch unter Berücksichtigung seiner besonderen Merkmale eine Vielzahl von Strukturelementen, die ihn weiterhin wesenhaft mit den vorindustriellen Leibesübungen und Spielen einer traditionalen Gesellschaft verbinden. Eine diesbezügliche sport- und sozialgeschichtliche Analyse unter dem Kontinuitätsaspekt wäre hierfür nötig. Im Rahmen der vorgegebenen Professionalisierungsproblematik kann darauf nicht näher eingegangen werden.

Somit ist das in England auch unter dem Einfluß industriell angewandter neuer Produktionstechniken geprägte Sportverhalten als eine dem gesellschaftlichen Wandel angemessene Form der Leibes- und Spielkultur zu sehen.

Zusammenfassend ist festzuhalten, daß die geistig und ökonomisch liberalen Strömungen in England sowohl in der vorindustriellen Zeit als auch im Verlaufe der Industrialisierung für viele Bevölkerungsschichten zu einem über den kontinentaleuropäischen Ländern liegenden Wohlstandsniveau geführt haben. Zusätzlich prägten gesellschaftliche Institutionen und Triebkräfte wie Wettleidenschaft, Public Schools, Universitäten, Clubwesen, Klerus, obrigkeitliche Vorbilder des Adels, parlamentarische Routine und neue Techniken charakteristische Prinzipien des modernen Sports aus, welche im 19. Jahrhundert besonders deutlich wurden.

2.5 Prinzipien des modernen Sports in England

Mit der Wende vom 18. zum 19. Jahrundert setzt EICHBERG 1978, S. 29 ff, einen Wandel in der Gesamtstruktur der Verhaltensabläufe in Leibesübungen, Spielen und Tanzen an. Ab 1800 bilden sich die Normen des modernen Sports in England aus. Dieser "Konfigurationswandel" ist gekennzeichnet durch ein geändertes Bewegungsverhalten von Spielern zueinander und in Relation zu Raum und Zeit, durch Leistungsmessung sowie durch Regelung und Kontrolle der Spiele. Das Streben um Zeit und Geschwindigkeit als ein Merkmal der industriell geprägten Verhaltensform im Sport kündigt sich bereits im England des 18. Jahrhunderts bei Watermen-Ruderwettkämpfen, im Wettsegeln, bei Pferderennen sowie im Pedestrianismus an (vgl. EICHBERG 1980, S. 350 ff).Ansätze für Professionalisierung sind erkennbar.

Die Leistungsmessung, der Leistungsvergleich und das Rekordstreben, bewertet nach Zentimetern, Gramm, Sekunden und Punkten, erlangt nun immer größere Bedeutung. Die Eroberung des Raumes durch touristische und bergsteigerische Naturerschließung der Alpen wurde ebenfalls von England aus wesentlich mitgetragen.

Als Triebkräfte für die Entstehung des modernen Sports ebenso wie für die Industriegesellschaft
2.5.1 sind nach EICHBERG 1979 Rationaliserung und Leistungsorientierung verantwortlich.

Nach betriebswirtschaftlicher Definition gemäß dem Rationalisierungskuratorium der Deutschen Wirtschaft beinhaltet der Begriff Rationalisierung die "vernunftgemäße Gestaltung" des Betriebsablaufs (GABLER 1984). Das vernunftbestimmte Handeln im modernen Sport kommt zum Ausdruck durch Bewegungszerlegung und -systematisierung, durch Verwissenschaftlichung, Quantifizierung und Regulierung bzw. Normierung. Die Leistungsorientierung offenbart sich im Wettbewerbs- und Konkurrenzstreben. Spitzenleistungen werden als Rekorde ebenso wie Meisterschaften zunehmend öffentlich bekanntgegeben und prämiert. Als Voraussetzung für Leistungsvergleich und Rekord gewinnt das soziale Gleichheitsprinzip mehr Beachtung. Die sozialexklusiven ständischen Abgrenzungen der einzelnen Sportarten werden abgebaut.

Viele der die Rationaliserung und Leistungsorientierung bestimmenden Merkmale finden wir auch in unserem zugrundegelegten Professionalisierungsbegriff.

Deshalb ist ausgehend von den Grundsätzen des
2.5.2 modernen Sports, dem Leistungs-, Konkurrenz- und Rekordprinzip, eine Tendenz zur Professionalisierung feststellbar. Aus der Sportgeschichte lassen entsprechende andere Beispiele wie die Berufsathleten der antiken Olympischen Spiele, die römischen Gladiatoren oder die spätmittelalterlichen Schaufechter darauf schließen, daß Leistungsorientierung in Leibesübungen geradezu notwendig zur Professionalisierung zu führen schien (EICHBERG 1979, S. 51).

3. Wirtschaftliche und soziale Aspekte der Professionalisierung im englischen Sport

Nachdem nun die wesentlichen geistigen, wirtschaftlichen und sozialen Grundlagen der Sportentstehung einschließlich seiner Prinzipien freigelegt wurden, sollen nun im nächsten Schritt die teilweise schon angedeuteten Professionalsierungsansätze in den englischen Leibesübungen und Sportspielen aufgespürt werden.
Zu diesem Zweck muß an die bereits zugrundegelegten Begriffe Professionalisierung, Kommerzialisierung und Merkantilisierung erinnert werden:
Unter Professionalisierung versteht man die Spezialisierung und Verwissenschaftlichung von Berufspositionen aufgrund gestiegener Anforderungen an das für die Berufsausübung erforderliche Fachwissen, verbunden mit einer Höherqualifizierung der Berufsausbildung, der Einrichtung formalisierter Studiengänge, einer Kontrolle des Berufszugangs durch Fachprüfungen, der Organisation von Berufsangehörigen in besonderen Berufsverbänden, der Kodifizierung berufsethischer Normen, der Zunahme universeller Leistungsorientierung und beruflicher Autonomie sowie einer Steigerung von Berufsprestige und Einkommen.
Unter Kommerzialisierung des Sports versteht man die unter erwerbswirtschaftlichem Prinzip erfolgende fortschreitende Vermarktung von Sportgütern.
Unter Merkantilisierung des Sports versteht man den zunehmenden Handel mit Sportgütern nach kaufmännischen Grundsätzen.

Unter Heranziehung dieser Definitionen einschließlich ihrer davon abgeleiteten Begriffe wird nun versucht, einige der in der sporthistorischen Literatur angeführten Professionalisierungserscheinungen in den Entstehungsphasen des englischen Sports aufzuspüren. Außerdem wird versucht, die wirtschaftlichen und sozialen Hintergründe des Verberuflichungsprozesses aufzudecken. Dabei ist zu berücksichtigen, daß mitunter in der Literatur von Professionalisierung gesprochen wird, wenn Zahlungen an Sportler geleistet werden. Meist handelt es sich dabei um Kommerzialisierung als Einstieg in den Verberuflichungsvorgang.

3.1 Wirtschaftliche und soziale Aspekte der Professionalisierung im englischen Pferdesport

Das Wettreiten als Volksbelustigung ist seit dem 12. Jahrhundert belegt (vgl.WALKER 1972, S. 92-121). Ansätze zur Professionalisierung durch öffentliche Turfs findet man bereits im 17. Jahrhundert. Sowohl Primärprofessionalisierung durch Verberuflichung der Jockeys, welche die Pferde systematisch trainierten, als auch eine Kommerzialisierung des Umfeldes ist belegt (vgl. KLOEREN 1935, S. 184-275). So ist der organisatorische Rahmen von Galopprennen als "matches against time" im 17. Jahrhundert gekennzeichnet durch Aussetzen von Preisen, Erstellung von Rennplätzen mit Rennordnungen einschließlich Schiedsrichterwesen und Gewichtsfeststellungen für die Jockeys. Die Zucht der Rennpferde zielte auf Schnelligkeit, indem man arabische und türkische Hengste einkreuzte.

Die Zeitmessung in Bruchteilen von Minuten ist etwa seit 1660 bekannt. Bürgerliche Wetter, Wettpferdebesitzer und Wettreiter treten auf (vgl. EICHBERG 1978, S. 41-45; derselbe 1980, S. 360-361). Ab dem 18. Jahrhundert wurden Trab-, Wagen- und Hindernisrennen ("steeple chases") unter ähnlichen Bedingungen wie bei den Galopprennen gepflegt. Obwohl die regelmäßige Publizierung der Ergebnisse in Rennkalendern erst mit Beginn des 19. Jahrhunderts erfolgte, sind - insgesamt betrachtet - wesentliche Elemente der Professionalisierung im englischen Pferdesport des 17. Jahrhunderts bereits in Ansätzen erkennbar. Daß das Ausmaß der Professionalisierung und Kommerzialisierung im heutigen Pferdesport unvergleichlich höher liegt, zeigt allein schon der Kauf des Wunderhengstes "Shergar" durch Aga Khan um 13 Millionen US Dollar (Welt am Sonntag vom 16.9.84). Der 1983 entführte Zuchthengst, bei Lloyd's of London um 10,6 Millionen US Dollar versichert, brachte allein für eine Deckung 78.000 US Dollar ein.

3.2 Wirtschaftliche und soziale Aspekte der Professionalisierung im englischen Pedestrianismus

Vorformen der modernen Leichtathletik gehen zurück auf Rennläufe von privaten Dienstboten englischer Adeliger im 17. Jahrhundert. Die Arbeitgeber dieser "footmen" waren auf die Schnelligkeit ihrer Bediensteten ebenso stolz wie auf die ihrer Pferde. Jederzeit war man bereit, auf den Sieg zu setzen. Footmen-Rennen fanden auch großes Interesse in der Gesellschaft, wie ein Eintrag in Pepy's Tagebuch

vom 30. Juli 1663 enthüllt:
"The town talk this day is of nothing but the great foot-race run this day on Banstead Downs between Lee, the Duke of Richmond's footman, and a tiler, a famous runner. And Lee hath beat him; though the King and Duke of York and all men almost did bet three or four to one upon the tiler's head" (nach HARRIS 1972, S. 150).
Oft fanden diese Langstreckenläufe im Rahmen von Pferderennen auf Pferderennbahnen vor einer großen Zuschauermenge statt, welche vom Wettrisiko angelockt wurde.
Die footmen traten ebenfalls auf den Cricketplätzen von Gasthäusern gegeneinander an.
Da es häufig passierte, daß einer von beiden vorzeitig aufgab, wenn er keine Siegchance mehr sah, lag die Attraktion für die Menge nicht so sehr im Lauf selbst, als vielmehr eindeutig an der Wettmöglichkeit.
Bereits für das Jahr 1618 sind £ 6000 insgesamt als Wettsumme bei einem Rennen belegt (vgl. EICHBERG 1978, S. 50 ff.).
Als aktive Läufer beteiligten sich auch Adelige und Bürger. Um 1680/85 trat ein Fleischer aus Leeds als selbständiger Berufsläufer auf. Die Wettläufe der "peds" dauerten bis in die 1. Hälfte des 19. Jahrhunderts fort.
Die Verfeinerung der Meßtechnik ermöglichte bereits um 1733 ein Rennen nach Sekunden, wobei auch die Laufzeit des Verlierers vermerkt und betont wurde, daß dieser innerhalb von 5 Jahren in 102 Wettläufen gewonnen hatte.

Das 1791 in London gegründete "The Sporting Magazine" berichtete als erstes Sportjournal zunächst noch nicht so sehr über die gemessenen Leistungen als vielmehr über die Person des Siegers und über die Wetten (vgl. HIRN 1936, S. 67-70).
Ab der Mitte des 19. Jahrhunderts schwand die Begeisterung für den Pedestrianismus infolge der Bestechlichkeit der Läufer zugunsten der Pferderennen, da - wie HARRIS 1972, S. 151, vermutet - zumindest die Pferde unbestechlich waren.

Der Aufschwung der modernen Leichtathletik ging hauptsächlich von den englischen Schulen und Hochschulen mit ihren klassisch orientierten Lehrplänen aus. Der professionell orientierte Pedestrianismus verlor an Bedeutung, da die führenden Gesellschaftsschichten den Sport der Schulen und Hochschulen mit dem Aufblühen der Leichtathletik ab der Mitte des 19. Jahrhunderts von dem in Verruf geratenen Profi-Laufsport abschirmten (EICHBERG 1978, S. 51). 1864 entstand der Amateurparagraph und 1866 der Amateur Athletik Club.
Laufveranstaltungen mit 20.000 - 30.000 Zuschauern um das Jahr 1850 brachten in ihrem Gefolge auch dem älteren Pedestrianismus noch einmal ein kurzes Aufflackern. Für die weitere Entwicklung ist jedoch charakteristisch, daß das Wort "pedestrian" in der 2. Hälfte des 19. Jahrhunderts für den Läufer verschwindet und dafür das aus dem Griechischen stammende "athlete" verwendet wird (HARRIS 1972, S. 152).

Der Pedestrianismus im England des 17. bis Mitte des 19. Jahrhunderts zeigt, daß der Spannungsgehalt von Ausscheidungsläufen durch die damit verbundenen Wetten erhöht und somit infolge der Kommerzialisierung des Umfeldes die Professionalisierung ermöglicht wurde. Ein Ausscheidungsrennen von nur 2 Läufern reizt offensichtlich in hohem Maße wegen seines roulette-artigen Ambivalenz-Charakters zum Wetten an.

In der heutigen Zeit finden wir ähnliche massenwirksame Sportveranstaltungen in Form der Ausscheidungswertungen bei Sechs-Tage-Rennen oder der Parallel-Slalom-Wettbewerbe, die im übrigen auch von den Profiskirennläufern übernommen wurden.
Zur Attraktivität des Pedestrianismus trug wahrscheinlich außerdem die besondere, snobistisch angehauchte Atmosphäre einer von Aristokraten patronisierten Sportveranstaltung bei.
EICHBERG 1979, S. 51, verweist auf die Schaustellung und den zirzensischen Ursprung des modernen Sports in England im Zusammenhang mit der Patronisierung von Sport und Spielen: "Patronisierung bedeutete nichts anderes als Finanzierung von Leibesübungen als öffentliche Attraktion".
Bezüglich der Wettleidenschaft der Engländer als ein die Professionalisierung fördernder Faktor ist auch die Frage aufzuwerfen, ob diese spezifische Eigenschaft eventuell wesentlich durch den nachgewiesenen allgemeinen Wohlstand angeregt bzw. verstärkt wurde. So sieht der Arbeitersportler HELMUT WAGNER 1973, S, 55 ff., die Wette als "Verbindung kapitalistischer Spekulationsgesinnung mit der vornehmen Verachtung des Geldes durch die Aristokratie" an.

Wenn auch die Ursprünge des Pedestrianismus auf die Wettleidenschaft der Adligen zurückzuführen waren, so läßt doch die von weiten Bevölkerungsschichten und in vielen Lebensbereichen, nicht nur im Sport, praktizierte Wettsucht auf die Verfügbarkeit von monetären Mitteln für den Wetteinsatz schließen, der ein Einkommen über dem reinen Existenzminimum voraussetzte.
Eine genaue psychologische bzw. sozialpsychologische Motivforschung über die Ursachen der Wettleidenschaft würde jedoch über den Rahmen dieses Themas hinausgehen.
Leider geben die historischen Quellen keine Aufschlüsse über die genaueren Bedingungen, unter denen sich die Primärprofessionalisierung vollzog.
Sicher kann man davon ausgehen, daß sich footmen und Berufsläufer zwischen den Wettbewerben durch Laufübungen und Training ernsthaft darauf vorbereiteten. Auch der Patron wird aus seinem wirtschaftlichen Interesse heraus darauf geachtet haben.

3.3 Wirtschaftliche und soziale Aspekte der Professionalisierung im englischen Cricketspiel

Aus mittelalterlich-volkstümlichen Vorformen des Keulenballspiels entwickelte sich im Laufe des 17. und 18. Jahrhunderts das englische Schlagballspiel Cricket (EICHBERG 1980, S. 384).
Das erste Mal wird von einem Wettspiel am 6. Mai 1676 im syrischen Aleppo zwischen Spielern der britischen Flotte berichtet, die vor Antiochien lag (vgl. HARRIS 1972, S. 134 - 181).

Als Beginn des modernen Cricket wird das Jahr 1700 angenommen, als in einer Zeitung eine Anzeige über ein Cricketwettspiel erschien "the first Game to be played on Clapham Common near Foxall on Easter Monday next, for £ 10 a head and £ 20 the odd one". Für das Zustandekommen dieses Cricketwettspiels ist somit eindeutig ein öffentliches Wettangebot belegt. Die Kommerzialisierung durch hohe Wetteinsätze begleitet das Cricketspiel bis ins 19. Jahrhundert hinein. Zur Vermeidung von Streitigkeiten wurden im Verlauf des 18. Jahrhunderts mehrere Regelfassungen und -revisionen vorgenommen.

1787 überredeten 2 Adelige einen Unternehmer namens Lord, in London einen Cricketplatz zu eröffnen. Der damals gegründete, private, aristokratisch orientierte Marylebone Cricket Club (MCC) hat bis heute infolge einer pragmatisch-flexiblen Regelpolitik seine Autorität für das Cricketspiel erhalten können.

Manche Regelrevisionen bezogen sich nicht nur auf sportspezifische Bestimmungen wie etwa die Zahl der Mannschaftsspieler, sondern versuchten auch die Kommerzialisierung des Spiels durch Regelungen für das Wettwesen zur Vermeidung der Spielmanipulation in den Griff zu bekommen. Das Wetten von Schiedsrichtern wurde allerdings erst relativ spät im Jahr 1835 verboten.

Die ständige Anwesenheit von Buchmachern bei Lords zog auch immer eine Bestechungsgefahr für die Spieler nach sich.

Bereits im 18. Jahrhundert spielten, trotz der bestehenden, klaren, sozialen Unterscheidung zwischen

Amateuren und Professionals, beide Gruppen um Geldpreise bzw. Einsätze. Aus Erwerbsgründen war der in einem anderen Beruf tätige Profi gezwungen, mit dem erspielten price-money seinen Lebensunterhalt mitzufinanzieren, um den Lohnausfall während des Cricketspiels zu kompensieren.
Ein Amateur wie Lord FREDERICK BEAUCLERK (1773 - 1848), Sohn eines Herzogs und Wanderprediger, der übrigens verdächtigt wurde, "to throw a match", in das er hoch gewettet hatte, bestritt zwar seinen Lebensunterhalt nicht vom Spiel, verdiente jedoch daraus über £ 600 pro Jahr, was in heutiger Kaufkraft vielen tausenden engl. Pfund entspricht.
Die Spieleinkommen der Profis wurden manchmal bezahlt von den Amateuren, mit denen sie spielten, manchmal auch durch die Organisatoren von Wettspielen aus den Eintrittsgeldern, denn schon früh im 18. Jahrhundert zogen die Wettspiele große Zuschauermassen an.
Viele Gaststätten und Tavernen hatten Cricketplätze angeschlossen. Entweder organisierte der Wirt selbst die Matches auf seinem Platz oder er vermietete ihn an andere Veranstalter. In jedem Fall zog er auch Nutzen aus hungrigen und durstigen Matchzuschauern.

Neben dieser Form der Kommerzialisierung des Cricketspiels ist auch die Merkantilisierung durch den Verkauf von Cricketausrüstung (Schläger und Bälle) belegt, wie das Beispiel des Platzwartes beim MCC um 1850 zeigt (HARRIS 1972, S. 140).
Eine Vorform des heutigen, herumziehenden, kommerzialisierten und professionalisierten Ski-, Golf- oder Tenniszirkus stellen "The All England Eleven" dar.

Unter diesem Namen versammelte Mitte des 19. Jahrhunderts der Cricketspieler Clarke aus Nottinghamshire eine mobile Profitruppe um sich und spielte mit ihr gegen alle Clubs im Lande, welche eine finanzielle Garantie übernahmen. Daß konkurrierende Mannschaften entstanden, beweist wohl den wirtschaftlichen Erfolg solcher Unternehmungen. In ähnlicher Weise erfolgt heutzutage die Mittelbeschaffung von Fußballprofiteams in Spielpausen oder in der Vorbereitungszeit auf die Bundesligasaison durch Herumtingeln in der Provinz gegen Bezahlung eines Spielfixums. Wenn auch der sportliche Aspekt des Mannschaftsaufbaus durch den Test von Neuerwerbungen und Ersatzspielern in diesem Zusammenhang nicht vergessen werden darf, so spielt die damit verbundene Finanzierung eine nicht unerhebliche Rolle. So sind in den Bruttoeinnahmen der Lizenzspielerabteilung des FC Bayern in der Spielsaison 1983/84 von DM 19.386.635,58 auch die Garantiesummen für Vorbereitungsspiele enthalten (Bayern-Magazin 11/1984).

Die Beliebtheit des Cricketspiels war zu einem großen Teil auf die Identifikation der Zuschauer mit ihren Countyteams zurückzuführen. Für die Grafschaftsmannschaften gab es neben der individuellen Spielleistung strenge Qualifikationsregeln nach Geburt oder Wohnsitz. Die Förderung des Club- und Dorfcricket durch den örtlichen Klerus, auch in Form der aktiven Spielteilnahme, trug ebenfalls zur Popularität bei.

Erst in jüngster Zeit ist es infolge von Regeländerungen zu einem schnellen Spielertransfer von Club zu Club gekommen, so daß manche Cricketteams so wenig

Beziehung zu ihren Grafschaften haben wie Profifußballmannschaften zu ihren Städten, unter deren Namen sie antreten. Bis 1966 spielten zwar Amateure und Profis grundsätzlich miteinander in gemeinsamen Mannschaften. Mit der Abschaffung der Unterscheidung zwischen Amateuren und Profis verschwanden auch die speziellen Matches zwischen Amateuren und Profis, die "Gentleman versus Players"-Begegnungen, welche aus dem Jahre 1806 stammten und ohne Rücksicht auf Meisterschaftspunkte die besten Cricketleistungen boten.
Die Cricketclubs finanzierten sich aus den Mitgliedsbeiträgen der Spieler. Somit waren diese Amateure.
Um die Mannschaftsleistung zu steigern, setzten die Clubs auch Profis ein, deren Rechtsstatus sich als Angestellte von dem der Mitglieder unterschied.
Die Parallele zum heutigen Lizenzspielerstatus beim Fußball ist vorhanden. Bis nach dem 2. Weltkrieg war es allerdings üblich, daß der Kapitän der Mannschaft ein Amateur sein mußte.
Die Tatsache, daß man Cricket über eine Generation lang leistungsmäßig spielen kann, hat ebenso wie seine Eignung als Zuschauersport zur Beliebtheit beigetragen. Deshalb konnte sich im Cricketspiel ein Starkult mit legendärem Ruhm von über Jahrzehnte lang bekannten Spielerpersönlichkeiten herausbilden.
Zur Internationalisierung des Cricket im englischen Sprachraum führten auch die sog. Testspiele, welche zum Vergleich der Spielstärke mit ausländischen Auswahlmannschaften angesetzt wurden.

Trotz aller Anstrengungen, heutzutage durch Veränderung des Spielmodus wie die Einführung von Cupwettbewerben und von Ein-Tages-Matches die Zuschauerzahlen anzukurbeln, geht infolge der überzogenen Kommerzialisierung das Publikumsinteresse in der höchsten Liga ständig zurück.

Insgesamt betrachtet bieten die Entstehung und die Pflege des Cricketspiels als Freizeit- und Zuschauersport in England ein prägnantes Beispiel für Kommerzialisierung, Merkantilisierung und Professionalisierung im Sport, wobei die Involvierung mit ökonomischen Interessen über mehr als 2 Jahrhunderte hinweg das Spiel mehr gefördert als beeinträchtigt hat.

Durch das Auftreten von Berufsspielern zeichnet sich eine Primärprofessionalisierung im Cricket ab. Dazu haben verschiedene Faktoren beigetragen wie das Wettwesen, die Institutionalisierung und Kontrolle eines verbindlichen Regelwerks im MCC, die Art der Spielerrekrutierung in Countyteams, die überregionale Spielorganisation mit mobilen Profimannschaften, die infolge der gesellschaftlichen Einbindung des Spiels gewährleistete Identifikation der Zuschauer und somit nicht zuletzt der Aufbau eines Starkults um berühmte Cricketkönner.

3.4 Wirtschaftliche und soziale Aspekte der Professionalisierung im englischen Boxsport

Über ein Jahrtausend lang war in Europa der zwar literarisch bekannte, mit dem Gladiatorentum verbundene, antike Faustkampf als eigenständige Kampfsportart verschwunden gewesen.
In England traten überraschend in Form des Adelsboxens mit Ende des 17. Jahrhunderts und in Form

des Schauboxens mit Beginn des 18. Jahrhunderts 2 Vorläufer des modernen Sportboxens auf (vgl. EICHBERG 1980, S. 379).

Nach der Glorreichen Revolution von 1688 wurden erstmals Streitigkeiten zwischen Adligen und Angehörigen unterer Volksschichten sowie später auch zwischen Adeligen untereinander nicht mehr mit dem Degen sondern durch Faustkämpfe ausgetragen.
Im Verlauf des 18. Jahrhunderts befaßten sich Gentlemen und Noblemen zu ihrem Vergnügen mit Boxen entweder als Organisatoren von Boxkämpfen der Unterschicht oder als Wettende bei professionellen Schaukämpfen (vgl. EICHBERG 1978, S. 80 - 87).
Erst mit Beginn des 19. Jahrhunderts begannen vermehrt auch Adelige selbst aktiv zu boxen, nachdem auch das Schauboxen der professionellen Fecht- und Boxmeister das moderne Sportboxen mit angeregt hatte.
Die Verhaltensänderung junger Aristokraten, statt zu duellieren, sich im Faustkampf zu bewähren, führte erstmals zum Auftauchen von Boxlehrern.
Die professionellen Fechtmeister des frühen 18. Jahrhunderts paßten sich der geänderten Nachfrage an und traten auch als erste Boxprofis in Wett- und Schaukämpfen gegeneinander an, um künftigen Schülern ihr Können vorzuführen. So organisierte der Begründer des Schauboxens JAMES FIGG im Jahr 1725 in seinem Londoner Amphitheater eine Boxdemonstration zwischen einem Engländer und einem italienischen Gondoliere. Figg selbst soll sich bereits 1719 als Champion of England bezeichnet haben.
Ein anderer Boxmeister namens BROUGHTON verfaßte 1743 die ersten Boxregeln. Das Verhältnis von

Kämpfern, Sekundanten, Betreuern und Schiedsrichtern zueinander wurde in Anlehnung an die Duelle geregelt. Als Runden zählte man die Boxdauer von einem Niederfällen der Kämpfer zum anderen.
War ein Boxer länger als eine halbe Minute am Boden, hatte er verloren. Die Technik des damaligen Faustkampfes war durch zahlreiche Elemente des Ringens und Raufens gekennzeichnet. Das Stoßen mit den Füßen wurde zwar verboten, aber ähnlich wie beim früheren Preisfechten war das auf der Bühne rinnende Blut von zentraler Bedeutung für das Zuschauer- und Wettinteresse. Boxhandschuhe wurden nur im Training benutzt. Dieses Schauboxen der Profis und Boxmeister wurde in der 2. Hälfte des 18. Jahrhunderts wegen seiner Brutalität mehrfach verboten. Der zirzensische Charakter hielt den Boxschaukampf in engen gesellschaftlichen Grenzen. Jedoch verdienten die Champions auch als Boxlehrer nicht schlecht, wie das Beispiel des am Ende des 18. Jahrhunderts bekannten "Gentlemen" JACKSON zeigt, der u.a. LORD BYRON (1788 - 1824) unterrichtete und pro Jahr die enorme Summe von insgesamt £ 1000 für Boxlektionen einnahm.

Aus dem Training der Adligen heraus wurde das Boxen versportlicht, jedoch zunächst noch ohne ausgeprägte Leistungsausrichtung.
Diese Neuorientierung hin zum sportlichen Boxen führte um das Jahr 1800 zu seiner Aufnahme an den Public Schools. Von der aggressionskanalisierenden Funktion des Boxens in der Jugenderziehung berichtet HUGHES aus Rugby 1834/42 in TOM BROWN'S SCHOOLDAYS (nach HARRIS 1972, S. 168):

"The constant use of those surest keepers of the peace, the boxing-gloves, kept the boys from fighting one another. Two or three nights in every week the gloves were brought out, either in the hall or fifth-form room".
Modebewußte junge Dandies gründeten 1812 in London den Puglistic Club als ersten Boxclub überhaupt.
Die 1838 eingeführten Londoner Regeln änderten nichts Wesentliches an der Brutalität des wilden Freistilboxens. Allerdings wurde erstmals nach Gewichtsklassen eingeteilt.

Wie im Pedestrianismus verursachte zunehmende Korruption um die Mitte des 19. Jahrhunderts einen Niedergang des Boxsports in England.
Der neuerliche Aufschwung des Boxens in der 2. Hälfte des 19. Jahrhunderts war auf den Einfluß von LORD LONSDALE und LORD QUEENSBERRY zurückzuführen.

Die fortschreitend praktizierten Kriterien des modernen Boxsports mit Gewichtsklassen, Handschuhen, Punktewertung, Zeitrunden und Austragung von nationalen und internationalen Meisterschaften wurden erst relativ spät mit den Regeln des MARQUESS of QUEENSBERRY aus dem Jahr 1882 festgelegt (EICHBERG 1978, S. 82 ff.).

Die Entstehung des Boxsports in England bietet nicht nur ein weiteres Beispiel für Kommerzialisierung und Professionalisierung, sondern offenbart sehr deutlich die wirtschaftliche Funktion des Lehrwesens im modernen Schausport.

Die primärprofessionalisierten Berufsboxer regten über ihre Schaukämpfe, zu denen schon 1811 20.000 Zuschauer kamen, eine Sekundärprofessionalisierung des Boxlehrwesens an. Betriebswirtschaftlich betrachtet wurde der Schaukampf als Werbemaßnahme instrumentalisiert und ins Marketingkonzept des Boxmeisters mit einbezogen.
In der heutigen Zeit zielen Schaukämpfe in Tenniscenters oder auch Demonstrationsfahrten von Skilehrerteams als Teil des absatzpolitischen Instrumentariums auf denselben Zweck ab, wenn auch hierbei mehr der Anreiz zur technischen Perfektionierung im Vordergrund steht.
Wirtschaftlich gesehen entspricht die Kombination des Berufskämpfers und Boxlehrers einer Diversifikation (vgl. LECHNER/EGGER/SCHAUER 1983, S. 293) seiner Dienstleistungen, was auch hinsichtlich der Kontinuität seiner Erwerbschancen bedeutungsvoll war, da er aufgrund von Verletzungen nur mit zeitlich eng begrenzter Kampffähigkeit rechnen mußte.

Am englischen Boxsport ist aus ökonomischer Betrachtung außerdem bemerkenswert, daß sich der Faustkampf als Spannungssport offensichtlich besonders gut für Professionalisierung und Kommerzialisierung eignet.
In den Anfängen des Boxens lag wohl der Anreiz für Zuschauer und Wettende mehr in der reinen Brutalität des gegenseitigen Zu-Boden-Schlagens der Kämpfer. Mit der Versportung des Boxens wurde dieses zwar weniger roh, jedoch blieb die Spannung durch den Entscheidungscharakter der Knock-out-Regel erhalten.

EICHBERG 1978, S. 109, geht davon aus, daß die Erwartungshaltung im Hinblick auf einen unsicheren Ausgang durch die später eingeführte zeitliche Begrenztheit des Kampfes sogar noch gesteigert wurde.

Im übrigen besteht die wirtschaftliche Bedeutung der heutigen Unterscheidung zwischen Profi- und Amateurboxsport auch aus einer weitgehend wahrgenommenen Kommerzialisierungsfunktion für Amateur-Spitzenboxer. Häufig wechseln diese auf dem Höhepunkt ihrer Karriere in das Profiboxgeschäft über.
Daß Gewalttätigkeit und Brutalität als spannungsproduzierende Elemente mitunter die Ökonomisierung des Sport wesentlich erleichtern, zeigt heute auch die Attraktivität von Eishockey und Fußball.

3.5 Wirtschaftliche und soziale Aspekte der Professionalisierung im englischen Fußballspiel

Die beiden aus England stammenden Varianten des Fußballspiels - Rugby und Soccer - entspringen gemeinsam den kämpferischen Volksballspielen, die seit dem 12. Jahrhundert auf den britischen Inseln belegt sind (vgl. EICHBERG 1980, S. 379).
Diese "folk-games" unterscheiden sich von den "modern sports" wie unser heutiges Fußballspiel wesentlich durch das Vorhandensein formaler Spielorganisation und stärkerer Kontrolle der Emotionen (vgl. DUNNING 1973, S. 228; ders. 1975, S. 110 - 111; EICHBERG 1978, S. 93 ff.).

Fast alle früheren Zeugnisse von diesen wilden Massenspielen hängen zusammen mit den zahlreichen Verboten entweder aufgrund seiner Rivalität mit dem Bogenschießen oder wegen der damit verbunden Gefährdung von Personen und Eigentum. Schwere Verletzungen und sogar Todesfälle kamen vor. So sind zwischen 1314 und 1666 über 30 Unterdrückungsversuche durch die Obrigkeit belegt (EICHBERG 1978, S. 91).

Das rohe Fußballspiel wurde etwa ab der Mitte des 18. Jahrhunderts an den Public Schools aufrechterhalten, an denen der Anteil der Oberschichtschüler bei weitem überwog, obwohl diese Schulen urspünglich für die weniger bemittelte Jugend bestimmt waren.
Im Zusammenhang mit Schülerrebellionen gegen die bürgerlichen Lehrer um die Wende vom 18. zum 19. Jahrhundert mißachteten die Oberschichtabkömmlinge demonstrativ die Fußballverbote. In Anlehnung an das schulische Prinzip des prefect-fagging, entwickelte sich das Fußballspiel zum Herrschaftsinstrument der älteren und stärkeren Knaben gegenüber den jüngeren und schwächeren. Diese mußten die passiven Rollen des Torhütens übernehmen, jene durften als Stürmer aktiv werden.
Nach EICHBERG 1978, S. 106, spiegelte diese Rollenverteilung noch einmal verspätet den ständischen Gesellschaftscharakter wider.
Das Fußballspiel erhielt nicht nur durch dieses jugendliche Protestverhalten an den Schulen Auftrieb, sondern profitierte auch vom Wandel des Freizeitverhaltens der Oxford- und Cambridgestudenten.

Mit Beginn des 19. Jahrhunderts wandte sich das studentische Freitzeitinteresse von den Pferden ab und wieder den Leibesübungen der Schulzeit zu (HARRIS 1972, S. 144).
Doch es fehlten einheitliche Fußballregeln. Im Verlauf der Reformierung der Public Schools, die in Rugby unter dem Rektor THOMAS ARNOLD 1828 begann, wurde das brutale Fußballspiel pädagogisiert. Die 1846 erstmals nach der in Rugby üblichen Spielweise festgelegten Regeln wurden nun auch von den vielen neuen Schulen übernommen, die aufgrund des wachsenden Wohlstands im Land gegründet wurden (HARRIS 1972, S. 145).
In der Folgezeit errichtete man nun vermehrt Fußballclubs. 1863 entstand in Cambridge anläßlich einer überregionalen Verbandsbildung und Regelfestsetzung die Football Association (FA) und damit gleichzeitig die Aufspaltung in das Spiel mit Ballannahme durch Fangen, Rugby, und in das Spiel, bei dem nur der Torhüter fangen darf, das später als Soccer bezeichnet wurde.
Viele der nun im ganzen Land für die Arbeiterjugend gegründeten Clubs waren mit einer Kirchen- oder Sonntagsschule verbunden. Manche der heute berühmten Proficlubs wie Wolverhampton Wanderers, Southampton und Everton nehmen hieraus ihren Ursprung.
1871 wurde erstmals auf nationaler Ebene um die Meisterschaft gespielt und unparteiische Schiedsrichter eingesetzt. Fußball als Zuschauersport nahm seinen Aufschwung:
1874 verlangte man beim Cupfinale erstmals Eintrittsgeld. Steigende Zuschauerzahlen - im Jahr 1885 27.000, 1893 45.000, danach durchschnittlich 80.000 - sind belegt (EICHBERG 1978, S. 108).

Die Attraktivität des Fußballspiels steigerte sich erheblich durch die Einführung der Abseitsregel von 1878/79, die das schnelle Mannschaftsspiel förderte. Auch die noch heute gültige Abseitsregel aus dem Jahr 1925 verstärkte dann später diese Entwicklung noch.

Das Entstehen eines überregionalen Wettkampfwesens warf das Problem der Spielerbezahlung auf. Arbeiter waren auf ein Entgelt für den Lohnausfall bei Wettkampfreisen angewiesen. In Hinblick auf das Cricketspiel, in dem bereits ein Jahrhundert lang Profis und Amateure friedlich miteinander auskamen, autorisierte die Football Association (FA) im Jahr 1885 die Spielerbezahlung. Sie setzte jedoch einen Maximalverdienst fest, ein Grundsatz, der bis nach dem 2. Weltkrieg aufrechterhalten wurde.
Allmählich auffällige Leistungsunterschiede zwischen Amateur- und Profispielern sowie unerwünschte Nebenerscheinungen des Profitums führten zur Gründung von Amateurclubs unter der Obhut der Amateur Football Association (AFA) mit eigenen Wettspielen. Die FA blieb jedoch für die AFA-Clubs weiterhin offen.
Aus wirtschaftlichen Gründen nahmen Amateurclubs am FA-Cup gerne teil, da ein Profiteam als Gegner hohe Eintrittsgelder verschaffte. Die "Corinthians", 1883 gegründet, der bekannteste Amateurclub, der seine Spieler von den Universitäten bezog, nahm schließlich auch am Cup teil und bot einige Jahre lang den besten Profiteams Paroli. Letztlich gibt er jedoch ein Beispiel dafür ab, daß Amateurfußball auf Dauer dem Profitum leistungsmäßig unterlegen ist.

Die 1871 ins Leben gerufene Rugby Union verbot die Spielerbezahlung und den Wettkampf mit Profis und wandte sich auch gegen organisierte Wettbewerbe überhaupt. So kam es durch Arbeitervereine zur Gründung der Northern Rugby Union. Um die für Profi-Rugby erforderlichen Eintrittsgelder zu erschließen, führten sie zuschauerfreundliche Regeländerungen ein.
Die Spiele der Rugby Union verlaufen dagegen auch heute noch wegen der nur noch den Schiedsrichtern verständlichen, zu komplizierten Regeln langweilig und ohne Spannung (vgl. HARRIS 1972, S. 149 ff.).
In den Anfangsjahren des modernen Fußballspiels wurde, im Unterschied zu vielen anderen englischen Sportarten, nicht gewettet. Das Wetten im Sport zieht grundsätzlich die Korruptionsgefahr mit sich. Wenn auch heutzutage in England die Wetteinsätze im Soccer nach dem Pferderennen an zweiter Stelle liegen, so spielt die Bestechung praktisch keine Rolle, da über die Pools auf eine Vielzahl von Matches - nicht nur auf ein einziges - gesetzt wird.
Allerdings beweist der deutsche Bundesligaskandal von 1972, daß Korruption im Profifußball auch ohne den Wetthintergrund möglich ist, besonders wenn der Abstieg aus der Liga droht.

Die Entstehung des englischen Fußballsports weist nach, daß ein differenziertes, überregionales Wettsystem mit hohem zeitlichem Aufwand für Wettkampfreisen zunächst kommerzielles Handeln im Sport durch weniger begüterte Sportler hervorruft. Obwohl aus der Geschichte nicht ersichtlich, ist anzunehmen, daß damals schon ein zusätzlicher zeitlicher und materieller Aufwand für Training und Wettkämpfe nötig war.

Der Übergang von Kommerzialisierung zur Primärprofessionalisierung fand statt, als die Spielleistungen im Fußball so hochgeschraubt wurden, daß die Spieler ihrem ursprünglichen Beruf nicht mehr nachgehen konnten.

Eine flexible Regelgestaltung ermöglichte die Genese des modernen Fußballspiels zu einem zuschauerattraktiven Spannungssport. Die Erwartungshaltung hinsichtlich des unsicheren Spielausgangs ist beim modernen Fußball durch mehrere Faktoren bestimmt (vgl. EICHBERG 1987, S. 109 ff.):
Die Einfachheit des Entscheidungscharakters liegt in der Konzentration des Spielverlaufs auf den Torschuß, der insoweit mit dem K.O. beim Boxen vergleichbar ist. Die beim Rugby anstelle des Torschusses übliche Punktberechnung nach verschiedenen Treffern wird als einer der Gründe für die geringere Verbreitung dieses Spiels angesehen.
Die Spannung des Fußballspiels wurde durch die klar gegliederte Einteilung der Spielzeiten ebenso gefördert wie durch die Einführung der Abseitsregeln, welche die Dynamik der Positionsveränderungen und des Zusammenspiels wesentlich erhöhten.
Ein auf Endspiel und Meisterschaft bezogener Austragungsmodus steigerte außerdem die Spannung in den Cupwettbewerben.
Die durch Kommerzialisierung angeregte Zunahme der - zwar nicht in c-g-s-Daten meßbaren - technisch-taktischen Spielleistung hat dem Spannungsgehalt des Fußballs den zirzensischen Schaucharakter hinzugefügt.

Zusätzlich trägt die im modernen Fußball durch Regeln kultivierte und eingeschränkte, jedoch grundsätzlich vorhandene Brutalität des körperlichen Zweikampfes für manche Zuschauer ebenso zu einer gesteigerten Erwartungshaltung bei, wie gruppendynamische Identifikationsprozesse, die als Zuschauerausschreitungen mitunter offener ausbrechen.
Wirtschaftlich gesehen besteht der individuelle Nutzen beim Konsumenten eines Fußballspiels aus der Befriedigung des Mangelgefühls nach Spannung, die von den genannten Faktoren aufgebaut wird.
Viele Zuschauer zieht es offensichtlich ins Stadion, weil sie für ihr Eintrittsgeld u.a. auch gewalttätige Handlungen und Regelverstöße auf dem Spielfeld erwarten und dadurch angeregt, ihre Gefühle ausleben wollen. Diese Sensationslust von Menschenmassen hat ebenfalls zur Professionalisierung des Fußballsports beigetragen.

3.6 Wirtschaftliche und soziale Aspekte der Professionalsierung im englischen Rudersport

Das Rudern als Sportart nimmt seinen Ursprung aus den "watermen"-Rennen auf der Themse im 18. Jahrhundert und dem Schüler- und Studentenrudern mit Beginn des 19. Jahrhunderts (EICHBERG 1980, S. 351).
Im Jahre 1715 stiftete der Londoner Schauspieler THOMAS DOGGETT einen Preis, der aus einem Überrock und einem Abzeichen bestand, für ein Rennen zwischen jungen Berufsruderern, die in London für den öffentlichen Transport von Personen und Lasten zuständig waren.

Viele solcher Rennen wurden in der Folgezeit durchgeführt, verbunden mit hohen Wetten und auch als Herausforderungsmatches. 1831 wurde ein solches Rennen als Weltmeisterschaft ausgerufen. Wann immer ein Herausforderer genug finanzielle Mittel aufbringen konnte, trat der amtierende Champion an.
Das Wort Regatta für Ruderwettbewerbe wurde übrigens erstmals 1652 im Englischen im Zusammenhang mit einem Bericht über ein Gondolieri-Wettrudern in Venedig gebraucht (vgl. HARRIS 1972, S. 157).
Die Entstehung des Verfolgungsrudern zu Beginn des 18. Jahrhunderts wird auf die Rückkehr von Oxfordstudenten nach dem üblichen nachmittäglichen Ruderausflug zurückgeführt, wenn nach Öffnung der Schleuse von IFFLEY einer den anderen einholen wollte.
1818 war der bekannte Ruderclub LEANDER gegründet worden. Das moderne Rudern wird allgemein mit dem ersten Bootsrennen zwischen Oxford und Cambridge 1829 angesetzt. Das Interesse für Rudern breitete sich in dieser Zeit schnell aus.
Die ersten Bootsrennen in HENLEY ab 1829 brachten so viel gewinnbringende Kundschaft in die Stadt, daß die Bürger 1839 die Henley Regatta fest einführten. Als das bedeutendste Rudereignis in England wird sie seitdem unter der Obhut eines Ausschusses von Schiffsstewards autokratisch durchgeführt.
Obwohl aus Ruderrennen - nicht nur wegen der Unüberschaubarkeit der Strecken - nur wenig Eintrittsgelder zu erzielen waren, gab es dennoch eine heftige Kontroverse über den Amateurstatus. Da anfänglich

professionelle watermen in Oxford-Crews mitruderten bzw. in Cambridge-Booten steuerten, kam es hierüber zur Trennung von Amateuren und Profis. Mit Gründung der Amateur Rowing Association (ARA) im Jahr 1882 wurde der Amateurstatus definiert, der nicht nur professionelle watermen ausschloß, sondern auch jeden, "who is a mechanic, artisan or labourer, or engaged in any menial duty, or is a member of a boat or rowing club containing anyone liable to disqualification under the above rules" (HARRIS 1972, S. 159).
Da man den Handwerkern damit die Amateureigenschaft versagte, entstand zu deren Interessenvertretung 1890 die National Amateur Rowing Association (NARA).
Im Rudern gab es somit Profis und 2 Arten von Amateuren; Mitglieder der NARA und Mitglieder der ARA. Letztere durften allerdings keinen Handwerksberuf ausüben und keinem Ruderclub angehören, welcher Handwerker als Mitglieder hatte. Den Handarbeitern unterstellte man, mehr Kraft und Zähigkeit für den Rudersport zu besitzen.
Die Beweggründe für die exklusive Amateurdefinition der ARA sieht HARRIS 1972, S. 160, sowohl in dem victorianischen Standesbewußtsein als auch in dem Bemühen, Bezahlung und Korruption aus dem Rudersport herauszuhalten. Gleichzeitig kämpfte nämlich die Amateur Athletic Association von 1880 gegen das Wetten in der Leichtathletik; und auch im Fußballsport war es wegen der Spielerbezahlung innerhalb des Soccer- und Rugbyspiels jeweils zur Verbandsspaltung gekommen. Die unter anderem auf sittliche Vervollkommnung durch Leibesübungen abzielende, aufkommende olympische Idee trug sicherlich auch

zum Entstehen dieser sportlich nicht gerechtfertigten ARA-Regel bei. Sie wurde übrigens erst 1937 aufgegeben.

Bei wirtschaftlicher Betrachtung des Streits über den Amateur- und Profistatus im englischen Rudern fällt zunächst auf, daß diesem Sport einige wichtige Voraussetzungen für umfassende Professionalisierung wie ein geregeltes kontinuierliches Wettkampfwesen, hoher Spannungsgehalt wie im Boxen oder im Fußball und damit auch große Attraktivität für Zuschauermassen fehlten. Die am Rudern interessierten Zuschauer sind mit sensationslüsternen Box- oder Fußballfans nicht zu vergleichen, da es nicht zufällig ist, "that Henley and other British regattas still preserve something of the atmosphere of a family picnic" (vgl. HARRIS 1972, S 157 ff.).

Die hinter dem Streit um Amateur- oder Profieigenschaft liegende Ironie wird auch an der damals auf Formaldrill ausgerichteten Rudertechnik und Lehrweise deutlich, die man in Deutschland als unnatürliches Haltungsrudern oder "Wasserturnen" (EICHBERG 1980, S. 354) bezeichnete. Damit soll die Beliebtheit des Ruderns in England nicht insgesamt als Freizeitbeschäftigung und sporadischer Wettkampfsport in Frage gestellt werden.
Beim Rudern führte außerdem nicht wie im Cricket oder Fußball der klassische Weg vom kommerzialisierten Amateursport zur Professionalisierung, sondern Berufsruderer nahmen zunächst aus Liebhaberei, als "Amateure", nebenbei noch an Wettbewerben mit materiellen Siegchancen teil.

Zu einer Primärprofessionalisierung wie im Berufsläufertum ist es wahrscheinlich nur zu Zeiten der Herausforderungsrennen gekommen. Anzeichen für eine Umfeldprofessionalisierung lassen sich nicht erkennen.
Der Übergang von der zweifellos erfolgten Kommerzialisierung zu einer späteren Professionalisierung scheiterte nicht so sehr an den restriktiven Regeln als vielmehr an der Struktur dieser Sportart mit seiner geringen Dramatik. Ein treffendes Beispiel für die Vergeschäftlichung durch Übernahme von Sportveranstaltungen bringt allerdings die Einführung der Henley Regatta.
Auch heutzutage gehört die Organisation von Massensportveranstaltungen wesentlich zum Werbekonzept von Fremdenverkehrsorten, vor allem dann, wenn das Medieninteresse garantiert ist.

3.7 Weitere Professionalisierungsansätze und grundsätzliche wirtschaftliche Problematik im englischen Sport

Außer den bereits geschilderten Beispielen Pferdesport, Pedestrianismus, Cricket, Boxen, Fußball und Rudern finden wir Ansätze für Kommerzialisierung und Professionalisierung in der englischen Sportgenese im Punting, Segeln, Golf, Bowls, Skilauf, Bergsteigen und Tennis. Die im Tennis erkennbaren Professionalisierungsansätze werden im Rahmen der empirischen Untersuchung über Tennisleistungsspieler mit einbezogen.

Bis zum 1. Weltkrieg gab es Bootsrennen mit dem flachen Kahn, im sog. punting, worin Amateur- und Profimeisterschaften ausgefahren wurden.
Heute jedoch hat die Stelle von punting das Kanufahren eingenommen.
Der Segelsport entwickelte sich aus den Wettfahrten von Booten und Schiffen im 18. Jahrhundert zum Zwecke der schnellen Beförderung von Personen und Frachten. Man verband das Nützliche mit dem Sportsgeist. Clubs wurden hierzu gegründet und schließlich baute man spezielle Rennboote für reiche Leute, die ihre Mannschaften aus Berufsseeleuten zusammensetzten. Der 1815 in Cowes gegründete Royal Yacht Squadron hat ähnlich wie der MCC im Cricket eine dominierende Stellung im Segelsport in England.
Das im 14. Jahrhundert in Schottland heimisch gewordene Golfspiel verbreitete sich im 19. Jahrhundert auch im Süden Britanniens. Die auf den Golfplätzen angestellten Platzmeister beherrschten das Spiel am besten. Man betrachtete sie als Profis. Sie verkauften auch Ausrüstungsgegenstände. Der St. Andrew's Club in Schottland ist solange bestimmend im Golf geblieben, bis die Kontrolle nach Amerika übergegangen ist. Von hier aus ist Golf stark kommerzialisiert und professionalisiert worden.
Das ebenfalls aus Schottland stammende "Bowls"-Spiel war im 17. Jahrhundert in Adelskreisen, auch bei Frauen, sehr beliebt. Durch hohe Wetten fiel es zwischenzeitlich in Verruf. Heute ist es eines der meistgespielten Spiele in ganz England.
Erwähnenswert ist auch, daß England mehr als man von seiner geografischen Lage her vermuten könnte,

zur Entwicklung des Wintersports beigetragen hat. Immerhin ist Schottland der einzige Teil der britischen Inseln, wo es regelmäßig und ausreichend Schnee und Eis gibt. Infolge der Wohlstands- und Freizeitzunahme im 19. Jahrhundert wurde es Mode für die Briten, Winterferien in der Schweiz zu machen. Insofern haben die Engländer zur Kommerzialisierung des Skisports in den Alpen beigetragen.
Auch englische Alpinisten haben mit der Versportlichung des Bergsteigens begonnen. E. WHYMPER erklomm als erster 1865 das Matterhorn. Die großen Viertausender wurden entsprechend den in England herausgebildeten Sportprinzipien im Wettbewerbsstil bezwungen und wie Rekorde registriert. 1857 entstand in London die erste Bergsteigervereinigung der Welt, der "Alpine Club" (BOHUS 1986, S. 129). Durch ihr alpines Interesse haben die Engländer auch ansatzweise zur Kommerzialisierung und Professionalisierung des Bergsteigens beigetragen. Ortskundige Bergführer benötigte nicht nur der Leistungsalpinist, sondern auch der Urlauber.

Die zuletzt erwähnten Sportarten sind für Professionalisierung im Sport insofern bedeutungsvoll, als sie durch das Wettinteresse (Bowls), durch die Bezahlung der Sportler (punting) oder durch Verkauf von Ausrüstung (Golf) zur Merkantilisierung und Kommerzialisierung als Vorstufen des Verberuflichungsprozesses beigetragen haben. Beim Segeln, im Winter- und Sommerbergsport wurde einerseits die Tätigkeit in bestehenden Berufen, also Arbeitsplätze, gewährleistet bzw. neue Berufskonstruktionen wie Bergführer und Skilehrer mit angeregt.

Die Professionalisierungstendenzen im englischen Sport waren begleitet von einer Reihe von wirtschaftlichen und sozialen Faktoren, die gleichzeitig teilweise auch die Entstehung des modernen Sports charakterisieren. Man könnte sie auch als Merkmale der englischen Professionalisierung bezeichnen:

- das Wetten von Adeligen und wohlhabenden Bürgern
- Kommerzialisierung durch Zahlungen an aktive Sportler
- Patronisierung durch Adelige und Wohlhabende
- Übernahme von Sportveranstaltungen aus wirtschaftlichen Gründen
- Leistungsmessung und Leistungssteigerung
- Legalisierung eines verbindlichen Regelwerks
- Entstehung von Sportclubs und Sportorganisationen
- Organisation von regelmäßigen Wettbewerben
- Bau von Sportanlagen
- Entwicklung neuer Sportgeräte
- Entstehung neuer Wettbewerbsformen
- Ständige Regelkontrolle
- Anpassung des Regelwerks an sportspezifische Entwicklungen
- Nationalisierung und Internationalisierung der Wettbewerbe
- Trend zum Zuschauer- und Spannungssport
- Unterscheidung zwischen Amateur- und Profistatus
- Auftauchen des Starkults
- Merkantilisierung durch Ausrüstungsverkauf
- Entstehung des Sportlehrwesens
- Entstehung des Sportlehrerberufs.

Bei einem Vergleich mit den Merkmalen der Professionalisierung unserer Zeit fehlen bei den englischen Professionalisierungsansätzen im Sport vor allem die eigenständige, organisierte Berufsausbildung mit Zugangskontrollen als auch Anzeichen für einen Zusammenschluß in Interessen- oder Berufsverbänden für Profisportler.
Außerdem finden sich in der Literatur keine näheren Angaben über den für professionelle Sportleistungen erforderlichen zeitlichen und materiellen Aufwand für Vorbereitung und Training. Wahrscheinlich war der Gesamtaufwand eines Berufssportlers in der Entstehungsperiode des englischen Sports erheblich niedriger als in unserer Zeit.
Die sicherlich damals auch niedrigeren sportlichen Leistungen sind als Kriterium für Professionalisierung mit Vorsicht heranzuziehen, da die Bedingungen der exakt meßbaren c-g-s-Leistungen und der indirekt meßbaren Leistungen mit den heutigen Leistungsvoraussetzungen kaum vergleichbar sind.
Über den für wirtschaftliche Betrachtungen ebenso relevanten Ertragsaspekt sportlicher Profitätigkeit findet man - wie wir gesehen haben - gelegentliche Angaben.
Der wirtschaftliche und soziale Hintergrund der Professionalisierung im englischen Sport warf immer wieder das Kernproblem der Funktion des Geldes als Gegenleistung für sportliches Handeln auf.
Einerseits hat die Monetarisierung des Sports die Steigerung der sportlichen Leistungen im Professionalismus ermöglicht, andererseits die Frage nach dem Selbstverständnis des Sports und damit nach den Folgen einer Orientierung vorwiegend nach ökonomischen

Interessen aufgeworfen. Trotz der gelegentlichen Dominanz der wirtschaftlichen Interessen im englischen Sport und der damit verbundenen Auswüchse, kann man nicht grundsätzlich das wirtschaftliche Handeln im Sport als Fremdbestimmung bezeichnen. Denn gerade die englische Sportgeschichte zeigt die ökomischen Verflechtungen des Sports als eine von mehreren Funktionen des Sports in der Gesellschaft auf. Bei einer Gesamtwürdigung der für die englische Sportentstehung typischen Strukturen ab dem 17. Jahrhundert fällt auf, daß insgesamt gesehen das Gleichgewicht und das richtige Augenmaß für ein Nebeneinander von Amateurismus, Kommerzialisierung, Merkantilisierung und Professionalisierung im Sport bewahrt wurde. HARRIS 1972, S. 177 ff., führt diese vorrangig in der Konsolidierungsphase im ausgehenden 19. Jahrhundert wirksame Balance auf das victorianische Erziehungsideal zurück, das infolge seiner antiken und christlichen Orientierung gewährleistete, "that sport was not an all-important end in itself; there were other things to bear in mind". Diese pädagogische Ausrichtung und Ausgewogenheit der dem Sport zugeschriebenen Werte ist heute nicht mehr in diesem Maße vorhanden. Der Pluralismus der Wertvorstellungen über den Sport hat in unserer Zeit die Professionalisierung im Sport vorangetrieben und ein pädagogisch ausgerichtetes, monistisches Sportverständnis aufgebrochen, das letztlich auch die Amateurproblematik des englischen Sports prägte. Da es den einheitlichen Sport nicht mehr gibt, ist die Suche nach den verschiedenen Sportwelten, auch nach dem ökonomisch bestimmten Profisport, nötig. Die Vielzahl seiner ökonomischen und sozialen Wurzeln reichen in die Entstehungsphase des englischen Sports zurück.

4. Erklärungsmodelle für sportliches und wirtschaftliches Handeln im heutigen Profisport

Eine Analyse der den Verberuflichungsprozess im heutigen Sport prägenden sozioökonomischen Verflechtungen und Strukturen erfordert zunächst eine Klarstellung der Grundsätze über sportliches und wirtschaftliches Handeln überhaupt.
In diesem Zusammenhang ist auch die Aussagekraft von pädagogisch, soziologisch oder ökonomisch orientierten Erklärungsmodellen über die Sportprofessionalisierung zu überprüfen. Hierdurch sollen die das sportwirtschaftliche Handeln lenkenden Antriebskräfte der involvierten Aktiven ebenso wie die Motive des Professionalisierungsumfeldes aufgedeckt werden.

4.1 Prinzipien sportlichen Handelns

Wie bereits aus der Entstehungsgeschichte des modernen Sports erkennbar, bestimmen heute die Grundsätze der Leistung, des Spieles und des Wetteifers das sportliche Handeln.

4.1.1 Das Leistungsprinzip als Handlungsmaxime im Berufssport:

Der Begriff "Leistung" (aus dem Gotischen "leistjan" = einer Spur folgen) kann vom Wortursprung her allgemein als Verfolgen eines Handlungszieles gesehen werden (vgl. HECKER 1982, S. 89 ff.). Entsprechend dem jeweiligen Bezugssystem ist Leistung physikalisch, physiologisch,

bewegungstheoretisch, psychologisch, pädagogisch, philosophisch, soziologisch, juristisch und ökonomisch zu beschreiben.
Im wirtschaftlichen Sprachgebrauch versteht man unter Leistung einerseits die Arbeitsleistung eines Menschen und andererseits im engeren betriebswirtschaftlichen Sinne die Menge (Output) oder den Wert (Ertrag) der im betrieblichen Erzeugungsprozeß erstellten Wirtschaftsgüter sowie die dargebrachten Dienste in Betrieben des Dienstleistungsgewerbes (GABLER 1984, S. 81).
Der Leistungsbegriff kann sowohl prozeßorientiert (Leistung als Vorgang der Zielverfolgung) als auch produktorientiert (Leistung als Zielerreichung) definiert werden.
Die Handlungsziele der Leistung lassen sich auf dreifache Weise beschreiben:

- In einem weiten Sinne kann jedes Bemühen um ein Handlungsziel als Leisten bezeichnet werden.
- Vergleicht man das Bemühen um ein Handlungsziel mit eigenen oder fremden Leistungen, dann gewinnt das Konkurrenzverhalten und die Leistungsmessung große Bedeutung.
- Mitunter spricht man von Leistung, wenn das sportliche Handlungsziel auf eine sozial verbindliche Norm bezogen wird, wenn also ein bestimmter Normanspruch erfüllt ist.

Die ethische Begründung der Leistung wird in seiner grundsätzlich gerechtigkeitsfördernden Funktion gesehen (vgl. HECKER 1982, S. 95).

In bestimmten Sportbereichen ebenso wie in unserer Gesellschaft insgesamt nimmt das Leistungsprinzip einen hohen Stellenwert ein. Die Differenzierung zwischen absolutem und relativem Leistungsstreben spiegelt die unterschiedliche Bedeutung dieses Handlungszieles in verschiedenen Erscheinungsformen des Sports wider.
Handeln nach dem absoluten Leistungsprinzip beinhaltet, daß das Ansehen der Person allein von seiner Leistung abhängt. In Analogie zu JASPERS (in FURCK 1961, S. 15) - "Leistung alleine genügt nicht. Die Hauptsache ist damit noch gar nicht geschafft. Der Stolz auf die Leistung trügt" - wird speziell auch für manche Sportbereiche eine Einschränkung des Leistungsstrebens nötig. Wenn im Schulsport, im privaten Freizeitsport und im Vereinsbreitensport die Relativierung des Leistungsdenkens aus gesundheitlichen, ethischen, sozialen oder allgemein pädagogischen Gründen erforderlich wird, verlangen Spitzensport, Berufssport und gewerbliche Sportausübung die Annäherung an das unbeschränkte Leistungsprinzip. Insofern hat die Aufforderung von DIEM 1960, S. 24, - "Gib niemals auf, nicht im Training und nicht im Kampfe, aber aller Sport ist nicht eine Stunde Kranksein wert!" - wenig Relevanz mehr für einen Fußballprofi oder Skirennläufer unserer Tage. Um in Kampf- und Risikosportarten erfolgreich zu sein, müssen die Athleten häufig hohe gesundheitliche Risiken eingehen.
Den Spitzenleistungssport und den Berufssport beherrschen das Streben nach absoluter Höchstleistung. In dieser Sportwelt zählen vorrangig

Meisterschaftstitel, Rekorde und Siegprämiensummen. Im allgemeinen hält das gesellschaftliche Interesse an der Persönlichkeit des Sportlers nur solange an, solange ihn seine Spitzenleistungen auf das Siegerpodest erheben.
Moralische Forderungen an die Sportler bezwecken die Relativierung ihres absoluten Leistungsstrebens. Einerseits soll das Leistungsprinzip im Sport und in Kampfspielen nicht zu einer Schädigung des Mitmenschen führen. Boxen als Wettkampfsport ist deshalb sportethisch nicht vertretbar, da die physische Vernichtung des Gegners - zumindest zeitweise - durch den Knockout beabsichtigt ist. Andererseits gehört das absolute Leistungsstreben zum durchaus anerkennenswerten Teil des Sportethos eines Berufssportlers (vgl. KUCHLER 1969).
In der Regel wird von Sportlern erwartet, daß sie als Korrelativ zu ihrer absoluten Leistungsausrichtung Elemente des Fair-play akzeptieren und in die Sportpraxis umsetzen. Als Fairness wird allgemein ein über die Regelbeachtung hinausgehendes partnerschaftliches Verhalten zum Sportgegner verstanden.
Vom Spitzen- und Berufssportler sollte man jedoch im allgemeinen nicht mehr als die genaue Regelbeachtung verlangen, um ihn nicht noch zusätzlich mit moralischen Ansprüchen unter Druck zu setzen, die im Widerspruch zu seinem Berufsethos stehen können.
Umso wichtiger wird in diesen Sportbereichen die Schaffung eines klaren Regelwerks und seine konsequente Anwendung und Überprüfung.

Nach HECKER 1982, S. 98, findet das Leistungsstreben im Sport dann seine Grenzen, "wenn es sich auf Entwicklungsprozesse in den Bereichen Familie, Arbeit und Freizeit störend auswirkt". Dieser Relativierung des sportlichen Leistungsstrebens ist zweifelsfrei von seiner pädagogischen Argumentationsbasis heraus eine für den Schul-, Breiten- und Freizeitsport angemessene Bedeutung zuzubilligen. Wettkampfsport und fortschreitend vermehrt Leistungs- und Berufssport beeinträchtigen jedoch nichtsportive Lebensbereiche einschließlich schulische und berufliche Ausbildung sowie andere Freizeitaktivitäten zwangsläufig. Tägliches zwei- bis dreistündiges Training für (Nachwuchs-) Sportler im gehobenen Leistungsbereich, noch nicht mal im nationalen oder internationalen Spitzensport ist schließlich die Realität. Wie dieser Interessenkonflikt in der UDSSR gelöst wird, kennzeichnet das Zitat des russischen Schwimmtrainers Waitschekowski: "Wenn der Aktive Schule und Leistungssport nicht koordinieren kann, muß er aufhören - mit der Schule" (vgl. GIENGER 1975).
Die Alternativen liegen entweder im reinen Berufssport oder im Breitensport, der sich vorwiegend am Spielprinzip orientiert.

4.1.2 Das Spielprinzip als Handlungsmaxime im Berufssport

Im sportlichen Handeln sind Leistungsprinzip und Spielprinzip immer miteinander verbunden; allerdings kann einmal die Leistung, ein anderes Mal das Spielelement überwiegen. Sportliches Handeln nach dem Spielprinzip ist demnach nicht notwendig, frei wählbar und wird als zweckfreies Tun verstanden (HECKER 1982, S. 98). Von manchen Spieltheoretikern wird bedauert, daß der Sport immer mehr die Spielsphäre verlassen würde, da der Ernstcharakter zunähme (HUIZINGA 1956, S. 187/188; BUYTENDIJK o.J.).
TREBELS, 1970, unterscheidet zwischen einem "allgemeinen Sportbegriff" mit einer dem Spiel zugehörigen Handlungsstruktur und dem "absoluten Sportbegriff", der sich auf die Arbeit bezieht. Auf die im Sportbegriff enthaltene Verbindung bzw. Verwandtschaft zwischen vergnüglichem Spiel und ernsthaftem, arbeitsähnlichem Leistungsstreben weisen auch die beiden bekannten Zitate von GUTSMUTHS 1793, S. 209, "Gymnastik (Sport - d. Verf.) ist Arbeit im Gewande jugendlicher Freude" und von ORTEGA Y GASSET 1955, S. 9, "Sport ist der Bruder der Arbeit" hin.
Im privaten Sport, im didaktisch orientierten Schulsport sowie im freizeitorientierten Vereinssport steht meist das Bemühen um ein Handlungsziel als Leistung im Vordergrund. Individuelles Leistungsstreben und Handeln nach dem Spielprinzip bestimmen dabei die sportlichen Aktivitäten.

Im Schulsport und noch ausgeprägter im Vereinsbreitensport tritt neben dem Spielprinzip auch der Leistungsvergleich auf unterer und mittlerer Ebene hervor.
Relatives Leistungsprizip und Spielprinzip dominieren in diesen Sportbereichen.
Auch wenn der erfolgsorientierte Berufssport überwiegend am absoluten Leistungsprinzip orientiert ist, so profitieren einige zuschauerattraktive Spannungssportarten wie Fußball, Handball, Volleyball, Basketball, Tennis oder Eishockey erheblich von der Kreativität, der Phantasie und dem Spielwitz sportlicher Unterhaltungskünstler. Die Ballzauberei der Harlem's, die überraschenden Doppelpässe eines Beckenbauer oder Maradona sowie die gefühlvollen Volleystops eines Mc Enroe oder Becker beweisen, daß in dem auf Höchstleistung gerichteten professionellen Sporthandeln das Spielprinzip enthalten sein kann. Es wird auch häufig kultiviert bzw. instrumentalisiert, um den Anreiz für zahlungswillige Zuschauer zu erhöhen.
Allerdings ist das Verhalten solcher "verspielter" Profikünstler nicht im eigentlichen Sinn als dem Spielprinzip gemäß zu werten, da das Kennzeichen des zweckfreien Tuns letztlich fehlt.
Sportliche Mißerfolge mancher zu sehr ballverliebter südländischer Fußballprofiteams mit einem Übermaß an spontanem Spielwitz zeigen immer wieder, daß das absolute Leistungsprinzip als Richtschnur professionellen Sporthandelns das Spielprinzip zwar nicht völlig ausschließt, es jedoch auf Dauer sehr stark einschränkt.

Unter strenger Auslegung der bisher üblichen Definition vereinbart sich das reine Spielprinzip grundsätzlich nicht mit dem professionellen Sporthandeln, das überwiegend als Arbeit bezeichnet wird.
Die bisher ex definitionem erfolgte Ausgrenzung der Spielkategorie als fundamentales Handlungsprinzip im Profisport bedürfte jedoch einer ausführlicheren grundsätzlichen Erörterung, die den Rahmen dieses Themas überschreiten würde.
Die angebliche Unvereinbarkeit des spielerischen, freudbetonten, frei wählbaren, unnötigen Tuns, das nicht Zwecken außerhalb der Spielsphäre dient, mit den Handlungsmotiven eines Profisportlers, ist zumindest in Frage zu stellen. Ob dieser seine sportliche Aktivität als ernsthafte Arbeit oder als zweckfreies Spiel empfindet - in der Sportsoziologie als Wahrnehmungshypothese bezeichnet (HEINEMANN 1983) - dürfte für diese Problematik relevant sein. Training und Wettkampf eines Berufssportlers mögen zweifellos häufig als Arbeit empfunden werden. Unvorstellbar jedoch ist, daß professionelles Handeln im Sport sowohl im Verlauf des Professionalisierungsprozesses und auch danach in der Kontinuität der Profikarriere durchwegs ohne die Merkmale des Spielprinzips erlebt werden, vor allem nicht im Wettkampf oder Wettspiel.

4.1.3 Das Prinzip des Wetteifers als Handlungsmaxime im Berufssport

Unsere Gesellschaft wird häufig als Leistungsgesellschaft bezeichnet, die vom Konkurrenzdenken geprägt ist. Mit dem Wettbewerbsgedanken wird das Darwin'sche Selektionsprinzip als natürlich und notwendig für eine fortschrittliche Entwicklung angesehen. Das Starke soll sich durchsetzen, das Schwache untergehen. Leistungsvergleiche führen häufig zur Organisation von Wettkämpfen. Der Wetteifer gilt als weiteres typisches Merkmal für sportliches Handeln. Im Sport werden allerdings Wetteifer und Wettkampf unterschiedlich bewertet. NIETZSCHE 1960 beschreibt den Hellenischen Wettkampf als Lebensprinzip und "ewigen Lebensgrund des Hellenischen Staates".
Die böse, grausame Erisgöttin der Zwietracht führt die Menschen zum feindlichen Vernichtungswettkampf gegeneinander; die gute Erisgöttin reizt als Eifersucht, Groll und Neid die Menschen zum Wettkampf. Bei den Griechen galten Neid und Eifersucht als positive Eigenschaften, die den Wohlstand förderten. Im sportlichen Wettkampf stand allerdings nicht der individuelle Nutzen des Siegers im Vordergrund sondern der Ruhm seiner Heimatstadt. Mitunter wurde der eindeutig Überlegene aus dem Staat verbannt, da mit dem Verschwinden des Wetteifers der Wettkampf als Lebensgrundlage des Staates gefährdet war (vgl. HECKER 1982, S. 109 ff.).

Das Konkurrenzprinzip tendiert bei einseitiger Überlegenheit zu zerstörerischer Machtausübung, vor allem dann, wenn mit dem Sieg besondere Vorteile bzw. mit der Niederlage besondere Nachteile verbunden sind.
In Sportbereichen wie dem Schulsport, die dem pädagogischen Prinzip unterliegen, kommt es deshalb darauf an, den Wetteifer zu kultivieren, indem man das absolute Leistungsstreben einschränkt und relatives Leistungsprinzip und Spielprinzip betont.
In allen Sportbereichen mit starkem Konkurrenzstreben, also im Vereinswettkampfsport und im Berufssport, darf der Gegner durch das agonale Verhalten nicht geschädigt werden; die Kampfregeln müssen genau eingehalten und überwacht werden.
Je geringer die Folgen von Sieg oder Niederlage sind, umso weniger brutal werden die Aggressionen der Wettkämpfer sein. Die Sportpraxis lehrt auch die Validität der Umkehrung dieser Aussage.
Vor allem der Berufssport liefert immer wieder Beispiele über die negativen Auswirkungen des übermäßigen Konkurrenzverhaltens, das durch Siegprämien gesteigert wird. Lokalderbys, Auf- und Abstiegsspiele, Meisterschaftsendrunden, nationale und internationale Cupwettbewerbe, Europa- und Weltmeisterschaften mit hohen, auch materiellen Gewinnchancen verleiten manche labile Sportler - mitunter auch infolge zusätzlichen psychischen Drucks durch Trainer, Zuschauer und Medien - zu Regelmißachtung. Hierunter fallen Fouls gegenüber Spielpartner, Beleidigungen und Bedrohung des Schiedsrichters, Spielmanipulationen, Doping oder auch passive Bestechung.

Wird die Überlegenheit eines Konkurrenten zu groß, verliert der Wettbewerb seine Faszination, da die Ungewißheit des Ergebnisses nicht mehr vorliegt und damit die Spannung wegfällt.
Für Manager von Profiteams gibt es kaum Schlimmeres, als wenn lange vor Ende der Meisterschaftsrunden die Abstiegs- oder Siegermannschaften bereits feststehen. Die das Sportspektakel finanzierenden Zuschauer bleiben weg. Teilweise wird durch Einführung von Play-off-Runden für Auf- oder Abstieg das Interesse bis zum letzten Spieltag aufrechterhalten. Auch die in den USA geübte Praxis, daß schwächere Mannschaften innerhalb der Transferfrist vorrangig zu Spielereinkäufen berechtigt sind, soll zur Ausgeglichenheit der konkurrierenden Ligamannschaften beitragen.

4.2 Prinzipien wirtschaftlichen Handelns

Das wirtschaftliche Handeln dient der Bedürfnisbefriedigung. Da die menschlichen Bedürfnisse praktisch unbegrenzt sind, die zur Bedürfnisbefriedigung geeigneten Mittel, die Güter, dagegen nicht in unbeschränkter Menge zur Verfügung stehen, sondern von Natur aus knapp sind, muß dieses Spannungsverhältnis durch menschliche Entscheidungen über Güterproduktion und -konsumtion ausgeglichen werden. Den Grad an Bedürfnisbefriedigung durch den Konsum einer bestimmten Gütermenge bezeichnet man als Nutzen. Dieser hängt vom subjektiven Empfinden des einzelnen Verbrauchers ab.
Infolge der Güterknappheit muß der wirtschaftende Mensch planvoll vorgehen, d.h. zwischen dem gesetzten Ziel und dem dafür notwendigen Mitteleinsatz abwägen.

4.2.1 Das Rationalprinzip als Grundlage des ökonomischen Prinzips

Die Entscheidungen über die alternative Verwendbarkeit von Gütern richten sich nach der maximalen Nutzenerreichung. Somit unterliegt das wirtschaftliche Handeln wie jede zweckorientierte menschliche Handlung dem allgemeinen Rationalprinzip, das ein bestimmtes Ziel mit dem Einsatz möglichst geringer Mittel anstrebt. Auf die Wirtschaft übertragen läßt es sich als ökonomisches Prinzip (Grundsatz der Wirtschaftlichkeit) mengenmäßig oder wertmäßig formulieren (vgl. WÖHE 1984, S. 1).

Nach der mengenmäßigen Definition ist entweder mit einem gegebenen Aufwand an Produktionsfaktoren der größtmögliche Gütterertrag zu erzielen, das bedeutet, daß der Gütterertrag maximiert wird (Maximalprinzip) oder ein gegebener Gütterertrag ist mit geringstmöglichem Einsatz von Produktionsfaktoren zu erwirtschaften, d.h. der Mitteleinsatz soll minimiert werden (Minimalprinzip).

Nach der wertmäßigen Definition ist entweder mit einem gegebenen Geldaufwand ein maximaler Erlösbetrag oder ein bestimmter Erlös mit einem minimalen Geldeinsatz zu erwirtschaften.

Da das Wirtschaftlichkeitsprinzip in der Sportliteratur mitunter falsch dargestellt wird (u.a. BACH 1986, S. 15) sollen es noch Beispiele aus dem Sport verdeutlichen:

Handeln nach dem Minimalprinzip (Sparprinzip):

Eine Skiausrüstung wird in dem Sportgeschäft gekauft, wo sie bei gleicher Qualität und gleichen sonstigen Konditionen den niedrigsten Kaufpreis erfordert.

Handeln nach dem Maximalprinzip:

Ein um DM 30,-- gekaufter Tagesskipaß wird maximal genutzt, indem man so viele Abfahrten wie möglich absolviert.

Zusammenfassend ist unter wirtschaftlichem Handeln der Inbegriff aller planvollen, menschlichen Tätigkeiten zu verstehen, die unter Beachtung des ökonomischen Prinzips mit dem Zweck erfolgen, die - an den Bedürfnissen der Menschen gemessen - bestehende Knappheit der Güter zu verringern (WÖHE 1984, S. 2). Das wirtschaftliche Handeln in Einzelwirtschaften erfolgt in den Betrieben. Somit bezeichnet man die Sozialgebilde, die zur Erstellung und Verwertung von Leistungen und zur Erzielung von Einkommen für ihre Mitglieder bestehen, als Betriebswirtschaften (GABLER 1984, S. 706).

4.2.2 Erwerbswirtschaftliches, gemeinwirtschaftliches und Bedarfsdeckungsprinzip

Das ökonomische Prinzip ist ein rein formales Prinzip, das keine Aussagen über die Motive oder Zielsetzungen des wirtschaftlichen Handelns macht, sondern nur die Art der Durchführung kennzeichnet. Zunächst soll der betriebswirtschaftliche Aspekt betrachtet werden.

Im Betrieb erfolgt die Güterproduktion durch Kombination der Produktionsfaktoren Arbeit, Betriebsmittel und Werkstoffe. Neben diesen drei Elementarfaktoren tritt zusätzlich der dispositive Faktor der Betriebs- und Geschäftsleitung, welche die Entscheidungen über die Faktorkombination trifft.

Bezieht man das wirtschaftliche Handeln auf unterschiedliche Wirtschaftsordnungen, dann gelangt man zu unterschiedlichen Ausprägungen des ökonomischen Prinzips.
Nach GUTENBERG 1984 ist eine Betriebswirtschaft durch systemindifferente und systembezogene Tatbestände charakterisiert.
Zu den systemindifferenten Tatbeständen, die unabhängig vom geltenden Wirtschaftssystem sind, gehören die Produktionsfaktoren, der Wirtschaftlichkeitsgrundsatz und das finanzielle Gleichgewicht.
Das ökonomische Prinzip erfordert die Entscheidung für jene Faktorkombination, bei der eine bestimmte Leistung mit den geringsten Faktoreinsatzmengen erreicht wird.
Die Aufrechterhaltung des finanziellen Gleichgewichts verlangt die termingerechte Einlösung der Zahlungsverpflichtungen.
Die aus der jeweiligen Wirtschaftsordnung erwachsenden systembezogenen Tatbestände ergeben sich aus der idealtypischen Abgrenzung von Marktwirtschaft und Zentralverwaltungswirtschaft.
Dem Selbstbestimmungsrecht des Wirtschaftsplanes - Autonomieprinzip - im marktwirtschaftlichen System steht in der Zentralverwaltungswirtschaft der zentrale Volkswirtschaftsplan - Organprinzip - gegenüber.

Während in einer Marktwirtschaft der einzelne Betrieb seine wirtschaftlichen Entscheidungen autonom an Hand der Marktdaten bestimmt, regeln in der zentralistischen Planwirtschaft die unselbständigen Organe einer übergeordneten Lenkungs- und Planungsinstanz die Leistungserstellung und -verwertung.
Der zweite systembezogene Tatbestand drückt sich durch den Gegensatz zwischen dem traditionell an Gewinnmaximierung orientiertem erwerbswirtschaftlichem Prinzip und dem Prinzip der Planerfüllung, nach HEINEN 1984, S. 50, "Prinzip planvorbestimmter Leistungserstellung", aus.
Außerdem steht in der Marktwirtschaft das Privateigentum an den Produktionsmitteln den Personen zu, die das Eigenkapital zur Verfügung stellen.
In der Zentralverwaltungswirtschaft dagegen sind die Produktionsmittel im Gemeineigentum (vgl. Abb. 2, WÖHE 1984, S. 10: Die Bestimmungsfaktoren des Betriebs).

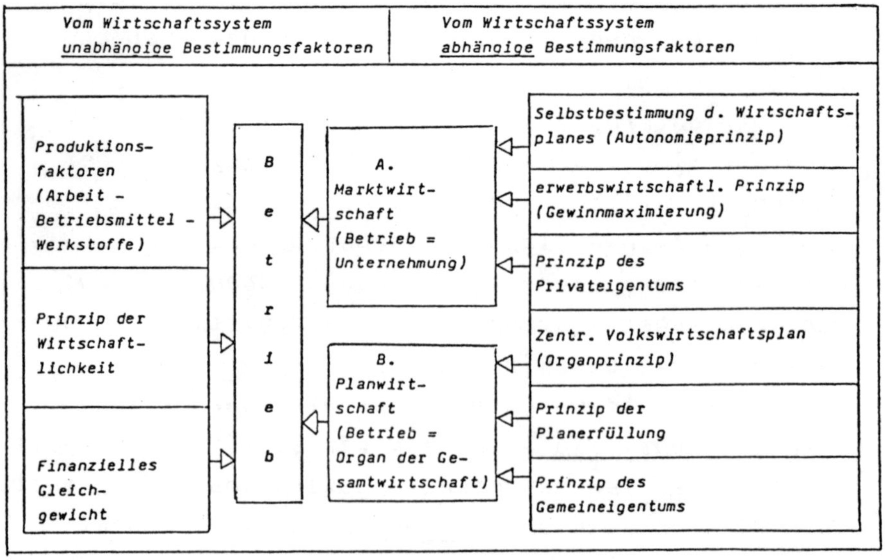

Abb. 2: Die Bestimmungsfaktoren des Betriebes (WÖHE 1984, S.10)

In der Realität existiert keines der genannten Wirtschaftssysteme in völliger Reinheit, sondern es gibt fließende Übergänge. Demgemäß sind auch die dargestellten Prinzipien wirtschaftlichen Handelns mitunter eingeschränkt oder treten teilweise auch konkurrierend auf.
So kann beispielsweise in das Zielsystem einer Unternehmung im marktwirtschaftlichen System neben dem erwerbswirtschaftlichen Gewinn- oder Rentabilitätsstreben auch das Umsatz- und Sicherheitsstreben, das Streben nach Wirtschaftlichkeit und Produktivität, nach Macht und Prestige ebenso wie ethische und soziale Grundsätze eingehen (HEINEN 1976).

In gemeinwirtschaftlichen Wirtschaftseinheiten ist das wirtschaftliche Handeln auf die Erfordernisse der Allgemeinheit ausgerichtet. Das gemeinwirtschaftliche Prinzip verfolgt das Ziel der volkswirtschaftlichen Bedarfsdeckung (Bedarfsdeckungsprinzip), ohne den individuellen Eigennutz als treibendes Motiv einzuspannen (GABLER 1984, S. 1723).

In privaten und öffentlichen Haushalten (Staat, Länder, Kommunen), in öffentlichen Betrieben (z.B. Bundesbahn, Post, Schulen, Universitäten, kommunale Energieversorgung, Fernsehanstalten, Bundesbank), in gemeinwirtschaftlichen Betriebswirtschaften (z.B. Gewerkschaften, Krankenhäuser, Stiftungen, Kirchen, Genossenschaften) und Verbänden (z.B. Wirtschaftsfachverbände, Arbeitgeberverbände, Gewerkschaften, Kammern), welche gemeinnützigen sozialen Interessen dienen und Versorgungsziele erfüllen,

steht die Förderung des Gemeinwohls im Vordergrund. Allerdings ist es denkbar, daß zur Erreichung gemeinwirtschaftlicher Ziele erwerbswirtschaftliche Prinzipien beachtet werden. Um staatliche Subventionen zu vermeiden, wird häufig Kostendeckung angestrebt (HEINEN 1984, S. 119).
Im übrigen relativiert die betriebswirtschaftliche Entscheidungstheorie die Aussagekraft der auf dem allgemeinen Rationalprinzip basierenden Grundsätzen wirtschaftlichen Handelns.
Psychologische und soziologische Erkenntnisse über die weitgehend beschränkte Entscheidungsfreiheit menschlichen Verhaltens stellen den in der Wirtschaftstheorie traditionell rational entscheidenden "homo oeconomicus" in Frage.
"Der Mensch hat zwar die Absicht rational zu handeln; psychische und verstandesmäßige Faktoren stehen jedoch dem vollkommenen rationalen Verhalten im Wege. In der Wirklichkeit ist daher eine Entscheidung immer nur beschränkt - rational" (HEINEN 1984, S. 46).
Somit führen wirtschaftliche Entscheidungen mehr zufällig zu bestmöglichen und meistens zu befriedigenden Lösungen (vgl. SIMON 1981).
Die Ursachen hierfür liegen sowohl in der Unkenntnis des Entscheidungsträgers über sämtliche Handlungsmöglichkeiten und deren Konsequenzen als auch in dem Fehlen eines vollständigen, logisch geschlossenen Systems von Zielen und Wünschen zur Messung des Nutzens bei der Wahl einer bestimmten Handlungsalternative.

Als volkswirtschaftlicher Leitsatz ist das gemeinwirtschaftliche Prinzip in der Wirtschaftstheorie untrennbar mit der Planwirtschaft des Kommunismus, Sozialismus und Kollektivismus verbunden.
Als umfassendes, systembezogenes wirtschaftliches Handlungsprinzip hat es jedoch bisher in der Praxis nicht den Beweis für optimale Bedarfsdeckung erbracht.
Im Wirtschaftssystem des Staatskapitalismus bedient sich der Staat erwerbswirtschaftlich orientierter Wirtschaftseinheiten, um seine wirtschafts- und sozialpolitischen Vorstellungen zu verwirklichen.
Als Instrumente fungieren Eigentumsrechte an staatlichen Unternehmungen, Beteiligungsrechte an privaten oder gemischtwirtschaftlichen Unternehmen und andere Rechte wie Konzessionen und Marktordnungen.
Der Staatskapitalismus ist somit hinsichtlich seiner wirtschaftlichen Handlungsprinzipien sowohl von der Gemeinwirtschaft als auch von Zentralverwaltungswirtschaft und Sozialisierung abzugrenzen. Im Staatskapitalismus wirtschaften die staatlichen Organisationen nach dem erwerbswirtschaftlichen Prinzip, welche das moderne kapitalistische Wirtschaftssystem zur Erzielung der Gewinnmaximierung hervorgebracht hat (vgl. GABLER 1984, S. 1363).

4.2.3 Wirtschaftliche Handlungsprinzipien im Sportverein:

Die in das Vereinsregister eingetragenen Sportvereine als juristische Personen des privaten Rechts richten ihr wirtschaftliches Handeln überwiegend nach dem gemeinwirtschaftlichen Prinzip aus.
Die Bedürfnisbefriedigung der organisierten Mitglieder hat in diesem sozialen Gebilde Vorrang vor dem erwerbswirtschaftlichen Streben, das jedoch auch teilweise vorhanden ist.

Da der Berufssport in der BRD organisatorisch außer im gewerblichen Sportbereich vor allem im Vereinsbereich angesiedelt ist, erscheint eine Klarstellung der einzelnen wirtschaftlichen Handlungsprinzipien dieser körperschaftlichen Vereinigung nötig.
Besondere Bedeutung erlangt dabei das Gemeinnützigkeitsprinzip, welches von der Steuergesetzgebung ausgehend das Bedarfsdeckungsprinzip näher modifiziert.

Über die unterschiedlichen Handlungsgrundsätze geben die wirtschaftlich relevanten Bereiche des Sportvereins Aufschluß (s. Abb. 3).

Abb. 3: Die wirtschaftlichen Handlungsprinzipien im Sportverein (modifiziert nach BLSV-Organisationsmappe 6.2, 1984)

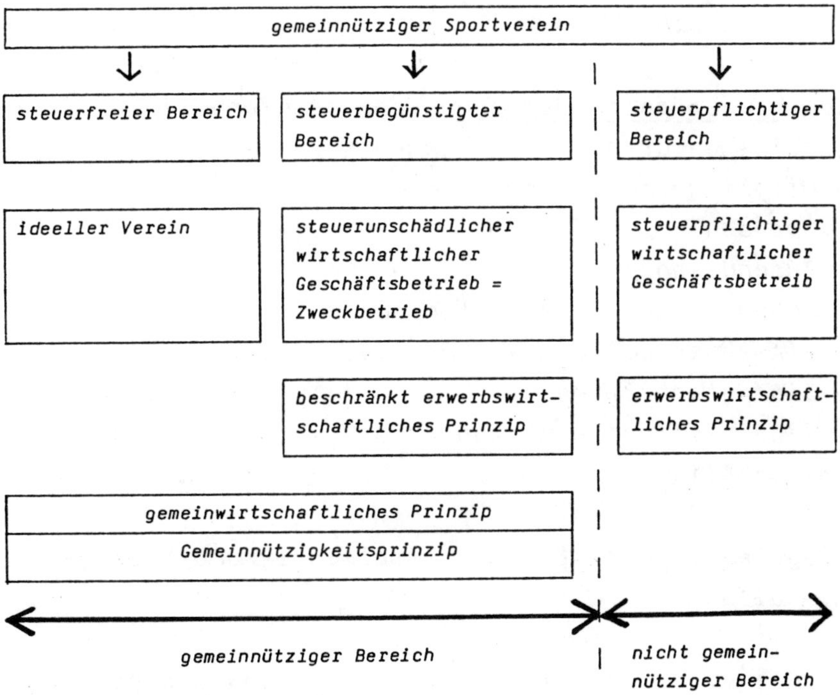

Gemäß den steuerlichen Bestimmungen in der AO 1977 und des KStG 1977 unterscheidet sich der gemeinnützige Sportverein in den

- steuerfreien Bereich (ideeller Verein)
- steuerbegünstigten Bereich (Zweckbetrieb)
- steuerpflichtigen Bereich (wirtschaftlicher Geschäftsbetrieb).

Um eine Zuordnung wirtschaftlicher Handlungsprinzipien vornehmen zu können, ist es vorweg unbedingt nötig, die wirtschaftliche und steuerrelevante Tätigkeit in den einzelnen Bereichen zu beschreiben.

Zum steuerfreien Bereich eines gemeinnützigen Sportvereins gehören die Einnahmen aus
- Mitgliederbeiträgen
- Spenden
- Zuschüssen
- Schenkungen, Erbschaften sowie
- Einnahmen aus der Vermögensverwaltung wie
- Zinsgutschriften
- langfristige Vermietung und Verpachtung von Immobilien.

Ausgaben sind Kosten der Mitglieder- und Vermögensverwaltung.

Nach § 65 AO ist ein Zweckbetrieb dann gegeben, wenn
- der wirtschaftliche Geschäftsbetrieb in seiner Gesamtrichtung dazu dient, die steuerbegünstigten satzungsmäßigen Zwecke der Körperschaft zu verwirklichen,
- die Zwecke nur durch einen solchen Geschäftsbetrieb erreicht werden können und
- der wirtschaftliche Geschäftsbetrieb zu nicht begünstigten Betrieben derselben oder ähnlichen Art nicht in größerem Umfang in Wettbewerb tritt, als es bei der Erfüllung der steuerbegünstigten Zwecke unvermeidbar ist.

Zu den Zweckbetrieben zählen Einnahmen aus sportlichen Veranstaltungen und aus geselligen Veranstaltungen.

Eine sportliche Veranstaltung setzt die Anwesenheit von Zuschauern nicht voraus. Aus diesem Grund sind alle sportlichen Betätigungen eines Vereins - mit Ausnahme von Fußballveranstaltungen unter Einsatz von Lizenzspielern nach Bundesligastatut - den sportlichen Veranstaltungen des Zweckbetriebs zuzuordnen.

Der Begriff "sportliche Veranstaltung" umfaßt also auch solche Veranstaltungen, bei denen sich Mitglieder und/oder Nichtmitglieder selbst sportlich betätigen, und zwar auch dann, wenn besondere Teilnehmergebühren erhoben werden (z.B. Volksläufe, Trimmwettbewerbe, Sportkurse).

Einnahmen aus sportlichen Veranstaltungen umfassen
- Eintrittsgelder
- Startgelder, Teilnehmergebühren u.ä.
- Sportunterricht z.B. Skikurs, Tennis-, Reit- oder Schwimmunterricht
- Sportreisen, jedoch nur, wenn die sportliche Betätigung wesentlicher und notwendiger Bestandteil dieser Reise ist; nicht dagegen, wenn die Erholung der Teilnehmer im Vordergrund steht.
- Vermietung von Sportstätten an Mitglieder
- Erhalt von Ablösesummen
- Vermietung von Sportanlagen und Sportstätten an gemeinnützige Einrichtungen für deren steuerbegünstigten Bereich
- anteilige Einnahmen aus Werbemaßnahmen.

Kosten sind insbesondere für
- Trainer
- Hallenwart
- Platzwart
- Übungsleiter
- Masseur
- Aufwendungen für Sportanlagen
- Aufwendungen für Sportveranstaltungen.

Zu den Kosten gehören auch die Aufwendungen, die der Sportverein aus öffentlichen Zuschüssen bestreitet. Sportgeräte gelten als Kosten.

Gesellige Veranstaltungen einer steuerbegünstigten Körperschaft gehören zum Zweckbetrieb, wenn sie der Pflege der Geselligkeit innerhalb des Mitgliederkreises und ihrer Angehörigen, des Zusammengehörigkeitsgefühls der Mitglieder und der Werbung neuer Mitglieder dienen. Veranstaltungen, welche den Zuschnitt gewerblicher Veranstaltungen haben, d.h. daß die Allgemeinheit uneingeschränkt Eintritt hat, können nicht als steuerbegünstigte Zweckbetriebe in Betracht kommen.

Einnahmen aus geselligen Veranstaltungen sind vor allem die Eintrittsgelder und Garderobegebühren sowie Tombolas, sofern sie nicht öfter als zweimal jährlich pro Verein durchgeführt werden. Ebenso zählt dazu der Speisen- und Getränkeverkauf, sofern der Verein sonst keine eigene Gaststätte führt.

Ausgaben sind nicht nur alle Kosten, die direkt für diese Veranstaltungen aufgebracht werden müssen, sondern auch die anteiligen Kosten für Strom, Wasser, Heizung und die jährliche AfA (Absetzung für Abnutzung) für Gebäude.

Die Steuervergünstigung der sportlichen und geselligen Veranstaltungen als Zweckbetrieb setzt darüber hinaus noch voraus, daß die erzielten Überschüsse in gewissen Grenzen bleiben.

Für die Ermittlung der Überschüsse gilt die absolute Freigrenze von 12.000 DM im Durchschnitt der letzten 3 Jahre. Wichtig ist, daß die Freigrenze von 12.000 DM für alle sportlichen und geselligen Veranstaltungen nur einmal pro Jahr in Anspruch genommen werden kann. Damit können die Verluste aus sportlichen Veranstaltungen mit den Gewinnen aus geselligen Veranstaltungen und umgekehrt verrechnet werden.
Berechnungsgrundlagen sind immer die Überschüsse aus dem Zweckbetrieb des Veranlagungsjahres und den beiden vorausgegangenen Jahren.
Dabei werden die Einnahmen aus den sportlichen und geselligen Veranstaltungen sowie der 25 %ige Einnahmeanteil aus Werbung gekürzt um die gesamten Ausgaben des Vereins, die dem Zweckbereich und dem ideellen Bereich zuzuordnen sind.

Im <u>steuerpflichtigen Bereich</u> sind alle Einnahmen und Ausgaben wie auch im ideellen Bereich und im Zweckbetrieb des Vereins getrennt aufzuzeichnen. Es darf nicht saldiert werden, d.h., es darf nicht nur der Überschuß einer Veranstaltung verbucht werden.

Ein wirtschaftlicher Geschäftsbetrieb ist eine selbständige nachhaltige Tätigkeit, durch die Einnahmen erzielt werden, die über den Rahmen der Vermögensverwaltung hinausgehen.
Die Absicht, Gewinn zu erzielen ist nicht erforderlich!
Der wirtschaftliche Geschäftsbetrieb ist steuerschädlich und damit steuerpflichtig.

Die Gewinnermittlung aus steuerpflichtigen wirtschaftlichen Geschäftsbetrieben kann auf zweierlei Art erfolgen:

- Einnahmeüberschußrechnung
  Hier werden die Ausgaben den Einnahmen gegenübergestellt und der Überschuß ermittelt (§ 4/3 EStG)

- Vermögensvergleich (§ 5 EStG)
  Dem Finanzamt gegenüber ist der Verein zur Bilanzierung nur dann verpflichtet, wenn eine der folgenden Kriterien im wirtschaftlichen Geschäftsbetrieb erfüllt ist:
  - Jahresumsatz mehr als DM 360.000
  - Betriebsvermögen mehr als DM 100.000
  - Jahresgewinn mehr als DM 36.000

Alle <u>Betriebseinnahmen</u> aus den wirtschaftlichen Geschäftsbetrieben sind körperschaftsteuerpflichtig.
Hier werden nur einige Beispiele für wirtschaftliche Geschäftsbetriebe von Sportvereinen angeführt:

- Werbeeinnahmen aller Art
- selbstgeführte Vereinsgaststätte, dazu gehört auch der Imbißstand auf dem Sportplatz
- stundenweise Vermietung von Sportstätten und Sportanlagen an Nichtmitglieder
- öffentliche gesellige Veranstaltungen
- Pensionsreitställe.

Zur Behandlung der Werbeeinnahmen ist auf den Erlaß des Finanzministeriums Niedersachsen vom 22.6.1979 - S0 185 - 3 - 31 2 - hinzuweisen:

Körperschaftsteuer der Sportvereine;
steuerliche Behandlung der kommerziellen Werbung (Trikot- und Bandenwerbung) von Sportvereinen bei Sportveranstaltungen:
"Ein als gemeinnützig anerkannter Sportverein, der Einnahmen dadurch erzielt, daß seine Sportler auf ihrer Sportbekleidung zu Werbezwecken Embleme von Wirtschaftsunternehmen tragen (sogen. Trikotwerbung), unterhält damit einen wirtschaftlichen Geschäftsbetrieb i.S. der §§ 14 und 64 AO, mit dem er uneingeschränkt steuerpflichtig ist. Die Einnahmen aus der Trikotwerbung können wegen des Wettbewerbs der Sportvereine zu steuerpflichtigen Werbeträgern und, weil die Werbeeinnahmen von der Sache her in keiner Beziehung zu der eigentlichen sportlichen Betätigung stehen, nicht den Einnahmen aus sportlichen Veranstaltungen i.S. des § 68 Nr. 7 a AO zugerechnet werden.
Die gleiche Beurteilung gilt auch für die Einnahmen aus der Vermietung von Werbeflächen innerhalb vereinseigener Sportstätten (sogen. Bandenwerbung).

Die Sportveranstaltungen werden in erster Linie um ihrer selbst willen und nicht zu Werbezwecken durchgeführt. Andererseits wären die Werbeeinnahmen kaum ohne die sportlichen Veranstaltungen zu erzielen.

Im Hinblick auf diesen Zusammenhang zwischen der Sportveranstaltung und den Werbeeinnahmen wird zugelassen, daß ein Teil der Veranstaltungskosten mit den Werbeeinnahmen verrechnet wird.

Die unmittelbar mit den Sportveranstaltungen zusammenhängenden Kosten lassen sich praktisch nicht ermitteln und hinreichend gegenüber den Kosten der übrigen sportlichen Betätigungen des Vereins abgrenzen. Aus diesem Grunde ist es nicht zu beanstanden, wenn die verrechenbaren Veranstaltungskosten pauschal mit 25 v.H. der Werbeeinnahmen angesetzt werden. Die Pauschale deckt auch die unmittelbar durch die Werbung selbst verursachten Kosten ab. Diese können infolgedessen nicht noch einmal von den Werbeeinnahmen abgezogen werden.

Bei der Berechnung des Überschusses aus sportlichen Veranstaltungen nach § 68 Nr. 7 AO und bei der Besteuerung dieser Veranstaltungen sind die Unkosten um die Pauschale zu kürzen (Abschn. 10 Abs. 4 Satz 3 KStR)".

Das bedeutet für alle Sportvereine, daß sie 25 % der Einnahmen aus kommerzieller Werbung als Kosten im Wirtschaftsbereich des Sportvereins absetzen können und diese als Einnahmen im Zweckbetrieb, das sind die sportlichen und geselligen Veranstaltungen des Vereins, verbuchen können.

Hier muß jedoch darauf geachtet werden, daß dadurch die Gewinngrenze von DM 12.000 nicht überschritten wird.

Betriebsausgaben im wirtschaftlichen Geschäftsbetrieb sind alle Ausgaben, soweit sie durch den steuerpflichtigen wirtschaftlichen Geschäftsbetrieb veranlaßt sind, z.B. für:

- Waren
- Löhne und Gehälter
- Raumkosten
- Büromaterial
- Miet- und Pachtzinsen
- Zinsen für Betriebsschulden
- Aufwendungen für Reparaturen
- Porto und Telefon
- Betriebs-, Gewerbe-, evtl. Umsatzsteuer
- Absetzungen für Abnutzung (AfA) für Gebäude und bewegliche Anlagegüter
- Anschaffungs- und Herstellungskosten für abnutzbare Anlagegüter (grundsätzlich auf mehrere Jahre verteilt).

Keine Betriebsausgaben sind:

- fiktive Kosten (Ausgaben) für unentgeltiche Mitarbeit von Vereinsmitgliedern
- Darlehensrückzahlungen.

Bei der Gewinnermittlung ist zu berücksichtigen:

- Spenden aus dem wirtschaftlichen Bereich an einen anderen gemeinnützigen Verein, sind im Rahmen der steuerlichen Vorschriften abziehbar - nicht dagegen die Spenden an den ideellen Bereich des eigenen Vereins.
- Fiktive Kosten, das ist insbesondere die unentgeltliche Mitarbeit von Vereinsmitgliedern, mindern den Gewinn nicht. Der Betrag muß, um als Ausgabe im wirtschaftlichen Geschäftsbetrieb anerkannt werden zu können, ausbezahlt werden; dabei muß die Vergütung in ihrer Höhe allerdings angemessen sein.

  Zu beachten ist, daß die Zahlung des Arbeitslohnes und der Spendeneinzahlung in zeitlichem Zusammenhang mit der Veranstaltung erfolgt. Eine rückwirkende Konstruktion solcher Vorgänge ist steuerlich unzulässig.

Um kleinere Körperschaften steuerlich zu entlasten, hat ihnen der Gesetzgeber einen Freibetrag von DM 5.000 eingeräumt, der jeweils bis zur Höhe des Einkommens, maximal jedoch bis zu einem steuerpflichtigen Einkommen von DM 10.000, voll berücksichtigt wird (§ 24 KStG 1977).

Als Beispiel für den getrennten Ausweis der Aufwendungen und Erträge im wirtschaftlichen Geschäftsbetrieb, im Zweckbetrieb und im ideellen Bereich dient folgende Erfolgsrechnung des FC Bayern München vom 1.7.83 bis 30.6.84 (Bayern Magazin 11/84) (Abb. 4):

Abb. 4: Getrennter Ausweis von Aufwendungen und Erträgen im wirtschaftlichen Geschäftsbetrieb, Zweckbetrieb und ideellen Bereich

FC Bayern München e.V. (Gesamtverein)

Erfolgsrechnung 1. Juli 1983 bis 30. Juni 1984

ERTRÄGE	1982 Mio DM		1983/84 TDM
Einnahmen aus Fußball-Lizenzspielerabteilungen brutto	20,233		19.386.635,58
abzügl. Mehrwertsteuer	2,327		2.380.814,--
1. Einnahme netto	17,906		17.005.821,58
./. Spielkosten (Stadionmiete, Verbandsabgaben, Ordnungsdienst)	2,539	./.	2.364.424,06
2. Rohertrag Lizenzspielerabteilung	15,367		14.641.397,52
3. Einnahmen aus den Fußball-Amateur- und Jugendmannschaften	99		166.359,15
4. Einnahmen aus Nebenabteilungen	33		12.661,09
5. Einnahmen aus Mitgliederbeiträgen, Mieten, Spenden und Kapitalerträgen	948		1.041.700,23
6. Sonstige Erträge	127		221.672,76
	16,574		16.083.790,75

AUFWENDUNGEN	1982 Mio DM	1983/84 TDM
1. Personal- und Sachaufwendungen Fußball-Lizenzspielerabteilung	10,893	10.269.187,11
2. Aufwendungen für die Fußball-Amateurmannschaften, für die Fußball-Jugendmannschaften und für Nebenabteilungen	1,497	1.740.561,03
3. Aufwendungen für die Verwaltung des Gesamtvereins sowie den Unterhalt des Vereinsheims und anderer Immobilien	1,080	1.405.454,99
4. Sonstige Aufwendungen (einschl. Zinsen, Steuern)	794	660.908,49
5. Abschreibungen	1,457	1.510.979,90
6. Reingewinn	853	496.699,23
	16,574	16.083.790,75

gez. Dipl.-Kfm. W.O. Hoffmann (Präsident) gez. Prof. Dr. F. Scherer (Schatzmeister)

Der Verein muß, um Gemeinnützigkeit zu erlangen, satzungsgemäß und nach der tatsächlichen Geschäftsführung ausschließlich und unmittelbar die Allgemeinheit auf materiellem, geistigem oder sittlichem Gebiet selbstlos fördern.
Wenn ein Verein vom Finanzamt als gemeinnützig anerkannt ist, genießt er Vergünstigungen im steuerlichen und außersteuerlichen Bereich. Er wird als Körperschaft als unterstützungswürdig angesehen. Die Zuwendung öffentlicher Mittel ist erleichtert.
Gemeinnützigkeit kann zur Berechtigung von Sammlungen, zur Empfangnahme von Bußgeldern, die im Strafverfahren verhängt werden, zur Befreiung von staatlichen Gebühren oder anderen Rechtspflichten führen (vgl. SCHOLTZ 1976).

Als wirtschaftliches Handlungsprinzip im steuerfreien und steuerbegünstigten Bereich gilt das Gemeinwirtschaftliche Prinzip der Bedarfsdeckung. Beide Bereiche sind nach Vorliegen der Voraussetzungen gemeinnützig. Jedoch könnte man den Zweckbetrieb als beschränkt - erwerbswirtschaftlich charakterisieren, da die Steuervergünstigung der sportlichen und geselligen Veranstaltungen nur bei Überschüssen innerhalb bestimmter Grenzen gewahrt bleibt. Im steuerpflichtigen, nicht gemeinnützigen Bereich, der auch im betrieblichen Rechnungswesen getrennt ausgewiesen werden muß, gilt der uneingeschränkte erwerbswirtschaftliche Grundsatz.

In jüngster Zeit mehrt sich die Kritik an der Vermengung gemeinwirtschaftlicher und erwerbswirtschaftlicher Handlungsprinzipien gemeinnütziger Organisationen, wovon auch der Sport betroffen ist.
Die Parteispendenaffäre, der Finanzskandal der größten gemeinnützigen Wohnungsbaugesellschaft in der BRD sowie Klagen von erwerbswirtschaftlich geführten Betrieben wegen Wettbewerbsverzerrungen durch Sportvereine weisen auf eine Inflation der Gemeinnützigkeit hin. Die Abgrenzung der Gemeinnützigkeit innerhalb und außerhalb des Sports erscheint teilweise willkürlich: Trab- und Galopprennsport, Motor- und Schachsport sind gemeinnützig; Hundesportvereine, Modellflieger- und Skatclubs dagegen wie der Berufssport insgesamt nicht. Ein Stuttgarter Finanzamt sprach sogar einem SS-Traditionsverein das begehrte Prädikat zu.
Die den Sportvereinen angelasteten Wettbewerbsverzerrungen im Rahmen ihres Zweckbetriebes durch gesellige Veranstaltungen betreffen u.a. das Gastgewerbe, den Einzelhandel und den Personennahverkehr.
Mitunter werden auch sportliche Veranstaltungen (Sportkurse wie z.B. Skikurse) an Nichtmitglieder angeboten, wobei Steuerfreiheit bei Körperschafts-, Gewerbe- und Vermögenssteuer sowie die Mehrwertsteuerhalbierung erfolgen. Zusätzlich wird die Konkurrenzfähigkeit der voll steuerpflichtigen gewerblichen Sportunternehmen durch die Bezuschussung der Vereinsübungsleiter in Frage gestellt.

Eine vom Bundesfinanzminister autorisierte, unabhängige Sachverständigenkommission wird im Verlaufe des Jahres 1987 Vorschläge zur Reform des Gemeinnützigkeitsrechts und damit auch zur schärferen Abgrenzung und Kontrolle gemeinnütziger und erwerbswirtschaftlicher Handlungsprinzipien in Sportvereinen vorlegen (vgl. Rheinischer Merkur vom 17.10.1986; Münchner Merkur vom 26.11.1985).
Der politische Einfluß von 200.000 Vereinen in der BRD, darunter über 60.000 Sportvereine mit mehr als 19 Millionen Mitgliedern, wird jedoch in diesem Zusammenhang nicht zu übergehen sein.

4.3.4 Leistungs- und Konkurrenzprinzip in Sport und Wirtschaft

Bei einem abschließenden Vergleich der Grundsätze wirtschaftlichen und sportlichen Handelns ergeben sich eine Reihe von gemeinsamen Motiven für die beiden Handlungsbereiche. Nach SCHLEYER 1977 sind Leistungs- und Konkurrenzprinzip im Wettkampfsport und in unserem marktwirtschaftlichen System die gemeinsamen geistigen Wurzeln, aus denen unternehmerisches Tun und sportliche Aktivität erwachsen.
Das beschränkte Rationalprinzip als allgemeines Handlungsprinzip in Verbindung mit dem Konkurrenzstreben führt im Sport zum relativen bzw. absoluten Leistungsprinzip und prägt das wirtschaftliche Handeln nach den geschilderten ökonomischen Prinzipien.
"Unternehmer und Wettkampfsportler suchen den Erfolg, stehen der Leistung positiv gegenüber, wollen sich bewähren, suchen den Wettbewerb, unterziehen sich dem Risiko, finden Gefallen an der dynamischen Gestaltung

von Abläufen und Bewegungen und sind schöpferisch im Aufspüren neuer Techniken". Im Gegensatz zu SCHLEYER's Behauptung sucht der Unternehmer nicht den Wettbewerb; im Gegenteil; er weicht ihm aus, wenn er kann. Denn eine monopolistische Marktsituation erleichtert die erwerbswirtschaftliche Gewinn- bzw. Nutzenmaximierung. Die insgesamt dennoch vorhandene Parallelität der Handlungsmotive zwischen Unternehmer und Wettkampfsportler erscheint am ehesten durch die Selektionshypothese nach LINDE/HEINEMANN 1974 erklärbar. Sportaktivitäten sind demnach von der Arbeitswelt unabhängige Interessen des Einzelnen. Sie sind Selektionsfolgen. Personen mit bestimmter Persönlichkeitsstruktur, mit bestimmten biografischen und sozialen Daten sind einerseits im Beruf erfolgreich und andererseits besitzen sie ein hohes Sportengagement. Besondere Bedeutung haben die schulischen Sporterfahrungen, nicht so sehr die Struktur der Arbeitstätigkeit wie in diesem Fall die unternehmerische Funktion.

Ähnlich wie im Schulsport die Auswüchse des ungehemmten Wettkampfprinzips durch pädagogische Maßnahmen oder wie im Leistungssport durch strikte Regelüberwachung kultiviert werden müssen, so besteht die Funktion des Staates im System der Sozialen Marktwirtschaft darin, durch ordnungspolitische Maßnahmen, wie z.B. das Gesetz gegen Wettbewerbsbeschränkungen i.d.F. vom 24.9.1980, einerseits den Wettbewerb aufrechtzuerhalten und andererseits durch soziale Maßnahmen diejenigen Menschen zu schützen und zu unterstützen, die infolge des übermächtigen Konkurrenzdrucks wirtschaftlichen und sozialen Schaden erleiden.

In diesem Sinne bezeichnet PREISER 1965, S. 44, sie als "konjunkturell gelenkte Marktwirtschaft".
Das Leistungs- und Konkurrenzprinzip nimmt in unterschiedlichen Gesellschaftsordnungen jeweils einen anderen Stellenwert ein.
In marktwirtschaftlich organisierten Ländern unterscheidet sich die Stellung des Leistungssports von der in planwirtschaftlich sozialistischen Ländern und den Ländern der Dritten Welt aufgrund der Produktionsverhältnisse, des Industriealisierungsgrades und der Stellung der Wirtschaft gegenüber der Politik.
In den Zentralverwaltungswirtschaften östlicher Prägung unterliegen nicht nur die wirtschaftlichen Handlungsprinzipien staatlicher Steuerung, sondern auch die sportlichen Leistungen sind sehr viel stärker als bei uns staatlich geförderter integraler Bestandteil des sozialen Lebens. Der Spitzensport erlangt große politische Bedeutung als Symbol der Leistungsfähigkeit des Gesellschaftssystems.
In vielen Ländern der Dritten Welt fällt die Schere zwischen geringer wirtschaftlicher Kapazität und nach Anerkennung strebender sportlicher Leistungsförderung ins Auge. Das politisch-ökonomische System und die Wirtschaftskraft bestimmen das Sportgeschehen einer Gesellschaft wesentlich. So zeigen empirische Untersuchungen (COLWELL 1984), daß die Wirtschaftskraft eines Landes in besonderem Maße die Olympiateilnahme und den Erfolg bei Olympischen Spielen beeinflußt.

Als Bezugsgrößen wurden dabei im einzelnen vor allem das Volkseinkommen sowie der Industrialisierungsgrad, die Arbeitsproduktivität, der Anteil der in der Landwirtschaft tätigen Bevölkerung, der Urbanisierungsgrad, der Proteinverbrauch und der Anteil der Industriebeschäftigten festgestellt.
Die Tatsache, daß die Erfolge im internationalen Spitzensport erheblich von der Qualität und Quantität der ökonomischen Ressourcen abhängen, stützt die bei der Sportentstehung bereits formulierte "Wohlstandstheorie" (s.S. 46) auch für den Bereich des Spitzenleistungssports ab.
Ergänzend ist anzumerken, daß die sportlichen Spitzenleistungen außerdem von der politisch determinierten Ressourcen-Allokation abhängen (vgl. COLWELL 1981).

Die im Wettkampfsport und in der Wirtschaft ähnlichen Handlungsprinzipien werden mitunter als systemstabilisierende Faktoren bezeichnet (vgl. HEINEMANN 1983), welche die ökonomischen, politischen und sozialen Bedingungen einer spätkapitalistischen Gesellschaft sichern helfen.

Detailliert setzt die Gesellschaftskritik am Sport als systemstabilisierendes Element an folgenden Punkten an:

- Sport wird quasi als "Opium" zur Vernebelung gesellschaftlicher Probleme angesehen. Er würde von drängenden Fragen unserer Gesellschaft ablenken.

Infolge des eigenen Sportengagements und der Identifikation mit Sportidolen würde Ausbeutung und Machtlosigkeit unbewußt bleiben.

Als Beispiel zur Überprüfung dieser These läßt sich wohl die Fußballweltmeisterschaft 1986 in Mexiko, einem erdbebengeschädigten, verarmten, mit am höchsten verschuldeten Land anführen.
Unter sozioökonomischer Beurteilung obiger Aussage erscheint es zunächst fraglich, ob der mexikanische Lebensstandard bei Nichtdurchführung der WM überhaupt wesentlich zu verbessern gewesen wäre.
Wohnungsbau statt Stadionbau hätte zwar zweifellos das soziale Elend etwas gemildert. Erfahrungsgemäß gehen jedoch andererseits durch Fremdenverkehr und Bautätigkeit an sich auch wirtschaftliche Impulse aus. Genaue Zahlen stehen hierüber leider nicht zur Verfügung.
Außerdem tangiert das Für und Wider der Fußball-WM in Mexiko auch das soziopolitische Demokratieverständnis generell. Nur eine Volksabstimmung hätte klären können, ob das notleidende mexikanische Volk durch eine nationale sportliche Massenveranstaltung eventuell sogar eine Ablenkung gewünscht hätte.

- Weil der Sport die Gültigkeit und Tragfähigkeit des Leistungsprinzips und der freien Konkurrenz symbolisiere und somit als Beispiel für den engen Zusammenhang zwischen individueller Leistung, Erfolg und Macht diene, trage er zur Systemstabilisierung bei.

Die wirtschaftliche Erfahrung lehrt, daß gehobener Wohlstand und Lebensstandard das Leistungsprinzip voraussetzen. Sowohl mikroökonomisch als auch makroökonomisch betrachtet sind gemeinwirtschaftlich handelnde und ausschließlich am Bedarfsdeckungsprinzip orientierte Betriebswirtschaften den erwerbswirtschaftlich orientierten Wirtschaftseinheiten unterlegen. Nach PREISER 1965, S. 45, besteht das Geheimnis einer leistungsorientierten Marktwirtschaft darin, daß sie das auf Gewinnerzielung gerichtete Eigeninteresse der wirtschaftenden Menschen mit der Erfüllung der volkswirtschaftlichen Funktion der Bedarfsdeckung verknüpft. - Warum soll übrigens einseitig im Sport die Idolbildung (Schmeling, Zatopek, Sailer, Pele, Beckenbauer, Klammer, Becker etc.) abgelehnt werden, während sie in Wissenschaft, Kunst und Politik unangefochten ist?

- Systemstabilisierend wirke der Sport auch deshalb, weil er neue, gewinnträchtige Märkte in der Freizeit- und Sportartikelindustrie erschließen helfe.

Die ökonomische Realität zeigt, daß Lohnerhöhungen oder Arbeitszeitverkürzungen auf Dauer nur bei steigendem Wirtschaftswachstum finanzierbar sind. Nationale und internationale Konkurrenz zwingt geradezu die Betriebe zu Produktinnovationen und Aufspüren von Marktlücken. Sicherlich ist es wirtschaftlich sinnvoller, über die Erschließung von Sportmärkten die Beschäftigung anzukurbeln, als mit Subventionen schrumpfende Branchen wie Kohle, Stahl, Werften und Landwirtschaft zu stabilisieren.

Die Sozialkritik am Sport als systemerhaltender Faktor hat jedoch insgesamt die Sensibilität für den Abbau von Mißständen im Leistungssport erhöht und wesentlich zur Klärung der im Sportbegriff enthaltenen vielfältigen Handlungsbereiche beigetragen. Sofern sie die Verbindung zwischen sportlichem und wirtschaftlichem Handeln anprangert, gebührt ihr das Verdienst, die früher latent vorhandene ökonomische Funktion des Sports zur Transparenz verholfen zu haben. Nicht zu verkennen ist jedoch auch die in den sportlichen und wirtschaftlichen Handlungsprinzipien liegende Eigendynamik, welche mehr zur Fortentwicklung des sozioökonomischen Systems tendiert als zur Stabilisierung.

4.3 Professionalisierung im Sport und pädagogisch orientierte Erklärungsmodelle

Nachdem die Leitlinien für sportliches und wirtschaftliches Handeln verdeutlicht wurden, ist nun der Stellenwert der Professionalisierung in den einzelnen Sportbereichen anzusprechen.
Die Sportpädagogik hat sowohl das Pyramidenmodell als auch die Zwei-Welten-Theorie entwickelt, um die gegenseitige Zuordnung von Breiten-, Leistungs-, Spitzen- und Berufssport zu verdeutlichen.

4.3.1 Das Pyramidenmodell des Sports

Vom funktionalen Aspekt ausgehend bilden Freizeit- und Breitensport die Basis einer Pyramide, aus der sich der Spitzensport aufbaut, der schließlich im Profitum gipfelt (vgl. DIECKERT 1974, GRÖSSING 1982, S. 173). Dem Pyramidenmodell liegt ein monistisches Sportverständnis zu Grunde (s. Abb. 5).

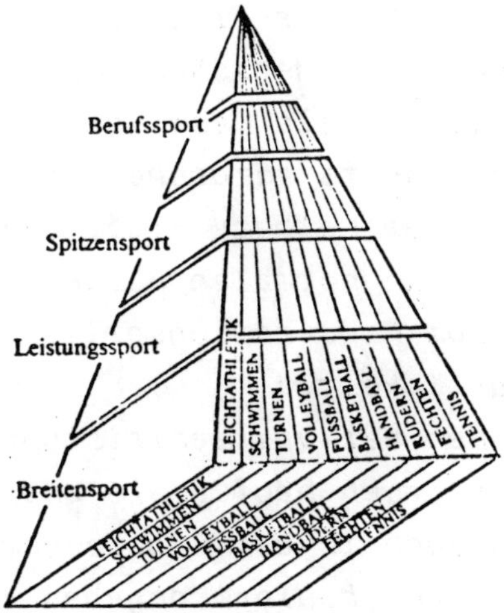

Abb. 5: Pyramidenmodell des Sports
(nach GRÖSSING 1982, S.173)

Durch ausgeklügelte Selektionsverfahren werden aus der großen Zahl von Breitensportlern die wenigen Rekordsportler ausgesiebt. Von der Vorstellung ausgehend "Je größer die Breite - umso höher die Spitze" wurden seit der Mitte der 60er Jahre die sportlichen Erfolge des Ostblocks mit dieser Theorie erklärt. Westliche Sportfunktionäre richteten die Breitensportförderung danach aus, um ähnliche Spitzenleistungen zu ermöglichen.

Im Pyramidenmodell ist auch die Sportartengliederung enthalten, welcher sich auch der Breitensport unterzuordnen hatte. Die angeblich motivierende Vorbildfunktion der Spitzensportler wurde besonders herausgestellt.

DIECKERT 1974, S. 75 hat als erster das Pyramidenmodell in Frage gestellt:

"Die Pyramidentheorie und die Vorbildfunktion des Spitzensports sind mehr als fragwürdig ... Sind etwa die Millionen alter Menschen jenseits biologischen Leistungsalters als Reservoir, als breite Basis des Leistungssports anzusehen? Animieren etwa ein 8,90 m Sprung, der Fosbury-Flop, die Artistik im Kunstturnen ... den normalen Bürger zum Nacheifern und damit zum Frustrationserlebnis der eigenen Stümperhaftigkeit?"

Der Abstand zwischen der Spitzenleistung und dem eigenen Können wird doch häufig als unerreichbar empfunden, so daß auch in der Gruppe der Jugendlichen die Vorbildwirkung nur bedingt gegeben ist.

Nicht das aktive sportliche Handeln breiter Bevölkerungsschichten in der Freizeit bringt den Spitzen- und Berufssportler hervor, sondern systematische Trainings- und Wettkampforganisation führen zur Züchtung von professionellen Hochleistungssportlern. Trotz der insgesamt rekrutierungsrelevant antimonistischen Struktur des heutigen Sports ist wegen des vorherrschenden scharfen Konkurrenzprinzips innerhalb des Spitzen- und Berufssports ein partiell pyramidal effizienter Selektionsmechanismus beobachtbar.

Als Beispiel hierfür aus dem Bereich der Mannschaftsspiele mag die Reduzierung der Spieler- und Mannschaftszahlen in obersten Spielklassen und bei der Nominierung von Auswahlmannschaften bis hin zum Nationalteam dienen. Auch Sportlerprämierungen und die Aufstellung von Besten- und Ranglisten in Einzelsportarten weisen die Gültigkeit der Pyramidentheorie zumindest in diesem Sportbereich nach. Dennoch ist die Aussagekraft des Pyramidenmodells für den heutigen Sport insgesamt zu wenig differenzierend.

4.3.2 Das Zwei-Welten-Modell des Sports

Nach dem Zwei-Welten-Modell sind Spitzen- und Freizeitsport nicht mehr die zwei Ansichten des einen Sports, sondern zwei verschiedene Welten des Sports (GRÖSSING 1982, S. 175), die sich immer weiter voneinander entfernen (Abb. 6).

Abb. 6: Zwei-Welten-Modell des Sports
(nach GRÖSSING 1982, S. 175)

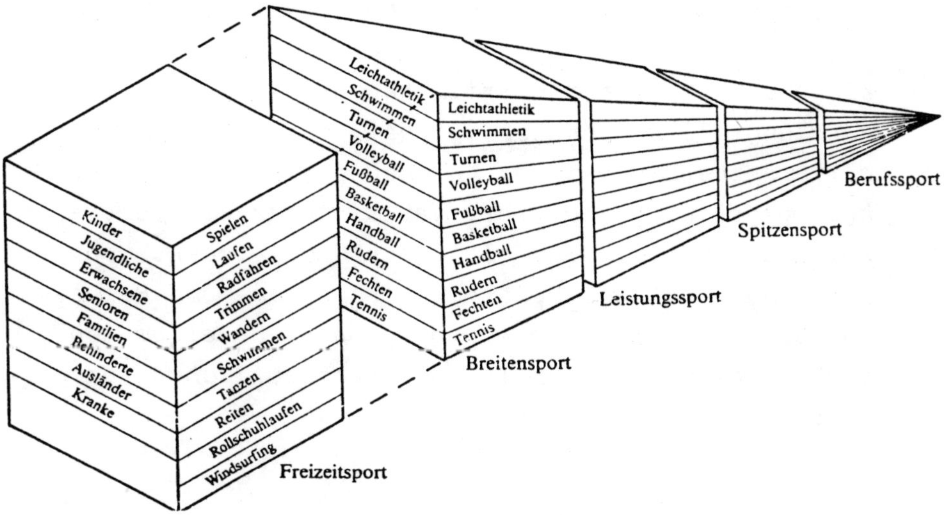

"Leistungssport und Freizeitsport sind somit zwei verschiedenartige soziale Welten, deren Wertestruktur, Teilnahme- und Erfolgsbedingungen diametral entgegengesetzt scheinen" (LÜDTKE 1974, S. 41).

Die Zwei-Welten-Theorie weist deutlich auf die Differenzierung des Sportbegriffs hin. Wenn sich auch die Strukturen des Freizeit- und Breitensports hinsichtlich der Sportartengliederung und der überwiegenden Organisation im Vereinsbereich teilweise unterscheiden, so gehören sie doch angesichts der am absoluten Leistungsprinzip orientierten weiteren Sportsäule zur selben Sportwelt. Leistungs-, Spitzen- und Berufssport dagegen sind gekennzeichnet durch Spezialisierung und durch umfassendes Trainings- und Wettkampfcoaching in meist materiell und personell optimal ausgestatteten Leistungszentren.

Die sportlichen Leistungsbedingungen der Athleten werden durch flankierende medizinische, psychologische, soziale und ökonomische Maßnahmen des Counselling auch im Sinne einer totalen Lebensberatung unterstützt.

Wie die Analyse der sportlichen und wirtschaftlichen Handlungsprinzipien gezeigt hat, geht die Strukturdifferenzierung dessen, was heute alles als Sport bezeichnet wird, so tief, daß sicher zwei Sportwelten zur Charakterisierung nicht mehr ausreichen. Denn auch innerhalb des Leistungs-, Spitzen- und Berufssports sind Abgrenzungen nötig, die vor allem den sozioökonomischen Bereich des Verberuflichungsprozesses tangieren.

Amateurleistungssportler und Profisportler handeln nach voneinander unterschiedlichen Zielvorstellungen und meistens in anderen Organisationsformen. Darauf weisen auch die soziologisch orientierten Sportmodelle von HEINEMANN 1983 hin.

4.4 Professionalisierung im Sport und soziologisch orientierte Erklärungsmodelle

Die unterschiedlichen Erscheinungsformen des Sports werden in der Sportsoziologie nominaldefinitorisch nach vier Variablengruppen bestimmt (s. Abb. 7).

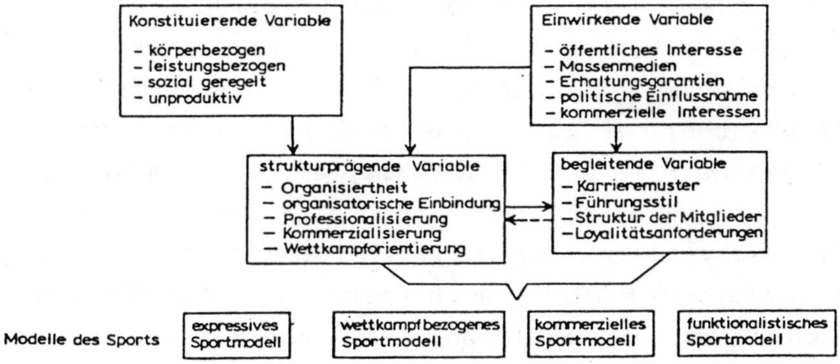

Abb. 7: Charakteristik des Sports
(HEINEMANN 1983, S. 32)

Aus diesen Variablen erfolgt sodann die Ableitung von vier Sportmodellen. - Bevor auf die Aussagekraft von
4.4.1 expressivem, wettkampfbezogenem, kommerziellem und funktionalistischem Erklärungsmodell für die Professionalisierung im Sport eingegangen werden kann, sind bezüglich der prämittierten Variablen einige Korrekturen nötig.

Die Körperbezogenheit als Teil der konstituierenden Variable stellt zu einseitig auf die körperlichen Fähigkeiten und Fertigkeiten als "das Thema des Sports" ab (HEINEMANN 1983, S. 33). Eine sportliche Handlung umfaßt immer auch die mental-psycho-emotionale Sphäre. Die Analyse der Grundsätze sportlichen Handelns hat außerdem gezeigt, daß in der Sportaktivität mehr oder minder auch das Spielprinzip enthalten ist. Die Prämisse "Sport ist unproduktiv" (HEINEMANN 1983, S. 35) weist zwar auf die Zweckfreiheit des Spiels hin; jedoch die Erklärung, daß Sport nicht darauf abziele, Produkte wie in der Arbeit oder in der Kunst zu schaffen, erfordert teilweise Widerspruch. Die ausgefeilte Kür einer Eisläuferin oder eines Geräteturners, die brillante Spuranlage eines Tiefschneekönners oder die Ballzaubereien und Tricks eines Spielmachers im Fußball, Volleyball oder Basketball sind zweifellos mit den Werken bildender oder musischer Künstler zu vergleichen. Deren Kunstwerke entstanden oder entstehen häufig auch nicht unter Nützlichkeitserwägungen heraus. Die an oben erwähnter Abgrenzung erkennbare Nichtakzeptanz von qualitativ herausragenden Sporthandlungen als ästhetisches Schaffen findet man bedauerlicher Weise heutzutage immer noch, auch innerhalb der Sporttheorie. Vor allem das anstehende Professionalisierungsthema erfordert die Emanzipation der sportlichen Kunstfertigkeiten als musische Künste.

Im einzelnen erscheint nun die Abgrenzung der Sportmodelle voneinander nicht konsequent. Das wettkampfbezogene Sportmodell kann im expressiven Sportmodell ("Gegenwelt zur industriellen Arbeitswelt") auch mit enthalten sein.

Denn ein wettkampforientierter Sportler empfindet durchaus im Rahmen seiner sportlichen Aktivität ebensolche Werte wie "Spaß", "Freude", "Mitmachen", "Selbst- und Eigenwelt", die als Normen des expressiven Modells beschrieben sind.
Das kommerzielle Sportmodell ist als weitere Kategorie unter das funktionalistische Modell aufzunehmen, da es neben den Sozialisationsfunktionen, den sozialemotionalen, den sozial-integrativen, den politischen und den biologischen Funktionen zusätzlich die ökonomische Funktion des Sports in unserer Gesellschaft betrifft.
Wie bereits bei den terminologischen Grundlagen dargelegt (s.S. 30), muß ein kommerzielles Sportmodell somit als Teilaspekt der wirtschaftlichen Funktion des Sports von der Vermarktung von Sportgütern ausgehen. Wie wichtig die eingangs erwähnten ökonomisch relevanten Definitionen sind, wird an dieser Stelle deutlich. Außerdem wird der Sport auch unter seinem wirtschaftlichen Aspekt instrumentalisiert. Ob jemand aus Gesundheitsgründen (biologische Funktion) jogged oder Sport in politischen Parteiprogrammen hervorhebt oder Eishockey zum Einkommenserwerb betreibt, in jedem Fall wird Sport als Medium zur jeweiligen Zielrealisierung benützt.
Das für die Sportprofessionalisierung an sich relevante kommerzielle Sportmodell eignet sich für ökonomische Erkenntnisgewinnung nur bedingt, da es per definitionem nur auf den Begriff des Unternehmens bzw. des Betriebs abgestellt ist.

Es bezieht sich einerseits auf den Außenbereich einer Betriebswirtschaft (Unternehmen) mit ihren Beziehungen zu Umwelt und Markt und andererseits auf den Innenbereich der Betriebswirtschaft (Betrieb) mit ihrem Leistungsprozeß (HEINEN 1985, S. 111).
Der sportlich und wirtschaftlich handelnde, unselbständige oder selbständige Sportler wird dabei nicht erfaßt.
Die Begriffe "Schauunternehmen", "kommerzialisierter und professionalisierter Betrieb" (HEINEMANN 1983, S. 37) entsprechen nicht der Fachsprache einer weitgehend "werturteilsfreien Betriebswirtschaftslehre" (vgl. HEINEN 1985, S. 28-29; WÖHE 1984, S. 53-56).

Außerdem stellt die Charakterisierung "kommerzialisierter und professionalisierter Betrieb" eine Tautologie dar, da Betriebswirtschaften ohnehin Sozialgebilde sind, "die zur Erstellung und Verwertung von Leistungen und zur Erzielung von Einkommen für ihre Mitglieder bestehen" (GABLER 1984, S. 706).

Streng begrifflich betrachtet hebt das "kommerzielle Sportmodell" zusätzlich einseitig auf die Verwertung sportlicher Leistungen ab und vernachlässigt den betriebswirtschaftich für die Verberuflichung ebenso wichtigen Bereich der Leistungserstellung.

Nach DIGEL 1986, S. 38, tendiert das bisherige homogene Gesamtsystem Sport aufgrund seiner funktionalen Ausdifferenzierung zu einer Teilsystementwicklung.
Der gesellschaftliche Wertewandel hat in Ergänzung zum traditionellen Leistungssport zu insgesamt
4.4.2 fünf Sportmodellen geführt (s. Abb. 8).

Abb. 8: Ausgewählte Merkmale der fünf Sportmodelle, die das Pyramidenmodell abgelöst haben (aus DIGEL 1986, S. 39)

1. **Leistungssport**
   Wettkampf
   Spannung
   „Amateur"
   Vereinsmitgliedschaft

2. **„Medien"-Sport**
   Kommerz
   Medien
   Wettkampf
   Profi
   Arbeitsvertrag

3. **Freizeitsport**
   Spaß
   Freude
   Mitmachen
   Selbstwert
   Offene Organisation

4. **Alternativsport**
   Subkultur
   Körperkultur
   Entspannung
   Offene Organisation

5. **Instrumenteller Sport**
   Soziale Dienstleistung
   Soziales Erziehungsinstrument
   Rehabilitationsinstrument

Die Ähnlichkeit mit der Charakteristik nach HEINEMANN 1983 ist deutlich, wobei die Merkmale des Freizeit- und Alternativsports inhaltlich so sehr harmonieren, daß diesbezüglich jeweils eigenständige Sportmodelle nicht begründet erscheinen. Den instrumentellen Sport nur aus sozialer und rehabilitativer Zielsetzung heraus als eigenen Sportbereich zu kennzeichnen, fordert die Kritik der zu einseitigen Begriffsverwendung heraus. KURZ 1986, S. 63, hebt als Kennzeichen der Instrumentalisierung im Sport den Nutzenaspekt hervor. Nach wirtschaftlicher Definition versteht man unter Nutzen das Maß an Bedürfnisbefriedigung, welches den Haushalten bzw. Personen aus dem Güterkonsum in Form des subjektiven Gebrauchswerts entsteht (GABLER 1984, S. 498).

Somit kann der instrumentelle Sportbereich alle gesellschaftlichen Sportfunktionen einschließen - sozial-emotionale, sozial-integrative, sozialisationsrelevante, politische, biologische und wirtschaftliche - , sofern das sportliche Handeln diesen Zwecken dient. Der Eindruck verstärkt sich jedoch, daß sportliche Aktivität sich immer mehr oder minder unter dem Aspekt der subjektiven Bedürfnisbefriedigung und damit unter Nützlichkeitserwägungen vielfältigster Art vollzieht.

Das Medien-Sport-Modell hebt auf die wirtschaftliche Funktion des Berufssports ab. Ein für diesen Bereich wesentliches Charakteristikum, die sportliche Spitzenleistung wird jedoch nicht erwähnt. Auch die sozioökonomisch gravierende Problematik der Überlagerung des traditionellen Leistungssports durch den Mediensport ist infolge der konträren Merkmalsabgrenzungen nicht ersichtlich.

Die Sportmodelle nach DIGEL leiden ähnlich wie die Sportcharakteristik nach HEINEMANN teilweise unter der schlagwortartigen Begriffsverwendung und führen zur Frage nach dem Bezugssystem für die Modellbezeichnungen. Obwohl die Auswahlkriterien für die Systematisierung nicht klar genug zu Tage treten, bietet das Mediensportmodell ähnlich wie das kommerzielle Sportmodell nach HEINEMANN einen Ansatzpunkt für eine genauere Analyse der wirtschaftlichen und rechtlichen Rahmenbedingungen der gewerblichen und professionellen Sportwelt.

Die soziologischen Sportmodelle sprechen zwar teilweise die ökonomische Funktion des Sports an. Die sozioökonomischen Grundlagen der Professionalisierung im Sport sind jedoch hiermit nur unzureichend erklärbar, da die wichtigen wirtschaftlichen Interdependenzen auch im kommerziellen Modell und im Mediensport nur teilweise erfaßt werden. Deshalb erscheint es nötig, die Grundsätze sportlichen und wirtschaftlichen Handelns im heutigen Profisport in einem ökonomisch orientierten Erklärungsmodell darzustellen.

4.5 Professionalisierung im Sport und ökonomisch orientiertes Sportmodell

Auch neuere Sportbegriffe aus der Sportpädagogik wie "Welt des industriekulturellen Sports" (GRÖSSING 1985, S. 72) weisen bereits auf die wirtschaftliche Funktion des Sports hin.
DREYER 1986, S. 14 f., katalogisiert das Konglomerat vielfältiger Erscheinungsformen des Sports nach dem Kriterium des Trägers des Sportangebots. Neben den Sportinitiativen von Vereinen, Verbänden, des Staates und des unorganisierten (Freizeit- d. Verf.) Sports treten gewerbliche Anbieter auf (vgl. auch KRÜGER 1980, S. 8 f.)
Die organisatorische Einbindung der Vereine in das Verbandswesen rechtfertigt jedoch nicht, von jeweils eigenständigen Sportbereichen zu sprechen.
Die staatlichen Impulse zu Sportaktivitäten setzen vor allem im schulischen Ausbildungswesen an.

Somit ruht das sportliche Handeln insgesamt auf vier Säulen: dem Individuum, der Schule, dem Verein und dem Gewerbe.
Die gewerblichen Sportanbieter wenden sich sowohl an aktive Sportler als auch an Zuschauer.
Diese wirtschaftliche Dimension wurde in der Sportliteratur bisher vernachlässigt, obwohl sie für die Praxis des sportlichen Handelns mehr und mehr an Bedeutung gewinnt.

4.5.1 Zu einem ökonomisch orientierten Sportmodell gelangt man, wenn man die vielfältigen Erscheinungsformen des Sports nach dem Kriterium der Trägerschaft des sportlichen Handelns untersucht, d.h. wenn man von der Verantwortlichkeit für die Sportaktivität ausgeht und den Zusammenhang mit dem wirtschaftlichen Handeln im Sport aufzeigt.
Daraus ergeben sich zunächst diverse Merkmale der Organisationsstruktur von insgesamt vier "Sportwelten" (Abb. 9: Ökonomisch orientiertes Sportmodell).

Abb. 9: Ökonomisch-orientiertes Sportmodell

	Erscheinungsformen des Sports			
Träger	priv. Sport	Schulsport	Vereinssport	Gewerbesport
Merkmale der Organisationsstruktur	Sportliches Eigenhandeln individuell freiwillig	Didaktischer Sport organisiert meist verpflichtlich	Selbstverwalteter Sport an Mitgliedschaft gebunden freiwillig	Erwerbssport Sport als Ware Produktion und Absatz von Sportgütern
Grundsätze sportlichen Handelns	Spielprinzip Relatives Leistungsprinzip	Spielprinzip Relatives Leistungsprinzip	Spielprinzip Relatives Leistungsprinzip Absolutes Leistungsprinzip	Spielprinzip Relatives Leistungsprinzip Absolutes Leistungsprinzip
Grundsätze wirtschaftlichen Handelns	Wirtschaftlichkeitsprinzip	Wirtschaftlichkeitsprinzip	Gemeinwirtschaftliches Prinzip Erwerbswirtschaftliches Prinzip beschränkt erwerbswirtschaftliches Prinzip Gemeinnützigkeitsprinzip	Erwerbswirtschaftliches Prinzip
Sportliche Handlungsfelder	Freizeitsport Fitneßsport Life-time-Sport Alternativsport Spontansport	Freizeitsport Fitneßsport Breitensport Wettkampfsport	Freizeitsport Fitneßsport Breitensport Betriebssport Wettkampfsport Leistungssport Amateursport Berufssport Technologischer Sport Industriekultureller Sport	Freizeitsport Fitneßsport Breitensport Wettkampfsport Leistungssport Spitzensport Berufssport Kommerzieller Sport Technologischer Sport Industriekultureller Sport Olympischer Scheinamateursport

Die auf Eigeninitiative beruhende, private Sportwelt pflegt das individuelle, freiwillige sportliche Eigenhandeln, das meist in der Familie oder im Freundeskreis erfolgt.

Im Schulsport trägt das Unterrichtsfach Sport als eines der musischen Fächer meist verpflichtlich zum Bildungsauftrag von Erziehungs- und Ausbildungseinrichtungen bei. Die Schulsportwelt umfaßt somit die "Gesamtheit sportlicher Aktivitäten, die unter der Verantwortung der Schule stehen" (MEIER 1984) und ist didaktisch orientiert.

Im selbstverwalteten Vereinssport bzw. Verbandssport steht das an Mitgliedschaft gebundene, jedoch freiwillige sportliche Handeln im Mittelpunkt.
Die Bedeutung dieser Sportwelt wird durch den Organisierungsgrad im DSB klar:
Ende 1986 waren in 62.930 Sportvereinen über die einzelnen Fachverbände insgesamt 19.588.607 Bundesbürger der BRD organisiert (DTB Jahrbuch 1987, S. 66).

In der Gewerbesportwelt wird Sport ausgeübt bzw. angeboten zur Sicherung der materiellen Existenzgrundlage. Unter Gewerbe i.w.S. versteht man jede berufsmäßige Tätigkeit zum Zwecke des Erwerbs. Sportgüter werden als Sachgüter oder Dienstleistungen entweder von selbständig bzw. nichtselbständig handelnden Sportlern oder von Betriebswirtschaften produziert und vermarktet. Dabei versteht man unter Betrieb eine planvoll organisierte Wirtschaftseinheit (WÖHE 1984, S. 2).

Das ökonomisch orientierte Sportmodell läßt sich
4.5.2 durch die Zuordnung der sportlichen und wirtschaftlichen Handlungsprinzipien in den einzelnen Handlungsfeldern noch näher begründen.
Wie bereits dargestellt (vgl. S. 90 ff.) sind bei sportlichen Handlungen Leistungs- und Spielprinzip immer irgendwie miteinander verbunden; allerdings kann einmal die normorientierte Leistung, ein anderes Mal das Spielelement überwiegen. Für alle Sportwelten ist neben dem Spielprinzip das relative Leistungsprinzip bedeutungsvoll, wobei die Einschränkung des Leistungsstrebens aus gesundheitlichen, ethischen, sozialen oder pädagogischen Gründen erfolgt. Mitunter wird im professionell orientierten Gewerbesport das Spielprinzip besonders gepflegt, um die Zuschauerattraktivität zu erhöhen.
Im Vereins- und Gewerbesport bestimmt zusätzlich das absolute Leistungsprinzip das sportliche Handeln, wobei sich zwangsläufig Beeinträchtigungen der Lebensbereiche Schule, Studium, Beruf, Familie oder Freizeit ergeben.
Im ökonomisch orientierten Erklärungsmodell werden auch die Prinzipien wirtschaftlichen Handelns in den verschiedenen Sportwelten aufgedeckt, wobei sich im Vereinssport konkurrierende Handlungsmotive ergeben.

Nach dem Wirtschaftlichkeitsgrundsatz gehen in der privaten Sportwelt, im Schul- und Gewerbesport die Sportler, Schüler bzw. Eltern vor, wenn sie als Kunden Sportgüter wie Kleidung, Geräte oder Dienstleistungen (z.B. Sportkurse) erwerben. Ausgabenminimierung oder Nutzenmaximierung werden angestrebt.

Sportartikelindustrie, -handel und andere Dienstleistungsbetriebe sowie selbständige und unselbständige Sportler handeln erwerbswirtschaftlich, wenn sie sich den Sportmärkten zuwenden, um das Ergebnis ihrer Leistungserstellung abzusetzen. Dabei treten sie als Anbieter von Sportgütern an Individualsportler, Schüler, Vereine oder sonstige Kunden des Gewerbesportbereichs heran.
Das Wirtschaftlichkeitsprinzip, angewendet auf ein planwirtschaftliches System oder auf eine Haushaltswirtschaft wie das soziale Gebilde Sportverein, führt zum Bedarfsdeckungsprinzip oder Gemeinwirtschaftlichkeitsgrundsatz. Im ideellen Bereich und im Zweckbetrieb wird der Sportverein überwiegend gemeinwirtschaftlich geführt.
Der erwerbswirtschaftliche Grundsatz gilt bedingungslos für den wirtschaftlichen Geschäftsbetrieb.
Die Erlangung und Erhaltung des Gemeinnützigkeitsprinzips erfordert in der Geschäftsführung von Sportvereinen mit angegliedertem wirtschaftlichen Geschäftsbetrieb die strikte Trennung zwischen steuerfreiem, steuerbegünstigtem und voll steuerpflichtigem Bereich (vgl. S. 109 ff.).
Der erwerbswirtschaftliche Grundsatz ist somit wegen der Gemeinnützigkeitsvorschriften im Zweckbetrieb nur beschränkt anwendbar.

Im ökonomisch orientierten Sportmodell läßt sich außerdem die Vielfalt heute gebräuchlicher Begriffe in den sportlichen Handlungsfeldern strukturiert nach den vier Sportwelten darstellen. Wie bei jeder Systematisierung bleiben mitunter Abgrenzungsprobleme bestehen.

Die Doppelstruktur der beiden Handlungsfelder Vereins- und Gewerbesport ist durch das sportliche Eigenhandeln und durch das Anbieten von marktfähigen Sportgütern bedingt. Sportaktivitäten besonderer Zielgruppen (wie für Behinderte, Senioren, Rehabilitation) werden in den Handlungsfeldern nicht einzeln herausgestellt, sondern bleiben in den üblichen Sportbegriffen (Fitneßsport, Freizeitsport, Breitensport etc.) enthalten.

Der Berufssport ist organisatorisch sowohl im Vereins- als auch im Gewerbesport angesiedelt. Die Zuordnung des Olympischen "Pseudoamateursports" in die Gewerbesportwelt wird mit der den sportlichen, sozialen und ökonomischen Fakten widersprechenden Zulassungsheuchelei begründet.Trotz nominaldefinitorischer Spitzfindigkeiten bei olympischen Zulassungsregeln setzt heute in der Realität die olympische Teilnahme professionelles Sporthandeln voraus. Aufwands-, Ertrags- und Leistungsaspekte schließen den "Sportliebhaber" von Olympischen Spielen aus.
Das ökonomisch orientierte Sportmodell zeigt Interdependenzen zwischen Sport und Wirtschaft fachspezifischer auf als alle anderen bisherigen Modelle. Es weist wirtschaftliches Handeln in allen Sportwelten nach. Es differenziert die Grundsätze sportlichen und wirtschaftlichen Handelns in den einzelnen Sportbereichen. Damit liefert es Grundlagen über die Motive und Ziele des professionellen Handelns im Sport. Außerdem hat es gezeigt, daß sich Professionalisierung im Sport im Vereins- und Gewerbesportbereich abspielen. In einem weiteren Schritt sollen nun im einzelnen die rechtlichen und sozioökonomischen Rahmenbedingungen des heutigen Profisports analysiert werden.

5. Rechtliche Grundlagen für wirtschaftliches Handeln im Berufssport

Die Sportkommunikation durch die Medien konzentriert sich heute so überwiegend auf den gewerblichen Sportsektor, daß man diesbezüglich sogar von einer Verzerrung der Sportrealität sprechen könnte.
Häufige Meldungen über zweistellige DM-Millionen-Beträge an Ablösesummen für Fußballspieler wie Maradona und Rummenigge, über Monatsgehälter von mehr als 100.000 DM wie für Völler nach seinem Transfer von Bremen nach Rom, über Zweijahresgagen von 2,5 Millionen US $ für den deutschen Basketballer Schrempf in den USA oder über 2 Millionen US $ Jahresgehälter für Spitzenspieler im amerikanischen Nationalsport Football lassen den Eindruck entstehen, als würde Sport nur noch um des Geldes willen betrieben (vgl. WELT am Sonntag vom 2.6.1985 und 21.12.1986; Münchner Merkur vom 8.11.1984).
Dagegen ist in Meyers Konversationslexikon von 1887 - Stichwort "Sport" - zu lesen:
"Als ein wesentliches Merkmal des Sports ist endlich aufzuführen, daß dessen Ausübung nicht um des Gelderwerbs wegen geschieht."
Bis heute, 100 Jahre später, hat der Sport wirtschaftliche, rechtliche und soziale Entwicklungen durchgemacht, die den Präsidenten des Internationalen Olympischen Komitees Juan Antonio SAMARANCHE zu der Aussage verleiten, "..., daß der Sport die wichtigste soziale Bewegung am Ende dieses Jahrhunderts ist" (THIEL 1986, S. 21).

Während noch DIEM 1960, S. 747, den Berufssportler als Sünder des Sports bezeichnet, da der Sinn des Sports nicht erreicht werde, verschwimmen in der pluralistischen Industriegesellschaft die Grenzen zwischen Amateur- und Berufssport immer mehr (LAUERBACH 1972, S. 9).
Als gesellschaftliches Phänomen ist der Sport nicht besser und nicht schlechter als die Gesellschaftsordnung, der er entstammt. Man kann nicht zu ihr stehen und den Sport ablehnen (vgl. PLESSNER 1952).
Der gesellschaftliche Wandel hat auch allmählich zu einer Neubewertung des Berufssports geführt.
Ein Meilenstein des Professionalisierungsprozesses im westdeutschen Sport war zweifellos die Einführung der Fußballbundesliga im Jahre 1963.
Dennoch bleiben enge Beziehungen und Verflechtungen zwischen Berufssport und Amateursportverbänden bestehen. Auftauchende wirtschaftliche und rechtliche Interessenkonflikte werden auch heute noch häufig nach traditionellen sportlichen Regeln gelöst.
Dabei werden nicht selten die wahren Verhältnisse verschleiert (vgl. POSCHENRIDER 1977, S. 2).
Mitunter bietet sich ein Bild geradezu grotesker Erscheinungen individueller Entrechtung bzw. Pervertierung grundrechtlicher Gewährleistungen im heutigen Sportbetrieb (vgl. KASKE 1983, S. 9).
Nach BURMEISTER 1978, S. 1, muß der Bereich des organisierten Sportbetriebs als ein weißer Fleck auf der rechtsstaatlichen Landkarte bezeichnet werden. Für PREIS 1973, S. 18 f., liegt das rechtliche Grundproblem in der doppelten Zuordnung der

Tätigkeit des Berufssportlers begründet, sein Eingebundensein in den zwei an sich grundverschiedenen Sozialbereichen Sport und Arbeit.
Die Sportverbände neigen vielfach dazu, ihr historisch gewachsenes Verbandsrecht des Amateursports auf den Berufssport zu übertragen, ohne ausreichend zu berücksichtigen, daß jede sportliche Verhaltensnorm für den Profisportler berufsbeschränkend wirkt und deshalb am staatlichen Arbeitsrecht gemessen werden muß. Da sich der Sport einerseits aus einem dem Arbeitsleben fremden Sozialbereich - dem Spiel- und Freizeitbereich - herausentwickelt hat und ihm auch teilweise noch mit angehört, darf der Sport nicht von Rechtsregeln erstickt und seines Wesens beraubt werden (vgl. STERN 1972, S. 142 f.; SCHROEDER 1972, S. 28).
Die Zitate von SARTRE "Man sei nicht Tormann oder Läufer, wie man Lohnarbeiter sei" (nach KASKE 1983, S. 10) und von Prinz Philip, Herzog von Edinburgh, Präsident der Internationalen Reiterlichen Vereinigung "Wettkampfsport zum Vergnügen und seines Reizes wegen zu betreiben, ist etwas ganz anderes, als den Sport des Lebensunterhalts wegen auszuüben" (WELT am Sonntag vom 2.2.1986) fordern einerseits die Beachtung der Eigengesetzlichkeit sportlichen Handelns und weisen andererseits auf die nötige Differenzierung des Sportbegriffs in unserer Zeit hin.
Dieser Ausdifferenzierung des Sportbegriffs hat auch das Sportrecht zu folgen.

Der zur Professionalisierung tendierende Leistungssport verlangt hohe zeitliche, physische und psychische Anstrengungen, welche zu erbringen viele Sportler ohne monetäre Gegenleistung weder willens noch fähig sind. Außerdem erwarten sie dem Verursacherprinzip gemäß wohl gerechterweise eine Beteiligung am Erlös von Sportveranstaltungen, die von Zuschauern im Stadion und am Fernsehgerät ihretwegen finanziert werden.
Wenn auch die Gehälter, das pricemoney und die Werbehonorare für einige wenige Spitzenkönner überhöht erscheinen, so hängt die Qualität des Sportangebots für die Konsumenten u.a. auch von einer angemessenen Vergütung für die agierenden Profis ab.
"A player who is unhappy about his salary will perhaps not play as well as one who is not" (ROTTENBERG 1956, S. 253).
Auch hinsichtlich der olympischen Amateurregeln hat sich in den letzten Jahren ein Sinneswandel in Richtung Vergeschäftlichung von sportlichen Leistungen vollzogen. Das zeigt sich nicht nur an den "verkauften" Olympischen Spielen 1984 von Los Angeles, sondern geht auch aus folgendem Statement von WILLI DAUME, dem Leiter der Zulassungskommission des IOC bezüglich der Bezahlung der Athleten hervor: "Ist es nicht Zynismus, wenn die Gesellschaft einem Athleten verweigert, was sie einem jungen Pianisten oder Kernphysiker zugesteht, hohe Einkommen für ihre Fähigkeiten und Leistungen? Der Sport darf doch nicht seine eigenen Kinder fressen" (Spiegel-Interview 1/1986).

Vor diesem sozioökonomischen Hintergrund stellt sich für die vielfältig beteiligten Interessen die Frage nach den Rechtsbeziehungen der Sportler (vgl. WEISEMANN 1983, S. 3 f.).
Im Mittelpunkt unseres Themas steht dabei die Rechtsstellung von Amateuren, Vertragsamateuren und Profis bezüglich ihrer Vereins- und Verbandsbeziehungen sowie ihrer arbeitsrechtlichen Problematik. Zu diesem Zweck sind zunächst aus den verbandsrechtlichen Statuten die wirtschaftlich relevanten Bestimmungen herauszufiltern, um die rechtlichen Vorgaben und Rahmenbedingungen für wirtschaftliches Handeln von professionalisierten Sportlern freizulegen.

5.1 Verbandsrechtliche Grundlage für wirtschaftliches Handeln im Berufssport

Die Satzungen, Spiel-, Rechtsordnungen und sonstigen Richtlinien folgender Sportfachverbände des DSB werden hierzu ausgewählt:

Deutscher Volleyballverband	(DVV)
Deutscher Basketballbund	(DBB)
Deutscher Handballbund	(DHB)
Deutscher Fußballbund	(DFB)
Deutscher Skiverband	(DSV)
Deutscher Tennisbund	(DTB)
Deutscher Eishockeybund	(DEB).

Als Auswahlkriterien fungieren einerseits die Mischung von Mannschafts- mit Einzelsportarten und andererseits der nach vordergründigem Anschein unterschiedliche Grad der Professionalisierung.

5.1.1 Gemeinnützigkeitsbestimmungen

Die Satzungen der Sportfachverbände enthalten übereinstimmend die nach der Abgabenordnung (AO) 1977 für die Gemeinnützigkeit notwendigen Voraussetzungen:

- die Festlegung der Verbandstätigkeit ausschließlich und unmittelbar zu gemeinnützigen Zwecken;
- die Mittel- und Überschußverwendung nur für satzungsgemäße Zwecke;
- keine Ausschüttung von Gewinnanteilen oder sonstigen Zuwendungen an Mitglieder;
- keine unangemessen hohen Vergütungen an Personen;
- bei evtl. Vereinsauflösung Vermögensverwendung nur für satzungsgemäß steuerbegünstigte Zwecke (vgl. Satzungen DVV § 2 Abs. 1-3, DBB § 2 Abs. 3, DHB § 3 Abs. 2, DFB § 4, DTB § 2, DEB § 1 Abs. 6).

Wenn die tatsächliche Geschäftsführung nicht den Erfordernissen der Gemeinnützigkeit entspricht, muß mit deren Aberkennung durch die Finanzbehörden gerechnet werden, wie der vorübergehend erfolgte Entzug von 1976 bis 1985 beim DTB zeigt (Bayern-Tennis 6/1986, S. 16). Die DFB-Satzung legt in § 4 Abs. 2 außerdem das wirtschaftliche Handlungsprinzip fest: "Er (der DFB - d. Verf.) verfolgt nicht in erster Linie eigenwirtschaftliche Zwecke." (vgl. auch Satzung DSV § 1 Abs. 4, DEB § 1 Abs. 6). Mit diesem Hinweis auf das auch im Berufsfußball zweifellos geltende erwerbswirtschaftliche Prinzip will der Träger der Bundesliga wohl die Priorität des Amateursports in der größten Fußball-

organisation der Welt mit Ende des Jahres 1986 4.732.935 Mitgliedern herausstellen (DTB-Jahrbuch 1987, S. 64).
Die wirtschaftlichen und rechtlichen Probleme des Berufssports im Fußball mit seiner professionalisierungsrelevanten Pilotfunktion erscheinen insgesamt von nebensächlichem Gewicht, wenn man nur von statistisch erfaßten Mitgliederzahlen ausgeht. Von den in 38 Vereinen der 1. und 2. Bundesliga engagierten Spielern treffen nicht einmal 2 auf 10.000 organisierte Vereinsmitglieder.
Die reale soziale Bedeutung der Professionalisierungs-Rechtsfragen wächst jedoch in der Tat erheblich an, wenn die Zahl der organisierten Aktiven berücksichtigt wird, wenn die Wirkungen der auch bereits in unteren Spielklassen und in Jugendmannschaften latent aber doch real in der sportrechtlichen Grauzone ablaufenden Kommerzialisierung in den Vereinen erfahren wird und wenn deren durch sensationshungrige Medien multiplizierten - auch für andere Sportarten bedeutungsvollen - Folgen in der Öffentlichkeit diskutiert werden.
Jedoch gefährdet der Berufssport die Gemeinnützigkeit. Professionelles Handeln im Sport muß eindeutig im wirtschaftlichen Geschäftsbetrieb des Vereins angesiedelt sein und muß als Nebentätigkeit der ausschließlichen und selbstlosen Förderung der Allgemeinheit untergeordnet bleiben. Das professionelle sportwirtschaftliche Handeln darf nicht zum Hauptzweck der Vereinstätigkeit ausarten (AO 1977 § 51 f.).

5.1.2 Statutarische Abgrenzung zwischen Amateur- und Berufssportler

Nach ihren Satzungen, Spiel- bzw. Wettkampfordnungen bekennt sich die Mehrzahl der ausgewählten Sportfachverbände vorrangig zum Amateursport (vgl. Satzungen DBB § 2 Abs. 1, DHB § 2 Abs. 8, DFB Präambel Abs. 2, DFB § 5 a Abs. 1; Spielordnungen DBB § 29 Abs. 1, DFB § 15, DVV § 1 Abs. 2).

Der Deutsche Tennisbund dagegen kennt seit Ende der 60er Jahre in seinen Statuten nur noch eine Kategorie von Tennisspielern ohne jegliche offizielle Unterscheidung zwischen Profis und Amateuren.
Auch im Deutschen Eishockeybund und im Deutschen Skiverband werden die Begriffe Amateur oder Profi bzw. Berufsspieler/-sportler offiziell nicht verwendet. Jedoch unterliegen die beiden letztgenannten olympischen Sportarten aufgrund ihrer Mitgliedschaft den Amateurbestimmungen ihrer internationalen Fachverbände FIS und IIHF (vgl. DSV Deutsche Wettkampfordnung (DWO) i.V. FIS Internationale Wettkampfordnung (IWO) Art. 208-214, DEB Satzung § 1 Abs. 3).

Im Unterschied hierzu legen die Statuten der Fachverbände für Volleyball, Basketball, Handball und Fußball ausdrücklich die Merkmale der Amateureigenschaft fest. Außerdem verweisen DVV, DBB, DHB und DFB auch auf die entsprechenden Regelungen ihrer internationalen Verbandsorganisationen (vgl. DVV Bundesspielordnung § 1 Abs. 2 Amateurbestimmungen gemäß Regel 26 IOC und Transferbestimmungen der FIVB, DBB Spielordnung § 29 Abs. 2, DHB Amateurordnung § 1-5, DFB Satzung § 5 a Abs. 1 und 2).

In den einzelnen Sportarten werden die Amateure und Profis unterschiedlich definiert:

- Im Volleyball ist derjenige Amateur, "wer Sport um seiner selbst willen und ohne Beabsichtigung eines materiellen Vorteils betreibt. Turn- und Sportlehrer gelten als Amateure. Vergütungen von persönlichen Ausgaben sind nur im Rahmen der gültigen Bestimmungen der Finanzordnung statthaft." (BVV Spielordnung § 3.2 Amateurbestimmungen). Die Finanzordnung des DVV läßt Reisekostenvergütungen und Honorare für die Leistungsförderung der Kaderspieler zu (vgl. DVV Finanzordnung § 6 i.V. Sportordnung § 2 Abs. 2). Eine Reamateurisierung ist im Volleyballsport möglich.

- Im Basketball wird zwischen Basketballspielern, Berufsspielern und Basketballspielern mit eingeschränkter Spielberechtigung unterschieden (vgl. FIBA-Bestimmungen über den Status des Basketballspielers DBB Jahrbuch 1986/87, S. 315 ff.). "Ein Basketballspieler ist jemand, der diesen Sport aus Neigung und Freude betreibt. Für die Bestreitung seines Lebensunterhaltes und zur Vorbereitung auf einen Beruf, den der Basketballspieler benötigt, wenn er nicht mehr aktiver Spieler ist, müssen ihm ausreichende Mittel zur Verfügung stehen." Ein Basketballspieler kann seine Leistungen mit oder ohne Entschädigung und mit oder ohne schriftliche Vereinbarung erbringen. Für Basketballspieler besteht eine Informationspflicht der FIBA, des nationalen Verbandes oder des Nationalen Olympischen Komitees (NOK) bei der Entgegennahme materieller

Vorteile bei der Vorbereitung auf und Teilnahme an Basketball-Wettbewerben. Außerdem gibt es ein Werbeverbot. Werbeverträge der FIBA, des nationalen Verbandes oder des NOK, bei denen die Zahlungen nicht an die Spieler geleistet werden, sind davon ausgenommen. Basketballspieler dürfen kein Werbematerial an ihrem Körper oder ihrer Kleidung tragen. Hiervon nicht tangiert sind Markenzeichen an technischer Ausrüstung oder Kleidung, sofern sie von der FIBA in Verbindung mit dem nationalen Verband zugelassen sind.

"Ein Berufsspieler ist jemand, der den Basketballsport zu seinem Beruf macht. Ein Spieler wird ab dem Moment professioneller Spieler, ab dem er zu einer Berufsmannschaft gehört und für einen offiziellen Wettkampf einer professionellen Liga auf dem Anschreibebogen eingetragen ist. Ein in einer anderen Sportart als Basketball als professionell erklärter Athlet wird auch im Basketball als Berufsspieler angesehen."

Nach dieser Definition gibt es in der BRD keinen Berufsbasketballspieler, da im DBB keine Profiteams und keine Profiliga organisiert sind.

Basketballspieler mit eingeschränkter Spielberechtigung haben nach ihrer Deklaration zu Berufsspielern den Status eines Basketballspielers nach Zustimmung der FIBA wiedererlangt. Sie dürfen zwar an offiziellen nationalen oder internationalen Vereinswettbewerben teilnehmen, "aber unter keinen Umständen dürfen sie Mitglieder einer Nationalmannschaft sowohl für Freundschafts- als auch für offizielle Spiele sein".

Eine Reamateurisierung ist somit im Basketballsport möglich, wenn auch das Nationalteam verschlossen bleibt.
Im übrigen sind offene Wettbewerbe zwischen Mannschaften von Basketballspielern und Profis nach Zustimmung der nationalen Verbände und der FIBA möglich. Ebenso dürfen mit Genehmigung der FIBA und der nationalen Verbände Berufsspieler für eine begrenzte Zeit in (Amateur-) Basketballspieler-Mannschaften antreten.

- Im Handballsport ist Amateur, "wer weder durch seine sportliche Tätigkeit noch durch damit im Zusammenhang stehende Zuwendungen seinen Lebensunterhalt ganz oder überwiegend bestreitet. Berufssportler anderer Sportarten können nicht Amateure im Handballsport sein" (DHB Amateurordnung AmO § 1).
  Von Vereinen und Verbänden dürfen Spieler für ihre aktive Teilnahme Entschädigungen zur Abgeltung persönlicher Aufwendungen erhalten für Unterkunft und Verpflegung während des Trainings und Wettkampfes, für Sportkleidung und Sporteinrichtungen, für Reise- und Transportkosten, für Ernährungsbeihilfen, für Taschengeld nach DHB-Sätzen, für Kosten für ärztliche Pflege, Physiotherapie und Gesundheitsvorsorge (DHB AmO § 2). Außerdem können Auslagen ersetzt werden für Fahrtkosten, Verpflegung und Unterkunft bei Teilnahme am Spielbetrieb und bei Veranstaltungen zur Vorbereitung des Spielbetriebs, für Verdienstausfall oder für unmittelbar an den Arbeitgeber zu erstattenden

nachgewiesenen Lohnausfall infolge des Spielbetriebs, für Gesundheitsfürsorge und Betreuung durch Ärzte und Masseure, für Versicherungen gegen Unfall, Tod oder Invalidität sowie für Beihilfen im Falle eines Sportunfallschadens mit nicht ausreichender Deckung durch Kranken- bzw. Sportunfallversicherung, für leistungsbezogene Kostenerstattung und für Unterstützungen zu Sozialversicherungsbeiträgen (DHB AmO § 3).
Außerdem ist es gestattet, den Amateurhandballspielern Ausbildungs- und Arbeitsplätze zu verschaffen. Arbeitsverträge dürfen jedoch nicht mit einer Verpflichtung zum Handballspielen gekoppelt sein. Technische und akademische Stipendien zur persönlichen Weiterbildung sind zulässig. Die Gewährung von Ausbildungsbeihilfen, Darlehen, Stipendien und leistungsbezogenen Kostenerstattungen, gleich welcher Art, ist nur mit Genehmigung des zuständigen Landesverbandes, bei Bundesligaspielern durch den DHB, zulässig. Leistungsbezogene Kostenerstattungen der Stiftung Deutsche Sporthilfe (DSH) sind nicht genehmigungspflichtig (DHB AmO §4).

An unerlaubten Zuwendungen werden ausdrücklich erwähnt (DHB AmO § 5):
- Sieg- oder Erfolgsprämien sowie Zuwendungen aller Art an Spieler oder ihre Angehörigen, welche über den in den Ordnungen des DHB oder seiner Verbände festgelegten Rahmen hinausgehen,
- die Forderung, Zahlung oder Annahme von Zuwendungen jeglicher Art bei Vereinswechsel von Spielern und an Spieler,

- die Verwendung von Personen, des Namens, der Fotografie oder der sportlichen Leistungen des Handballspielers zu Propagandazwecken, es sei denn, daß sein Verein, der zuständige Verband oder der DHB einen Vertrag für Sportausrüstungen und -einrichtungen oder für einen Sponsor abgeschlossen haben. Alle Zahlungen müssen an den DHB, die zuständigen Verbände oder die Vereine erfolgen und dürfen dem Athleten nicht direkt zukommen.

Nach Wiedererlangung der Amateureigenschaft bleibt das Spielrecht - abgesehen von einer zwölfmonatigen Sperre - nicht wie im Basketball beschränkt.

Abgesehen von der offensichtlich sehr engen Anlehnung an die IOC-Amateurdefinition fällt beim Handball die befremdend wirkende Umschreibung des Begriffs Sportwerbung mit Verwendung von Persönlichkeitsrechten "zu Propagandazwecken" auf.
Die Protagonisten des Amateurgedankens im Handballsport wollen offensichtlich nicht nur Werbung für wirtschaftliche Zwecke sondern auch für geistige, politische und religiöse Ideen aus ihrem Sport heraushalten.

- Der Fußballsport kennt drei Arten von Spielern: den Amateur, den Lizenzspieler und den Vertragsamateur.
  "Amateur im Fußballsport ist ein Spieler, der das Fußballspiel ohne vertragliche Bindung betreibt" (DFB Satzung § 5 a Abs. 1).

Nach DFB Spielordnung § 15 unterliegen Amateurspieler und Vereine sowie Vereinsmitglieder "für ihre Amateur- und Jugendmannschaften den allgemein anerkannten Grundsätzen des Amateursports. Amateurspielern ist es insbesondere untersagt, für den Übertritt zu einem anderen Verein Handgeld oder andere materielle Zuwendungen zu fordern oder anzunehmen. Vereinen und Vereinsmitgliedern ist es untersagt, für den Übertritt von Spielern Handgeld oder materielle Zuwendungen anzubieten, zu versprechen oder zu gewähren. Verstöße gegen die Bestimmungen der Absätze 1 und 2 stellen ein unsportliches Verhalten dar und werden als Vergehen in erster Instanz durch das oberste Sportgericht des zuständigen Landesverbandes geahndet; Berufungsinstanz ist das Verbandsgericht des zuständigen Regionalverbandes".

Ein Lizenzspieler ist ein Fußballspieler, der den Fußballsport mit vertraglicher Bindung gegen Entgelt ausübt. Die Voraussetzungen der Lizenzerteilung regelt das Lizenzspielerstatut (LSt) (vgl. DFB Satzung § 5a Abs. 2).
Nach § 1 LSt führt der DFB für den bezahlten Fußballsport als Lizenzligen die 1. und 2. Bundesliga. Die Lizenzspieler sind im Gegensatz zu den Amateuren keine Vereinsmitglieder.
Den Vertragsamateur als jüngstes Kind des DFB gibt es erst seit 1986. Er ist offizieller Vereinsangestellter mit Spielervertrag und dennoch Vereinsmitglied.

Die für die Gemeinnützigkeit relevante Aufwandsentschädigung für Amateure von monatlich maximal DM 700,-- gilt für Vertragsamateure nicht. Der Verein übernimmt die Sozialabgaben und gewährt Gehälter "im Rahmen eines Facharbeiter-Lohns" (Münchner Merkur vom 25.7.1986).
Die Ablösehöchstsumme für einen Vereinswechsel innerhalb des Amateurlagers liegt jedoch weiter bei DM 5000.

Ohne einer noch zu erfolgenden genaueren rechtlichen Würdigung der drei Spielerkategorien im DFB vorzugreifen, sind schon vorweg bei oberflächlicher wirtschaftlicher Betrachtung einige Formulierungen der der DFB-Statuten anzugreifen:
"Allgemein anerkannte Grundsätze des Amateursports" (DFB Spielordnung § 15) gibt es in der realen Fußballwelt sicher schon seit Jahren nicht mehr.
Außerdem ist die Empfangnahme von Handgeldern oder anderer materieller Zuwendungen sicherlich grundsätzlich nicht ebenso mit "unsportlichem Verhalten" wie eine Regelverletzung auf dem Platz zu bewerten.
Schließlich ist bei den Spielerbezeichnungen nach den DFB-Statuten die konsequente Vermeidung und eine offensichtliche Scheu vor der Bezeichnung Berufsfußball bzw. Profispieler erstaunlich, aber aus steuerrechtlichen Gründen auch verständlich. Lizenzspieler und Vertragsamateure betreiben das Fußballspielen 15 - 20 Jahre lang professionell, immerhin etwa ein Drittel ihrer Lebensarbeitszeit. Diese Tatsache müßte in der AO noch klarer berücksichtigt werden.

- Der Skisport, der statutarisch die Begriffe Amateur und Profi nicht kennt, bezeichnet seine Rennläufer offiziell als Wettkämpfer, welche im nationalen Bereich einen Startpaß und bei internationalen Wettkämpfen eine Lizenz besitzen müssen, die jeweils vom Landesskiverband bzw. vom nationalen Skiverband ausgestellt werden (vgl. DSV DWO Art. 208, FIS IWO Art. 208).

Die Qualifikationsbestimmungen (IWO Art. 209) schließen einen Skiläufer vom Wettkampf aus, der für die Teilnahme an einem Skiwettbewerb Geld oder einen Geldpreis annimmt oder angenommen hat mit Ausnahme dessen, was nach den Regeln statthaft ist.
Nach Art. 225 IWO sind Geldpreise verboten. Der Maximalwert des ersten Preises als Erinnerungsgegenstand darf höchstens sfrs 1.500 betragen.
Außerdem ist die Startberechtigung untersagt, wenn der Wettkämpfer individuelle Sportwerbung betreibt und mit einem laut FIS-Regeln nichtqualifizierten Wettkämpfer konkurriert oder konkurriert hat, außer der Wettkampf ist als "offen" (auch für Profiskiläufer - d. Verf.) sanktioniert.
IWO Art. 210 begründet den Skipool, wonach ein nationaler Verband Verträge mit einer kommerziellen Firma oder Organisation abschließen darf über Förderung, Ausrüstung und Werbung, wenn die betreffende Firma oder Organisation von dem nationalen Skiverband als offizieller Lieferant oder Förderer anerkannt ist.Jede Entschädigung aus solchen Verträgen darf ausschließlich an den nationalen Skiverband gehen.

Ist ein Wettkämpfer Angestellter einer Firma, die ebenfalls Lieferant ist, so muß jede materielle Zuwendung, die der Wettkämpfer eventuell vom Lieferanten für seine Dienste oder im Rahmen seiner Anstellung erhält, den allgemeinen Bestimmungen für Lohn, Gehalt und Entschädigung im betreffenden Beruf entsprechen. Den Wettkämpfern ist es bei Disqualifikationsstrafe untersagt, sofort nach Ankunft im Ziel die Ski auszuziehen. Der Organisator hat einen vom eigentlichen Zielraum getrennten speziellen Raum einzurichten, wo der Wettkämpfer die Ski ablegen kann. Während der offiziellen Siegerehrungen ist kommerzielle Werbung (Ski auf dem Podium usw.) untersagt.

IWO Art. 211 regelt im Detail die Beschaffenheit der Markenzeichen auf Ausrüstungsgegenständen, wobei diese Bestimmungen auch für Offizielle, Mannschaftsführer, Trainer, Techniker, Hilfspersonal und Vorläufer gelten.
Während der von der FIS bestimmten Vorbereitungsperiode und während der Wettkampfperiode darf ein Wettkämpfer erhalten:
Reisekostenentschädigung, Unterhaltsvergütung, Taschengeld, Verdienstausfall für entgangenes Berufseinkommen, soziale Sicherheit einschließlich Versicherung gegen Unfall und Krankheit und Stipendien. Ein nationaler Skiverband darf Fonds reservieren, um die künftige Ausbildung und Karriere eines Wettkämpfers nach seinem Rücktritt vom aktiven Sport sicherzustellen. Der Wettkämpfer hat keine gesetzlichen Ansprüche an diesen Fonds, der nur nach Beurteilung des betreffenden nationalen Skiverbands verteilt werden kann.

Nach IWO Art. 213 Abs. 4 ist nach Lizenzentzug eine Reamateurisierung möglich.
Die im Skisport zwar nicht expressis verbis aber doch real vollzogene Ausgrenzung der Profiläufer aus dem alpinen und nordischen "Amateur"-Skizirkus läßt § 1 Abs. 4 der DSV-Satzung ("Der Verein ist selbstlos tätig. Er verfolgt nicht in erster Linie eigenwirtschaftliche Zwecke.") unglaubwürdig erscheinen.
Die strengen Bestimmungen über Sportwerbung und Skipool überwiegend zugunsten und unter Entscheidungsgewalt des Verbandes sowie über Lizenzierung und Qualifikation stellen das satzungsgemäße Bekenntnis zu selbstloser Ausrichtung der Verbandspolitik und -geschäftsführung stark in Frage.

- Im Eishockeysport wird zwischen Spielern und Ligenspielern unterschieden (DEB Spielordnung SpO Art. 9).
  Spieler sind Sportler, "die als Vereinsmitglieder zu ihrer körperlichen Ertüchtigung und in Erfüllung ihrer Mitgliedschaftspflichten den Eishockey-Sport betreiben und bei denen evtl. Zuwendungen insgesamt den nach der Abgabenordnung zulässigen Höchstbetrag nicht übersteigen".
  Ligenspieler sind Sportler, "die als Vereinsmitglieder zu ihrer körperlichen Ertüchtigung und in Erfüllung ihrer Mitgliedschaftspflichten den Eishockey-Sport betreiben und bei denen evtl. Zuwendungen insgesamt den nach der Abgabenordnung zulässigen Höchstbetrag übersteigen".

Spiele gegen Professionals, für die eine Sondergenehmigung der IIHF und des DEB-Vorstandes vorliegen, sind möglich (DEB SpO Art. 4 Abs. 2).
Die Spieler- und Ligenspielerdefinition im Eishockeysport stellt einseitig nur auf die gesundheitliche Funktion der sportlichen Aktivität ab. Außerdem wäre zu prüfen, ob für beide Spielerkategorien überhaupt "in Erfüllung ihrer Vereinsmitgliedschaftspflicht" sportliches Handeln begründbar ist. Entscheidender erscheint jedoch die nur im Eishockey erfolgte Abgrenzung des reinen "Amateurs" vom Ligenspieler durch die steuerrechtliche Bestimmung der Abgabenordnung über den zulässigen Höchstbetrag von derzeit DM 700 monatlich.
Bei einer Würdigung der statutarischen Unterscheidung zwischen Amateuren mit differenziertem Rechtsstatus und Professionals in den ausgewählten Sportarten sind die sportlichen Vorgaben auch in Abhängigkeit zu den olympischen Zulassungsregeln zu beurteilen.
Bevor auf die zur Zeit gültige Regel 26 IOC eingegangen werden kann, erscheint es nötig, einen kurzen Überblick über die Entwicklung des sog. "Amateurparagraphen" zu geben.
Denn die dargestellten schillernden Amateurdefinitionen der nationalen Fachverbände berücksichtigen nicht nur das Streben nach Erhaltung der Gemeinnützigkeit, die den Profisport als wirtschaftlichen Geschäftsbetrieb charakterisiert und die von ihm gefährdet wird, sondern spiegeln auch unter internationalem Aspekt die Historie des olympischen Amateurbegriffs wider.

5.1.3 Genese der IOC-Amateurbestimmungen unter wirtschaftlichem Aspekt

Die 1866 in England gegründete Amateur Athletic Association (AAA) stellte folgende Amateurbestimmung auf: "Amateur ist der Gentleman, der noch nie an einem öffentlichen und für alle Teilnehmer offenen Wettbewerb teilgenommen hat, der noch nie für Geld gestartet ist, der noch niemals mit einem Berufsathleten um einen Preis oder um Wettgelder gekämpft hat, der noch nie in seinem Leben den Beruf eines Lehrers oder Trainers im Sport ausgeübt hat und der schließlich weder Arbeiter noch Künstler noch Journalist ist" (RESCHKE 1985, S. 2/3).
Diese Amateurdefinition verbindet die Neubelebung der olympischen Idee mit dem elitären Standesbewußtsein englischer Aristokraten.
1894 beschloß der von Coubertin einberufene Internationale Leibeserzieherische Kongreß in Paris die Wiedereinführung der Olympischen Spiele.
Außer im Fechten waren dann bei den 1. Olympischen Spielen 1896 in Athen nur Amateure zugelassen, die folgendermaßen definiert waren:
"Amateur ist jeder, der nie an Wettkämpfen teilgenommen hat, die allen offen standen; der nie für Geld oder einen Geldpreis, gleich welcher Herkunft, besonders wenn es sich um Eintrittsgelder handelte, an einem Wettkampf teilgenommen hat; der nie gegen Profisportler angetreten ist und der nie in seinem Leben Sportlehrer oder bezahlter Trainer war." (MÜLLER 1983, S. 28).

Die Ausgrenzung bestimmter Berufe und damit auch gewisser Sozialschichten wurde damit etwas gelockert im Vergleich zur AAA-Definition.

Bis 1912 konnten keine einheitlichen IOC-Regelungen zwischen den Fachverbänden gefunden werden.
Der 6. Olympische Kongreß 1914 in Paris legte fest, nur solche Sportler zuzulassen, die den Amateurstatuten ihrer internationalen Fachverbände genügten und für welche die nationalen Olympischen Komitees die Amateureigenschaften garantieren konnten. Die Zulassungsproblematik wurde damit wesentlich auf die internationalen Fachverbände verlagert.
Der 7. Olympische Kongreß 1921 in Lausanne verlangte dann zusätzlich die Bestätigung durch den nationalen Fachverband. Das Vertrauen in die Regelbeachtung bei internationalen Sportbegegnungen hat sich als Problem bis in die heutige Zeit erhalten.

Anläßlich der Forderung des Internationalen Fußballverbandes nach einer Lohnausfallentschädigung schloß der 8. Olympische Kongreß 1925 in Prag von Olympischen Spielen denjenigen aus, der in seiner oder in einer anderen Sportart Berufssportler war oder gewesen war und wer Vergütungen als Entschädigungen für Verdienstausfall erhalten hatte. Hierüber war eine ehrenwörtliche Erklärung von jedem Olympioniken zu unterschreiben (RESCHKE 1985, S. 4).

In der Folgezeit dominierte eindeutig die wirtschaftliche Dimension bei der Zulassungsregelung.

So kam es auch 1928 in Amsterdam zur Streichung von Tennis aus dem Olympiaprogramm, da die Teilnahme ehemaliger Tennisprofis vom Internationalen Tennisverband nicht durchgedrückt werden konnte und dieser daraufhin einen Olympiaboykott aller seiner Mitglieder anordnete.

Die wirtschaftliche Funktion des olympischen Sports zeigte sich auch deutlich an der Nachgiebigkeit des IOC bezüglich der Verdienstausfallzahlungen im Fußball. Die Boykottdrohung der FIFA hatte Erfolg, die Zahlungen durften zwar nur an die Arbeitgeber geleistet werden; jedoch finanzierte das Amsterdamer Organisationskomitee die Olympischen Spiele zu einem erheblichen Teil aus dem publikumswirksamen Fußballturnier (MÜLLER 1983, S. 112).
Der weiter umstrittene Verdienstausfall war schließlich die Ursache für die Streichung von Fußball bei den Spielen 1932 in Los Angeles.
Die vom Internationalen Skiverband beantragte Zulassung von bezahlten Skilehrern wurde 1934 in Brüssel mit folgendem Beschluß versagt: "Amateur ist, wer den Sport lediglich aus Liebe und zu seinem Vergnügen ausübt, ohne aus Gewinnsucht aus dieser Ausübung einen mittelbaren oder unmittelbaren Vorteil zu ziehen. Jeder internationale Verband regelt und überwacht die Anwendung dieses Grundsatzes" (RESCHKE 1985, S. 5).
Somit öffnete der olympische Scheinamateurismus dem Staatsamateur bereits in Berlin 1936 die Tür.

Die IOC-Tagung 1937 in Warschau hielt die bezahlten Lehrer für Körpererziehung oder Sport von Olympia fern, mit Ausnahme derjenigen, die gleichzeitig mit den üblichen Schulfächern im Nebenfach auch Elementarunterricht in Körpererziehung erteilten.
Nach diesem arg gekünstelten Abgrenzungsversuch stieg der Internationale Skiverband wieder für die Berufsskilehrer auf die Barrikaden mit dem Ergebnis, daß der Skisport für die in Sapporo 1940 geplanten Winterspiele gestrichen werden sollte.

Nach dem kriegsbedingten Ausfall der Spiele 1940 und 1944 hielt das IOC 1947 in Stockholm fest:
Amateur ist jeder, der den Sport nur um der damit verbundenen Freude, um seines körperlichen, geistigen, sozialen und gesellschaftlichen Nutzens willen betrieben hat und betreibt und dem der Sport nicht mehr (und nicht weniger) bedeutet als eine Erholung ohne irgendwelchen direkten oder indirekten materiellen Gewinn (RESCHKE 1985, S. 5).

Diese, die expressiven Werte des Sports betonende, dabei jedoch gleichzeitig in Bezug auf sozialen und materiellen Nutzen widersprüchliche Formel ging 1952 in die Regel 38 und 1956 in die Regel 26 ein. Der rigorose Kampf des Millionärs und IOC-Präsidenten Brundage gegen die Professionalisierung im Sport führte in Sofia 1957 zur Zusatzklausel gegen Staats- und Betriebsamateure.

Für Innsbruck und Tokio 1964 lautete die Regel:
Amateur ist, wer Sport aus Neigung ohne jeden materiellen Gewinn betreibt und immer betrieben hat. Das gilt nicht:

- Wenn er keinen ordentlichen Beruf hat, der ihm den gegenwärtigen und zukünftigen Lebensunterhalt sichert;
- wenn er für die Teilnahme am Sport ein Entgelt annimmt oder angenommen hat;
- wenn er die Regeln des betreffenden internationalen Fachverbandes und die offizielle Auslegung dieser Regel 26 nicht erfüllt (RESCHKE 1985, S. 6).

Das Vorliegen einer existenzsichernden Berufstätigkeit und die Enthaltsamkeit von sportbezogenen Entgelten konnten als Zulassungskriterien die olympische Heuchelei jedoch auch nicht ändern. Die Neufassung der Regel 26 im Jahr 1971 hielt ausdrücklich Berufssportler, Halb-Berufssportler oder Nicht-Amateure von den Spielen fern. Jedoch wurde der Begriff Amateur erstmals in der olympischen Charta nicht mehr definiert.

Nachdem schon 1973 Daume auf dem Olympischen Kongreß in Warna festgestellt hatte, daß gleiche soziale Voraussetzungen für alle Sportarten und Länder nie erreicht werden könnten, modifizierte die 75. Vollversammlung des IOC 1974 in Wien die olympische Zulassung in Anpassung an die reale Sportsituation folgendermaßen:

Ein Wettkämpfer

- muß die Regeln und Bestimmungen des IOC und seines internationalen Verbandes so wie sie vom IOC angenommen worden sind, einhalten und respektieren, selbst wenn die Regeln des Fachverbandes strenger sind als jene des IOC;
- darf niemals im Zusammenhang mit seiner sportlichen Betätigung eine finanzielle Zuwendung oder materielle Vorteile erhalten haben, mit Ausnahme dessen, was die Ausführungsbestimmungen zu dieser Regel erlauben (OLYMPIC CHARTER 1985, S. 18).

In den Ausführungsbestimmungen waren die zulässigen Unterstützungen für Unterkunft, Verpflegung, Transport, Taschengeld, Versicherungen, Ausrüstung, Kleidung und medizinische Betreuung sowie finanzielle Entschädigungen für sportbedingten Ausfall des Berufseinkommens festgelegt. Erstmals wurde das Werbeverbot der Athleten - mit Ausnahme von Werbeverträgen der betroffenen Sportverbände - fixiert.

Auf dem 11. Olympischen Kongreß in Baden-Baden 1981 fand man zwischen den auf Liberalisierung drängenden westlichen Vertretern und den aus Opportunitätsgründen auf der alten olympischen Amateuridee beharrenden östlichen Vertretern den Kompromiß, die Regel 26 selbst nicht zu ändern, aber die Formulierung der Nebenverordnungen (Bye-Laws) den internationalen Sportverbänden zu überlassen (vgl. OLYMPIC CHARTER 1985, Auszug im Anhang).

Diese sind gemeinsam mit der Zulassungskommission des IOC für die Anwendung der Richtlinien verantwortlich. Gleichzeitig wurde eine Informationspflicht und Anhörpflicht bei Verstößen durch Athleten an bzw. durch das IOC festgelegt (Bye-Laws A,B,C). Außerdem stellte man für die Zulassungsregeln der internationalen Fachverbände Richtlinien (Guidelines) des IOC auf, die zwar nicht unmittelbar für den Athleten sondern für seinen Verband gelten.
Die Ausführungsbestimmungen des IOC von 1974 begrenzten die finanzielle Unterstützung noch für bestimmte Zwecke. Jetzt darf der Olympionike mit Wissen des nationalen oder internationalen Fachverbandes oder des NOK unbegrenzt materielle Leistungen für die Vorbereitung und Teilnahme an allen Sportwettkämpfen annehmen (Guidelines B 3). Außerdem darf bei Vorliegen eines Sponsorvertrages mit diesen Sportorganisationen der Olympiateilnehmer werblich vermarktet werden; die Zahlungen dürfen jedoch nicht an den Sportler geleistet werden (Guidelines B 4, 5).

Die Zulassungsrichtlinien wollen prinzipiell vermeiden, daß der Wettkämpfer durch die Vorbereitung oder Teilnahme an Olympischen Spielen und internationalen Sportwettkämpfen "a social or material disadvantage" erleidet (Guidelines A).

Nach DAUME ist mit der neuen Regel 26 "auch die Förderung der Sportler im Westen durch die freie Wirtschaft und die freie Gesellschaftsordnung anerkannt"(THIELE 1986, S. 20).

Jedoch bleiben nach wie vor bereits registrierte Profisportler oder Profitrainer und solche Sportler ausgeschlossen, die vor dem offiziellen Abschluß der Spiele einen Vertrag als Berufssportler oder Berufstrainer unterzeichnet haben (Guidelines B 1,2). Im übrigen sollen von Olympia auch Sportler fernbleiben, die durch Doping oder Gewalt gegen den Geist des fair play verstoßen haben (Guidelines B 6).

Unverständlich erscheint die andauernde offizielle Ächtung des professionellen Sportlers angesichts der in allen Sportarten hochgeschraubten Leistungsnormen. Allein der hierfür nötige zeitliche Aufwand erfordert die überfällige Öffnung Olympischer Spiele auch für Sportprofis.
Olympiawürdige Höchstleistungen setzen professionelles Sporthandeln voraus. So sollten endlich auch die Olympiafunktionäre die Konsequenz aus der These 4 des Magglinger Symposiums 1984 über Professionalisierung im Sport "Der professionalisierte Spitzensportler übt einen Beruf auf Zeit aus" ziehen und die olympische Charter entsprechend ändern (BISp. Informationen Nr. 8/84).

Nicht nur der Fall von Karl Schranz, an dem das IOC 1972 drei Tage vor Beginn der Winterspiele in Sapporo ein Exempel statuierte und ihm die Starterlaubnis entzog, ist ein Beispiel für olympische Zulassungsungerechtigkeit.
Ursprünglich waren insgesamt 53 "Skiamateure" des Professionalismus beschuldigt worden (vgl. THIEL 1986, S. 16 f.).

Den Gipfelpunkt der Lächerlichkeit bildeten die vom IOC sanktionierten FIFA-Bestimmungen für das Fußballturnier 1984 in Los Angeles: "Seitens der FIFA und in Anwendung der Regel 26 des IOC werden alle Spieler als Teilnehmer zur Endrunde des Olympischen Fußballturniers Los Angeles 1984 zugelassen, die einem Mitgliedsverband der FIFA angehören, dessen Land ein durch das IOC anerkanntes Olympisches Kommitee hat, mit Ausnahme der Spieler, die ihren Lebensunterhalt durch Fußballspielen verdienen" (EILERS 1985, S. 21). Die DFB-Mannschaft bestand wie viele andere westeuropäische, süd- und nordamerikanische Teams ausschließlich aus Profis. Der Konflikt zwischen dem statutarischen Erfordernis und der Sportrealität wurde in olympischer Rechtsentrücktheit durch das Argument gelöst, daß Berufsfußballer nicht in den wenigen Jahren ihrer Profikarriere ihren gesamten Lebensunterhalt verdienen!
Für Seoul 1988 wird nur noch eine Altersgrenze von 23 Jahren diskutiert, welche nach Regel 27 IOC-Charter möglich ist.

Wie bereits für einige ausgewählte Sportarten dargelegt (vgl. S. 153 ff.), wird die Amateur- und Profiabgrenzung durch die internationalen Sportverbände im Rahmen der IOC-Richtlinien unterschiedlich gehandhabt.

Nach den Amateur- und Zulassungsbestimmungen des Internationalen Leichtathletikverbandes können sog. Athletenfonds - treuhänderisch verwaltet - eingerichtet werden.

Dagegen erwartet man von einem olympischen Hockeyspieler, daß er zum Zeitvertreib spielt. Verdienstausfall bis zur Höhe des normalen Verdienstes wird zwar bezahlt, sofern er nachgewiesen wird. Jedoch wird das sportliche Engagement ähnlich wie bei den Bogenschützen - was sicherlich weder national noch international kontrollierbar ist - beschränkt. Höchstzulässig sind 8 Wochen Teilnahme an ausländischen Hockeyveranstaltungen und 10 Wochen Lehrgänge oder Trainingslager in einem Jahr (RESCHKE 1985, S. 10 f.).

Im Mai 1987 hat die IOC-Vollversammlung in Istanbul bezüglich der Teilnahme von Tennisprofis eine historische Entscheidung getroffen: Nach 64jähriger Pause sind sie in Seoul 1988 zugelassen, sofern sie zwei Wochen vor, während und zwei Wochen nach dem Olympiaturnier auf jegliche Werbung und Preisgelder verzichten. Bestehende Sponsorverträge sind für diesen Zeitraum außer Kraft gesetzt (MM vom 12.5.1987).

Ob die Goldmedaillen in Herren- und Dameneinzel sowie Herren- und Damendoppel attraktiv genug sind, um den olympiabedingten Einkommensausfall für die weltbesten Tennisspieler zu kompensieren, wird erst die olympische Meldeliste zeigen. Eine nacholympische Monetarisierung gewonnener Medaillen in Form erhöhter Werbehonorare wird wohl manchem Topspieler die kurzfristige "Amateurisierung" schmackhaft machen.

Mit der Wiederaufnahme von Tennis als langjähriger Berufssport und der Zulassung von Tennisprofis bei Olympischen Spielen ist ein wesentlicher Schritt auf dem Weg der offiziellen Öffnung olympischer Veranstaltungen auch für Berufssportler. Diese Entscheidung wird die Professionalisierung im Sport merklich beschleunigen und das weitere Festhalten an wirklichkeitsfremden Amateurbestimmungen durch nationale und internationale Fachverbände in Frage stellen.

Bei einer abschließenden Würdigung des Wandels der olympischen Amateurbestimmungen fallen die jeweils verschiedenen Zielsetzungen auf:

- Der sozial-exklusive Aspekt bezweckte den Ausschluß bestimmter Berufe und sozialer Schichten.
- Unter politisch-organisatorischem Aspekt erfolgte die Verlagerung der Zulassungskompetenz mehr und mehr an die nationalen und internationalen Fachverbände.
- Der gesundheitlich-präventive Aspekt zielte auf Gesundheitssicherung des Athleten durch Doping- und Gewaltverbote.
- Unter ökonomisch-steuerlichem Aspekt sind Lohnausgleichsverbote, Lohnausgleichsbeschränkungen und Werbeverbot erlassen worden, wobei in der BRD der gemeinnützigkeitsgefährdende Berufssport die vereinsrechtlich organisierten Sportverbände dazu drängte.
- Der sozial-rechtliche Schutzaspekt veranlaßte die Verbände zu Vorschriften über Berufsausübung, Zukunftssicherung durch soziale Absicherung einschließlich Athletenfonds sowie zur Begrenzung des Aufwandes für das sportliche Engagement.

Diese Beurteilung der Entwicklung der olympischen Zulassungsregeln auch hinsichtlich ihrer Konsequenzen für die Abgrenzungsprobleme zwischen Amateuren und Profis ist zwangsläufig erheblich vom gegenwärtigen Gesellschaftssystem der BRD geprägt.

Die wirtschaftlichen Aspekte der Zulassungsbestimmungen gewannen allmählich immer mehr an Bedeutung. Der überwiegend ertragsorientierte Ansatz der Amateurregeln wird durch die vielen, meist unwirksamen Verbote deutlich, aus dem sportlichen Handeln materiellen Nutzen zu ziehen. Nur im Hockeysport und im Bogenschießen ergeben sich Ansätze für aufwandsorientierte Zulassungsbeschränkungen, die zwar auch letztlich unrealistisch bleiben müssen, aber dennoch den Hauptzweck allen Abgrenzungsbemühens, die Chancengleichheit aller wetteifernden Athleten, noch am sinnvollsten fördern könnte.
Die sportökonomische Kraft des Faktischen hat die sportethischen Normsetzungen zum Amateurstatus immer wieder zu Fall gebracht (RESCHKE 1985, S 13 f.). Zusätzlich haben die unterschiedlichsten Gesellschafts-, Wirtschafts- und Sportorganisationssysteme zu einer Differenzierung von Amateurstatusvarianten geführt, so daß man heute von Staats-, Arbeitnehmer-, Unternehmer-, Vertrags-, Firmen-, Bundeswehr-, Universitäts- und Ausbildungsamateuren sprechen kann. Realistisch wären sie wohl alle als Berufssportler auf Zeit zu definieren.

Außer den vereins- und steuerrechtlich relevanten Gemeinnützigkeitsvorgaben sowie den überwiegend olympisch orientierten Amateurregeln stecken die Sportverbände durch eine Reihe weiterer Vorschriften den rechtlichen Rahmen für wirtschaftliches Handeln ab. Dabei ist vorauszusetzen, daß sich die in den oberen Spielklassen startenden Sportler real im Verberuflichungsprozess befinden, auch wenn sie nach Verbandsregeln dem überholten Amateurstatus unterliegen.

5.1.4 Transferbestimmungen

Ohne an dieser Stelle auf die arbeits- und grundrechtliche Problematik der den Spielerwechsel beschränkenden Vorschriften einzugehen, sollen zunächst bestehende verbandsrechtliche Regelungen kurzgefaßt dargestellt werden.

Das Bundesfinanzministerium hat ab dem Jahr 1985 steuerlich unschädliche Ablösesummen beim Vereinswechsel von Sportlern bis zu einem Betrag von DM 5.000 ermöglicht (BTV-Wettbestimmungen 1985, S. 27). Höhere Ablösesummen für Nichtamateure berühren den wirtschaftlichen, steuerpflichtigen Geschäftsbetrieb.

Im Volleyball liegt ein gültiger Vereinswechsel vor, wenn der bisherige Verein die Freigabe und der neue Verein die Mitgliedschaft im Spielerpaß bescheinigt haben.

Ein Verein kann die Freigabe verweigern, solange der Spieler mit Beitragszahlungen oder der Rückgabe von Vereinseigentum in Verzug ist, einer vom DVV anerkannten Vereinssperre unterliegt oder solange über die Höhe der vorgesehenen Erstattung von Ausbildungskosten keine Einigung oder Feststellung erzielt ist (DVV BSO 8.1 - 8.12).
Die Höhe der Erstattung des Ausbildungsaufwandes hängt von der Ausbildungsdauer beim abgebenden Verein und von der Spielklasse des aufnehmenden Vereins ab. Ab Spieljahr 1987/88 sind bei bis zu 24monatiger Ausbildung mit dem Übertritt in einen Verein für

Regionalligateam Männer bzw. Frauen DM 500,--
2. Bundesligateam Männer bzw. Frauen DM 1000,--
1. Bundesligateam Männer bzw. Frauen DM 2000,--

zu entrichten. Bei mehr als 24 Monaten Ausbildung kann die Zahlung verdoppelt, bei mehr als 48 Monaten kann das 2,5fache gefordert werden. Die Transfersumme wird erst fällig, wenn der Spieler innerhalb von 18 Monaten in den genannten Spielklassen eingesetzt wird.
Abweichend zu dieser Ablöseregelung kann auch der tatsächliche Aufwand verlangt werden, sofern dieser innerhalb von 14 Tagen seit Eingang des Freigabeverlangens vollständig schriftlich nachgewiesen wird. Bei Uneinigkeit über die Höhe ist ein Feststellungsverfahren durch den DVV vorgesehen.
Die Spielberechtigung beim Vereinswechsel für den aufnehmenden Verein ist grundsätzlich an eine Wartezeit von 3 Monaten gebunden.

Bis zu 2 Ausländer dürfen in einem Wettspiel eingesetzt werden (DVV BSO 6.3). Für Spieler, die vom Ausland ins Inland wechseln, sind die Vorschriften über den Aufwandsersatz für Ausbildungskosten nicht anwendbar.

Im Handballsport kann die Freigabe eines Spielers verweigert werden, wenn noch Beitragsschulden bestehen (DHB SpO § 7a), wenn Vereinseigentum noch nicht zurückgegeben wurde (SpO § 7b), wenn der abgebende Verein noch Forderungen auf Rückzahlung von Darlehen, Ausbildungsbeihilfen etc. hat (SpO § 7c i.V. Amateurordnung § 4), wenn noch Ansprüche auf Ersatz von Ausbildungskosten bestehen (SpO § 7d) sowie im Falle eines Wechsels zu einem Verein mit einer Bundesligamannschaft (SpO § 7 e). Im letzten Fall verlängert sich die Wartefrist von 2 auf 6 Monate.
Nach DHB SpO § 13 kann beim Transfer von Nachwuchsspielern vor Vollendung des 21. Lebensjahres, bei Spielerinnen vor Vollendung des 20. Lebensjahres, Erstattung von Ausbildungskosten verlangt werden, deren Höhe sich nach der Zahl der Jahre der nachgewiesenen Jugendspielberechtigung richtet.
Die Jahressumme von DM 500 erhöht sich bei Kaderzugehörigkeit nur für deren Dauer folgendermaßen: Landeskader um 20 %, Regionalkader um 30 %, DHB-Kader um 50 %. Höhere Ablösebeträge können bei Nachweis geltend gemacht werden.
Nach DHB Rechtsordnung § 7 ist zu bestrafen, wer es unternimmt, mit finanziellen, materiellen oder anderen unlauteren Mitteln Spieler zum Übertritt in einen anderen Verein zu bewegen, oder wer sich zwecks

Übertritts in einen anderen Verein finanzielle oder andere Vorteile versprechen läßt oder annimmt.

Der internationale Verbandswechsel setzt die Freigabe durch den abgebenden Landesverband voraus (IHF-Satzung § 44-46). Bei Freigabeverweigerung unterliegt der Spieler einer einjährigen Sperre für alle nationalen Verbände; ist der Spieler nach sportlichem Recht bestraft worden, beträgt die Sperrfrist maximal 2 Jahre.

Die Statuten des Basketballsports sehen nach Spielordnung § 3 Abs. 2 vor, daß der DBB-Bundestag Richtlinien über Kostenerstattung beim Übertritt von Jugendspielern zu einem Bundes-, Regional- oder Oberligaverein beschließen kann. Das ist bisher noch nicht erfolgt. Jedoch erfordern die "FIBA-Bestimmungen zur Regelung des Transfers von Spielern" aus dem Jahr 1986 beim Wechsel in ein anderes Land eine Freigabebescheinigung des abgebenden Nationalverbandes. Dieses Dokument muß beweisen, daß der Spieler sein Land frei verlassen kann, und daß er alle Verpflichtungen gegenüber seinem Verein und seinem Nationalverband erfüllt hat. Unbezahlte Rechnungen, nicht zurückgezahlte Darlehen oder in Wohnungen oder an Fahrzeugen verursachte Schäden zählen nicht zu unerfüllten, die Freigabe ausschließenden Verpflichtungen.
Ein Spieler kann nur in dem Land eine Spielgenehmigung erhalten, in dem sich sein Wohnsitz befindet. Unter Wohnsitz ist der Ort zu verstehen, in dem er normalerweise wohnt, arbeitet, studiert oder seinen Militärdienst leistet.

Beim internationalen Spielertransfer muß eine von der FIBA ausgestellte AP-Spielerlizenz für Ausländer vorliegen. Der aufnehmende Verband muß dem Antrag auf AP-Lizenz der FIBA beifügen: Freigabebescheinigung, Wohnbescheinigung und Bescheinigung über Unfall- und Krankenversicherung bzw. eine Bescheinigung des aufnehmenden Vereins, daß er alle durch Krankheit oder Unfall entstehenden Kosten übernimmt.
Die mitunter hohe internationale Mobilität der Basketballspieler mit ihren daraus folgenden Problemen bezüglich der die Spielberechtigung berührenden Nationalitätszugehörigkeit hat zu besonderen "FIBA-Bestimmungen über die Nationalität des Spielers" vom Jahr 1986 geführt. Darin wird die Spielberechtigung, u.a. auch für Nationalmannschaften, bei Vorliegen einer Doppelnationalität sowie bei Nationalitätswechsel detailliert geregelt.

Im Fußballsport ist die Spielerlaubnis bei einem Vereinswechsel von Amateuren an Wartefristen gebunden. Liegt die Zustimmung des abgebenden Vereins vor, beträgt die Wartefrist für die Teilnahme an Pflichtspielen um Meisterschaft, Pokal, Auf- oder Abstieg drei Monate. Bei erfolgtem Vereinswechsel bis zum vorausgegangenen 30.6. ist der Spieler bereits zur neuen Saison ab August spielberechtigt (DFB-Spielordnung § 5 Abs. 1).
Stimmt der abgebende Verein dem Transfer nicht zu, ist die Spielberechtigung für Pflichtspiele erst nach 4monatiger Wartefrist nur zum 1. November zu erteilen, vorausgesetzt der Verein wurde bis spätestens 30.6. gewechselt.

Somit verhindert die Nichtakzeptanz des abgebenden Vereins den Übergang des Spielrechts und damit die Mobilität des Spielers während der Saison (DFB-Spielordnung § 5 Abs. 2).
Der Transfer von Ausländern in deutsche Mannschaften ist an die Zustimmung des ausländischen Nationalverbandes und des DFB gebunden.
Außerdem entscheidet der DFB über die Freigabe als Voraussetzung zur Spielerlaubnis von deutschen Spielern im Ausland.
Beim Vereinswechsel von Amateurspielern zu anderen Mitgliedsverbänden der FIFA (Internationaler Fußballverband) kann außerdem eine Transferentschädigung frei vereinbart werden (Spielordnung § 9 Abs. 2).

Nach den DFB-Statuten sind keine Ablösesummenregelungen für Amateure innerhalb des DFB-Gebietes vorgesehen. Jedoch wird nach Spielordnung § 15 das Fordern, Anbieten, Entgegennehmen oder Zahlen bzw. Gewähren von Handgeldern oder anderer materieller Zuwendungen beim Vereinsübertritt untersagt und als "unsportliches Verhalten" durch das Sportgericht des zuständigen Landesverbandes geahndet.
Für den "bezahlten Fußballsport" der 1. und 2. Bundesliga gelten nach DFB-Lizenzspielerstatut für die Lizenzspieler als "Arbeitnehmer besonderer Art" eines vom DFB lizenzierten Vereins besondere Transferbestimmungen (DFB LSt § 1, § 10, § 27 ff.).
Die Aufnahme in die vom DFB ganzjährig geöffnete Transferliste ist Voraussetzung für einen rechtswirksamen Vereinswechsel, auch ins Ausland oder umgekehrt. Transfers sind zum 1.7. und zwischen 1.7. und 31.12. des Jahres möglich.

Sowohl Spieler als auch Vereine sind antragsberechtigt zur Aufnahme in die Transferliste. Die Spielerverträge müssen nachweislich entweder fristgerecht gekündigt, in beiderseitigem Einvernehmen aufgelöst oder abgelaufen sein.
Ein aufnehmender Lizenzverein ist zur Zahlung der auf freier Vereinbarung beruhenden Transferentschädigung einschließlich anfallender Mehrwertsteuer an den abgebenden Verein, für Amateure evtl. auch an mehrere frühere Vereine des Spielers, verpflichtet. Ein Verstoß gegen die Zahlungsverpflichtung wird als "unsportliches Verhalten" geahndet (LSt § 29 Abs. 3 i.V. Rechts- und Verfahrensordnung § 1 Abs. 2).
Im übrigen haben nach Grundregel § 1 Rechts- und Verfahrensordnung der DFB, seine Mitgliedsverbände, deren Mitgliedsvereine und die Einzelmitglieder und Spieler für "Ordnung, Recht und Sauberkeit im Fußballsport" zu sorgen.
Auf die Höhe der Transferentschädigung hat der Spieler kaum Einfluß; er kann als Zeuge vom Schiedsgutachter im Falle eines Streits zwischen beiden Vereinen über die Höhe der Transfersumme gehört werden.
Wechselt ein Amateur seinen Status zum Lizenzspieler, so hat dafür ein Verein der 1. Bundesliga DM 30.000, ein Zweitligaverein DM 24.000 zu zahlen (LSt § 32). Jeder Verein, für den dieser Spieler innerhalb der letzten 7 Jahre spielberechtigt war, hat anteilig im Verhältnis der Spielberechtigungszeiten Anspruch auf die Transfersumme. Die Amateur-Transferentschädigung erhöht sich nicht nur um DM 500 für jedes volle Jahr der ununterbrochenen Spielberechtigungszeit im Verein nach vollendetem 14. Lebensjahr,

sondern auch jeweils um 10 % pro Einsatz im abgelaufenen Spieljahr bei Auswahl-, Länder- oder Lizenzspielermannschaften. Für die neugeschaffenen Vertragsamateure gilt der steuerlich unschädliche Höchstsatz von DM 5000. In einer Lizenzspielermannschaft dürfen sich bis zu 2 Ausländer bzw. Staatenlose sowie bis zu 3 Amateurspieler gleichzeitig betätigen (DFB-Spielordnung § 22).
Eine Reamateurisierung ist auch mehrfach möglich (LSt § 34).

Im Eishockeysport ist beim Spielertransfer zwischen
- Vereinswechsel mit Freigabe des abgebenden Vereins
- Vereinswechsel mit Freigabe und Empfehlung des abgebenden Vereins
- Vereinswechsel mit Freigabe von Amts wegen
- Vereinswechsel mit internationaler Transferkarte
- Vereinswechsel nach 18monatiger internationaler Sperre

zu unterscheiden (DEB SpO Art. 54).
Voraussetzung für einen Vereinswechsel ist die Freigabe des abgebenden Vereins.
Die Wartefrist für Meisterschaftsspiele der Senioren beträgt hierbei 18 Monate. Diese relativ lange Vereinswechselfrist wird mit der Wahrung eines geordneten Spielbetriebs und zur Vermeidung sportlicher Wettbewerbsverzerrungen begründet (SpO Art. 55).

Bei Vorliegen einer sog. "Empfehlung", welche die Freigabe umfaßt, wird eine Spielberechtigung sofort erteilt, wenn das maßgebende Datum, d.h. das Eingangsdatum der vollständigen Vereinswechselunterlagen, beim zuständigen Landesverband bzw. bei der DEB-Paßstelle innerhalb folgender Zeiträume liegt:

bei aufnehmendem Verein

- Bundesliga I   1.5.- 31.7. und 1.12.- 31.12.
- Bundesliga II   1.5.- 15.8. und 1.12.- 31.12.
- Ober-/Regionalliga   1.5.- 31.8. und 1.12.- 31.12.

Die Transferliste bezweckt die Bekanntmachung, daß ein Spieler einen neuen Verein sucht oder daß ein Verein einen Spieler abgeben will, auch wenn die Wechselvoraussetzungen noch nicht erfüllt sind (SpO Art. 56). Der aufnehmende Verein hat mit den Vereinswechselunterlagen der DEB-Paßstelle die Höhe der Aus- und Weiterbildungsentschädigung bekanntzugeben.
Der abgebende Verein kann die Freigabe u.a. dann verweigern, wenn der Spieler seinen Verpflichtungen dem abgebenden Verein gegenüber nicht nachgekommen ist (z.B. Rückgabe von vereinseigenen Ausrüstungsgegenständen, finanzielle Verpflichtungen) oder wenn der Spieler seine bestehenden Vereinbarungen über die Spielverpflichtung nicht erfüllt hat (SpO Art. 58).

Wenn bezüglich der Höhe der Transfersumme keine Einigung der beteiligten Vereine erfolgt, unterwerfen sich die Beteiligten dem Spruch des Gutachterausschusses, der auch von dem betroffenen Ligaspieler angerufen werden kann (SpO Art. 59).

Die "Freigabe von Amts wegen" wird vom Landesverband des aufnehmenden Vereins auf begründeten schriftlichen Antrag des aufnehmenden Vereins erteilt, wenn die Freigabevoraussetzungen vorliegen (SpO Art. 61).
Die Vereinswechselfrist von 18 Monaten bleibt dabei grundsätzlich bestehen.

Transferkartenpflichtige Spieler sind unabhängig von ihrer Staatsangehörigkeit solche Spieler, die im Ausland Eishockey gespielt haben. Bis zu zwei Spieler mit internationaler Transferkarte sind in Meisterschaftsspielen einsetzbar (SpO Art. 63).

Für den Vereinswechsel nach 18monatiger internationaler Sperre ist unter anderem der Nachweis des 18monatigen ständigen Aufenthalts im DEB-Verbandsgebiet nötig; zu belegen z.B. durch polizeiliche Anmeldung, Aufenthalts-, Arbeitserlaubnis, Arbeitgeberbestätigung mit Vorlage der Lohnsteuerkarte, Gewerbeerlaubnis etc. (SpO Art. 64 Abs. 5).

Bei allen Transferarten im Eishockey sind als Voraussetzungen für die Spielberechtigung die Unterwerfungserklärungen (SpO Art. 49 Anlagen 1, 2 und 3) vom Spieler zu unterzeichnen.
Der Spieler unterwirft sich erstens der Verbandsgewalt des DEB und bestätigt gleichzeitig, vom Satzungswerk des DEB Kenntnis genommen zu haben. Außerdem erklärt er sich mit der Verhängung von Vertragsstrafen bei Verstößen gegen DEB-Statuten einverstanden.

Zusätzlich wird in dieser Vereinbarung zwischen Spieler und DEB bei Streitigkeiten der ordentliche Rechtsweg ausgeschlossen und das "Ständige Schiedsgericht für den Bereich des DEB" als zuständig erklärt.
In einer Schiedsgerichtsvereinbarung zwischen Spieler und DEB wird zweitens festgelegt, daß der ordentliche Rechtsweg ausgeschlossen ist und daß das Schiedsgericht erst nach Ausschöpfung des verbandsinternen Rechtswegs (Spielgericht und Verbandsgericht) angerufen werden kann.
In einer dritten Unterwerfungserklärung erkennt der Spieler auch gegenüber seinem Verein die Unterwerfung unter die Verbandsgewalt des DEB an, bestätigt die Schiedsgerichtsvereinbarung mit dem DEB sowie akzeptiert die Unterwerfung unter die Vereinsgewalt samt dem evtl. in der Vereinssatzung niedergelegten Sportrechtsweg.

Im Unterschied zu den sehr detaillierten Transferbestimmungen im Basketball, Fußball und Eishockey ist ein Vereinswechsel im Skilauf relativ einfach geregelt (vgl. DSV DWO Art. 208, FIS IWO Art. 208).
Der Start für einen anderen Verein in der Zeit vom 1.7. bis 30.4. ist nur möglich, wenn der Wettkämpfer seinen Wohnort wechselt, dies durch polizeiliche Anmeldung nachweist und der Startpaß umgeschrieben ist. Ein Vereinswechsel ist vom 1.5. bis 30.6. ohne Beschränkung zulässig.
Bei nationalen Wettkämpfen dürfen Ausländer nur in einer Gästeklasse starten und können keine Titel erringen. Ausnahmen sind bei international ausgeschriebenen Wettkämpfen möglich.

Die Teilnahme von Angehörigen des DSV an Wettkämpfen im Ausland oder internationalen Veranstaltungen in der BRD muß durch den DSV genehmigt sein.
Der Start eines Wettkämpfers bei einem internationalen Wettkampf für einen anderen Skiverband ist mit Zustimmung seines nationalen Skiverbands oder mit Zustimmung des FIS-Vorstands möglich.

Auch im Tennissport sind die Transferbestimmungen, welche über die Spielberechtigung beim aufnehmenden Verein entscheiden, relativ einfach und übersichtlich gefaßt. Nach dem Bundesliga-Statut des DTB hat jeder Bundesligaverein die Namen der für seine Mannschaft vorgesehenen Spieler bis zum 10.12. des laufenden Spieljahres dem DTB in der Reihenfolge der deutschen Rangliste zu melden (DTB-Bundesligastatut § 6).
Bis spätestens 15.2. des Spieljahres ist dieser Spielerkreis in der Reihenfolge der Spielstärke unter Verwendung der DTB-Formulare zu melden.
Für die Spielstärke ist die deutsche Rangliste, dann die Verbandsliste maßgeblich. Rangverschiebungen zur ersten Meldung können sich ergeben haben, da zwischenzeitlich die endgültige deutsche Rangliste erschienen ist. Vor dem ersten Bundesligaspiel im August wird die Reihenfolge der gemeldeten Spieler entsprechend den Plätzen 1 - 100 der ATP-Rangliste (Association of Tennis Professionals) berichtigt.
Im Bundesligateam darf nur ein Ausländer oder Staatenloser pro Wettspiel eingesetzt werden. Er muß wie jeder andere Spieler Vereinsmitglied sein (Bundesligastatut § 7).

Der Vereinswechsel in der Bundesliga muß somit zum Stichtag 10.12. vollzogen sein.
In den darunterliegenden Spielklassen der Landes- bzw. Regionalverbände ist der 15.2. von Bedeutung, da zu diesem Stichtag der Vereinswechsel namentlich an den Verband angezeigt und der Spielerpaß auf den aufnehmenden Verein umgeschrieben bzw. ein neuer Spielerpaß beantragt werden muß.
Spätestens zum 15.4. ist dann der zuständigen Sportaufsicht und den in derselben Klasse spielenden Teams die Mannschaftsmeldung entsprechend den offiziellen Ranglisten in spielstärkemäßiger Reihenfolge zu übermitteln.
Pro Mannschaft ist ein Ausländer spielberechtigt (Wettspielbestimmungen BTV § 14).

Die Kostenerstattung bei Vereinswechsel bleibt im Rahmen der steuerunschädlichen Höchstsumme den Landesverbänden zur Regelung überlassen. So hat der Bayerische Tennisverband die Ablösesummen folgendermaßen geregelt (BTV-Wettspielordnung 1985, S. 27):
Der abgebende Verein kann für den wechselnden Spieler (Altersgrenze 23 Jahre) bei einmaligem Einsatz fordern:

	Herren	Damen
Bundesliga	5000,--	--
Oberliga	2500,--	2500,--
Gruppenliga	1500,--	1500,--
Bezirksliga	750,--	750,--

Die Ablösesummen sind somit bei Damen und Herren gleich hoch, wobei zu berücksichtigen ist, daß es bisher keine Bundesliga für Damen gibt.

Bei einem Vergleich der Transferregelungen der ausgewählten Sportarten und ihrer wirtschaftlichen Würdigung ist bemerkenswert, daß überwiegend auch für Amateure Ablösezahlungen statutarisch vorgesehen sind. Nur im Amateurbasketball, im Amateurfußball und im Skilauf sind bisher noch keine verbandsinternen Regelungen hinsichtlich der steuerunschädlichen Ablösesumme und ihrer Dotierung nach Altersbegrenzung, Ausbildungszeiten, Spiel- bzw. Leistungsklassen oder nach Einsatz in Repräsentationsspielen erfolgt.
Im Berufsfußball und -eishockey bleibt die Höhe der Transfersumme der freien Vereinbarung der beteiligten Vereine überlassen. In beiden Sportarten werden die Namen der den Verein wechselnden Lizenzspieler bzw. Ligenspieler in Transferlisten veröffentlicht.
Durch strenge Unterwerfungsklauseln, Lizenzierungsverfahren und Nationalitätsbestimmungen wird im Fußball, Basketball und Eishockey die Spielberechtigung beim Vereinswechsel, auch im internationalen Bereich, auffällig zu Gunsten der Verbände bzw. Vereine reglementiert. Die Wartefristen beim Vereinswechsel schränken die Mobilität der Sportler ein. Nur im Basketball ist beim internationalen Transfer der Nachweis einer teilweisen wirtschaftlichen Absicherung des Spielers durch Sozialversicherung vorgesehen.
Im Eishockey kann der Ligenspieler bei Uneinigkeit der Vereine über die Höhe der Ablösesumme selbst den Gutachterausschuß anrufen.
In den Mannschaftssportarten ist eine beschränkte Zahl von Ausländern spielberechtigt.

Die überwiegend für die Spieler restriktiven Transferbestimmungen vermitteln den Eindruck, daß sie weniger "zur Vermeidung sportlicher Wettbewerbsverzerrungen" (DEB SpO Art. 55) als vielmehr vorrangig zur Erhaltung der auch für Vereine und Verbände nutzbaren wirtschaftlichen Macht im Amateur- und Profisport dienen.
Welchen Zwecken dienen denn z.B. Wartefristen bei Nichtakzeptanz des Transfers durch den Verein sonst? Eine Sportart wie Tennis beweist, daß liberale Transferbestimmungen ohne Wartefristen einen geordneten Spielbetrieb nicht beeinträchtigen und somit einen marktwirtschaftlich orientierten Interessenausgleich fördern.
Die Transferrealität in einer dem Amateurideal verhafteten Sportart wie Handball ist mit dem Gang in die Illegalität verbunden.
So werden in der Handball-Bundesliga DM 20.000 für einen Durchschnittsspieler und bis zu DM 80.000 für einen Nationalspieler an Ablöse bezahlt. Diesen Betrag erhielt der VfL Gummersbach für den Transfer von Erhard Wunderlich im Jahre 1984 nach Barcelona, wo er ein Jahresgehalt von DM 700.000 bezog.
Für 60.000 DM, 200 Handbälle und 60 Trikots ließ sich SLASK Breslau die Freigabe des Polen Jerzy Klempel für Frischauf Göppingen in der Spielsaison 1983/84 abkaufen. 1 Jahr DHB-Spielsperre war für Klempel die Strafe (Welt am Sonntag vom 15.9.1985, S. 24).

Wie frühzeitig bereits talentierte Nachwuchssportler mit den statutarisch verbotenen materiellen Leistungen beim Vereinswechsel wie Handgelder konfrontiert werden, zeigen die "Taschengeld-Transfers" im Fußball. Talentjäger der Bundesligaclubs locken Acht- und Neunjährige mit Aufwandsentschädigungen, kostenlosen Reisen, Taxifahrten zum Training, Taschengeld, Sportausrüstungs- und Fahrradgeschenken von ihren Vereinen weg (Welt am Sonntag vom 17.3.1985, S. 24).

Ob diese Praktiken allerdings durch strengere Transferbestimmungen, die ohnehin kaum kontrollierbar sind, verhindert werden können, bleibt fraglich.
Die neueste Entwicklung auf dem Transfermarkt bezahlter Sportler liegt nicht nur im Transfersummenrekord der Fußballbundesliga vor der Jubiläumssaison 1987/88 mit über 70 Millionen DM Umsatz, sondern ist vor allem durch den Handel mit Transferrechten gekennzeichnet. Obwohl nach Lizenzspielerstatut "zur Vermittlung von Spielern, Fußball-Lehrern und Übungsleitern nur die amtliche Arbeitsvermittlungsstelle zu benutzen ist" (Anhang 1 zum LSt § 5 f), treten Zwischenhändler mit über 50 % Zuschlag auf, und das bei 6stelligen Transfersummen (MM vom 3.7.1987).

Ergänzend zum Verbandsrecht beim Spielertransfer und dessen wirtschaftlichem Hintergrund soll der mit dem Vereinswechsel verbundene steuerliche Aspekt nicht unerwähnt bleiben.
So beansprucht das Finanzamt für den Rummenigge-Transfer zu Inter Mailand von DM 10.000.000 Ablöse 56 % Körperschaftsteuer (MM vom 8.11.84).

Nach dem Erlaß des Bundesfinanzministeriums vom Jahr 1974 handelt es sich bei den Ablöseentschädigungen um Anschaffungskosten für abnutzbare immaterielle Wirtschaftsgüter des Anlagevermögens, die wie andere Vermögenswerte aktiviert und entsprechend der Nutzungsdauer (abhängig vom Alter des Spielers) abgeschrieben werden können.
Die Bundesligavereine streben nun eine Aufhebung der Aktivierungspflicht und Verrechnung der Transfereinnahmen mit Transferausgaben in der Gewinn- und Verlustrechnung an, wodurch eine erhebliche Steuerersparnis erfolgen würde, da nur noch der Transfersummensaldo zu versteuern wäre.

5.1.5 Das Spielrecht der Vereine und ihre wirtschaftliche Leistungsfähigkeit

Als weitere wirtschaftliche Rahmenbedingungen für professionelles Handeln im Sport kommen die Bestimmungen der Fachverbände über die wirtschaftliche Leistungsfähigkeit der Vereine in Betracht zur Erlangung des Spielrechts.
Das Spielrecht in den obersten Spielklassen ist damit nicht nur an die sportliche Qualifikation durch Aufstieg in 1. oder 2. Bundesliga, an den sportlichen Unterbau mit Amateur- und Jugendmannschaften, an den Einsatz qualifizierter Schiedsrichter und lizenzierter Trainer sowie an das Vorhandensein technischer Spieleinrichtungen in Stadien und Hallen etc. gebunden, sondern setzt in einigen Sportarten weitere finanzielle Mittel durch die jährliche Überprüfung der wirtschaftlichen Leistungsfähigkeit voraus.

Die Fachverbände im Volleyball und Tennis begnügen sich mit der Vorgabe vorwiegend sportlicher und spieltechnischer Voraussetzungen für den Bundesligabetrieb. Im Basketball ist zusätzlich ein eigener Bundesligavertrag zwischen den Vereinen und dem DBB abzuschließen, aufgrund dessen die Rechtsfähigkeit der beteiligten Vereine nachgewiesen und eine Kaution zu stellen ist.

In den Durchführungsbestimmungen für die Hallenhandball-Bundesliga sind neben allgemeinen und spieltechnischen Vorschriften detaillierte wirtschaftliche Bestimmungen enthalten.
So sind vom Spielkassenbeitrag jedes Vereins von DM 1500 für 1. Bundesliga Herren bzw. DM 800 2. Bundesliga Herren 11 % bzw. 10 % an den DHB abzuführen.
Von den vorgeschriebenen Mindesteintrittspreisen nach Hallen-Zuschauerfassungsvermögen verbleiben dem Heimverein nach Abzug der Auslagenerstattung für Schiedsrichter, Zeitnehmer, Sekretäre, Schiedsrichterbeobachter und sonstiger Organisationskosten die Nettoeinnahmen. Die Spielabrechnungen sind spätestens 3 Tage nach dem Spieltag dem DHB einzureichen.
Nach Durchführungsbestimmungen B 3 steht dem DHB das Recht auf Einsicht in Bücher, Buchhaltungsunterlagen sowie Belege über Einnahmen und Ausgaben der Bundesligavereine zu. Genaue Vorschriften über Numerierung, Preisgruppen und Verkauf der Eintrittskarten einschließlich sog. "Topzuschläge" regeln den Einnahmennachweis.

Im Eishockey ist neben der sportlichen Qualifikation für die Teilnahme an den Meisterschaften des DEB in Bundesliga I, Bundesliga II, Oberliga und Regionalliga der Nachweis der wirtschaftichen Leistungsfähigkeit Voraussetzung.

Nach pflichtgemäßem Ermessen entscheidet jährlich über die Zulassung ein dreiköpfiger Ausschuß unter Vorsitz des Ligenvorsitzenden. Ein Wirtschaftsprüfer kann beratend mit herangezogen werden.
Nach SpO Art. 23 ist die wirtschaftliche Leistungsfähigkeit nachgewiesen, wenn der Verein in der Lage ist, seinen gesamten finanziellen Verpflichtungen während der gesamten Dauer des Meisterschaftsspielbetriebs nachzukommen. Ob diese Liquiditätsvorschrift erfüllt ist, wird anhand der mit dem Bestätigungsvermerk eines Wirtschaftsprüfers oder Steuerberaters versehenen Jahresabschlüsse (Bilanz, Gewinn- und Verlustrechnung) oder Einnahmeüberschußrechnungen der beiden letzten Geschäftsjahre festgestellt.
Die Richtigkeit und Vollständigkeit dieser beiden Jahresabrechnungen ist vom Vereinsvorstand gegenüber dem DEB zu versichern. Ebenso ist eine detaillierte Planrechnung über die Einnahmen und Ausgaben für das kommende Spieljahr vorzulegen. Darüber hinaus hat der Verein auf Anforderung des DEB unverzüglich, das heißt ohne schuldhaftes Zögern, erschöpfend und vollständig Auskünfte zu erteilen und Unterlagen zu ergänzen, soweit diese für die Beurteilung der wirtschaftlichen Leistungsfähigkeit bedeutsam sein können.

Der DEB ist jederzeit berechtigt, durch von Berufs wegen zur Verschwiegenheit verpflichtete Dritte Einsicht in sämtliche wirtschaftlich relevante Unterlagen zu nehmen.
Wird der Spielbetrieb ganz oder teilsweise über Dritte finanziert, ist dies eindeutig zu belegen.

Kann der Verein jährlich bis spätestens zum 31.5. den Nachweis der wirtschaftlichen Leistungsfähigkeit nicht erbringen, hängt die Teilnahme von der Erfüllung der vom Ausschuß erteilten Auflagen innerhalb bestimmter Fristen ab. Zu den Auflagen kann auch die Vorlegung der selbstschuldnerischen Bürgschaft einer deutschen Bank gehören.
Im Gegensatz zur Ausfallbürgschaft ist bei dieser Art von Bürgschaft die Einrede der Vorausklage gegenüber Vereinsgläubigern nicht möglich.
Die mit der Erfüllung von Auflagen verbundenen Kosten gehen zu Lasten des Vereins.
Bei Nichtzulassung des Vereins kann eine Rückstufung um eine oder mehrere Leistungsklassen erfolgen.
Die Interdependenz zwischen sportlichen und wirtschaftlichen Voraussetzungen für den Spielbetrieb in den höchsten Leistungsklassen des Eishockey kommt auch in den sogenannten Ausgleichsabgaben (DEB Gebührenordnung X 1 und 2) zum Ausdruck.
Entfällt eine der in Art. 23, Abs. 7 vorgeschriebenen Nachwuchsmannschaften, ist pro fehlender Mannschaft 1 % der Bruttoeinnahmen der vorausgegangenen Wettkampfsaison, zumindest jedoch für Vereine der Bundesliga I DM 10.000, Bundesliga II DM 6.000, Oberliga DM 3000, Regionalliga DM 1.500 an den DEB für Nachwuchsarbeit zu zahlen.

Ebenso sind pro fehlendem einsatzfähigem Schiedsrichter pro Spielsaison in Bundesliga I DM 1.500, Bundesliga II DM 1.000, Oberliga DM 750 und Regionalliga DM 500 für Schiedsrichterarbeit des DEB fällig. Diese sicherlich nicht überhöht angesetzten Ausgleichsabgaben stellen einen Parameter der Kosten für Wettkampfmannschaften im Jugend- und Nachwuchsbereich der Vereine dar.
Neben den Mitgliedsbeiträgen, den Genehmigungsgebühren für internationale Spiele, den Paß- und Vereinswechselgebühren, auch für transferkartenpflichtige Spieler, den Transferlistengebühren und den Trainierlizenzgebühren sind die Spielabgaben für alle Meisterschaftsspiele in Höhe von 9 % der Bruttoeinnahmen aller Eintrittsgelder abzüglich Mehrwertsteuer von den Vereinen an den DEB zu entrichten.

Ähnlich wie im Basketball ist auch im Fußball zwischen den Bundesligavereinen und dem Fachverband DFB ein Lizenzvertrag abzuschließen (LSt § 4).
Neben der sportlichen, technischen und verwaltungsmäßigen Qualifikation und dem sportlichen Unterbau mit insgesamt mindestens 10 Amateur- und Jugendmannschaften ist dem DFB die wirtschaftliche Leistungsfähigkeit nachzuweisen (LSt §§ 5 - 8).
Im einzelnen sind vorzulegen:
- die mit dem Bestätigungsvermerk eines Wirtschaftsprüfers versehene Abschlußbilanz sowie die Gewinn- und Verlustrechnung des letzten Geschäftsjahres,
- eine Planrechnung unter Aufwands- und Ertragsgesichtspunkten,
- ein Finanzplan für das Spieljahr über die Einnahmen und Ausgaben.

Zusätzlich hat der Verein der Bewerbung beizufügen:

- eine rechtsverbindliche schriftliche Erklärung, in der er sich verpflichtet, die sich aus der Lizenzerteilung ergebenden Auflagen zu erfüllen,
- eine rechtsverbindliche schriftliche Erklärung, in der er die Richtigkeit und Vollständigkeit der eingereichten Unterlagen versichert,
- einen Nachweis über die Stellung einer Kaution in Höhe von mindestens DM 200.000 (1. Bundesliga) bzw. DM 100.000 (2. Bundesliga),
- einen Nachweis darüber, daß der Verein seine Transferverpflichtungen erfüllt.

Im übrigen ist der DFB jederzeit berechtigt, durch Beauftragte Einsicht in die Buchungsunterlagen zu nehmen und weitere Daten über die wirtschaftliche Situation zu verlangen.
Nach den Richtlinien zur Beurteilung der wirtschaftlichen Leistungsfähigkeit von Fußballvereinen mit angestellten Spielern sind im einzelnen die gesamte Vermögenslage und die Liquiditätsverhältnisse des Vereins, das Ergebnis des Spielbetriebs als Differenz zwischen Aufwendungen und Erträgen sowie das Ergebnis des Spielbetriebs als Differenz zwischen Einnahmen und Ausgaben heranzuziehen (LSt Anhang Nr. 2).
Bezüglich der Vermögenslage darf das Vereinsvermögen durch den Spielbetrieb mit angestellten Spielern nicht nachhaltig gemindert werden. Die Liquidität des Vereins muß insoweit gegeben sein, als Mittel sowohl für die Ingangsetzung des Spielbetriebs für die bevorstehende Runde (Vorgriff) als auch zur Deckung von Defiziten aus einer abgelaufenen Runde (Rückgriff) bereitzustellen sind.

Bei der Aufwands- und Ertragsrechnung des Spielbetriebs mit Lizenzspielern sind die Aufwendungen und Erträge der Amateurmannschaften gesondert auszuweisen, da die einzelnen Vermögensteile des Vereins (Sportanlagen, Verwaltungseinrichtungen) außer dem Lizenzbetrieb auch Amateurmannschaften und anderen Abteilungen dienen.
Neben der G&V-Rechnung ist die wirtschaftliche Leistungsfähigkeit zusätzlich hinsichtlich der Differenz zwischen Einnahmen und Ausgaben des Lizenzspielerbereichs zu beurteilen.
Die finanzwirksamen Aufwendungen auf das Vereinsvermögen werden deutlich, indem aus der Erfolgsrechnung die nur rechnungstechnischen Posten sowie die ausschließlich Spieler betreffenden Aufwendungen in Form von Ablösen, Mietzuschüssen und Darlehensverlusten u.ä. eliminiert werden.
Außerdem werden die in der Bilanz aus den gleichen Vorgängen als Abgang behandelten Erlöse zum evtl. Gewinn des Lizenzspielbetriebs zugeschlagen. Die in der Bilanz aktivierten Zugänge für Ablösezahlungen, Spielerdarlehen und Mietzuschüsse vermindern den Einnahmenüberschuß aus dem bezahlten Fußball-Spielbetrieb. Ergibt sich ein Defizit durch Überwiegen der Ausgaben, waren Rückgriffe auf Finanzmittel des Gesamtvereins nötig. Defizite aus dem Lizenzspielbereich sind jedoch grundsätzlich aus Überschüssen dieses Bereichs zu decken. Um die Einnahmen- und Ausgabenwirkung des Lizenzbereichs auf das Vereinsvermögen zu kontrollieren, ist vor Spielrundenbeginn hierfür ein Einnahmen-/Ausgabenplan einschließlich eventueller

an das Vereinsvermögen zurückzuerstattender Anteile aus Vor- oder Rückgriffen beim DFB einzureichen.
Nach Abschluß der Spielsaison ermöglicht ein Vergleich des Finanzplanes sowohl mit der Aufwands- und Ertragsrechnung als auch mit der Einnahmen-/Ausgabenrechnung, die Ursache für evtl. Defizite aufzuklären.

Die wirtschaftliche Leistungsfähigkeit von Fußballvereinen mit Lizenzspielern ist unzureichend und damit ist die Lizenz nicht zu erteilen, wenn die Eigenmittel des Vereins nicht zur Deckung von Defiziten aus dem Spielbetrieb ausreichen oder der Verein keine entsprechenden Kreditmittel nachweist.

Die auf das Banksonderkonto des DFB einzuzahlende, verzinsliche Kaution soll gewährleisten, daß der Spielbetrieb in den Lizenzligen reibungslos abgewickelt werden kann, auch wenn ein einzelner Verein während der Spielzeit illiquide wird (LSt Anhang Nr.3).
Bis zu 75 % der Gesamtkaution, die sich für 38 Bundesligavereine auf 5,6 Millionen DM summiert, sind durch selbstschuldnerische Bürgschaften von Kreditinstituten oder auch anderer Bürgen abzusichern, wobei letztere sich wegen der Bürgschaftsverpflichtung in einer notariellen Urkunde der sofortigen Zwangsvollstreckung zu unterwerfen haben. Auch Bürgschaften von Kommunen werden anerkannt.
Wenn der Verein zahlungsunfähig ist, dann kann der DFB aus den Kautionsbeträgen oder den Bürgschaftszahlungen die Verbindlichkeiten des Vereins in folgender Reihenfolge begleichen:

Zuerst sind die Schulden gegenüber den Spielern, dem Trainer und Masseur, dann gegenüber dem DFB und schließlich gegenüber Dritten zu leisten. Transferverbindlichkeiten sind aus den Kautionsbeträgen nicht zu zahlen.

Zusammenfassend ist festzuhalten, daß sich detaillierte Vorschriften über wirtschaftliche Leistungsfähigkeit der Vereine als Voraussetzung zur Erlangung und Erhaltung des Spielrechts in den höchsten Spiel- und Leistungsklassen vorwiegend in den Statuten des Eishockey- und Fußballsports finden, erstaunlicherweise auch in Ansätzen im deutlich offiziell am Amateurideal orientierten Handballsport. Im Eishockey ist nicht nur die Auskunftspflicht der Vereine und das Recht auf Einsicht in deren Buchführung durch den DEB verankert, sondern die wirtschaftliche Leistungsfähigkeit muß vorwiegend durch Beachtung der Liquiditätsvorschrift nachgewiesen werden. Hohe Ausgleichsabgaben für fehlenden sportlichen Unterbau weisen auf den kostenintensiven Wettkampfbetrieb des Nachwuchs- und Amateurbereichs hin. Der DEB finanziert sich seinerseits zu einem erheblichen Teil aus den Spielabgaben für alle Meisterschaftsspiele.

Am ausführlichsten ist der Wirtschaftlichkeitsnachweis im bezahlten Fußball geregelt. Die Richtlinien zur Beurteilung der wirtschaftlichen Leistungsfähigkeit von Fußballvereinen orientieren sich zunächst

an der Aufrechterhaltung des finanziellen Gleichgewichts durch eine allgemeine Liquiditätsvorschrift. Die Bestimmungen über die Finanzwirksamkeit von Aufwendungen auf das Vereinsvermögen beinhalten im wesentlichen eine Transformation der Aufwands- und Ertragsrechnung in eine Einnahmen-Ausgaben-Rechnung ähnlich dem "cash-flow" (vgl. LECHNER/EGGER/SCHAUER 1983, S. 539). Mit dieser zukunfts- und entscheidungsorientierten Liquiditätsrechnung soll der Bargeldüberschuß bzw. das Bargelddefizit einer Spielperiode aus dem Leistungsprozeß des Lizenzbetriebs eruiert werden. Damit treten seine Auswirkungen auf das gesamte Vereinsvermögen zu Tage.
Regelmäßig wiederkehrende Meldungen über Lizenzentzug, hohe Verschuldung und Auflagen von Bundesligaclubs im Eishockey und Fußball lassen Zweifel aufkommen, ob die Wirtschaftlichkeitsprüfung durch die zuständigen Ausschüsse der Fachverbände streng genug erfolgt (vgl. Welt am Sonntag vom 4.11.1984, Münchner Merkur vom 16./17./18.6.1987).
Betriebswirtschaftliches Fehlverhalten (zu hohe Ablösesummen und Spielerbezüge, unzureichende Berücksichtigung von Risikofaktoren bei Spielerverletzungen und sportlichem Mißerfolg, Vertrauen auf öffentliche Hilfe bei Konkursgefahr) und die grundsätzlich dem professionalisierten Sport unangemessene Rechtsform des Vereins mit unzureichenden Mitgliederschutz-, Gläubigerschutz- und Publizitätsvorschriften fördern die Verschuldung der Vereine (vgl. PÖTTINGER 1982, S. 228 f.).
Besondere Beachtung hinsichtlich der Konkursanfälligkeit verdienen die weniger publikumsattraktiven Zweitliga-Vereine, wobei dieser Spielklasse ohnehin das Image der Pleiteliga anhaftet.

Nach REUTER 1987, S. 61/62, entspricht die rechtliche Verfassung der Sportvereine wegen der zunehmenden Bedeutung wirtschaftlicher Tätigkeit in wichtigen Teilen nicht mehr dem geltenden Recht. Anstelle der überwiegend empfohlenen Auslagerung der Wirtschaftstätigkeit von Berufssportabteilungen in eine Tochtergesellschaft (AG oder GmbH) mit einhergehender Haftungsbeschränkung und Kompetenzentzug der Mitglieder ist analog zu den englischen public companies die Verselbständigung von Berufssportunternehmen in Kapitalgesellschaften zu empfehlen. Wenn die Wirtschaftstätigkeit zur Hauptsache wird, wie beispielsweise die Einnahmenstruktur des HSV in der Saison 1979/80 mit etwa 0,5 Millionen DM aus Vereinsbeiträgen und 16 Millionen aus dem Bundesligabetrieb zeigt (REUTER 1987, S. 40 f.), "bleibt für das Nebenzweckprivileg kein Raum". Warum sollten bewährte Organisationsstrukturen bei anderen Wirtschaftsunternehmen nicht auch für Berufssportbetriebe geeignet sein? Die AG als "Allerweltsrechtsform" erlaubt zudem auch die Verfolgung sozialer Zwecke nach einem etwaigen Überwechseln in das Amateurlager bei Abstieg der Mannschaft. Die entgegenstehende politische Macht eines Sportfachverbandes wird dauerhaft sicherlich nicht dem durch sportwirtschaftliches Handeln induzierten Anpassungsdruck auf die dem Gleichheitsgrundsatz verpflichteten Rechtsregelungen standhalten können.

5.1.6 Ausrüstungs-, Material- und Werberichtlinien

Das wirtschaftliche Handeln im professionalisierten Sport wird außerdem von den Spitzenverbänden durch Ausrüstungs-, Material- und Werberichtlinien reglementiert.

So stellt im Deutschen Volleyballverband ein eigener Materialprüfungsausschuß die Eignung eines Artikels für das Volleyballspiel fest (vgl. Materialrichtlinien BSO Anlage 9).
Der DVV bietet den Produzenten von für geeignet befundenen Bällen, Netzen und Antennen die Verwendung von Prüfzeichen an und gibt diese zum Spielverkehr zugelassenen Artikel vor jedem Spieljahr bekannt. Bei Spielbällen werden sogar auf dem Prüfzeichen die jeweiligen Jahreszahlen des Spieljahres angegeben.
Im Basketball, Handball, Fußball, Eishockey und Tennis gibt es zwar keine eigenen Richtlinien für Ausrüstung und Material; jedoch wird deren Beschaffenheit genau in den Spielregeln festgelegt. Neuentwicklungen werden von den zuständigen Gremien der internationalen Fachverbände für Ausrüstung auch auf Antrag von Herstellern auf ihre Zulässigkeit geprüft. Neue Technologien, die mitunter als Folge von Regellücken entstehen, werden meist zunächst hinsichtlich ihrer Verwendbarkeit im Wettspiel beobachtet. Nach angemessener Beurteilungszeit wird eine endgültige Entscheidung getroffen.
So wurde die Mitte der 70er Jahre auf den Tennisplätzen unter den Spielern Streit auslösende doppelbesaitete "Vilsbiburger Patsche" ab dem Jahr 1978 durch Regeländerung aus dem Verkehr gezogen. Der Charakter des Tennispiels hätte sich infolge des wesentlich stärkeren Dralles erheblich verändert.
Verbandsvorschriften über das zulässige Spielmaterial bieten den Sportorganisationen auch Finanzierungsmöglichkeiten. So wird die in den einzelnen Spielklassen zu verwendende Ballmarke von den Tennisverbänden vor Saisonbeginn gegen entsprechende Vergütung der Ballproduzenten festgelegt.

Die Aktiven müssen sich dann mit den innerhalb gewisser Grenzen durchaus unterschiedlichen Spieleigenschaften zurechtfinden.
Das Tempo der technologischen Entwicklung konfrontiert häufig die Skirennläufer mit Material- und Ausrüstungsproblemen. Deshalb sind im Skilauf die Bestimmungen über Wettkampfausrüstung besonders genau gefaßt. Nach IWO Art. 230 Abs. 3 sind sämtliche neuen Entwicklungen auf dem Gebiet der Wettkampfausrüstung grundsätzlich durch die FIS zu genehmigen. Bis spätestens 1. Mai sind neue Entwicklungen für die nachfolgende Saison bei der FIS anzumelden. Sie können im ersten Jahr lediglich provisorisch für die Dauer der nachfolgenden Saison genehmigt werden und müssen vor der darauffolgenden Wettkampfsaison definitiv bestätigt werden.
Das Komitee für Wettkampfausrüstung veröffentlicht nach Genehmigung durch den FIS-Vorstand Beschreibungen der zugelassenen Ausrüstungsgegenstände, wobei eine gesunde technische Entwicklung im Sinne eines echten Fortschritts nicht verhindert werden soll. Grundsätzlich auszuschließen sind unnatürliche, künstliche Hilfsmittel, welche den Wert der sportlichen Leistung der Wettkämpfer verändern und/oder eine technische Korrektur individueller körperlicher Veranlagungen oder Leistungsmängel darstellen, sowie Wettkampfausrüstung, die für die Wettkämpfer gesundheitsschädlich ist oder eine erhöhte Unfallgefahr mit sich bringt.
Das Komitee für Wettkampfausrüstung der FIS kontrolliert vor und während der Saison, konfisziert bei begründetem Verdacht die betreffenden Ausrüstungsgegenstände und läßt sie bei einer öffentlich anerkannten Institution einer letzten Prüfung unterziehen.

Ein Wettkämpfer, der gegen die Bestimmungen betreffend Wettkampfausrüstung verstößt, muß disqualifiziert werden. Bei mehrfachen Verletzungen der Ausrüstungsbestimmungen kann der FIS-Vorstand die Lizenz vorübergehend oder definitiv entziehen.

Die Explosivität des technologischen Know-how, auch aus der Raumfahrt, wird ähnlich wie im Motorsport auch im Skirennlauf sicherlich weiter dafür sorgen, daß die Diskussionen über die Zulässigkeit von Materialien und Design von Sturzhelmen, Rennanzügen, Ski, Stöcken, Torstangen etc. nicht enden.
Die Richtlinien für Werbung in den ausgewählten Sportarten weisen neben sportartspezifischen Besonderheiten eine Reihe von Gemeinsamkeiten auf.
Die Werbung auf Trainingsanzügen und Spiel- bzw. Sportkleidung ist im Volleyball, Basketball, Handball, Fußball, Tennis und Skilauf gestattet, jedoch mit Ausnahme von Tennis durch den nationalen Dachverband bzw. den zuständigen Landesverband jeweils für 1 Jahr genehmigungspflichtig. Im Skilauf ist die Werbeerlaubnis zugunsten der Mitglieder des Skipools beschränkt. Genehmigungen des DSV sind nur bei Werbeträgern mit solchen Poolmitgliedern einzuholen, die nicht mit Geräten oder Material ausrüsten (DSV Werbespezifikationen 1986, 4).
In den genannten Sportarten darf ein Verein übereinstimmend mit jeder seiner Mannschaften nur mit einer Firma oder einem Produkt werben.
Für Auswahlmannschaften im Volleyball und Handball besteht Werbeverbot, im Fußball nicht.
Schiedsrichter dürfen in keiner Sportart als Werbeträger auftreten.

Werbung für Tabakwaren und alkoholische Getränke und deren Produzenten sowie für politische Gruppierungen wird im Basketball ausdrücklich ausgeschlossen; im Fußball ebenfalls, jedoch ist in dieser Sportart das Werbeverbot für Alkohol auf Jugendmannschaften beschränkt. Der DBB verbietet "anstößige Werbung". In ausführlicher Formulierung darf die Werbung im Bereich des DFB "nicht gegen die allgemein im Sport gültigen Grundsätze von Ethik und Moral verstoßen" (DFB Allgemeinverbindliche Vorschriften über die Beschaffenheit und Ausgestaltung der Spielkleidung § 2).
Als Arten der Werbung wird allgemein die Verwendung von Firmen- und Produktnamen sowie von Markenzeichen genehmigt. Bei den Markenzeichen handelt es sich in der Regel um ein als Warenzeichen gesetzlich geschütztes Werbemittel (GABLER 1984, S. 216). Diese Wort- oder Bildzeichen bzw. ihre Kombinationen dürfen auf der Rückseite des Trainingsanzuges (im Handball und Volleyball mit je 500 cm^2 Werbefläche) und auf der Vorderseite des Spieltrikots (im Basketball 300 cm^2, Handball 250 cm^2, Volleyball 250 cm^2, Fußball 200 cm^2) sowie im Volleyball auch auf der Trikotrückseite unterhalb der Spielernummer mit 250 cm^2 angebracht werden. Werbemittel in Form von Markenzeichen und Firmenlogos dürfen die Lesbarkeit der Spielernummern nicht beeinträchtigen (Basketball) und sind farblich auf das Trikot abzustimmen (Fußball).
2 Millionen DM zahlt Computerproduzent Commodore per anno für die Trikotwerbung bei FC Bayern München in den nächsten 3 Spieljahren, was immerhin einem Quadratzentimeterpreis von DM 10.000 entspricht. Damit ist FC Bayern München nicht nur im Sportlichen sondern auch im Sponsoring Spitzenreiter der Fußballbundesliga (vgl. Münchner Merkur vom 11./12.7.1987).

Die Freigabe auch der Sporthosen von österreichischen Fußballspielern für Werbezwecke deutet eine Entwicklung in der kreativen Erschließung von Werbeflächen auf Sportkleidung an, die ästhetischen Normen entgegenstehen könnten.
Das Verbot der Individualwerbung in den Mannschaftsspielen Volleyball, Basketball und Handball schreibt Sponsorverträge nur zwischen Vereinen und werbenden Firmen vor, ohne persönliche materielle Vorteile für einzelne Spieler. Zahlungen haben nur an den Verein zu erfolgen. Diese Werbeverträge dürfen keine Verabredungen enthalten, die den Verein in seiner Entscheidungsfreiheit einschränken oder auf die Vereinsführung Einfluß nehmen.
Für Vertragsstreitigkeiten erklärt sich der genehmigende nationale Fachverband übrigens nicht als zuständig.
Die Werberichtlinien im Fußball gehen auf die Problematik der Individualwerbung nicht ein.
Die Werbespezifikationen im Skilauf gestatten die Verwendung von Namen, Titel und Bild auch einzelner Aktiver für werbliche Zwecke einschließlich der Erstellung von Presseinformationen. Ausgeschlossen bleiben Nikotin-, Alkohol-, Plakatwerbung, gemeinsame Werbung mit nicht von der FIS zugelassenen Personen, aktive Werbemitwirkung von aktiven Wettkämpfern sowie die Verwendung der freigegebenen Persönlichkeitsrechte an Namen, Titel und Bild für Produktnamen bzw. Produktdesign. Die Einzelwerbung von ein oder zwei Aktiven ist jedoch beschränkt in Zeitungen und Zeitschriften (mit Ausnahme interner Zeitschriften für den Sportfachhandel) auf eine Wiedergabe mit Bildwerbung von 150 qmm und einer Buchstabenhöhe von 15 mm.

Pro Inserat und Seite darf der Name und dasselbe Bild des Aktiven nur einmal erscheinen. Die Beschränkung der Einzelwerbung entfällt für Gruppenwerbung ab 3 Sportlern.

Im übrigen regeln die Bestimmungen der IWO Art. 211 detailliert die zulässige Gestaltung, Zahl und Werbeflächengröße (einschließlich des Mindestabstandes zum nationalen Emblem) der Markenzeichen auf Ausrüstungsgegenständen wie Ski, Skischuhe, Bindungen, Stöcke, Handschuhe, Brillen, Kleidung, Helme und Kopfbedeckungen. Die Einzelwerbung ist grundsätzlich nur über Werbeverträge mit Skipool-Mitgliedern möglich.
Insgesamt erscheinen die Bestimmungen über die mehrfach beschränkte Individualwerbung im Skilauf einerseits als Stärkung der wirtschaftlichen Macht der Poolfirmen und auch der Aktiven. Andererseits bleibt die Frage offen, ob der Kollektivwerbung des Skipools mit ihrem Abschlußmonopol für Sponsoring durch den nationalen Fachverband (IWO Art. 210) nach der beschränkten Freigabe der Einzelwerbung mit ihren komplizierten und schwer kontrollierbaren Regelungen künftig verstärkt ein "Werbekrieg" droht, indem die Aktiven einen höheren Anteil für ihre sportlichen und werblichen Leistungen beanspruchen. In diesem Zusammenhang nicht zu vergessen sind die Prämienzahlungen des DSV-Pools an die Sportler/-innen. Von den insgesamt 300.000 DM ausgeschütteten Erfolgsprämien der Saison 1986/87 kassierte Markus Wasmeier allein DM 100.000, obwohl er infolge eines Sturzes die letzten 8 der insgesamt 32 Rennen versäumt hatte (Münchner Merkur vom 25.3.1987).

Die statutarischen Werbevorgaben im Tennissport sind gegenüber denen der Mannschaftssportarten und dem Skilauf für die Spieler liberaler und insgesamt überschaubarer gefaßt.
Weder Mannschafts- noch Einzelwerbung sind an Genehmigung durch DTB bzw. Landesverbände gebunden.
Nach wie vor gilt, daß Tenniskleidung bei Wettspielen weiß ist (DTB Wettspielbestimmungen § 11).
Während eines Wettspiels, einer Pressekonferenz oder Turnierzeremonie ist Werbung auf der Kleidung oder auf der sonstigen Ausrüstung eines Spielers in folgendem Umfang erlaubt:

- Markenzeichen des Herstellers von höchstens je 13 cm^2 auf Spielkleidung (eins auf jedem Ärmel des Tennishemdes, je zwei auf der Vorderseite des Hemds, der Tennishose oder des Tennisrocks, eins auf jeder Socke und jedem Schuh, je eins auf der Kopfbedeckung, dem Stirn- und Armband)
- Markenzeichen des Herstellers auf dem Schläger und der Bespannung (aufgespritztes Firmenlogo)
- eine zusätzliche Fremdwerbung auf jedem Ärmel des Tennishemdes von höchstens je 13 cm^2.
- farbige Wärmebekleidung ist gemäß diesen Bestimmungen erlaubt.
- bei Mannschaftskämpfen ist außerdem das Tragen des Vereinsnamens auf der Tenniskleidung bis zu einer Größe von 100 cm^2 gestattet.

Werbevorschriften im Eishockey waren infolge des Fehlens solcher Regelungen in den offiziellen Statuten des DEB nicht zugänglich (vgl. DEB Satzungen und Ordnungen 1986).

Abschließend ist festzuhalten, daß die Werbevorschriften der Verbände für die Aktiven arbeitsrechtliche Probleme aufwerfen, die noch näher zu beleuchten sind. Außerdem spiegelt die Konstituierung von detaillierten Richtlinien für Werbung durch die Sportorganisationen die Emanzipationsbestrebungen des Sports gegenüber den Medien wider, für die der Sport schon seit längerer Zeit ein insgesamt kostengünstiger Programmfaktor darstellt.

5.1.7 Medienordnungen und sonstige wirtschaftlich relevante verbandsrechtliche Grundlagen im professionalisierten Sport

Der DVV stellt als einziger der ausgewählten Fachverbände in einer eigenen Medienordnung im Rahmen seiner Statuten Grundlagen für die Verwertung von filmischen oder magnetischen Bild- und Tonaufzeichnungen über Volleyballspiele und -turniere sowie über Trainingsveranstaltungen seiner Nationalmannschaften auf. Er behält sich darin ausschließlich den Abschluß von Vereinbarungen vor über

- Erstverwertung von Veranstaltungen des DVV, der Landesverbände oder eines Vereins
- Zweitverwertung von Veranstaltungen des DVV wie Bundesligaspiele, Pokalspiele mit Bundesligateams, Deutsche Meisterschaften und Veranstaltungen mit den Nationalmannschaften
- Verwertung von internationalen Veranstaltungen, soweit diese nicht dem Europäischen oder Internationalen Volleyballverband vorbehalten sind.

Die Erstverwertung umfaßt die unmittelbare Nutzung durch den Vertragspartner, während dieser bei Verträgen mit Zweitverwertung von dem ihm übertragenen Recht nicht selbst Gebrauch macht.
Der DVV verwaltet die ihm zufließenden Medienerträge treuhänderisch und verteilt sie unverzüglich entsprechend den Übertragungszeiten auf Landesverbände, Bundesligavereine und den DVV selbst.
In der Medienverordnung des DVV ist auch der aufgrund von Rahmenvereinbarungen mit den öffentlich-rechtlichen Medien geschlossene Globalvertrag des DSB und seiner Fachverbände mitberücksichtigt.
Während die Statuten der Fachverbände für Basketball und Handball die Medien nicht erwähnen, weist zumindest die Geschäftsordnung des DTB auf die Aufgabe eines Vizepräsidenten und Leiters des Ressorts II (Öffentlichkeitsarbeit) bezüglich des Aufbaus und der Pflege des Kontakts zu den Medien hin.
Diesem DTB-Vizepräsidenten steht unterstützend die Kommission für Öffentlichkeitsarbeit zur Verfügung (DTB Geschäftsordnung E §§ 1, 2).
Weitere spezifisch medienökonomische Regelungen sind in den Statuten des DTB nicht zu finden.
So erstaunt die Feststellung des DTB-Präsidenten Dr. Stauder über die unangemessen niedrigen anteiligen Einnahmen aus dem Globalvertrag mit den öffentlich-rechtlichen Rundfunk- und Fernsehanstalten keineswegs (DTB Jahrbuch 1987, S. 22).
Der DTB hat wie andere Fachverbände und wie der DSB sehr spät seine wirtschaftliche Funktion als kostengünstiger Produktionsfaktor für öffentlich-rechtliche

Medienprogramme erkannt. Ausnahmen sind die nationalen Fachverbände für Fußball, Eishockey und Motorsport, die schon seit längerer Zeit selbst die Verwertung der Fernsehrechte vornehmen.

Im Skilauf haben sich alle der FIS angeschlossenen nationalen Skiverbände das Recht vorbehalten, Abkommen über Fernsehübertragungen von Skiveranstaltungen im eigenen Land einschließlich der Übertragungsrechte in andere Länder abzuschließen, jedoch ausgenommen Weltmeisterschaften und Olympische Winterspiele (DSV/FIS IWO Art. 226). WM-Übertragungsrechte verhandelt der FIS-Vorstand zusammen mit dem organisierenden nationalen Mitgliedverband, für TV-Rechte an Olympischen Winterspielen ist der FIS-Vorstand im Rahmen der internationalen Fachverbände bzw. mit dem IOC zuständig. Abgeschlossene Medienverträge mit Fernsehgesellschaften oder Agenturen über Berichterstattung außerhalb Europas sind vom nationalen Mitgliedverband der FIS innerhalb 4 Wochen mitzuteilen. Dies gilt auch für Übertragungen von außerhalb nach Europa. Erwirbt eine Fernsehgesellschaft oder Agentur Sende- oder Übertragungsrechte von einem anderen Kontinent, ist hierzu eine Vereinbarung mit angemessener Vergütung mit dem Nationalverband des empfangenden Landes erforderlich. Kurzberichte unter 3 Minuten sind davon ausgenommen.
Abkommen zwischen Filmproduzenten und den Organisatoren von Skiweltmeisterschaften oder internationalen Wettkämpfen über Filmberichte von diesen Wettkämpfen müssen vom FIS-Vorstand genehmigt werden, sofern die

Filme aus kommerziellen Gründen auch in anderen Ländern gezeigt werden sollen (IWO Art. 227).
Die statutarischen Medienbestimmungen im Skilauf beziehen sich vorwiegend auf den internationalen Medienmarkt. Im bundesdeutschen Skisport hat sich der DSV auch dem Globalvertrag des DSB mit ARD/ZDF unterworfen. Im Jahre 1985 hatte der DSB alle TV-Rechte von 38 seiner Mitgliedsverbände für insgesamt 24 Millionen DM auf 5 Jahre an ARD und ZDF verkauft (Rheinischer Merkur vom 19.9.1986, Münchner Merkur vom 9.5.1985).
Der auf das Jahr 1986 bezogene Betrag von 4,4 Millionen DM erscheint im Vergleich zu den 16,5 Millionen DM, die der DFB allein für die Fußballsaison 1986/87 kassiert, entsprechend der Aussage des neuen DSB-Präsidenten Hansen als ein "Handgeld".
Dabei gibt es weiterhin kein Bundesligaspiel "live", sondern ausschließlich als Zusammenschnitt in der ARD-Sportschau oder im Aktuellen Sportstudio des ZDF.

Im Lizenzspielerstatut hat der DFB seit Jahren gegenüber den Vereinen sein Recht verankert, über Fernseh- und Rundfunkübertragungen von Meisterschafts- und Pokalspielen mit Fernseh- und Rundfunkanstalten Verträge zu schließen und die Vergütungen aus solchen Verträgen zu verteilen. Der Ligaausschuß führt die hierzu nötigen Verhandlungen, auch über alle anderen Bild- und Tonträger (DFB LSt § 3).
Bereits 1985 hat der DFB den Medienmanager Hans R. Beierlein mit der TV-Vermarktung auch von Pokal- und Länderspielen beauftragt. Er garantiert dem DFB

in einem Drei-Jahres-Vertrag im ersten Jahr 1,8 Millionen, im 2. Jahr 2,05 Millionen und im dritten Jahr 2,3 Millionen DM. Dabei geht der DFB von mindestens 350.000 DM pro Länderspiel aus (SZ vom 5./6.10.1985). Die von Beierlein mit ARD und ZDF ausgehandelten eventuell noch höheren Fernsehhonorare werden zwischen ihm und dem DFB prozentual aufgeteilt. Bei der TV-Vermarktung von Sportveranstaltungen in der BRD ging der Medienmanager gänzlich neue Wege, wie das Sponsoring des Fußball-Länderspiels Deutschland-Italien am Ostersonntag 1987 in München zeigte. Erstmals wurde das Schriftzeichen der Sponsorfirma auf dem Bildschirm eingeblendet. Außerdem war auf der Anzeigentafel im Stadion das Firmenlogo ständig zu lesen. Da die Übertragung von Fußball-Länderspielen nach einem Beschluß der Intendanten der öffentlich-rechtlichen Sender aus dem Jahr 1986 dem öffentlichen Interesse dient und nicht die ARD, sondern der auftraggebende DFB das Spiel sponsorieren ließ, erhielt das öffentliche Fernsehen keinen Anteil an den Werbeeinnahmen (Welt am Sonntag v. 15.3.1987).

Auch der DEB hat ähnlich wie der DFB frühzeitig die Initiative zur eigenen Medienvermarktung von Eishockeyspielen ergriffen. Nach Spielordnung Art. 8a steht ihm ausschließlich das Verwertungsrecht von Meisterschaftsspielen der 1. und 2. Bundesliga, der Oberliga und der Regionalliga zu. Die Vereine sind verpflichtet, sämtliche Maßnahmen und Auflagen zur Realisierung der Übertragungen wie Spielplan- und Spielzeitanpassung, Zugänglichmachung der Stadien für Reporter, Zurverfügungstellung der erforderlichen Standorte und deren

Ausgestaltung, Benutzung von fernsehgerechten Trikots, medienangepaßte Werbung auf Spielflächen und Banden sowie bei Durchsagen und Trikotwerbung. Im Benehmen mit einem Ligavertreter verpflichtet sich der DEB-Vorstand, die anteiligen Vergütungen für die Vereine aus den Verwertungsverträgen festzulegen. Der DEB erhält daraus zur Zeit jährlich DM 660.000 von den öffentlich-rechtlichen Anstalten (Münchner Merkur vom 6.3.1987).
Zur Zeit überprüft das Bundeskartellamt sowohl den Globalvertrag des DSB für inländische Sportereignisse als auch die Einzel-TV-Verträge des DEB und des DFB mit ARD und ZDF hinsichtlich der Benachteiligung der privaten Sender aufgrund der Exklusivklausel (Münchner Merkur vom 11.12.86, vom 6.3.87).
Der Sportmedienmarkt ist insgesamt in Bewegung geraten, wie das Beispiel des Sportkanals in Ludwigshafen zeigt. Unabhängig vom Globalvertrag sind Mitgliedsverbände des DSB dort im Rahmen eines Kabelpilotprojekts bereits als eigene Programmanbieter aufgetreten.
Auch im internationalen Bereich zieht der Sport aus der vermehrten Konkurrenz der Fernsehgesellschaften immer mehr wirtschaftlichen Nutzen. So wurde das Olympiajahr 1984 das Jahr des Fernsehens im Sport. Der Sender ABC hatte für 250 Millionen US $ die Spiele von Los Angeles ersteigert (Münchner Merkur vom 31.12./1.1.1985).
Die Winterspiele in Sarajewo erbrachten 103 Millionen US $ Fernsehhonorare.

Die National Broadcasting Company (NBC) hat mit dem Erwerb der Übertragungsrechte für Seoul 1988 die Mindestsumme von 300 Millionen US $ garantiert, welche durch Gewinnbeteiligung aus Werbeeinnahmen bis auf 500 Millionen US $ noch gesteigert werden kann (SZ vom 5./6.10.1985).
Die Garantiesumme ist tausendmal höher als die Fernseheinnahmen beim olympischen TV-Einstand in Rom 1960 und teilt sich folgendermaßen auf:
60 Millionen für Fernsehtechnik in Korea, 160 Millionen für die Organisatoren in Seoul, jeweils 27,5 Millionen US $ für IOC, internationale Fachverbände und Nationale Olympische Komitees.
Für die Winterspiele 1988 in Calgary/Kanada zahlt ABC 309 Millionen US $.
Die Gefahr der Abhängigkeit des sportlichen Handelns von werbestrategischen Einflüssen wie nationalistische Berichterstattung und Zeitplanverschiebungen zeigten die vorrangig privatwirtschaftlich finanzierten Spiele von Los Angeles deutlich. Jedoch ist die Positionsstärkung der Sportorganisationen durch hohe Werbeeinnahmen auch im Hinblick auf politische Unabhängigkeit nicht zu übersehen.
Daß medienbedingte Interessenkonflikte zwischen Sport und Wirtschaft dennoch zu lösen sind, zeigt das Nichtzustandekommen des TV-Vertrags für Seoul mit ABC, die für ca. 1 Milliarde US $ den olympischen Wettkampfzeitplan nach günstiger Werbezeit für Live-Übertragungen in den USA bestimmen wollte (Münchner Merkur vom 31.12./1.1.1985).

Eine ausgewogene, partnerschaftliche Sportwerbung unter Berücksichtigung medienrelevanter und sportlicher Prinzipien scheint sich als künftiges akzeptables Konzept im Spannungsfeld Sport-Medien-Wirtschaft abzuzeichnen.

Zu verbandsrechtlichen Grundlagen für wirtschaftliches Handeln im professionalisierten Sport gehören auch Vorschriften zur Förderung wehrpflichtiger Spitzensportler bei der Bundeswehr, die zwischen DSB und den Bundesministerien des Inneren und der Verteidigung aufgestellt wurden (DHB-Jahrbuch 1986, S. 154).
Demnach hat die Bundeswehr für ihr angehörende Spitzensportler eigene Fördergruppen eingerichtet, die so weit wie möglich an Leistungszentren der Sportverbände angelehnt wurden.
Als förderungswürdige Spitzensportler gelten die Mitglieder des A-, B-, C- und inzwischen auch des D-Kaders der Nationalmannschaften bzw. deren aussichtsreichste Anwärter.
In Sportlehrkompanien an der Sportschule der Bundeswehr und ihren Außenstellen sowie in Sportfördergruppen an Standorten von Leistungszentren des DSB und seiner Fachverbände werden auf Antrag die Spitzensportler zusammengefaßt und in erheblichem Umfang vom normalen Bundeswehrdienst für Training und Wettkampf freigestellt. Sie sind zweifellos vorwiegend als Berufssportler auf (Bundeswehrdienst-) Zeit einzustufen.

Die dargestellten verbands- und vereinsrechtlichen Grundlagen über Gemeinnützigkeit, Amateurstatus, Spielertransfer, Spielrecht, Ausrüstung, Material, Werbung, Medien und Förderung wehrpflichtiger Spitzensportler stecken wichtige Rahmenbedingungen für wirtschaftliches Handeln im professionalisierten Sport ab. Dadurch wird zwar einerseits das sportwirtschaftliche Handeln der Aktiven ermöglicht, andererseits erwächst daraus der Eindruck, daß die wirtschaftlichen Auswirkungen der Verbandsstatuten überwiegend auf Machtausweitung der Sportverbände zielen. Ob die Sportler dabei zu kurz kommen, soll die Überprüfung der sportrechtlichen Verbandsbestimmungen mit arbeitsrechtlichen Grundsätzen zeigen.

5.2 Arbeitsrechtliche Grundlagen für wirtschaftliches Handeln im Berufssport am Beispiel des Lizenzfußballs

Die arbeitsrechtlichen Normen zur Regelung der Beziehungen zwischen Arbeitgebern und Arbeitnehmern sowie ihrer Zusammenschlüsse Gewerkschaften, Arbeitgeberverbände und Betriebsräte schränken den allgemeinen Grundsatz der Vertragsfreiheit durch Mindestregelungen zugunsten der sozial schwächeren Arbeitnehmer stark ein.

Grundgesetz, Bundesgesetze, Länderverfassungen, Ländergesetze, Tarifverträge und Betriebsvereinbarungen stellen in dieser Rangfolge die Rechtsquellen des Arbeitsvertragsrechts (z.B. Kündigungs-, Krankheits-, Urlaubs-, Mutterschutz-, Berufsausbildungsgesetz, Konkursausfallgeld), des kollektiven Arbeitsrechts (z.B. Sozialpartnerschaft, Arbeitskampf als Teil der Rechtsordnung, Betriebsverfassungsgesetz, Mitbestimmung, Tarifverträge) und des öffentlichen Arbeitsrechts (z.B. Koalitionsfreiheit, Gleichheitssatz, freie Berufs- und Arbeitsplatzwahl, Arbeitsförderungsgesetz) dar (GABLER 1984, S. 274-277).

Den Schutzinteressen des Arbeitnehmers stehen diejenigen des Arbeitgebers und mitunter auch der Öffentlichkeit antinomisch gegenüber. Das Arbeitsrecht dient diesem Interessenausgleich und ist Teil des Wirtschaftsrechts im weiteren Sinne. Die Beschleunigung des Arbeitsgerichtsverfahrens dient den streitenden Parteien (SCHAUB 1980, S. 2 f).

Um die arbeitsrechtliche Problematik im professionellen Sport aufzeigen zu können, sind die Mitgliedschafts- und Vertragsbeziehungen zwischen Spielern, Vereinen und dem DFB überblicksartig darzustellen (vgl. Abb. 10).

Abb. 10: Mitgliedschafts- und Vertragsbeziehungen im Berufsfußball zwischen Spielern, Vereinen und DFB (modifiziert nach MÜMMLER 1982, S. 8)

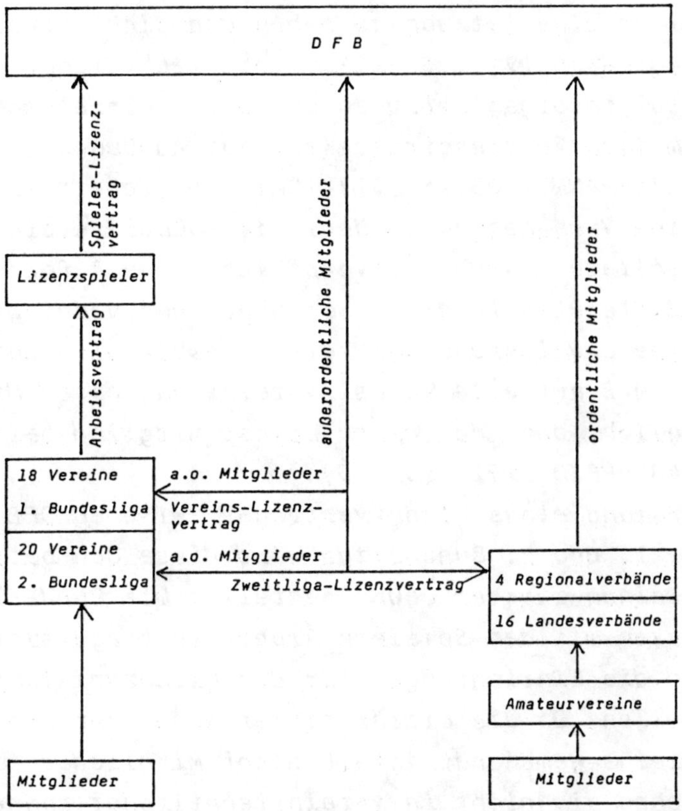

Ordentliche Mitglieder des DFB sind 4 Regional- und 16 Landesverbände. Die 38 lizensierten Bundesliga-vereine sind außerordentliche Mitglieder und unterstehen dem DFB direkt. Dieser ist selbst wieder ein eingetragener Verein und organisiert in Eigenverantwortung den Fußballwettbewerb der 1. Bundesliga (Vereinslizenz) und in Zusammenarbeit mit den Regionalverbänden auch die Spiele der 2. Bundesliga (Zweitliga-Lizenz).

Zwischen der vereinsrechtlichen und der arbeitsrechtlichen Struktur muß hierbei streng unterschieden werden. Kraft seiner Autonomie, d.h. seiner Befugnis, sich selbst eine Satzung zu geben und sich verwalten zu können (HABSCHEID 1972, S. 159), verpflichtet der DFB seine Mitgliedsorganisationen und deren einzelne Mitglieder, ihm ihre Vereinsstrafgewalt zur Ausübung zu übertragen (WEISEMANN 1983, S. 17). Der DFB sichert sich somit seine Verbandsgewalt über die Fußballvereine und deren Mitglieder durch die verpflichtliche Aufnahme der DFB-Statuten in deren Satzungen und Ordnungen. Durch diese Erweiterung der Vereinsgewalt wird der Durchgriff des DFB auf alle Fußballvereine und deren Mitglieder möglich, ohne daß diese selbst Mitglied beim DFB sind (HABSCHEID 1972, S. 163).
Aufgrund eines Lizenzvertrages zwischen DFB und Vereinen der 1. und 2. Bundesliga wird diese den betroffenen Vereinen zur Verfügung gestellt. Die Bundesligavereine müssen mit den Spielern Arbeitsverträge abschließen und die Einrichtungen für den Lizenzspielbetrieb bereitstellen. Da die Lizenzspieler wegen der Erhaltung der Vereins-Gemeinnützigkeit nicht Mitglieder sein können, stehen sie nicht in vereinsrechtlicher sondern in arbeitsrechtlicher Beziehung zu ihrem Bundesligaclub.

5.2.1 Arbeitsvertrag zwischen Verein und Lizenzspieler

Nach LSt §§ 20 ff. wird zwischen dem Verein und dem Lizenzspieler ein Arbeitsvertrag geschlossen.
Die normalerweise gegebene Ausgestaltungsfreiheit solcher Verträge wird eingeschränkt durch LSt § 21 Ziff. 2 Satz 2, wonach die Verträge keine Vereinbarungen enthalten dürfen, die gegen die Satzung,

das Lizenzspielerstatut und die Ordnungen des DFB bzw. der Regionalverbände verstoßen. Die Mindestlaufzeit des Spielervertrages beträgt 1 Jahr. Weitere Einzelheiten für die Gestaltung der Spielerverträge gehen aus dem DFB-Musterarbeitsvertrag hervor. Die Lizenzspieler sind somit Angestellte der Bundesligavereine im Sinne des § 616 Abs. 2 Satz 1 BGB und stehen nach einhelliger Ansicht in Literatur und Rechtsprechung in einem Arbeitsverhältnis (PREIS 1973, S. 27 ff., BÖRNER 1969, S. 38 ff., FÜLLGRAF 1981,S. 18, MÜMMLER 1982, S.11). Jedoch sieht DIECKMANN 1980, S. 28, infolge der Übernahme des wirtschaftlichen Risikos bei hohem erfolgsorientiertem Prämiensystem eine Art Mitunternehmertum der Spieler gegeben. Die Arbeitnehmereigenschaft setzt fremdbestimmte Arbeit in persönlicher und wirtschaftlicher Abhängigkeit voraus (WEISEMANN 1983, S. 12).
Obwohl in der Literatur unterschiedliche Auffassungen bezüglich der Merkmale der Arbeitnehmereigenschaft nach der Eingliederungstheorie (NIKISCH 1955, S. 65 ff.) und der Vertragstheorie (HUECK-NIPPERDEY 1963, S. 34) bestehen, wobei letztere neben Arbeitsleistung und persönlicher Abhängigkeit noch zusätzlich einen privatrechtlichen Vertrag mit Gehorsamspflicht voraussetzt, ist davon auszugehen, daß der Lizenzspieler den Arbeitnehmerstatus aufweist (POSCHENRIEDER 1977, S. 76, WEISEMANN 1983, S. 17). Die von POSCHENRIEDER 1977, S. 77-79, angeführten arbeitsrechtlichen Besonderheiten des Berufssports wie kurze Vertragsdauer, häufige Nebentätigkeiten, wechselnde Wettkampfstätten und eingeschränkte Weisungsbefugnis des Arbeitsgebers durch psychophysische Extrembelastungen weisen auf die Zwitterstellung des Sports als Arbeit und als soziales Phänomen mit eigenen Gesetzmäßigkeiten hin.

Der lizenzierte Fußballprofi ist nicht Vereinsmitglied wie der Amateur oder der Vertragsamateur. Sein grundsätzlich bestehendes Recht auf Beschäftigung kann in einer Mannschaftssportart wie Fußball sowohl für Reservespieler als auch überhaupt aus spieltaktischen Gründen beschnitten werden. Verbands- oder Trainierwillkür bei Aufstellungen ohne sachgerechte Gründe wären jedoch verfassungs- und vertragswidrig (WEISEMANN 1983, S. 13 ff.).

Nach dem Musterarbeitsvertrag umfaßt die Arbeitspflicht des Lizenzspielers die Teilnahme an Vereinsspielen, am Training und an Lehrgängen.
Dabei hat er unter Aufwendung aller ihm gegebenen geistigen und körperlichen Fähigkeiten zu arbeiten, jedoch ohne Raubbau mit seinen Kräften zu treiben. Zusätzlich muß er bei Spielerbesprechungen anwesend sein und an medizinischen, physiotherapeutischen Behandlungen wie Massagen, sportärztliche Untersuchungen, Impfungen etc. mitwirken.
Er hat die Öffentlichkeitsarbeit des Vereins zu unterstützen und muß an In- und Auslandsreisen, für die der Verein das Verkehrsmittel bestimmt, teilnehmen. Eine eventuelle Nebentätigkeit wird im Musterarbeitsvertrag an die vorherige Zustimmung des Vereins gebunden. Der Spieler hat sich in der Öffentlichkeit und im Privatleben so zu verhalten, daß weder sein eigenes Ansehen, noch das des Vereins oder des Fußballsports beeinträchtigt wird. Interviews bedürfen der vorherigen Zustimmung des Vereins.
Der Lizenzspieler hat außerdem Äußerungen an Außenstehende über innere Vereinsangelegenheiten, insbesondere über den Spiel- und Trainingsbetrieb, zu unterlassen.

Zudem besteht nach dem Spielervertrag ein Werbeverbot an der vom Verein gestellten Sportbekleidung und für deren Konkurrenzprodukte. Als Entgelt kommen ein festes Grundgehalt, Spielprämien und leistungsabhängige Jahresprämien in Frage (LSt § 25). Letztere machen häufig ein Mehrfaches des Fixums aus. Die Spielprämien in der Fußballbundesliga werden zunehmend mehr erfolgsorientiert berechnet. Zuschauerzahl bzw. aktueller Tabellenstand entscheiden über die Höhe der Prämien, die in der 25. Bundesligasaison 1987/88 bei Aufsteiger Hannover 96 mit DM 5000 für Auswärtssieg und DM 4000 bei Heimsieg jeweils pro Spieler am höchsten honoriert werden (Münchner Merkur vom 29.7.87). Mitunter werden auch Sachbezüge wie verbilligte Wohnung, PKW-Gestellung oder Nebentätigkeiten vereinbart.
Nicht nominierten Spielern sind die Mannschaftsprämien nur bei ausdrücklicher Vertragsvereinbarung vorzuenthalten. Auch eine Spielsperre des DFB wirkt sich nicht unmittelbar auf den Lohnanspruch des Spielers aus. Durch ergänzende Vertragsauslegung ist der Umfang des Gehaltsanspruches während der Sperre zu ermitteln (WEISEMANN 1983, S.14).
Nach LSt § 21 Nr. 3 vereinbaren Verein und Spieler den gemeinsamen Abschluß einer Sportunfallversicherung über DM 100.000. Der Lizenzspieler hat Anspruch auf Urlaub und im Krankheitsfall den Anspruch auf Fortzahlung seiner Vergütungen entsprechend den gesetzlichen Regelungen.
In § 4 Musterarbeitsvertrag ist das arbeitsrechtliche Direktionsrecht aller vom Verein eingesetzten Personen wie u.a. des Trainers verankert. Diese Auffächerung der Weisungsbefugnis auch an den Mannschaftskapitän oder den Vereinsmanager erfolgt durch Delegierung der Vorgesetztenfunktion vom Vereinsvorstand ausgehend (KASKE 1983, S. 24-27).

5.2.2 Rechtsbeziehungen zwischen Lizenzspieler und DFB

Die Situation im Bundesligafußball wird durch folgende Dreiecksbeziehung verdeutlicht (vgl. MÜMMLER 1982, S. 33 ff.):

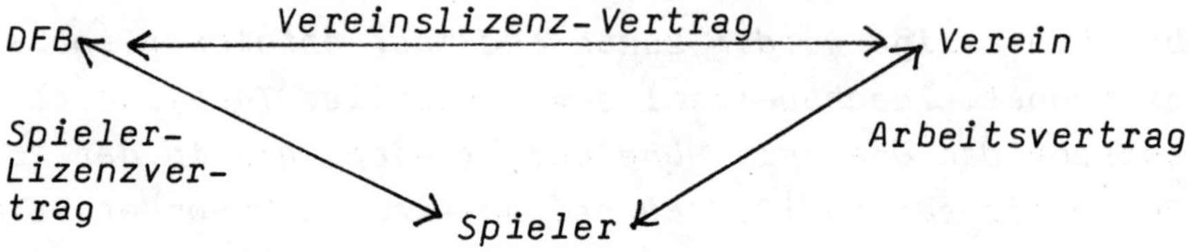

Im Lizenzvertrag zwischen Spieler und DFB werden Zuständigkeiten des DFB gegenüber dem Spieler vereinbart, die in einem gewöhnlichen Arbeitsverhältnis dem Verein als Arbeitgeber zustehen würden.
Der DFB nimmt Einfluß auf

- *Lizenzerteilung als Einstellungsvoraussetzung*
- *Arbeitszeit und Arbeitsstätte durch Gestaltung des Spiel- und Terminplanes*
- *Entlohnung nach Musterarbeitsvertrag. Spiel- und leistungsabhängige Jahresprämien hängen u.a. von Punktabzügen oder Spielersperren ab.*
- *Disziplinarmaßnahmen und Transferregelungen*
- *Freistellungen zu Auswahlspielen oder Lehrgängen*
- *Lizenzentzug*

Obwohl der DFB im Rahmen dieser Funktionen mit dem Spieler direkt nur über die Lizenzerteilung (LSt § 11) und den Schiedsgerichtsvertrag in Rechtsbeziehungen tritt, ist die Arbeitgeberfunktion nicht auf Verein und DFB aufzuteilen, sondern nur der Lizenzverein ist als Arbeitgeber anzusehen (WEISEMANN 1983, S. 17).

Der Schiedsgerichtsvertrag zwischen DFB und Lizenzspieler ist nach herrschender Ansicht infolge grundsätzlicher Unzulässigkeit im Arbeitsrecht wegen des Schutzes des sozial Schwächeren unwirksam (MÜMMLER 1982, S. 61, HABSCHEID 1972, S. 172/173, PREIS 1973, S. 110 ff.). Der Schiedsgerichtsvertrag wird nämlich dem Spieler durch die wirtschaftlich überlegene Seite - dem DFB - aufgenötigt.

Die übrig bleibende Lizenzerteilung hat mehr den Charakter einer Zulassungsregelung gegenüber den angeschlossenen Vereinen, die nur mit lizenzierten Spielern an der Bundesliga teilnehmen dürfen. Nach MÜMMLER 1982, S. 53 f., handelt der DFB als Erfüllungsgehilfe des Vereins gemäß § 278 BGB, da dieser ihm einzelne Arbeitgeberfunktionen übertragen hat. Jedoch besteht das Arbeitsverhältnis im Sinne des § 611 BGB nur zwischen Verein und Spieler vor allem auch deswegen, da das synallagmatische Element von Arbeitsleistung und Lohn nur zwischen diesen beiden ohne Mitwirkung des DFB realisiert wird.
Somit entfällt zwar der DFB als Arbeitgeber.
Er schränkt aber Vereine als Arbeitgeber und Spieler als Arbeitnehmer unter anderem auch durch Strafen wie Spielsperren und Lizenzentzug in der freien Gestaltung ihrer Rechtsbeziehungen erheblich ein, was dem Arbeitsrecht an sich fremd ist.
WEISEMANN 1983, S. 17-18, vermutet, daß Lizenzspieler als Arbeitnehmer die DFB-Beschränkungen deshalb so selten arbeitsgerichtlich überprüfen lassen, weil sie in ihrer aktiven Zeit nicht jahrelang auf die Prozeßführung warten können. Die Macht des DFB wirkt sich voll zu Lasten der Arbeitnehmer aus.

5.2.3 Arbeitsrechtliche Problematik der Ablösezahlungen und der Lizenzierung

Die in Relation zum Amateurfußball im Profibereich praktizierten sehr hohen Transfersummen bis zum fünffachen Jahreseinkommen werden vom abgebenden und aufnehmenden Club frei ausgehandelt. Der Spieler kann nur den Spruch eines Schiedsgutachters beantragen, wenn er mit der Ablöseforderung nicht einverstanden ist (§ 7 Abs. 4.5 Musterarbeitsvertrag). Damit kann der Spieler auf unabsehbare Zeit an den Verein gebunden werden. WEISEMANN 1983, S. 15, nimmt auch im Falle einer maßvollen Festsetzung der Ablösesumme eine Behinderung des Arbeitsplatzwechsels und damit eine Beeinträchtigung des Rechts auf freie Wahl des Arbeitsplatzes im Sinne von Art. 12 GG an. So hat das LAG Berlin in den Bestimmungen der §§ 26 a ff., 29 ff. und 30 LSt (Transferbestimmungen) einen Verstoß gegen Normen des Grundgesetzes gesehen (NJW 79, 2582).
Während der Bundesgerichtshof die Transferentschädigung im Jahr 1975 nicht beanstandet hat, wird sie auch in der Literatur überwiegend als grundgesetzwidrig betrachtet (EILERS 1985, S. 32).
Die wirtschaftlichen Argumente zur Rechtfertigung der Transfersummen weisen zunächst auf ihre Funktion als Ausbildungsentschädigung hin (PREIS 1973, S. 59 f., WESTERKAMP 1980, S. 64 ff., DOBERENZ 1980, S. 90 ff., STÜCHELI 1975, S. 47).
Nach SCHELLHAASS 1987, S. 197 f., tragen die Vereine die Kosten für die Ausbildung von Spielern weitgehend selbst, während die berufliche Ausbildung bei Wirtschaftsunternehmen auf Kosten des Einzelnen oder des Staates erfolgt, so daß die Unternehmen nur die betriebsspezifische Zusatzausbildung finanzieren müssen.

Die höheren Ausbildungskosten für die professionellen Sportdienstleistungen resultieren aus den hohen Leistungserwartungen der Zuschauer.
Im Gegensatz zu Wirtschaftsunternehmen sind im Stadion "Hilfsarbeiter, angelernte Arbeitskräfte und Facharbeiter mit mittlerem Leistungsniveau" nicht einsetzbar, sondern nur relative Spitzenkräfte.
Deren Wertschöpfung für den Verein muß langfristig mindestens die Spielergehälter, Ausbildungskosten und sonstige Kosten decken, um den Konkurs zu vermeiden.
Der abgebende Verein erhält eine Transferentschädigung somit nicht nur als direkte Ausbildungskosten-Kompensation sondern auch als Ausgleich für die mit dem Vereinswechsel entgehenden Anteile an der zukünftigen Wertschöpfung des Spielers.
Mehr und mehr übernehmen die Transferzahlungen noch eine weitere ökonomische Funktion für die Vereine.
Bei der praktizierten Abhängigkeit der Ablöse vom Spielereinkommen und seinem Marktwert und angesichts der enorm hohen Ablösebeträge geht der Ausbildungskostenaspekt immer mehr unter. Die Transferzahlung hat als Entschädigung für Ausbildungskosten allenfalls im Amateurbereich noch Berechtigung.
Zur Begründung der Ablösesumme wird, wie bereits erwähnt, ihre wirtschaftliche Funktion als Aufwandsentschädigung infolge der Einnahmenminderung für den abgebenden Verein hervorgehoben. WESTERKAMP 1980, S. 64 ff., sieht dies als "Verlust der Einkommensquelle Spieler" an (vgl. auch BÜCH/SCHELLHAASS 1978, S. 255 ff.).

Diese Argumentation verdeutlicht jedoch die zusätzliche spekulative Dimension der Transferzahlung als Instrument zur erwerbswirtschaftlich determinierten Gewinnerzielung über den Spielerverkauf.
Der 10-Millionen-Transfer von Rummenigge hat diesen Finanzierungseffekt zur Vermehrung des Vereinsvermögens veranschaulicht.
Außerdem tendieren sanierungsbedürftige Proficlubs dazu, den Mannschaftswert ihrer Spieler zur Kreditsicherung einzusetzen und sie ähnlich wie Aktien, bei denen nicht so sehr die variable Verzinsung sondern vor allem der Wiederveräußerungsgewinn reizt, zu kaufen und zu verkaufen.

MÜMMLER 1982, S. 95, weist auf die Erhaltungsfunktion der restriktiven Transferregelungen für das gesamte Lizenzligasystem hin, da bei deren Wegfall wirtschaftlich leistungsfähige Vereine durch hohe Gehälter vermehrt Spitzenspieler konzentrieren könnten. Diese daraus folgende Polarisierung der Spielstärken würde letztlich weder den Vereinen noch den Spielern dienen.

Unter arbeitsrechtlicher Bewertung dienen die Transferbestimmungen im Berufsfußball eindeutig wirtschaftlichen Belangen der Vereine "und sind nicht in Abwägung mit den Interessen einzelner Spieler zustande gekommen" (WEISEMANN 1983, S. 15).

Vor allem das spekulative Moment der Millionentransfers der jüngsten Zeit läßt die Entwicklung des Transfergeschehens von der ursprünglichen Abgeltung des Trainings- und Ausbildungsaufwandes im Amateurfußball hin zum erwerbswirtschaftlich orientierten sportwirtschaftlichen Handeln im Profifußball erkennen.

Ein Sportverband kann aufgrund seiner Autonomie Aufgaben und Ziele seines Handelns frei bestimmen. Wenn er Möglichkeiten einer professionellen Sportausübung eröffnet, kann er auch generell berufsbeschränkende Vorschriften erlassen, deren Inhalt an den Grundrechten zu messen sind (POSCHENRIEDER 1977, S. 248 ff.).
Die Reglementierung im Berufsbereich, welche Art. 12 GG tangiert, wird seit dem Apotheken-Urteil des Bundesverfassungsgerichts an der sogenannten "Stufentheorie" gemessen, die den Grundsatz der Verhältnismäßigkeit präzisiert.

Nach der Stufentheorie, von STERN 1972, S. 155, als "Magna Charta der Berufs- und Gewerbefreiheit" bezeichnet, steht dem Einzelnen im Bereich der Berufswahl ein Abwehranspruch zu gegen subjektive Zulassungsvoraussetzungen, soweit diese nicht zum Schutz besonders wichtiger Gemeinschaftsgüter sowie gegen objektive Zulassungsvoraussetzungen, soweit diese nicht zum Schutz überragend wichtiger Gemeinschaftsgüter unerläßlich sind.

Im Bereich der Berufsausübung beschränkt sich der individuelle Grundrechtsschutz auf die Abwehr übermäßig belastender und nicht zumutbarer Auflagen.

Diese Regelungsschranken verpflichten das sportliche Verbandsrecht, bei der Aufrechterhaltung und Durchsetzung sportlicher Verhaltensregeln in Form von Rechts- und Strafordnungen auf eine abgewogene Relation zwischen unsportlicher Handlung und Strafmaßnahmen zu achten. Kommt dem Verband eine Monopolstellung zu, so sind besonders strenge Maßstäbe anzusetzen (POSCHENRIEDER 1977, S. 251).

Mit dieser Marktform (vgl. LECHNER, EGGER, SCHAUER 1983, S. 311), bei der Konkurrenz ausgeschlossen ist und dem Spieler nur der lizenzierende DFB gegenübertritt, ist der Berufsfußball-Spieler in der BRD konfrontiert.
Auch das Überwechseln in die "Nettoliga" der höchsten Amateurklasse stellt keine Substitutionsmöglichkeit dar, da die Konditionen des Profifußballs hier nicht angemessen sind.

Eine unzulässige Überschreitung der Kompetenz des DFB läge vor, wenn er einen Spieler nicht wegen der Verletzung sportlicher Verhaltensregeln, sondern allein zur Verfolgung davon unabhängiger Eigeninteressen des Verbandes vor allem in wirtschaftlicher Hinsicht sperren würde. Andererseits handelt es sich bei einem Lizenzentzug auf Lebenszeit wegen passiver Bestechung um eine Maßnahme zur Aufrechterhaltung eines sportlichen Handlungsprinzips, nämlich des Wettkampfcharakters von Fußballspielen (STERN 1972, S. 156).

An dieser Stelle wird deutlich, warum in den DFB-Statuten mitunter wirtschaftliche Tatbestände und Vorgänge sportlichen Handlungsprinzipien untergeordnet werden. Denn damit läßt sich auch die wirtschaftliche Funktion des Berufsfußballsports über die Verbandsautonomie effizienter kontrollieren. Die Pönalisierung von Handgeldern und rückständigen Transferzahlungen als "unsportliches Verhalten" bieten hierfür Beispiele (vgl. S. 182, 183).

Ein Lizenzentzug durch den DFB führt zu einem Beschäftigungsverbot. Ob der Verein nach dem Lizenzentzug zur außerordentlichen oder ordentlichen Kündigung berechtigt ist, hängt vor allem von dem Kriterium ab, ob der Verein den Arbeitsplatz sofort neu besetzen muß. Die Möglichkeit einer fristlosen Kündigung nach § 626 Abs. 1 BGB ist somit nach den Umständen des Einzelfalles abzuwägen (WEISEMANN 1983, S. 18 ff.).
Die arbeitsrechtlichen Schutzvorschriften führen auch zur Unwirksamkeit einer auflösenden Bedingung in einem Arbeitsvertrag, wonach das Arbeitsverhältnis erlöschen soll, wenn der Bundesligaverein wegen unzureichender wirtschaftlicher Leistungsfähigkeit keine neue Lizenz erhält.
Das unternehmerische Beschäftigungsrisiko hinsichtlich der wirtschaftlichen Entwicklung des Lizenzvereins darf nach Entscheidung des Bundesarbeitsgerichts nicht über die Befristung des Arbeitsverhältnisses einseitig auf den Arbeitnehmer abgewälzt werden (BAG, BB 82, 368, vgl. WEISEMANN 1983, S. 18-19).
Durch den Lizenzentzug wird in die Berufsfreiheit nach Art. 12 Abs. 1 GG eingegriffen. Ebenso wird das allgemeine Persönlichkeitsrecht nach Art. 2 GG berührt.

5.2.4 Sonstige arbeitsrechtliche Probleme im lizenzierten Berufsfußball

Nach § 1 Betr VG können in Betrieben, wie sie die Vereine mit wirtschaftlichem (Bundesliga-) Geschäftsbetrieb darstellen, Betriebsräte gewählt werden. Die Voraussetzung von 5 ständig beschäftigten wahlberechtigten Arbeitnehmern ist hinsichtlich des Spielerkaders und sonstigen Personals wie Masseure, Betreuer, Arbeiter und Angestellte immer gegeben.

Die vom Betriebsverfassungsgesetz § 118 ausgenommenen Tendenzbetriebe der Religionsgemeinschaften mit ihren karitativen und erzieherischen Einrichtungen lassen keine analoge Ausgrenzung der den Berufsfußball tragenden Clubs zu, so daß auch die neben dem erwerbswirtschaftlichen Streben vorhandene sportlich-ideelle Zwecksetzung der Vereine diesbezüglich nicht das kollektive Arbeitsrecht außer Kraft setzt.
Somit hätte ein Betriebsrat in einem Bundesligaverein ein zwingendes Zustimmungsrecht bei der Neueinstellung eines Arbeitnehmers. Damit gäbe es keine überraschenden Transfers mehr ohne Information der Mannschaft. Außerdem wäre eine Kündigung von Spielern ohne Anhörung des Betriebsrats nach § 102 Abs. 1 Betr VG unwirksam (MÜMMLER 1982, S. 181 ff.).
Den sich den Vereinssatzungen und der Vereinsstrafgewalt unterwerfenden Lizenzspielern sind zwar als Nichtmitglieder die vorgesehenen Vereinsstrafen wie Verwarnung, Verweisung, Sperren auf Zeit oder auf Dauer und Lizenzentzug bewußt, jedoch handelt es sich unter betriebsverfassungsrechtlichen Aspekten hierbei um Betriebsbußen.

Diese sind zur Durchsetzung der betrieblichen Ordnung generell zulässig. Jedoch können derartige Bußen nur dann verhängt werden, wenn sie in einer mit dem Betriebsrat vereinbarten Bußordnung verankert sind (vgl. WEISEMANN 1983, S. 20 ff.).

Auch die Lohngestaltung gehört nach § 87 Abs. 1 Nr. 10 Betr VG zu den zwingenden Mitbestimmungsrechten des Betriebsrates. Somit hätte ein bei einem Bundesligaverein existierender Betriebsrat bei der Dotierung der Spielergehälter hinsichtlich der Relation zwischen Fixum und Spiel- bzw. Leistungsprämien mitzubestimmen. Trotz der im Betr VG verankerten Möglichkeit gab es nach POSCHENRIEDER, S. 118, bis zum Jahr 1977 nur im Zweitligaverein 1860 München einen Betriebsrat. Zur Kandidatur findet sich in den Profiteams kaum ein Spieler bereit.

Die Deutsche Angestelltengewerkschaft hat mit einigen Bundesligaclubs wie dem FC Bayern München Firmentarifverträge abgeschlossen, was vorwiegend durch Streitigkeiten über die Höhe der Vergütung während des Urlaubs ausgelöst wurde. Nach PREIS, S. 28, waren 1973 65 % aller Lizenzspieler in der DAG organisiert.
Der europäische Fußballverband ist nun dem seit 30 Jahren in den Römischen Verträgen festgeschriebenen Recht auf ungehinderte Wahl des Arbeitsplatzes innerhalb der EG nähergekommen und hat ab der Saison 1988/89 im Berufsfußball den Einsatz von gleichzeitig 3 statt bisher 2 Ausländern zugelassen (Münchner Merkur vom 2.6.87).

Entsprechend dem Diskriminierungsverbot aus Art. 48 EWG-Vertrag ist "jede auf der Staatsangehörigkeit beruhende unterschiedliche Behandlung der Arbeitnehmer der Mitgliedstaaten abzuschaffen". Diese Bestimmungen gelten für das Wirtschaftsleben, also auch für den Berufssport, jedoch nicht für den Amateurbereich.
Im Jahr 1976 war § 7 Ziff. 1 c LSt neu gefaßt worden, so daß seitdem Angehörige eines EG-Mitgliedstaates bezüglich der Lizenzerteilung nicht als Ausländer gelten (POSCHENRIEDER 1977, S. 252 ff.).
Jedoch wurde das Diskriminierungsverbot durch die Bestimmung des § 22 Spielordnung unterlaufen, wonach nur 2 Ausländer gleichzeitig einsetzbar waren, indem nicht zwischen EG-Angehörigen und übrigen Ausländern unterschieden wurde. In der Sportpraxis, auch in anderen Sportarten, wird das Problem der fehlenden Spielberechtigung von Ausländern meist durch möglichst schnelle Einbürgerung gelöst.

Außerdem soll bei der Darstellung arbeitsrechtlicher Probleme von professionellen Arbeitnehmern im Fußballsport das Verhältnis zwischen Persönlichkeitsrecht und Werbung nicht unerwähnt bleiben.
Da Bundesligaspieler im Mittelpunkt eines breiten öffentlichen Interesses stehen, müssen sie es sich gefallen lassen, als Personen der Zeitgeschichte auch ohne ihre Einwilligung der Öffentlichkeit im Bild vorgestellt zu werden (WEISEMANN 1983, S. 22).
Der Verkauf von Übertragungsrechten eines Spieles auch ohne Einwilligung der Lizenzspieler durch den Bundesligaclub an eine Fernsehanstalt ist zulässig (POSCHENRIEDER 1977, S. 211).

Sie müssen jedoch nicht dulden, daß ihr Bildnis ohne Einwilligung zur Werbung für Waren oder gewerbliche Leistungen ausgenutzt wird.
Der Mustervertrag des DFB für Lizenz-Fußballspieler enthält keine allgemeine Statuierung einer Pflicht zur Werbung. Man wird jedoch aus der Leistungspflicht nach § 2 Abs. 1, "an Darstellungen des Vereins zum Zwecke der Öffentlichkeitsarbeit für den Verein, insbesondere in Funk, Presse und Fernsehen unentgeltlich teilzunehmen bzw. mitzuwirken", sowie aus der Weisungspflicht hinsichtlich "aller sonstigen Veranstaltungen" nach § 4 Abs. 2 ableiten können, daß der Spieler an der Eigenwerbung des Vereins bei Autogrammstunden, Interviews, Pressekonferenzen, Sportschau etc. teilnimmt.
Die Verpflichtung zur Trikotwerbung ergibt sich mittelbar aus § 2 Abs. 4, wonach der Verein die Sportbekleidung stellt. Eigene Werbung des Spielers auf der Spielkleidung ist somit ausgeschlossen. SEITER 1985, S. 45, grenzt in diesem Zusammenhang die Werbung auf dem Trikot durch Schrift- oder Bildzeichen meist für ein sportfremdes Produkt von der Werbung durch das Trikot ab. In diesem Fall wird für eine bestimmte Sportkleidung bzw. Sportausrüstung geworben.
Eine Pflicht des Lizenzspielers zur Fremdwerbung aufgrund einer Vereinsverpflichtung mit einem Wirtschaftsunternehmen geht aus dem Mustervertrag nicht hervor. Da zum Berufsbild des Profisportlers heute jedoch auch der Einsatz für Werbezwecke des Arbeitgebers gehört, muß er nach ergänzender Vertragsauslegung in üblichem Umfang dafür bereitstehen.

Die Werbeeinnahmen kommen ohnehin den Fußballprofis wieder zugute, so daß über die hohen Spielervergütungen die zusätzliche Belastung durch Werbung sowie die Einschränkung möglicher Privatwerbung abgegolten wird (SEITER 1985, S. 47). Eine Regelung des Umfangs der Fremdwerbung im Spielervertrag ist empfehlenswert und wird auch im Profifußball praktiziert.
Nach Auffassung der Allgemeinheit verstößt die Werbung am Mann nicht gegen grundgesetzlich geschützte Persönlichkeitsrechte wie die Menschenwürde; jedoch sind Grenzen zumutbarer Werbung erreicht, wenn der Inhalt der Werbebotschaften den Sportler lächerlich machen, gegen seine politische Auffassung, Weltanschauung evtl. auch gegen sein Gewissen verstößt (vgl. SEITER 1985, S. 48 ff.).
Nach POSCHENRIEDER 1977, S. 214, darf der Arbeitgeber zwar werblich bedingte Beeinträchtigungen der Privatsphäre des Profis durch Repräsentation verlangen, jedoch bleibt der Intimbereich ohne Zusammenhang zur sportlichen Arbeit (z.B. Hochzeitsfotos, Taufbilder) geschützt. Diese Einschränkung ergibt sich aus dem Persönlichkeitsschutz in der Ausprägung als Recht am eigenen Bild.

Von geringer arbeitsrechtlicher Relevanz ist im Berufsfußball die Bindung der Werbepflicht an eine bestimmte Ausrüstungsfirma. Die Unzufriedenheit von Berufssportlern mit der Qualität vertraglich zur Verfügung gestellter Sportausrüstung wird in Sportarten wie Ski und Tennis durch die freie Gerätewahl bei Poolfirmen minimiert.

Da im Fußball die Sportkleidung ohnehin vom Verein gestellt, die Werbung für Konkurrenzerzeugnisse der Sportkleidung ausgeschlossen wird (vgl. Musterarbeitsvertrag) und insgesamt die Spielerausrüstung nur geringe Bedeutung für die Spielleistung hat, ist dieses Problem von untergeordneter Bedeutung.
Private Werbeverträge dürfen ohnehin nur nach vorheriger Zustimmung des Vereins eingegangen werden. Wenn jedoch eine Beeinträchtigung der Interessen des arbeitgebenden Vereins, beispielsweise durch Nachlassen der sportlichen Leistungsfähigkeit, nicht zu erwarten ist, steht im Hinblick auf Art. 12 GG dem Spieler ein Anspruch auf Erteilung der Genehmigung zu (SEITER 1985, S. 54).

Aus der Einschätzung des Arbeitsverhältnisses als personenrechtliches Gemeinschaftsverhältnis ergeben sich wechselseitige Informations-, Obhuts- und Einsatzpflichten, die unter dem Begriff Treuepflicht zusammengefaßt und für den Arbeitgeber als Fürsorgepflicht bezeichnet werden (SCHAUB 1980, s. 229 ff.). Gemäß seiner Treuepflicht hat der Profifußballspieler sich nach besten Kräften für die Interessen des Vereins einzusetzen und alles zu unterlassen, was dem Bundesligabetrieb abträglich sein könnte.
Die gesteigerte Treuepflicht des Lizenzspielers, der ein gesteigertes Direktionsrecht zugunsten des Arbeitgebers entspricht, resultiert aus der überdurchschnittlichen Dotierung der Arbeitsleistung. Insofern muß der Profi Einschränkungen im betrieblichen und auch im privaten Bereich hinnehmen, die einem üblichen Arbeitnehmer nicht auferlegt werden (POSCHENRIEDER 1977, S. 140).

Gemäß der aufgefächerten Weisungsbefugnis darf der Trainer den Sportler bei der Zuweisung der Tätigkeit je nach der Leistungsstärke innerhalb der Mannschaft dort einsetzen, wo er vermutlich für das Team am produktivsten ist (KASKE 1983, s. 38 ff.).

Obwohl der Beschäftigungsanspruch des Lizenzspielers infolge der Zugehörigkeit zum Showgeschäft zwar ähnlich dem des Schauspielers zu beurteilen ist, kann dennoch der Einsatz beim Wettkampf von der körperlichen Verfassung und der Form des Spielers abhängig gemacht werden. Da eine vertragliche Regelung über eine Ersatzspielerrolle meist ebensowenig getroffen wird wie eine kontinuierliche Einsatzklausel, hängt der Beschäftigungsanspruch faktisch immer vom subjektiven Beurteilungsmonopol des Trainers ab. Der individuellen Ausgestaltung der Spieltätigkeit in Training und Wettkampf sind dem Bundesligaspieler enge Grenzen gesetzt, da der Erfolg in einer Mannschaftssportart eine außergewöhnliche Unterordnung unter die taktischen Anweisungen des Trainers erfordert (FÜLLGRAF 1981, S. 18).
Das Direktionsrecht des Vereins erfährt seine Grenzen durch die Gesundheitsgefährdung von Spielern.
Die Aufforderung des DFB an seine Bundesligavereine "Die Spiele sind mit allen zu Gebote stehenden Mitteln auch bei schlechter Witterung, Eis und Schnee auszutragen" (Rundschreiben des DFB vom 16.1.1979 zit. nach KASKE 1983, S. 56) erscheint arbeitsrechtlich bedenklich. Die inzwischen erfolgte Verlängerung der Winterpause entschärft sicherlich dieses Problem.

Aus der Fürsorgepflicht heraus sind die Klubs gehalten, die Kräfte der Spieler angesichts des im Fußball ohnehin gegebenen Sportunfallrisikos und den hohen Belastungen der "Knochenmühle" Bundesliga zu schonen, indem zusätzliche lukrative Privatspiele begrenzt und im Training Überanstrengungen vermieden werden (BÖRNER 1969, S. 118).
Auch medikamentöse oder injektionelle ärztliche Behandlung zur schnellen Herstellung der Spielfähigkeit, die letztlich gesundheitsschädlich wirkt, wird weder von der Treuepflicht noch vom Direktionsrecht erfaßt. Solche Entscheidungen hat der Spieler unbedrängt vom Arbeitgeber selbst zu treffen (POSCHENRIEDER 1977, S. 65). In diesem Zusammenhang völlig unberechtigt ist die Verabreichung von Dopingsubstanzen zur Leistungssteigerung durch Beauftragte des Vereins.

Die arbeitsrechtliche Würdigung von eventuell durch Trainer verhängte Alkohol- und Rauchverbote ergibt, daß derartige Verbote während Trainings-, Wettkampf und sonstigen öffentlichen Veranstaltungen mit Publikumskontakt zulässig sind (KASKE 1983, S. 76 ff.).
Jedoch muß dem Fußballprofi mäßiger Alkohol- und Nikotingenuß in den Arbeitspausen und in der Freizeit wegen des abstrakten Charakters der Beeinträchtigung der Leistungsfähigkeit des Spielers zugestanden werden (KASKE 1983, S. 153 ff.). Vermindert sich die Leistung des Spielers konkret infolge zu starken Alkohol- und Nikotinkonsums, dann sind diesbezügliche Verbote möglich.

Aus der gesteigerten Treuepflicht für Berufssportler zur Erhaltung der psycho-physischen Leistungsfähigkeit wird von manchen Bundesligavereinen ein Verbot gefährlicher Sportarten im Privatleben hergeleitet und verhängt. So verbietet der VfB Stuttgart das Motorrad- und Skifahren (MAYER-VORFELDER 1980, S. 40).
Ähnlich ist den DSV-Skirennläufern Fußballspielen und Motorsport wegen des erhöhten Verletzungsrisikos untersagt (SZ vom 22.9.76).
Weitere generelle Einschränkungen des Privatlebens bezüglich Ausgangssperren, sexueller Askese, Ernährungsvorschriften und äußerem Erscheinungsbild werden zwar teilweise vereinbart, widersprechen aber überwiegend dem allgemeinen Persönlichkeitsrecht von Art. 6 und 2 GG.
Insgesamt betrachtet zielen die aus der gesteigerten Weisungsbefugnis des Vereins resultierenden arbeitsrechtlichen Beschränkungen für den Lizenzspieler auf eine Optimierung der sportlichen Leistung ab.
Im übrigen bleiben weitere zivilrechtliche (z.B. Haftungsfragen) und strafrechtliche Grundlagen (z.B. bei Vermögensdelikten) für wirtschaftliches Handeln im Profisport unberücksichtigt, da sie über das vorliegende Thema hinausführen würden.

Als ein auffälliges Ergebnis der vorliegenden Untersuchung hat sich gezeigt, daß arbeitsrechtliche Grundlagen von regulären Arbeitsverhältnissen ohne größere Differenzen auf die rechtliche Situation des Fußballprofis beispielhaft für andere Sportprofessionals zu übertragen sind.

So weist KASKE 1983, S. 189, darauf hin, daß der Berufssportler entgegen einer weitverbreiteten Ansicht kein Arbeitnehmer "sui generis" ist, wenn auch in Analogie zum Bühnen- und Filmarbeitsrecht die Natur des Sports mitunter eine abweichende Beurteilung des Verhältnisses Sportler und Verein erfordert.
Die arbeitsrechtlichen und verbandsrechtlichen Grundlagen für wirtschaftliches Handeln im Fußball- bzw. Berufssport lassen die Meinung des DFB "Lizenzspieler sind Arbeitnehmer besonderer Art" (§ 10 LSt) sowie von Chefankläger KINDERMANN, Sportrecht gehe ordentlichem Recht vor, als Extrempositionen erscheinen, die einer überspitzten Einschätzung der Vereinsautonomie bzw. des Verbandsrechts entspringen (vgl. WESTERMANN 1985, S. 38). KAUFFMANN 1986, S. 202, führt die Tatsache, daß staatliches Recht bisher im Sport wenig beachtet wurde, auf die Stärke des Sports als gesellschaftliches Phänomen zurück. Die Zunahme wirtschaftlicher Verflechtungen im Spannungsfeld zwischen Sportorganisationen, Medien, Wirtschaftsunternehmen, Staat und mittelbaren bzw. unmittelbaren Berufssportlern wird künftig den Umfang der rechtlichen Regelungen im Sport erweitern. Angesichts der in der vorliegenden Untersuchung freigelegten wirtschaftlichen Bedingtheit vieler verbands- und arbeitsrechtlicher Bestimmungen erscheint es außerdem unumgänglich, an die wirtschaftlichen Vorgänge nicht mehr mit bereichsfremden sportlichen Handlungsprinzipien heranzugehen, sondern zu deren Analyse ökonomisches und rechtliches Instrumentarium einzusetzen.
Das Sportrecht muß der Ausdifferenzierung des Sportbegriffs auch hinsichtlich des gewerblich orientierten Berufssports nachkommen. Denn in dieser Sportwelt ist der Wandel von der schönsten Nebensache der Welt zur Grundlage der Existenz bereits realisiert.

6. Wirtschaftliche Grundlagen der Leistungserstellung und -verwertung im professionaliserten Sport

Entsprechend der Aufgabe des wirtschaftlichen Handelns, der materiellen Daseinsfürsorge zu dienen, stellen sich auch im Berufssport die nationalökonomischen Grundfragen, welche Güter auf welche Art und Weise und zu wessen Nutzen produziert und verteilt werden sollen.
Eine diesbezügliche sportökonomische Betrachtung geht deshalb zunächst mehr unter volkswirtschaftlichem Aspekt von der Beschreibung und Kennzeichnung der im Profisport erstellten Güter aus (vgl. HEINEMANN 1984, S. 17 ff.).

6.1 Volkswirtschaftliche Grundlagen der Sportgüterproduktion im Berufssport

Die Volkswirtschaftslehre bezeichnet alle zur Bedürfnisbefriedigung geeigneten materiellen und immateriellen Mittel als Wirtschaftsgüter (GABLER 1984, S. 1925). Im Mittelpunkt unserer Betrachtungen stehen jedoch nicht die Waren oder Sachgüter wie Sportanlagen, Sportgeräte und Sportkleidung, d.h. das Sachkapital, welches der Berufssportler bei der Erstellung seiner sportlichen Leistung einsetzt, als vielmehr das immaterielle Gut seiner Sportleistung selbst, seine Dienstleistung. Die von der Sportartikelindustrie produzierten sachlichen Sportgüter unterscheiden sich hinsichtlich ihrer Produktionsstruktur gegenüber anderen Waren nicht grundsätzlich, so daß sie im Hinblick auf unser Thema unberücksichtigt bleiben können.

Die Güter, die im Berufssport erstellt werden, bestehen aus Wettkämpfen und Spielen in Einzel- und Mannschaftssportarten, deren Ergebnisse sich in Siegen oder Niederlagen in quantifizierbaren Leistungen nach dem c-g-s-System, in Form von Liga-Tabellenständen, von Ranglistenplätzen und von Meisterschaftstiteln aufgrund von Punktwertungen äußern.
Diese sportlichen Erfolge tragen bei künftigen Wettbewerben wiederum zur Zuschauerattraktivität bei.
Der Berufssport pflegt in besonders ausgepägter Weise mit Hilfe von quantitativen ("hattrick", Spielserien ohne Niederlagen bzw. Punktverlust bzw. Gegentreffer, Rekorddauer etc.) und qualitativen Bewertungen (Tor des Monats bzw. Jahres, beste Nachwuchsspieler, Spieler des Jahres, Sportler des Jahres, Fairness-Preisträger etc.) die Präferenzpolitik für seine zu vermarktenden Dienstleistungen. Mittels solcher statistisch-rationaler Parameter lassen sich über den erhöhten Anreizwert steigende Werbehonorare und Eintrittspreise, auch in Form von "Topzuschlägen" begründen.

6.1.1 Sportgüter im Berufssport

Die Frage nach dem "ökonomischen Substrat" der professionellen Sportdienstleistung läßt sich unter Anlehnung an HEINEMANN 1984, S. 28 ff., nach den beiden Kriterien Art der Finanzierung und des Nutzens beantworten (Abb. 11 Sportgüter).

Abb. 11: Sportgüter

S p o r t g ü t e r

Dienstleistungen	Sachgüter
immaterielle Güter	materielle Güter, Waren
nach Finanzierung: - öffentliche Güter Kollektivgüter	- Sportanlagen
- private Güter Individualgüter Marktgüter	- Sportgeräte
- nicht-reine öffentliche Güter Clubgüter - externe Effekte - meritorische Güter	- Sportkleidung
nach Nutzen: - Konsumgüter - Produktivgüter Kapitalgüter (Potentialgüter)	

Nach dem Einteilungskriterium der Finanzierung, d.h. der Kapitalaufbringung, produziert der Sport öffentliche Güter, private Güter, nicht-reine öffentliche Güter und meritorische Güter. Die öffentlichen Güter werden im Gegensatz zu den Marktgütern nicht über den Markt, sondern vom Staat finanziert und angeboten und nicht von Einzelnen sondern gemeinsam mit anderen als Kollektivgüter verbraucht. Jeder Bürger, auch der nicht dafür zahlende, kommt in den Genuß, da das Ausschlußprinzip des Preises nicht zählt (GABLER 1984, S. 532). Individualgüter stehen einzelnen Personen gegen Entrichtung eines Entgelts zu.

Unter nicht-rein öffentlichen Gütern versteht HEINEMANN 1984, S. 29, sportliche Leistungsangebote eines Vereins, da "Nichtmitglieder von der Nutzung ausgeschlossen werden und die gleiche Leistung auch als privates Gut (etwa als kommerzielles Sportangebot) zur Verfügung gestellt werden kann". Sinnvoll wäre es demnach auch, von einem Club-Gut, d.h. von einem Gut mit Öffentlichkeitscharakter für die Mitglieder, zu sprechen.
Da die Leistungen im Profisport überwiegend entweder als private Güter oder als öffentliche Güter im Gewerbesportbereich und vom Verein im Rahmen des wirtschaftlichen Geschäftsbetriebs finanziert und angeboten werden, erlangen die Clubgüter für unser Thema nur geringe Bedeutung. Allenfalls Dienstleistungen von mittelbaren Sportprofis wie diejenigen von Sportlehrern und Trainern aus dem reinen Amateurbereich wären zu berücksichtigen.
Professionelle Sportleistungen zum passiven Konsum werden in der Regel im Gegensatz zu Breitensportangeboten bewußt nicht auf Vereinsmitglieder beschränkt. Diese fehlende Differenzierung zwischen aktivorientiertem sportlichem Handlungsangebot eines Vereins für seine Mitglieder und passivem Sportkonsum zu Unterhaltungs- und Vergnügungszwecken kann im übrigen an der Systematik des ökonomischen Substrats des Sports kritisiert werden (HEINEMANN 1984, S. 31 ff.). Professionell erstellte, private Dienstleistungsgüter werden über die Sportmärkte verkauft.

Mit der Bezahlung für Eintrittspreise, Konzessions-, Lizenz-, Werbe- und Verkaufsrechte beteiligen sich Stadion- und Fernsehzuschauer, Mediengesellschaften, werbende Unternehmen und Agenturen an den Kosten der Erstellung von Marktgütern.
Sportliche Leistungen von Berufssportlern fungieren auch als öffentliche Güter, da deren Nutzen auch denjenigen zugute kommt, die sich nicht an den Herstellungskosten beteiligen. Der Nutzen dieser Güter ist nicht auf bestimmte Personen zu begrenzen.
Nutzenströme von Kollektivgütern fließen an

- Zeitungen und Sportmagazine, deren auch durch Sportberichte bedingte Auflagenhöhe wiederum die Werbeerträge beeinflußt,
- Sportartikelindustrie, da Sportberichterstattung den Umsatz von Sportsachgütern (Ausrüstung) und Sportdienstleistungen (Sportkurse vielfältigster Art) anregt
- Nebenerwerbszweige wie Reise- und Transportunternehmen, die im Zusammenhang mit Sportereignissen ihre Dienste offerieren.

Ergänzend zur dargestellten Systematik der vom Sport unter dem Finanzierungsaspekt hervorgebrachten Güterarten (nach HEINEMANN 1984, S. 31) ist noch zu prüfen, ob im professionellen Sport auch meritorische Güter bereitgestellt werden. Da die Nachfrage nach ihnen aufgrund der Meinung staatlicher Entscheidungsträger infolge der unzureichenden Nutzeneinschätzung durch die Individuen nicht groß genug ist, werden "merit goods" zur Deckung von Kollektivbedürfnissen vom Staat finanziert und angeboten (GABLER 1984, S. 295).

Die damit zusammenhängende Frage der staatlichen Sportförderung bezieht sich einerseits auf die Subventionsleistungen öffentlicher Haushalte zugunsten des Breitensports an die autonomen Sportorganisationen, so daß diesbezüglich von mittelbarer Bereitstellung meritorischer Güter gesprochen werden kann. Wenn der Staat den nur noch professionell möglichen Spitzensport direkt oder indirekt durch Zuschüsse fördert, oder wenn Kommunen durch überhöhte Kaufpreise von konkursgefährdeten Vereinen deren Sportstätten erwerben oder kostenlos die Stadien dem Berufssport zur Verfügung stellen, dann liegen insofern andererseits auch meritorische Güter vor. Die Nutzenvorstellung der öffentlichen Entscheidungsträger verbindet mitunter die politische Funktion des Sports wie nationale oder kommunale Identitäts- und Prestigegefühle auch mit wirtschaftlichen Nutzenerwartungen als Begleiterscheinungen des geförderten Berufssports.

Die Bereitstellung öffentlicher Güter durch die Vereine induziert externe Produktionseffekte in Form von Ersparnissen sowohl für begünstigte Unternehmen wie Medien, Sportartikelindustrie, -handel, Reise-, Transportbereich als auch für den Staat. Ohne Sportvereine müßte dieser folgende Aufgaben selbst erfüllen: Gesundheitserziehung, -vorsorge, Freizeitgestaltung für Bürger, Betreuung von Jugendlichen, Senioren, Behinderten und Ausländern, Förderung des Nationalbewußtseins, des Leistungswillens und der Leistungsfähigkeit, Einüben demokratischer Entscheidungsprozesse.
Die unbezahlten Arbeitsstunden der Ehrenamtlichen sowie ihre unentgeltlich geleisteten Fahrtkilometer entlasten somit auch die öffentlichen Haushalte.

Untersucht man die Sportgüter nach dem mit ihnen verbundenen Nutzen, dann ist die konsumtive von der produktiven Funktion abzugrenzen. Beim Sport als Konsumgut liegt das Maß der Bedürfnisbefriedigung im Erleben, Erfahren und Genießen vielfältiger Präferenzen, die mit aktivem sportlichem Handeln und passiver Sportbeobachtung verbunden werden. Der bei ökonomischer Betrachtung wertfrei zu definierende Nutzen kann bestehen aus der Begeisterung und Freude an einer gut gelungenen Eigenbewegung, aber auch aus Befriedigung von Abwechslung, Neugier, Spannung, Ehrgeiz, Prestigestreben, Snobismus, Sensationslust, Enttäuschung und Brutalitätsneigung beim Zuschauen.

Der Show-Aspekt des Profisports kalkuliert somit nicht nur mit den positiven affektiven und sozialen Effekten, sondern auch mit Erwartungen auf aggressives Fehlverhalten von Akteuren und Zuschauern. Als Beispiele mögen einerseits die Ästhetik im Eiskunstlauf und andererseits die Brutalität im Profiboxen und -fußball oder der Nervenkitzel im Motorsport dienen. Das Spektrum der Anreizkomponenten für Zuschauer im Berufssport erscheint noch vielfältiger als im Amateurbereich.

Die Sportkonsumgüter des Profibereichs sind infolge ihrer Dienstleistungseigenschaft als Verbrauchsgüter zu charakterisieren, da sie unmittelbar zur Bedürfnisbefriedigung eingesetzt werden und keine Dauerhaftigkeit wie langlebige Gebrauchsgüter aufweisen.
Das Konsumgut Sport wird im professionellen Bereich vor allem über den Kauf von Eintrittskarten, im Falle der Vereinsmitgliedschaft unter Umständen mit Preisabschlägen, erworben.

Der Nutzen des Sports als Kapitalgut liegt in seiner Verwendungsmöglichkeit zur Herstellung anderer immaterieller Güter. Der produktive Aspekt der im Berufssport erstellten Dienstleistungen zeigt sich im einzelnen im Verkauf von

- Übertragungsrechten an Mediengesellschaften zur Erst- oder Zweitverwertung
- Nutzungsrechten für Werbung
- Lizenz- und Konzessionsrechten zum Verkauf von Produkten im Stadion.

Eine Differenzierung zwischen Sport als Kapitalgut und Sport als Potentialgut (vgl. HEINEMANN 1984, S. 30), wonach bei letzterem bezüglich seiner instrumentellen Bedeutung die wirtschaftliche Funktion ausgeklammert und diese dem Sport als Kapitalgut zugeordnet wird, erscheint unzulässig, da der Nutzen des Sports wirtschaftliche, biologische, politische, expressive, pädagogische und militärische Funktionen umfassen kann. Denn instrumentell kann der Sport hinsichtlich aller seiner Funktionsarten gehandhabt werden, auch bezüglich seines expressiven Nutzens. Bei entsprechendem Vermarktungsgeschick können diese Funktionen auch wirtschaftlich nutzbar gemacht werden. So kann ein übertrieben expressiver Sportjournalismus die Auflagen von Printmedien ebenso erhöhen wie die chauvinistische Berichterstattung über die Olympischen Spiele 1984 in Los Angeles zugunsten der US-Sportler eine Steigerung der Einschaltquoten und damit auch der Werbewirksamkeit des Fernsehens gebracht hat.
Der Zuwachs der Mediennachfrage der letzten Jahre nach den mit dem Berufssport verbundenen Spitzenleistungen hat die Bedeutung des Sports als Produktivgut sehr gefördert.

Die Verknüpfung der Nutzenströme und Finanzierungsmodi von Dienstleistungs-Sportgütern wird als Güterverbund bezeichnet (HEINEMANN 1984, S. 32).
Ein Fußballbundesligaspiel kann somit für den Zuschauer Konsumgut und Individualgut, für die werbende Wirtschaft Produktivgut, für Medien und Sportartikelindustrie Kollektivgut und eventuell für eine prestigebedachte Kommune ein meritorisches Gut darstellen.

6.1.2 Die Kombination der Produktionsfaktoren im Berufssport

Die Frage nach der Art und Weise der Sportgüterproduktion wird von HEINEMANN 1984, S. 32 ff., unter makroökonomischer Betrachtung angegangen, wobei in wissenschaftssystematisch nicht korrekter Weise die Kombination der Produktionsfaktoren Arbeit, Boden und Kapital als betriebswirtschaftliche Problemstellung zugrundegelegt wird (vgl. HEINEMANN 1984, S. 20). Außerdem ist hinsichtlich der Besonderheiten der Faktorkombination die Feststellung zu überprüfen, ob die Produktionsfunktion von Sportgütern tatsächlich "weitgehend linear-limitational" ist, da die Faktorkombination "durch die Wettkampfregeln und die Eigenart der jeweiligen Sportart weitgehend festgelegt, eine Substitution eines Faktors durch einen anderen nur in engen Grenzen möglich" ist (HEINEMANN 1984, S. 34). Man könne auch eine geringere Zahl von Spielern nicht z.B. durch ein größeres Stadion ausgleichen, um dasselbe Produkt zu erstellen; Substitutionsmöglichkeiten, die bei der Produktion anderer Güter in der Regel möglich sind. Somit bleibe die Entscheidung über die Art der Produktion weitgehend auf die Qualität einzelner Produktionsfaktoren beschränkt und umfasse nicht ihren Umfang und ihre Substitutionsmöglichkeiten. Die volkswirtschaftlich determinierten Produktionsfaktoren werden hierbei noch im einzelnen spezifiziert: die Arbeit als der Sportler mit seinen Fähigkeiten und Fertigkeiten; das Sportmanagement mit Trainern, Funktionären mit ihrem technischen Wissen; der Boden, also das Spielfeld und das Kapital in Form von Sportstätten und -geräten.

Das volkswirtschaftliche System der Produktionsfaktoren ist aber für eine Theorie der Einkommensbildung und -verteilung geeignet, jedoch nicht für eine Analyse des Betriebsprozesses (GUTENBERG Bd.I 1984, S. 4). Um eine Vermengung volkswirtschaftlicher mit betriebswirtschaftlichen Termini und Prozessen der beschriebenen Art zu vermeiden, soll der Vorgang der Faktorkombination durch eine betriebswirtschaftlich orientierte Analyse ergänzt und die Besonderheiten der sportlichen Leistungserstellung im Sinne einer Produktionsfunktion vom Typ S - Sportliche Dienstleistung - ansatzweise angedeutet werden.

6.2 Betriebswirtschaftliche Grundlagen der Leistungserstellung im professionalisierten Sport

Wie bereits die Untersuchung der Arten der Sportgüter gezeigt hat, interessiert bezüglich der Analyse der Besonderheiten der Faktorkombination bei Sportgütern die Erstellung von Dienstleistungen und nicht diejenigen von Sachgütern.

6.2.1 Merkmale der Erstellung von Dienstleistungen im Berufssport

Die charkateristischen Merkmale der Erstellung von Dienstleistungen sind der immaterielle Leistungscharakter, die mangelnde Speicherfähigkeit und die Dominanz der Leistungsbereitschaft (LECHNER/EGGER/SCHAUER 1983, S. 219 ff.).

Bei den im Berufssport produzierten immateriellen Gütern handelt es sich um persönlische Dienste zur Unterhaltung, Entspannung, zum Vergnügen und zum Zeitvertreib der Menschen. Die Zunahme dieser Bedürfnisse prägt auch den Wertewandel im heutigen Sport insgesamt, in dem sich unsere hedonistisch orientierte Gesellschaft widerspiegelt (DIGEL 1986, S. 14 ff.). Die Sportdienstleistungen sind nur in eng begrenztem Umfang speicherfähig. Die Medien tragen zum Ausgleich der zeitlichen Inkongruenz zwischen Produktion und Konsum bei, indem sie über eine medial vermittelte Sportwirklichkeit eine "Lagerhaltung sportlicher Ereignisse" ermöglichen. Die technische Speicherfähigkeit schließt jedoch nicht die Erhaltung des ökonomischen Wertes von Sportdienstleistungen ein, da deren Höchstmaß an Bedürfnisbefriedigung auf der Aktualität beruht. Die Wiederholung von Fernsehübertragungen eines Wimbledonfinales, eines Fußball-WM-Endspiels oder der "Streifabfahrt" in Kitzbühel sind allenfalls noch in kurzen Ausschnitten beim Sportrückblick des Jahres vermittelbar, obwohl sie als Live-Sendungen höchste Einschaltquoten aufweisen.

Sportliche Leistungen sind auch wegen der weitgehend mangelnden Speicherfähigkeit von der Leistungsbereitschaft geprägt. Der Aufrechterhaltung der Leistungsbereitschaft dient grundsätzlich das sportliche Training. Die Trainingspläne von Berufssportlern werden hinsichtlich ihrer Leistungsanforderungen im Jahreszyklus mit Vorbereitungs-, Wettkampf- und Übergangsperioden je nach Sportart unterschiedlich strukturiert, um optimale psycho-physische Anpassungsprozesse zu erreichen (vgl. GROSSER/BRÜGGEMANN/ZINTL 1986, S. 65 ff.).

Die sportliche Leistungsbereitschaft wird jedoch nicht wie bei Dienstleistungsbetrieben annähernd konstant aufrechterhalten. Diese sind meist gezwungen, ihre Betriebskapazität auf den zu erwartenden Spitzenbedarf auszurichten.
Wenn auch eine Ähnlichkeit hinsichtlich der Leistungsbereitschaft zwischen sportlichen und anderen Dienstleistungen infolge der Notwendigkeit des Trainings auffällig ist, so dominiert im Produktionsprozeß des Berufssports eindeutig die Ausrichtung auf die Höchstleistung im Wettkampf.

Zum immateriellen Leistungscharakter, zur begrenzten Speicherfähigkeit und zur trainingsbedingten Leistungsbereitschaft kommen noch Risikofaktoren, die Zeitkomponente sowie die Dominanz der Spitzenleistung als Besonderheiten der Erstellung von Profisportleistungen hinzu.
Die gesundheitlichen Gefährdungen durch Überforderungen und Verletzungen im Training und vor allem im Wettkampf hängen graduell von der jeweiligen Sportart ab und sind vor allem in den Kampfsportarten mit gegnerischem Körperkontakt bzw. bei Rennen mit hohen Geschwindigkeiten gegeben, wobei nicht nur die Häufigkeit sondern auch die Folgenträchtigkeit von Verletzungen und Unfällen zu beachten sind. Als weiterer Risikofaktor ist die grundsätzliche Unsicherheit bezüglich der sportlichen Handlungskompetenz zu sehen, der ein Berufssportler wegen seines schwankenden Leistungsniveaus oder auch in Mannschaftssportarten wegen der Autonomie der Trainerentscheidung ausgesetzt ist.

Monatelanges Verweilen auf der Reservebank, auch bei außergewöhnlicher Bezahlung, findet kaum Parallelen in anderen Berufsbereichen.
Im professionellen Sport zählt außerdem vorrangig der Spitzenkönner, der sein hohes Niveau annähernd kontinuierlich beibehält. Ein länger dauernder, deutlicher Leistungsabfall ist wegen der harten Konkurrenz nur in Ausnahmefällen wieder zu kompensieren. Das Schlagwort "They never come back" drückt diesen Tatbestand drastisch aus.
Deshalb stellt Berufssport nicht nur einen Beruf auf Zeit dar, sondern die Besonderheiten der Erstellung von professionellen Sportdienstleistungen äußern sich auch in der Kurzfristigkeit der Produktionsfähigkeit. Nicht zuletzt sind hierfür biologische Alterungsprozesse verantwortlich. Die Leistungszeit eines Profifußballspielers mag in Ausnahmefällen sogar mehr als 10 Jahre betragen, seine Ausbildungsdauer vor Beginn der Karriere ist meist länger.
Als Charakteristikum des Leistungsprogrammes im Berufssport ist außerdem die Einzelfertigung hervorzuheben, da jeder Wettkampf einmalig stattfindet.

Nach diesen Besonderheiten der Produktion professioneller Sportdienstleistungen ist nun auf den Kombinationsprozeß der beteiligten Produktionsfaktoren unter mikroökonomischer Betrachtung einzugehen. Als Beispiel mag die sportliche Leistung einer Mannschaft dienen, obgleich sich die folgenden Ausführungen im großen und ganzen auch auf Leistungen von Einzelsportlern übertragen lassen.

6.2.2 Die Produktionsfunktion von professionellen Sportleistungen

Die Leistung des Betriebs "Professionelles Fußballteam" hängt von der planvollen Kombination der Elementarfaktoren ausführende Arbeit, Betriebsmittel und Werkstoffe mit dem dispositiven Faktor ab (WÖHE 1984, S. 84).

Abb. 12: Das System der betrieblichen Produktionsfaktoren (aus WÖHE 1984, S. 84)

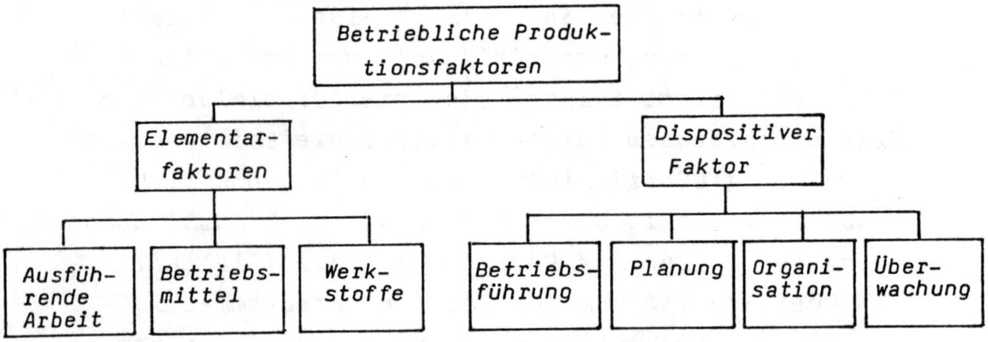

Trotz der besonders auch im Dienstleistungsbereich bestehenden Problematik der Aufspaltung des Faktors Arbeit in eine ausführende und eine dispositive Komponente umfaßt die ausführende Arbeit im einzelnen die Tätigkeit der Spieler entsprechend den technischen und taktischen Anweisungen im Training und Wettkampf, die Aktivitäten von Masseur, Platz- und Zeugwart, der Ordner, des Ansagers, des Büropersonals sowie die weisungsgebundene Arbeit des Co-Trainers.

Zu den Betriebsmitteln zählen die Sportanlagen wie Stadion, Trainingsplätze und Konditionsräume nebst deren Einrichtungen, die Sportgeräte, Transportmittel einschließlich Mannschaftsbus und die Verwaltungsgebäude mit Geschäftsausstattung.
Die Werkstoffe spielen in einem dienstleistungsorientierten Bundesligabetrieb ohne Sachgüterproduktion nur eine untergeordnete Rolle; jedoch sind u.a. Materialien wie für Sportwerbung (Poster, Aufkleber etc.) und für Sportlernahrung hierbei zuzurechnen.

Zur Gesamtheit der überwiegend mit dispositiven Aufgaben beschäftigten Personen, dem Management (LECHNER/EGGER/SCHAUER 1983, S. 37), gehören Vorstand, Manager, technischer Direktor, Trainer, Vereinsarzt, Co-Trainer mit eigener Entscheidungskompetenz, Spielführer mit Weisungsbefugnis bei Aufstellungen und im Wettkampf sowie die Spieler im Rahmen ihres kreativen sportlichen Handelns. Denn Spitzenleistungen im Berufssport erfordern häufig eine der Sportsituation angepaßte Eigengestaltung der Akteure, eventuell sogar im Gegensatz zum vorher vom Trainer festgelegten taktischen Konzept. Zudem sind manche psycho-physische Extrembelastungen durch Anordnungen von außerhalb des Wettkampfgeschehens nicht erkennbar bzw. beurteilbar. Zum dispositiven Faktor eines Proficlubs zählen auch Beraterdienste von Anwälten und Steuerberatern, häufig in vereinseigenen Beiräten wie Finanz- oder Wirtschaftsausschüssen organisiert, die über das Zielsystem des Fußballbetriebs mitentscheiden.

HEINEN 1985, S. 131, bezeichnet die angesprochenen Produktionsfaktoren Arbeitskräfte und Betriebsmittel als Potentialfaktoren, die im Gegensatz zu den Repetierfaktoren, welche als Stoffe in die Erzeugnisse eingehen, keinem Verbrauch sondern dem Gebrauch unterliegen.
Die Dominanz im Kombinationsprozeß der Leistungserstellung eines Berufssportbetriebs liegt so eindeutig auf der ausführenden und dispositiven Arbeit, daß die in der betriebswirtschaftlichen Literatur dargestellten Typen von Produktionsfunktionen in nur sehr beschränktem Maße vergleichsweise herangezogen werden können. Eine Produktionsfunktion bringt zum Ausdruck, daß das mengenmäßige Gesamtergebnis der Leistungserstellung eine Funktion der jeweils eingesetzten Produktionsfaktoren ist (LECHNER/EGGER/SCHAUER 1983, S. 221 ff.).
Die für die landwirtschaftliche Produktion aufgestellte Produktionsfunktion vom Typ A des Ertragsgesetzes setzt substituierbare Produktionsfaktoren, d.h. die freie Ersetzbarkeit einer Faktoreinsatzmenge durch eine andere Faktoreinsatzmenge zur Erzielung eines bestimmten mengenmäßigen Ertrags, voraus.
Die Leistungserstellung im Profisport läßt jedoch die freie Variierbarkeit der Produktionsfaktoren wie z.B. Sportanlagen und -geräte, also der Betriebsmittel mit ausführender oder dispositiver Arbeit wegen der Starrheit der Spielregeln nicht zu. Also käme für die Sportleistung die Produktionsfunktion vom Typ B in Frage, deren Kennzeichen limitationale Produktionsfaktoren sind, d.h. für die Erreichung eines bestimmten mengenmäßigen Ertrages ist eine bestimmte Kombination von Produktionsfaktoren nötig.

Greift man jedoch nur die Potentialfaktoren Betriebsführung und objektbezogene Arbeit aus dem Faktorenkatalog heraus, dann ist in Anlehnung an die "periphere Substitution" (WÖHE 1984, S. 445) ein Austauschvorgang innerhalb des gesplitteten Produktionsfaktors Arbeit zumindest diskussionswürdig. Mitunter übernehmen bei Trainerabstinenz oder dessen Nichtakzeptanz durch die Spieler diese die Traineraufgaben im Wettspiel selbst, wenn auch meist nur für kurze Zeit. Außerdem ist das qualitative Niveau der sportlichen Leistungen von Spitzenmannschaften im Berufsfußball so hoch und ihre einzelnen Spieler sind durchwegs so gut ausgebildet, daß der Faktor ausführende Arbeit kaum mehr erkennbar ist. Solche Mannschaften wären sicherlich auch ohne Trainer erfolgreich.
Diese temporäre bzw. hypothetische Verlagerung dispositiver Tätigkeiten im Rahmen des Potentialfaktors Arbeit kann als Substitution im produktionstheoretischen Sinne aufgefaßt werden, da sowohl innerhalb des Sportmanagements als auch zwischen ausführendem und dispositivem Faktor funktional ein Austausch erfolgt.
Der Begriff der Substitutionalität der Produktionsfaktoren könnte im übrigen gerade im Berufssport falsch ausgelegt werden, als das Aus- und Einwechseln von Spielern häufig geschieht. Dabei handelt es sich jedoch nicht um Substitution im betriebswirtschaftlichen Sinn, da dieser Vorgang innerhalb der gleichen Faktoreinsatzmenge geschieht.

Analysiert man jedoch das Zustandekommen der sportlichen Leistung einzelner Sportler, dann sind Austauschprozesse zwischen den leistungsbegründenden Komponenten vorstellbar und nach der sportpraktischen Erfahrung auch feststellbar:

Abb. 13: Die sportliche Leistung und ihre möglichen Komponenten (EHLENZ/GROSSER/ZIMMERMANN 1985, S. 12)

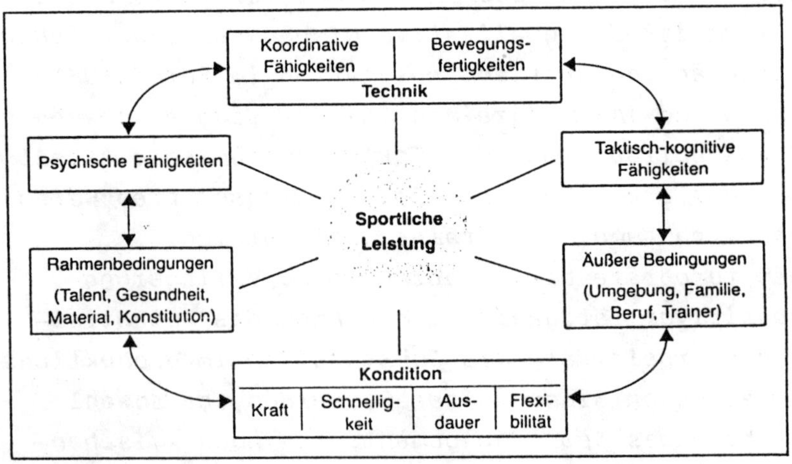

Technische, konditionelle, taktisch-kognitive und psychische Fähigkeiten, Rahmenbedingungen und äußere Bedingungen können durch Training und Wettkampf innerhalb genetisch und sozial bestimmter Grenzen variiert werden. Je höher das gesamt sportliche Leistungsniveau ansteigt, umso geringer wird der Substitutionsspielraum, beispielsweise konditionelle Defizite durch technisches Können zu kompensieren. Im Spitzensport entscheidet oft die unterschiedliche psychische Belastungsfähigkeit bei in etwa gleichen anderen Leistungskomponenten über Sieg oder Niederlage.

Im unteren und mittleren Leistungsbereich ist die Substitutionsmöglichkeit der individuellen Leistungskomponenten noch relativ groß. Erfolgreiches sportliches Handeln ist auf diesen Leistungsstufen möglich, auch wenn die Qualität einzelner leistungsbestimmender Faktoren einer größeren Streuung unterliegt. Insgesamt gilt im Spitzensport auch bei individueller Betrachtung die eng begrenzte Limitationalität der einzelnen Leistungsfaktoren des Produktionsfaktors menschliche Arbeit.

Die Merkmale der Produktion im Berufssport stimmen überwiegend mit denen anderer Dienstleistungen überein. Darüber hinaus weisen sie einige sportspezifische Eigenarten auf und gipfeln in der Dominanz der hohen Qualität der menschlichen Arbeit. Dies zeigt sich auch bei einer individuellen Analyse der Komponenten professioneller Sportleistungen. Eine detaillierte Ausgestaltung einer Produktionsfunktion für sportliche Dienstleistungen hätte dies zu berücksichtigen. Im Rahmen unseres Themas konnten hierzu nur einige Anregungen gegeben werden.

Einer genaueren Definition solch einer Produktionsfunktion steht die Tatsache entgegen, daß die Problematik von Produktionsfunktionen bisher vorwiegend im Teilgebiet der Industriebetriebslehre bearbeitet wurde. Für diese betriebswirtschaftliche Teiltheorie stellt die Produktionstheorie eine unabdingbare Voraussetzung der Kostenwerttheorie dar, da erst nach Abklärung des "Mengengerüsts" der Kosten die Bewertung des Güterverzehrs erfolgen kann (HEINEN 1985, S. 165).

Die Bestimmung des für produktionsfunktionale Aussagen nötigen mengenmäßigen Einsatzes und Ertrages bei Dienstleistungen bereitet sicherlich große methodologische Probleme. Sportertragsmengen in c-g-s-Sportarten lassen sich dabei exakt bestimmen, Sportdienstleistungs-Einsatzmengen jedoch eventuell nur über den zeitlichen und materiellen Trainingsaufwand. Mit welchen Parametern sollte man außerdem den Leistungsertrag eines Fußball- oder Tennismatches genau erfassen ? Punktwertungen und Torverhältnisse reichen infolge der Komplexität der Leistung und deren Abhängigkeit von gegnerischen Aktionen für eine rational quantifizierbare Ertragsbewertung sicher nicht aus. Aus diesen Gründen scheiden auch weitere Überlegungen hinsichtlich der eventuellen Übertragbarkeit der Produktionsfunktion vom Typ C nach HEINEN 1985, S. 166 ff., aus.

Die Beantwortung der Frage, wie im Berufssport die Erstellung der Dienstleistung erfolgt, erschöpft sich keineswegs in der Erläuterung ihrer Merkmale und sportspezifischen Besonderheiten, sondern berührt auch die Zielbildungsprozesse in Sportvereinen mit Profiabteilungen und Sportunternehmen. Da die Betriebe und Unternehmungen der Sportbranche dem Gewerbesportbereich angehören und dessen üblichen wirtschaftlichen Abläufen unterliegen, wenden wir uns im Rahmen unseres Themas nur dem Zielsystem von Sportvereinen mit Profiabteilungen zu.

6.2.3 Das Zielsystem von Sportvereinen mit Berufssport-Abteilungen

Zu den obersten Aufgaben des dispositiven Faktors einer Betriebswirtschaft, welcher der wirtschaftliche Geschäftsbetrieb eines Vereins entspricht, zählen die nicht delegierbaren Führungsentscheidungen über den Bestand der Profiabteilung, die sogenannten Zielentscheidungen (vgl. LECHNER/EGGER/SCHAUER 1983, S. 39). Das Vereinsmanagement ist für den Zielbildungsprozeß verantwortlich. HEINEMANN 1984 b, S. 137 ff., unterscheidet die Entscheidungsstrukturen von Verein und Markt grundsätzlich. Vereinsbezogenes ökonomisches Handeln und marktbezogenes ökonomisches Handeln verlangen demnach nicht nur unterschiedliche Handlungsstrategien, unterschiedliche Kompetenzen und Qualifikationen der Handelnden, sondern auch andere institutionelle Formen der Entscheidungsfindung.

Ehrenamtliche Gremien fordern einen stärker wirkungsbezogenen, politischen Argumentationsstil, da die Mehrheitsverhältnisse des kooperativen Vereins zu berücksichtigen sind. Marktbezogenes Handeln erfordere demgegenüber bilaterales Aushandeln von Verträgen mit Marktpartnern zum eigenen ökonomischen Vorteil. Unvermeidliche Konflikte ergeben sich, wenn hauptamtliche Manager über kooperative Probleme zu befinden und wenn ehrenamtliche Gremien in umsatzstarken Vereinen marktorientierte Entscheidungen zu treffen haben.

Diese dargestellte Polarisierung der Entscheidungsstrukturen in Sportvereinen und Betrieben ist, wenn auch nicht in solch starker Gegensätzlichkeit, allenfalls beim Vergleich der Zielbildung von Eigentümerunternehmen wie Einzelfirma und Personengesellschaften mit kleinen Vereinen ohne nennenswerten wirtschaftlichen Geschäftsbetrieb akzeptabel. Im Berufssport und auch bei mitgliederstarken Vereinen dagegen finden die Entscheidungsprozesse entsprechend den systemrationalen Handlungsmustern von mittleren und großen Managerunternehmen statt.
In solchen Vereinen üben die Vereinsfunktionäre die Managementfunktion in ähnlicher Weise aus wie Vorstand, Aufsichtsrat und Hauptversammlung bei der AG und Geschäftsführer und Gesellschafterversammlung bei der GmbH.

Obwohl die Entscheidungsträger beabsichtigen, rational zu handeln, sind ihre Entscheidungen beschränkt rational, da die emotionalen und intellektuellen Eigenschaften und Fähigkeiten dem vollkommen rationalen Verhalten im Wege stehen. Somit begnügt sich auch das Sportmanagement häufig mit befriedigenden Lösungen; die bestmöglichen sind meist nur zufällig erreichbar (vgl. HEINEN 1985, S. 46 ff.)

Das Ergebnis des Zielbildungsprozesses in einem Sportverein mit Profiabteilung kommt in seinem Zielsystem zum Ausdruck (Abb. 14).

Abb. 14: Das Zielsystem von Sportvereinen mit Profi-Abteilungen

quantifizierbare Ziele	nicht quantifizierbare Ziele
- Gewinn	- Prestige
- Umsatz	- Macht
- Sicherheit	- Gruppenidentität
- Wirtschaftlichkeit	- Solidarität

Obwohl die in Geld oder Mengen erfaßbaren, quantifizierbaren Ziele mit den nicht quantifizierbaren Zielen (LECHNER/EGGER/SCHAUER 1983, S. 42 ff.) häufig miteinander konkurrieren, ist es möglich, daß ein Proficlub ähnlich einem Wirtschaftsunternehmen nach der klassischen Theorie handelnd vorrangig danach strebt, den Gewinn, d.h. die Differenz zwischen Erträgen und Aufwendungen einer Spielperiode, zu maximieren.
Dieser Hypothese widerspricht nicht nur die Tatsache, daß viele derartige Vereine ihre Verluste nur durch Spenden, Subventionen und Beiträge ausgleichen können (SLOANE 1984, S. 127).
Auch ihr Selbstverständnis ist häufig nicht gewinn- oder rentabilitätsorientiert, sondern richtet sich nach anderen Zielen wie z.B. nach Umsatzmaximierung. Denn ein Teil der Beliebtheit des Fußballsports als Unterhaltung besteht aus der Ansammlung großer Menschenmengen und aus der Mobilisierung möglichst vieler Fans. Auch das Streben nach Großvereinen mit Tausenden von Mitgliedern dient über den Verkauf von Eintrittskarten dem Umsatzziel, da man sich auf ein Stammpublikum von Vereinsanhängern stützen kann. Ebenso sind Fanclubs hierbei nützlich.

Außerdem gelten in der Profi-Fußballszene nicht nur Spielgewinne und positive Jahreserfolgsrechnungen als Erfolgskriterien sondern auch die Höhe des Vereinsetats und die Zuschauerzahlen (Abb. 15).

Abb. 15:
Etatansätze und Zuschauer-Kalkulation in der Fußball-Bundesliga (MM vom 14.7.87):

Verein	**Etat 87/88** (Vorjahr)	**Zuschauer-Kalkulation** (Vorjahr)
FC Bayern	15,0 (15,0)	28.000 (36.776)
VfB Stuttgart	12,0 (9,4)	25.000 (20.655)
Werder Bremen	10,5 (10,6)	22.500 (22.296)
Hannover 96	10,5 (3,0)	20.000 (18.975)
Hamburger SV	9,7 (7,7)	20.000 (21.987)
Borussia Dortmund	9,2 (5,0)	26.000 (33.798)
1.FC Köln	9,0 (9,5)	18.000 (16.470)
Bor. Mönchengladbach	8,5 (8,0)	18.000 (16.983)
1.FC Kaiserslautern	7,0 (6,9)	18.000 (26.286)
Bayer Leverkusen	7,0 (6,0)	13.000 (12.753)
Schalke 04	7,0 (6,8)	20.000 (23.371)
1.FC Nürnberg	5,0 (5,5)	20.000 (26.555)
Eintracht Frankfurt	4,8 (6,1)	20.000 (18.225)
SV Waldhof Mannheim	4,8 (4,5)	15.000 (12.801)
Bayer Uerdingen	4,5 (4,0)	13.000 (11.469)
FC Homburg	4,0 (3,0)	10.000 (8.465)
VfL Bochum	3,5 (3,5)	18.000 (16.000)
Karlsruher SC	3,5 (3,0)	11.000 (10.290)

Das Streben nach Sicherheit äußert sich in dem Vereinsziel, den Profisportbetrieb langfristig aufrechtzuerhalten. Hierzu nötig ist die Sicherung der Liquidität. Das Sicherheitsstreben stellt noch mehr als für die 1. Liga für die häufig konkursbedrohten zweitklassigen Vereine in dieser "Pleiteliga" ein Oberziel der Geschäftstätigkeit dar.

Das Wirtschaftlichkeitsstreben in mengenmäßiger (Produktivität) und wertmäßiger Ausprägung (Kostenwirtschaftlichkeit) verlangt im professionellen Sportbetrieb die Einführung und Verwendung moderner Verwaltungs- und Managementtechniken. So setzen sich heute nicht nur in Großvereinen preisgünstige Mikrocomputer mit Vereins-Software für Mitglieder-, Beitrags-, Übungsleiterverwaltung, für Rechnungswesen, Vereinsstammdaten und Organisationsprogramme durch (vgl. RODER 1985, S. 57 ff., DINSEL 1985, S. 13 ff.).

Neben den erwähnten quantifizierbaren Zielen können auch sonstige Ziele für das Management im Berufssport große Bedeutung erlangen. Das gesellschaftliche Prestigestreben von in ihrem Beruf ohnehin meist erfolgreichen Clubvorständen ist häufig auf Erstliga-Aufstieg und Klassenerhalt, auf Titel- und Meisterschaftsgewinn "ihrer" Mannschaft ausgerichtet. Persönliche Macht und Ansehen werden durch öffentlichkeitswirksame, professionelle Sportleistungen gesteigert, so daß Profisportler die Funktion als Statussymbole für Vereinsrepräsentanten und für andere, durch Gruppenidentität motivierte, solidaritätsorientierte Mitglieder erlangen können. Die Spielanalysen montags früh in den Büros zwischen konträren Vereinsanhängern drehen sich immer wieder um die Fragen, warum "wir" gewonnen bzw. verloren haben.
SLOANE 1984, S. 129 ff., bezeichnet dieses Konglomerat persönlicher Präferenzen von Anhängern des Profifußballsports als Nutzenmaximierung.

Vergleicht man den Zielkatalog von Sportvereinen aus dem Amateurbereich mit Wirtschaftsunternehmen, so fällt bei letzteren die Dominanz der quantifizierbaren Unternehmensziele auf. Dementsprechend stehen diese auch bei Profisportabteilungen gegenüber dem Amateurbereich im Vordergrund. Überwiegen bei einem Verein mit Profisportabteilung im Rahmen seines Zielkatalogs die Nutzenpräferenzen unter Vernachlässigung der quantitativ erfaßbaren Ziele, so kann er dauerhaft seiner globalen Zielfunktion "professionelles sportliches Handeln" nicht nachkommen. Denn ungehemmter persönlicher Ergeiz des Vereinspräsidenten hat schon manchem Proficlub die Existenz gekostet.

6.3 Betriebswirtschaftliche Grundlagen der Leistungsverwertung im professionellen Sport

Die synonym gebrauchten Begriffe Absatz und Leistungsverwertung schließen den Umsatz als Geldwert der abgesetzten Leistungsmengen, den Verkauf als Bezeichnung für Tätigkeiten, die den wirtschaftlichen und rechtlichen Leistungsübergang vom Verkäufer an Käufer beinhalten, sowie den Vertrieb mit seinen absatztechnischen Aspekten ein (vgl. LECHNER/EGGER/SCHAUER 1983, S. 262 ff.).
Die entscheidungsorientierte Betriebswirtschaftslehre ersetzt den zu engen Absatzbegriff durch die Bezeichnung Marketing als Konzeption der Unternehmensführung, "bei der im Interesse der Erreichung der Unternehmensziele alle betrieblichen Aktivitäten konsequent auf die gegenwärtigen und künftigen Erfordernisse der Märkte ausgerichtet werden" (BIDLINGMAIER 1973, S. 15).

Marketing beinhaltet somit nicht nur die Beendigung des betrieblichen Wertekreislaufes, sondern steht angesichts der in vielen Wirtschaftsbereichen existierenden Käufermärkte am Anfang der betrieblichen Leistungserstellung überhaupt. Im Vordergrund der Mittel und Wege zur Erreichung der Marketingziele steht die Entscheidung über ein optimales Marketing-Mix. Auch für den Sportgüterabsatz gewinnt dieser koordinierte Einsatz der absatzpolitischen Instrumente wie Preis-, Werbe-, Produkt- und Verteilungspolitik große Bedeutung. Im folgenden soll nun auf einige Besonderheiten des Sportmarketing eingegangen werden, wobei die Leistungsverwertung der sachlichen Sportgüter wegen der Ähnlichkeit der Abläufe bei anderen Waren weitgehend unberücksichtigt bleibt.

6.3.1 Marketing im professionalisierten Sport

Die bewußte Absatz- und Kundenorientierung erfordert auch in der Vermarktung von professionellen Sportleistungen Marktforschung zur Informationsgewinnung, ausgewogenes Marketing-Mix, marktbezogene Ausrichtung der Unternehmensorganisation sowie die Berücksichtigung sozialer Belange beim Einsatz der Marketing-Instrumente (GABLER 1984, S. 217 ff.).
Da sich unternehmensorganisatorische Aspekte der Absatzwirtschaft im Berufssport nicht grundsätzlich vom Marketing in anderen Wirtschaftsbereichen unterscheiden bzw. für Dienstleistungen ohnehin nicht so relevant wie für Sachgüter sind, soll zunächst kurz auf die sozialen Effekte von Marketing-Aktivitäten hingewiesen werden, die über die Einzelinteressen der Berufssportler und der Konsumenten hinausgehen.

Manche herausragenden Berufssportleistungen wie Spiele des Fußball-Nationalteams oder Wimbledon-Endspiele erzielen als öffentliche Güter auch gleichzeitig eine politische Funktion der nationalen Repräsentanz von hohem Ausmaß. Die ausführliche öffentliche Diskussion über die Vermarktung solcher Profispitzenleistungen reicht vom Für und Wider gesponsorter Fußball-Länderspiele bis hin zur Frage, ob BORIS BECKER für die BRD mehr als Tennisspieler oder als wehrpflichtiger Bundeswehrangehöriger "bringt".
Beispielsweise wurde auch die Marketing-Konzeption des Daviscupfinales 1985 in München wegen der extrem erwerbswirtschaftlichen Orientierung angegriffen.
Bei derartigen Veranstaltungen werden indirekt auch die staatlichen Embleme und Symbole mit "verkauft".

Neben diesem Sozialaspekt im Marketing von Berufssportleistungen ist auch der Informationsaspekt zu berücksichtigen.
Die systematisch betriebene Erforschung der Sportmärkte, wo Angebot und Nachfrage nach Sportgütern zusammentreffen, analysiert die Freizeitentwicklung und das Freizeitverhalten der Bevölkerung.
So verfügen die Bundesbürger heute über 40 % mehr disponible Freizeit - also verfügbare freie Zeit ohne Zeitaufwand für Schlafen, Essen, Anziehen und Arbeitsweg - als vor 20 Jahren und 60 % mehr als vor 30 Jahren (ROTH 1986, S. 32 ff.).
Mit dem Einstieg in die 35-Stunden-Woche setzt sich diese Entwicklung fort.

OPASCHOWSKI 1983, S. 7, unterscheidet nach dem Zweiten Weltkrieg 3 Phasen der Freizeitentwicklung: Die erholungsorientierte Freizeitphase bis in die 50er Jahre hinein wurde in den 60er Jahren durch konsumorientiertes Freizeitverhalten abgelöst. Über Berufsarbeit erwirtschaftete Konsumgüter wie Autos, Reisen, Fernsehen, Sport- und Modeartikel wurden in der Freizeit verbraucht und dienten damit der sozialen Selbstdarstellung. Die erlebnisorientierte Freizeitphase ab den 80er Jahren beinhaltet ein aktiveres Freizeitverhalten mit intensivem Erleben und der Entwicklung eines eigenen Lebensstils. Für das Sportmarketing ist dabei die Zunahme der bewegungsaktiven Erholung bedeutungsvoll.
ROTH 1986, S. 33, transformiert vier mittelfristig an der Freizeit orientierte Lebensziele auf das sportliche Handeln:
Die Genußorientierung drückt sich in der Zuwendung zu sportlichen Aktivitäten wie Surfen, Skilanglauf, Skitouren etc. aus, die Spaß machen. Die Geselligkeit im Sport ergibt sich durch gemeinsames Skifahren, Tennisspielen usw. in der Gruppe.
Aktiveres Leben im Sport bedeutet Eigeninitiativen entwickeln wie intensiv Joggen, Radfahren, Squash-Spielen.
Bewußteres Leben im Sport legt Wert auf Gesundheit, Fitneß, Natur und Umwelt. Entsprechend dieser veränderten Lebenseinstellung und dem damit verbundenem aktivem, hedonistischem Sportverhalten richtet sich heute das Angebot an Sachgütern und Dienstleistungen auf den Sportmärkten, auch für professionelle Sportleistungen.

Die Aktionsbereiche des Marketing umfassen Kontrahierungs-, Distributions-, Produkt- bzw. Sortiments- und Kommunikationspolitik. Die Abstimmung dieser Maßnamen durch ein zieladäquates Marketing-Mix wird durch Marketing-Planung gewährleistet.
Als Besonderheit der am professionalisierten Sport orientierten Marketing-Instrumente ist im Rahmen der Kontrahierungspolitik die Kreuzpreiselastizität bei Sportsachgütern und Sportdienstleistungen feststellbar. Sportgeräte und Sportdienstleistungen in Form von Sportkursen für Surfen, Skilauf, Tennis, Drachenfliegen, Tauchen, Reiten, Segeln, Bergsteigen usw. kommen als Komplementärgüter in Frage, da die Durchführung von Kursen in diesen Sportarten erhebliche Umsätze im Ausrüstungsbereich für Hard- und Software nach sich ziehen. Verkaufserfolge im Sporthandel beruhen zum wesentlichen Teil auf der Verbindung des Warenangebots mit ausbildungs- und anlagenorientierten Dienstleistungs-Offerten. Auch das reine Vermieten von Squash- und Tenniscourts trägt hierzu bei. Niedrige Kursentgelte steigern die Verkaufszahlen im Ausrüstungsbereich und umgekehrt. Die Preispolitik bei Sportsachgüter und Serviceleistungen ist somit durch negative Kreuzpreiselastizität gekennzeichnet. Die professionellen Sportdienstleistungen bei Veranstaltungen, auch in Form von Schaukämpfen, induzieren bei den Zuschauern im Stadion und am Fernsehgerät das Verlangen nach eigener sportlicher Aktivität ähnlich dem "Carpenter-Effekt", nach dem die Wahrnehmung einer Bewegung beim Zuschauer einen Antrieb hervorruft, dieselbe Bewegung auszuführen.

Mancher bisher passive Konsument von Profisportleistungen läßt sich somit auch über die Medien zu eigenem sportlichen Handeln anregen, was Nachfrage nach sachlichen Sportgütern hervorruft.
Immer wieder erstaunt die Höhe der Preise für professionelle Sportleistungen. Die Diskussion um überhöhte Einkommen und Siegprämien erinnert in profaner Auslegung an das Bibelwort "Denn wer hat, dem wird gegeben, und er wird im Überfluß haben; wer aber nicht hat, dem wird auch noch weggenommen, was er hat" (MATTHÄUS 13,12). Dieser Effekt gilt sicherlich in vielen publikumsträchtigen Sportarten in ähnlicher Weise wie für andere Spitzenleistungen in Wirtschaft und Gesellschaft. Das Außergewöhnliche wird überproportional zum nur geringfügig niedrigeren Leistungsniveau honoriert (MERTON 1970, S. 437 ff.).
Mitunter überrascht auch die Rationalität der preispolitischen Entscheidungen mancher Spitzenathleten bei der Vermarktung ihrer Leistungen. So stand der Amerikaner CARL LEWIS 1986 mit 40.000 US Dollar für 3 Wettkämpfe pro Abend (100 m, 200 m Weitsprung) und mit 20.000 US Dollar für einen Wettbewerb zu Buche. Die 2,08 m-Weltrekord-Hochspringerin STEFKA KOSTADINOVA aus Bulgarien kassierte pro Zwei-Meter-Sprung DM 6000, jeweils um DM 500 steigend pro 2 cm Sprunghöhe mehr. Da der Veranstalter im saarländischen Rehlingen lediglich DM 6000 zahlen konnte, beendete sie den Wettkampf unter den Pfiffen der Zuschauer vorzeitig (Welt am Sonntag vom 21.6.87).
Als weitere Besonderheit der Preisbildung bei Berufssportleistungen sind die Konkurrenzverhältnisse zu berücksichtigen.

Nach HEINEMANN 1984 a, S. 34 ff., könne kein Anbieter professioneller Sportleistungen in einem Ligabetrieb ein wirtschaftliches Interesse daran haben, ständig zu gewinnen. Gleichstarke sportliche Konkurrenz erleichtert die Gewinnerzielung, da die Unsicherheit des Spielausgangs bei häufigem Wechsel des Tabellenstandes mehr Zuschauereinnahmen garantiert. Obwohl jeder Club für sich gewinnorientiert wirtschaftet, ist Kooperation mit anderen Bundesligabetrieben nötig.
Diese assoziative Konkurrenz äußert sich in Liga-Regeln über Zahl und Einsatz der Spieler, über Transferbeschränkungen und über Bundesliga-Kautionen zur Wettbewerbsgarantie. Durch derartige Wettbewerbskontrollen auf dem Spielermarkt, durch Finanzausgleichsvorschriften zur Risikoabdeckung und durch zusätzliche Wettbewerbe zur Vermehrung der Siegerteams in Form von 5 UEFA-Cup-Plätzen werden Ungleichgewichte auf den professionellen Sportmärkten minimiert.
Ob diese aus dem amerikanischen Berufssport stammenden Erkenntnisse ohne weiteres auch auf deutsche, nicht nur gewinnorientierte Vereine übertragbar sind, bleibt zweifelhaft. Die Erfahrung zeigt, daß die erfolgreichsten Bundesligaclubs ausgeprägte antagonistische Konkurrenz sowohl im sportlichen als auch im wirtschaftlichen Handeln praktizieren. Die Aufhebung der Beschränkungen auf dem Spielermarkt wurde bisher noch nicht realisiert, so daß deren ligabedrohende Konsequenzen hypothetischer Natur bleiben.
Unbestritten ist die Funktion von Großvereinen als Mehrproduktunternehmen. So werden professionelle Sportdienstleistungen an Zuschauer, Werbeflächen an Wirtschaftsunternehmen, Übertragungsrechte an Mediengesellschaften und Breiten- bzw. Freizeitsportprogramme an Mitglieder

bzw. Nichtorganisierte verkauft. SCHELLHAASS 1987, S. 191 f., fordert hinsichtlich der Preisdifferenzierung beim Absatz von Sportgütern mehr Phantasie, als die bisher praktizierten Sozialtarife und Top-Zuschläge erkennen lassen. Befristete Sondertarife für Ehefrauen oder die ganze Familie sowie Einführungspreise ähnlich den Sonderangeboten von Supermärkten könnten neue Gruppen zum Stadionbesuch veranlassen.
Hinsichtlich der Distribution von professionellen Sportleistungen übernehmen die Medien eine wichtige Mittlerfunktion. Während man von Direktabsatz sprechen kann, wenn der Zuschauer vor Ort im Stadion konsumiert, erfolgt bei Fernseh- und Rundfunkübertragungen und Berichten in Printmedien die Leistungsverwertung mittelbar. Die Medien übernehmen in diesen Fällen die Distributionsfunktion für die Berufssportler. Nur wenige von ihnen haben durch ein gespanntes Verhältnis zu Medien und Werbewirtschaft Chancen im Sportmarketing vergeben. So hat 1984 Olympiastar MICHAEL GROSS nicht nur die Kanzlereinladung zum Galadinner abgelehnt, sondern auch durch die mißverstandene Bemerkung "Ich lasse mich nicht vermarkten" Medien und Werbefirmen abgeschreckt (Welt am Sonntag vom 13.1.1985). Die relativ geringe Werbewirksamkeit der Sportart Schwimmen kam noch hinzu.
Die Sortimentspolitik im Marketing professioneller Sportleistungen stellt einerseits die Außergewöhnlichkeit sportlicher Spitzenleistungen von Rekordhaltern, Sportidolen und -stars in den Vordergrund, andererseits zeigt sich der Trend zu mehr hedonistischer Darstellung sowohl im Wettkampf als auch im gesamten Wettkampfmilieu.

Vorbereitungsrituale beim Hochsprung oder Sieggesten nach dem Torschuß vergrößern den Show-Effekt und werden mitunter auch vor dem Spiegel geübt (Welt am Sonntag vom 21.6.1987). Unterhaltungsprogramme in Wettkampfpausen mit Musik- und Gesangseinlagen, Verlosungen und sportliche Wettbewerbe für Jedermann ergänzen die Attraktivität der Sportschaustellung. DIGEL 1983, S. 24, weist auf die in der Sportunterhaltungsindustrie liegenden Gefahren wie Idolisierung der Athleten, künstlich erzeugte Spannung und distanzlose Darstellung in den Medien über Sportorganisationen, Athleten und Mannschaften hin.
Die Kommunikationspolitik als weiteres Marketinginstrument umfaßt im einzelnen die Verkaufsförderung, die Öffentlichkeitsarbeit, Maßnahmen zum persönlichen Verkauf und die Werbung.

Nach DISCH 1986, S. 11, berechtige der Übergang von der Industriegesellschaft zur Informationsgesellschaft in unserer Zeit zu der Annahme, daß der Kommunikations-Mix eines Unternehmens, welcher nicht nur einseitig informieren sondern auch dialogbereit auf Kundenwünsche eingehen soll, einen zusätzlichen betrieblichen Produktionsfaktor repräsentiert.
Da jedoch Sales promotion und Personal selling für den Absatz professioneller Sportleistungen nicht die Bedeutung erlangen wie für die Sachgütervermarktung, sollen im folgenden auf einige Besonderheiten von Public Relations und der Werbung im Sport eingegangen werden.

6.3.2 Public Relations, Medien und Werbung im professionalisierten Sport

Durch Public Relations-Politik wenden sich Berufssportler an die gesamte Öffentlichkeit und werben um öffentliches Vertrauen, damit ein positives Sportimage aufgebaut und erhalten wird. Hierzu dienen die gezielte Lancierung von Presse- und TV-Informationen über Wettkampfvorbereitung, -verlauf und über Ereignisse aus dem Privatleben ebenso wie die Teilnahme an Pressekonferenzen, Sportpresseveranstaltungen möglichst mit Fernsehübertragung und die Abhaltung des "Tags der offenen Tür" im Training mit eventueller Vorstellung neuer Spieler bzw. Trainer, Autogrammstunden, Torwandschießen und ähnliche Maßnahmen.

Die Effizienz kommunikationspolitischer Maßnahmen wie PR und Werbung in ihrer Abhängigkeit von Printmedien und Fernsehen kann kaum drastisch genug herausgestellt werden.
Vor allem das Fernsehen eröffnete dem Zuschauer eine neue Erlebnisstruktur im "Drama Sport", das neben den reinen Unterhaltungssendungen als medialer Branchenführer bezeichnet werden kann (vgl. SEIFART 1986, S. 194 ff.).
Das Fernsehen ermöglicht die elektronische Erweiterung der Stadien, so daß Millionen von Menschen hochklassige Sportleistungen in alltäglicher Weise erleben können.

ROSE 1984, S. 138 ff., begründet in Abweichung zu BIRREL und LOY 1974, nach denen die persönliche Präsenz vor Fernsehen, Radio und Zeitungen die größte Befriedigung beim passiven Sportkonsum verschafft, daß Fernsehen das Mittel des Zuschauens ist, das den bei weitem größten Nutzen bringt, insbesondere, wenn sich im realen Stadion Fans befinden, die den Zuschauern im elektronischen Stadion Integrationserlebnisse vermitteln können.
Das Fernsehen hat einen einzigartigen Beitrag zur Popularität des Profisports geleistet. Es kann den Zuschauer auf den für das Verfolgen der Sporthandlung günstigsten Platz versetzen, Szenen wiederholen, Naheinstellungen bieten und den Fan sogar in die Umkleideräume der Weltmeister mitnehmen (COAKLEY 1984, S. 170 ff.). Durch Fernsehen wird die "Sprache des Sports" schnell und auf einfachere Art erlernt als über Printmedien.
Die zunehmende Interdependenz zwischen Berufssportleistungen, Fernsehen, Public Relations und Werbung kann als das zentrale "kommunikationspolitische Viereck" in der erwerbswirtschaftlich geprägten Berufs-Sportwelt charakterisiert werden.

Abb. 16: Kommunikationspolitisches Viereck im Profisport

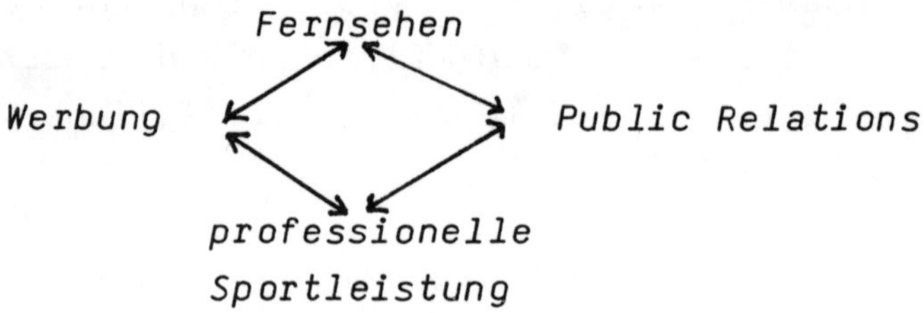

Dabei profitiert nicht nur der Professional von Öffentlichkeitsarbeit und Werbung im Sport über die Fernsehhonorare, sondern die Nutzenströme fließen auch umgekehrt sowohl über kostengünstige Programmgestaltung als auch durch Erfüllung der Werbeziele bei der werbenden Wirtschaft.

Während Werbung allgemein als jede Informationsübertragung zur Beeinflußung von tatsächlichen oder möglichen Transaktionspartnern bezeichnet werden kann (HEINEN 1985, S. 137), versteht ROTH 1986, S. 36, unter Sportwerbung eine besondere Form der Werbung, "bei welcher der Sport als Medium zur Übermittlung von Werbebotschaften an ein Zielpublikum dient".

Die Formen der Sportwerbung umfassen Bandenwerbung, Trikotwerbung, Werbung mit Sportereignissen und mit Spitzensportlern.
Die Stadionwerbung als älteste und meistverwendete Form der Sportwerbung erzielt mittelfristig über mindestens etwa 3 Jahre Erfolg (TROLL 1983).
Das große Interesse der Bevölkerung am Fußball zeigt die durchschnittliche Einschaltquote von 54 % bei den sieben Spielen der deutschen Nationalmannschaft in Spanien 1982 (ROTH 1986, S. 57).
Bei der Wirksamkeit der Bandenwerbung kommt es vor allem auf die Plazierung der Werbefläche und auf die Prägnanz des Marken-Namens an.

Die Wirksamkeit der Bandenwerbung in Form der Erinnerungswerte wird zwar in verschiedenen Untersuchungen von "beinahe wirkungslos" bis "recht hoch" unterschiedlich bewertet, jedoch zeigt das Beispiel der Agentur McCormack, daß Stadionwerbung u.a. im Meilenlauf sinnvoll eingesetzt werden kann.
Das Tempo in Meilenläufen mit den Engländern Coe, Cram und Ovett sowie mit dem Marokkaner Aouita ermöglicht dem Fernsehzuschauer das bequeme Lesen der Werbebotschaften.
Bei kürzeren Laufstrecken kann Bandenwerbung nicht richtig erfaßt werden, wogegen die Dauer des Rennens bei längeren Laufstrecken den Betrachter ermüdet und somit die Werbeaussage verpufft (Welt am Sonntag vom 28.9.86).

Bei der Werbung mit einer Mannschaft, auch als Team-Sponsorship bezeichnet, erwirbt ein Unternehmen gegen Entgelt das Recht, mit dieser Mannschaft Werbung zu betreiben. Zusätzlich zur Trikotwerbung wird meist mit weiteren flankierenden Maßnahmen die Identifikation des Sponsors mit dem Verein durch Mannschaftsposter, Anzeigen in Vereins- und Stadionzeitung, Plakatwerbung und eventuell Funkwerbung ergänzt.

Durchschnittlich betragen in der Fußball-Bundesliga die Sponsorzahlungen für Trikotwerbung etwa 10 % des Marktwertes aller 18 Mannschaften (Abb. 17, Auszug aus Welt am Sonntag vom 2.8.1987).

Abb. 17: Trikotwerbung in der Fußball-Bundesliga 1987/88

Verein	Marktwert der Mannschaft in Mio.	Trikotwerbung	Saison-Honorar in Mio.
FC Bayern	15,0	Commodore (Computer)	2,0
Hamburger SV	11,0	Sharp (Elektronik)	1,5
B. Mönchengladbach	9,5	Erdgas (Energie)	0,75
Borussia Dortmund	7,0	Continentale (Versicherung)	0,75
Werder Bremen	12,5	Portas (Türen, Fenster)	0,8
Bayer 04 Leverkusen	10,5	Bayer (Chemie)	unbek.
1.FC Kaiserslautern	6,5	Trigema (Textilien)	0,6
Bayer 05 Uerdingen	7,5	Bayer (Chemie)	unbek.
1.FC Nürnberg	7,1	Reflecta (Foto, Video)	0,6
1.FC Köln	6,5	Daimon (Batterien)	1,0
VfL Bochum	3,0	Opel (Auto)	0,5
VfB Stuttgart	14,0	Südmilch (Nahrung)	0,8
FC Schalke 04	6,0	Dual (HiFi-Technik)	0,7
Waldhof Mannheim	4,5	Trigema (Textilien)	0,4
Eintracht Frankfurt	8,5	Hoechst (Chemie)	0,65
FC Homburg	4,0	noch ohne Trikotwerbung	-
Hannover 96	6,0	Feldschlößchen (Brauerei)	0,4
Karlsruher SC	3,6	SÜBA (Wohnungsbau)	0,1
Gesamt	142,7		12,25

\+ Bayer 04
\+ Bayer 05
\+ Homburg

Wie bei der Stadionwerbung ist der Werbeerfolg von der Zahl der Kontakte abhängig, die diese Art der Werbung im Stadion, beim Fernsehzuschauer und über andere Kanäle erzielen kann. ROTH 1986, S. 72, läßt offen, ob der Erfolg der Mannschaft die Werbung für eine Marke positiv oder negativ beeinflußt.

Im Gegensatz zur Werbung mit einer Mannschaft bleibt im Fußballsport Werbung mit dem Vereinsnamen weiterhin untersagt. Gemäß dem auf dem außerordentlichen Bundestag des DFB am 26.9.1987 verabschiedeten neuen § 13 a DFB-Satzung sind Änderungen, Ergänzungen oder Neugebungen von Vereinsnamen und Vereinszeichen zum Zwecke der Werbung unzulässig. Damit reagierte der DFB auf eine Entscheidung des BGH, der eine im Dringlichkeitsverfahren auf dem DFB-Bundestag 1983 erfolgte Verabschiedung des neuen Paragraphen letztinstanzlich für unwirksam erklärt hatte (Münchner Merkur vom 28.9.1987).

Die Werbung mit einem Sportereignis beinhaltet die Finanzierung oder Mitfinanzierung einer Sportveranstaltung zur werblichen Nutzung. In Einzelsportarten wie Leichtathletik, Tennis, Ski, Golf werden die Aufwendungen für die Organisation und Startgelder für Athleten nur zum geringen Teil aus Zuschauereinnahmen aufgebracht. Um das Bild der Veranstaltung nicht durch eine Vielzahl von Werbetafeln der Stadionwerbung zu stören, verbindet ein Titelsponsor (z.B. EBEL German Open, BASF-Ski-Weltcup, HOECHST-Marathon) mit seinem Namen den Veranstaltungstitel und erhält die besten Werbeflächen. Unter Umständen teilen sich einige wenige Nebensponsoren die restlichen Werbeflächen. Die Sponsoren erwerben auch das Recht, während der Veranstaltung Kunden zu betreuen und zu bewirten. Professionelle Sportleistungen bieten somit ein günstiges Umfeld für kommunikationspolitische Aktivitäten der Sponsoren.
Bei der Werbung mit einem Sportereignis sind die Kontaktchancen für Werbebotschaften nicht nur höher

und intensiver als bei Banden- oder Trikotwerbung, sondern sie ermöglicht auch den schnellen Aufbau der Markenbekanntheit. Jedoch auch Firmen mit hohem Bekanntheitsgrad nutzen das Veranstaltungs-Sponsoring zur Kundenbetreuung.

Durch neu konzipierte Sportwettbewerbe wie Schaukämpfe, Golf-Pro-Amateur-Turniere und Parallel-Slalom kann diese Form der Werbung exakt auf die Bedürfnisse des werbenden Unternehmens zugeschnitten werden (ROTH 1986, S. 79).

Bei der Werbung mit Spitzensportlern verpflichten sich diese, für ein Unternehmen oder eine Marke zu werben.
Wenn der Sportler bekannt, beliebt und auch glaubwürdig ist, bringt er die idealen Voraussetzungen für ein Leitbild mit. So haben nach einer in den USA 1982 durchgeführten Untersuchung an Profisportlern der Golfspieler Jack Nicklaus und die Tennisspielerin Chris Evert-Lloyd die höchste Leitbild-Identifikation erreicht (ROTH 1986, S. 81 ff.).
Während der Sportler als Leitbild auch eine hohe Affinität zwischen Produkt, Werbebotschaft und Sportstar voraussetzt, erfordert die mehr kurzfristig angelegte Präsenterfunktion nur Bekanntheit und Beliebtheit. So hat die Bartabnahme des Fußballspielers Paul Breitner als kurzfristige Werbeaktion die Aufmerksamkeit schlagartig auf das Rasierwasser Pilralon gelenkt.

Außer den genannten Formen der Sportwerbung ergeben sich sportartspezifische Besonderheiten, die vor allem im Motor- und Skisport zum Tragen kommen. Motorsportwerbung ermöglicht signifikante Bekanntheitsgradsteigerungen durch hohen finanziellen und personellen Einsatz. So hat ein Hauptsponsor eines ganzen Formel-1-Teams jährlich zwischen 4 und 15 Millionen DM aufzuwenden; allein die Werbehonorare für das Engagement eines Weltmeisters sind erheblich (vgl. Abb. 18 nach ROTH 1986. S. 90/91).

Abb. 18: Werbehonorare eines Fahrers der Formel 1

Werbung	Weltmeister	Top 10	Dabeisein
Jahresgage	1-3,5 Mio $	250.000-1 Mio $	50.000-500.000 $
Autogrammstunde	2.000 $	500-1.500 $	500-1.000 $
Sticker Helm	5.000-10.000 $	2.000-5.000 $	bis ca. 3.000 $
Sticker Overall	2.000-10.000 $	1.500-6.000 $	bis ca. 3.000 $
Overall komplett	25.000 $	15.000 $	bis ca. 10.000 $

Die hohen Sponsorzahlungen für Formel-1-Rennen sind jedoch im Verhältnis zum Gesamtaufwand für einen Rennstall zu bewerten. Der Jahresetat des Mc Laren-Porsche-Teams umfaßt rund 40 Millionen DM, welche sich im einzelnen aufteilen (Welt am Sonntag vom 3.5.87):

- Entwicklung, Konstruktion und Bau von 5 neuen Boliden (drei für die Rennen, 1 Reserveauto, 1 Testwagen) verschlingen 20 Millionen DM. Darin sind allein 12 Millionen DM für Entwicklung und Bau der Motoren enthalten.
- Lohnkosten für 80 Mitarbeiter ca. 4 Millionen DM.
- Fahrergagen etwa 12 Millionen DM.
- Reisekosten ca. 2 Millionen DM.
- Versicherungen ca. 1 Million DM.
- Kosten für Testfahrten ca. 1,5 Millionen DM.

Summen in dieser Höhe können sich nur große Firmen wie Williams, Brabham, McLaren, Lotus oder Ferrari leisten.
Die Einnahmen des Formel-1-Zirkus sind jedoch auch gewaltig und betrugen 1986 weltweit 450 Millionen DM.
Sie stammen aus:

- Fernseh-Honorare: 1986 sahen 907 Millionen Menschen in 44 Ländern die 16 Grand Prix.
- Zuschauer-Einnahmen: 1986 waren 1,7 Millionen Zuschauer live dabei.
  Beim deutschen Grand Prix in Hockenheim zahlten 96.000 Zuschauer bei durchschnittlichen Eintrittspreisen von DM 65 pro Person über 6 Millionen DM.
- Werbeeinnahmen aus Vermietung der Rennwagen als rasende Litfaßsäulen sind Haupteinnahmequellen. Heckflügel, Frontnase, Cockpit-Verkleidung kosten 2 bis 10 Millionen DM; unterer Teil Frontnase und Seitenteile sind für 1000 bis 4 Millionen DM zu haben, Frontflügel rechts und links und Seitenteile Heckflügel werden für 200.000 bis 2 Millionen DM vermietet.

Formel-1-Autos sind somit die teuersten Plakatwände der Welt.

Die Werbung im Skisport ermöglicht wie im Motorsport Werbung im Stadion, am Mann und auf dem Gerät. Fast 20 Jahre nach Entstehung des Ski-Weltcups brachte das Jahr 1985 erstmals zur Überwindung des Sommerlochs die Rennen in Übersee. Trotz zurückgehender Zuschauerzahlen an den Strecken ist der telegene Skisport gut geeignet Bekanntheitsgrad und Markenimage aufzubauen.

Dabei bieten auch Skirennen hervorragende Möglichkeiten für flankierende Werbemaßnahmen der Kundenbetreuung in großartigem natürlichem und geselligem Umfeld (ROTH 1986, S. 96).

HANRIEDER 1986, S. 117 ff. weist auf die Notwendigkeit der Bewertung von Sportarten, Sportveranstaltungen und von Sportler-Persönlichkeiten hinsichtlich ihrer Eignung zur Imagebildung hin.
Als Kriterien für die Eignung von Profisportlern als Werbepartner kommen in Frage:
Sportliche Qualifikation, Bekanntheitsgrad, Beliebtheit der Sportart, Sympathiewert, öffentliches Ansehen des Umfeldes wie der Trainer, Funktionäre und Manager, Charaktereigenschaften, Vorbildfunktion, Persönlichkeitsausstrahlung, Medienauftreten, Verträge gegenüber anderen Sponsoren, Eignung für lokale, regionale, nationale oder internationale Werbung, Einordnung in ein Werbeteam, Glaubhaftigkeit für das beworbene Produkt bzw. das werbende Unternehmen.
Der werbende Berufssportler muß insgesamt zum optischen Erscheinungsbild, dem Corporate Identity Design, des Unternehmens passen. Ebenso muß die Sportwerbung in den Gesamtzusammenhang mit anderen kommunikationspolitischen Maßnahmen eingeplant werden.

DREYER 1986, S. 110, weist auf den ambivalenten Zusammenhang zwischen Massenmedien und Imagebildung von Berufssportlern und Mannschaften hin.
Einerseits soll das Produkt vom Bild des Athleten in der Öffentlichkeit profitieren, andererseits wirkt die Werbung imageprofilierend auf den Sportler.

Die wachsende Beliebtheit der Sportwerbung ist auf ihren im Vergleich zu anderen Werbeformen kostengünstigen Aspekt zurückzuführen. Kennzahlen für Werbungskostenvergleiche stellen die sog. Tausender-Kontakt-Preise dar, welche angeben, wieviele DM aufgewendet werden müssen, um 1000 Personen einmal mit einer Werbebotschaft in Berührung zu bringen (LICHTENAUER 1987, S. 227).
Nach der Formel

$$\text{1000-Preis} = \frac{\text{Kosten pro Seite bzw. Minute x 1000}}{\text{Nettoreichweite}}$$

weist die wirtschaftlichste Werbeform den niedrigsten Wert auf, mit dem bei gegebenem Mitteleinsatz die höchste Zahl von Personen erreicht wird, welche die Werbebotschaft einmal sehen oder hören.
Sportwerbung ist um ein Vielfaches kostengünstiger, wie folgender Vergleich aus dem Jahre 1983 zeigt (LICHTENAUER 1987, S. 227):

Medium		Kosten DM	Reichweite Mio Personen	1000-Kontakt-Preis DM
Magazin "Der Spiegel"		61.788	4,73	13,06
Illustrierte "Stern"		87.552	7,86	11,14
Werbesendung				
	WDR	44.000	10,1	4,35
	ZDF	82.000	35,28	2,32
Sportwerbung				
	ARD	20.000	36,38	0,54
	ZDF	20.000	35,28	0,56

6.3.3 Werbeeinnahmen durch Werbeagenturen und Vermarktungsgesellschaften im professionalisierten Sport

Betrachtet man die Einkommen von Berufssportlern, so ist zu unterscheiden zwischen den Entgelten für die sportliche Leistung in Form von Grundgehältern, Sieg- und Leistungsprämien und sonstigen Einnahmen aufgrund von Werbeverträgen.

Beispielsweise bezog der Tennisspieler Jimmy Connors im Jahr 1983 rund US $ 700.000 an Preisgeldern bei Turnieren, nahm aber aus Werbeverträgen das Drei- bis Vierfache dieses Betrages zusätzlich ein (Welt am Sonntag vom 16.9.1984).
Das Tennisspiel ist übrigens eine der wenigen Sportarten, aus denen auch Berufssportlerinnen hohe Einkommen erzielen. So kommt Steffi Graf 1987 auf ein Jahreseinkommen von 7 Millionen DM; die Werbeverträge bringen auch ihr mehr als die Bezüge aus dem reinen Leistungstennis (Münchner Merkur vom 2.7.87).
Die reichste Sportlerin der Welt, Martina Navratilova, erhöhte mit ihrem achten Wimbledonsieg 1987 ihre Preisgeld-Gesamtsumme auf US $ 12.316.887. Ein mehrfaches an Werbeeinnahmen kommt hinzu. Ihre materiellen Motive für die Flucht aus der Tschechoslowakei in den Westen, "Ein Land, in dem ein Schuhkauf als persönlicher Triumph gefeiert werden muß, vergibt seinen Anspruch auf Loyalität" (Münchner Merkur vom 6.7.87), gelten auch für andere emigrierte Spitzensportler des Ostblocks.
Neben der werbeträchtigen Sportart Tennis mit Spitzeneinkünften nehmen sich DM 80.000 pro Jahr für Doppelolympiasieger Gunde Svan 1984 im Skilanglauf recht bescheiden aus, wobei diese Summe überwiegend durch leistungsbezogene Verträge erzielbar ist.
Während Skilangläufer als Werbeträger den Produzenten nützen, konnten dagegen auch bei größten Erfolgen im Skispringen keine Rückwirkungen auf Verkaufszahlen bei Langlauf- oder Alpinski festgestellt werden (Münchner Merkur vom 24.1.85). Dementsprechend verschafft Skispringen trotz seines Showcharakters nur geringe Einnahmen für die Aktiven.

Die Diskussion über die Höhe von Sporteinkommen ist ohne Abgrenzung der werberelevanten ertragreichen Sportarten wie Fußball, Tennis, Golf, Motorsport, Radsport, Eiskunstlauf, Eishockey, Basketball, Handball, Volleyball, alpiner Skilauf und einigen publikumsattraktiven Disziplinen der Leichtathletik von Randsportarten wie Rudern, Kajak, Kanu, Schwimmen, Rollkunstlauf, Geräteturnen, Hockey, Wasserball, Budosport, Bobsport, Wasserspringen, Gymnastik, Fechten, Gewichtheben, Ringen u.ä. nicht sinnvoll.

Für die meisten Spitzensportler stellt ein Olympiasieg das höchste Ziel ihrer Sportlerkarriere überhaupt dar (Münchner Merkur vom 21.5.87). In den vermarktungsfähigen Sportarten ist damit eine solide Grundlage für langjährige Existenzsicherung gelegt. In den nicht werberelevanten Sportarten stellt sich die Situation anders dar. So erhielten beispielsweise die Rodel-Olympiasieger 1984 von Sarajewo Hans Stanggassinger und Franz Wembacher nur eine Autogrammstunde in einem Supermarkt für DM 1000, eine Einladung zu den Sommerspielen nach Los Angeles vom NOK sowie eine Urlaubsreise nach Griechenland, zu der Olympiasponsoren alle Medaillengewinner geladen hatten (Welt am Sonntag vom 23.12.84).

Aus materieller Sicht wird der hohe Gesamtaufwand für das Leistungsengagement in diesen Randsportarten meistens nur geringfügig abgegolten.
Für Ulrich Eicke, Olympiasieger 1984 im Einer-Canadier und Aktivensprecher im DSB stellt sich der sportökonomische Lebenslauf eines von der Deutschen Sporthilfe geförderten Spitzensportlers folgendermaßen dar (vgl. Welt am Sonntag vom 2.11.1986):

Unter den 3000 im Jahr 1984 geförderten Sportlern waren einschließlich der Mannschaftssportarten 30 Olympiasieger, also 1 %.
Nach D-Kader-Aufenthalt des Landessportverbandes erhält der C-Kader-Angehörige des Bundesfachverbandes monatlich DM 150. Bei WM-Plazierung unter die ersten 8 erhält er DM 500 im A-Kader; dieser Betrag steigert sich in der Optimalförderung der Sporthilfe auf etwa DM 1.500 einschließlich Versicherungen und Rücklagen, sofern Medaillenchancen bestehen. Die Zeitspanne von Kaderaufnahme bis Olympiateilnahme umfaßt ca. 10 Jahre, in denen täglich 3 - 5 Stunden Training sowie zusätzlich Massage und Sauna etc. einen 8-Stunden-Tag erfordern. Die schulische und berufliche Ausbildung wird in dieser Zeit vernachlässigt; höchste körperliche Belastung verlangt eine robuste Gesundheit, und im Ausnahmefall, auch bei entsprechendem Glück, kann der Athlet als Olympiasieger in einer Randsportart danach ca. 2 Jahre aus Werbeverträgen etwa DM 100.000 verdienen. Davon gehen Steuern und Solidaritätsabgaben an den Verband weg, so daß jährlich netto etwa 30.000 DM verbleiben; eine im Vergleich zu Tennis-, Fußball- oder Golfstars geringfügige Honorierung.

Die Erschließung von Werbeeinnahmen im professionalisierten Sport erfolgt grundsätzlich auf 2 Arten: Entweder beauftragt der Sportler selbst eine Werbeagentur, die wie ein selbständiger Handelsvertreter gemäß § 84 HGB für ihn Werbeverträge vermittelt oder abschließt, oder der Aktive läßt sich über eine von den Sportorganisationen gegründete Sportwerbe-Gesellschaft vermarkten.

Diese zweite Möglichkeit betrifft vorwiegend die Sportler mit offiziellem Amateurstatus in den olympischen Randsportarten unter Einschaltung der Fördergesellschaft Deutsche Sporthilfe GmbH (FDSH).

Die private Vermarktung professioneller Sportleistungen beansprucht die Dienste weltweiter Sportmanagement-Agenturen wie McCormack's International Management Group IMG oder Donald Dell's ProServ (Welt am Sonntag vom 20.4.1986). Gegen 10 bis 15 % der Preisgelder und 20 - 25 % der Werbeeinnahmen vermitteln sie Fernsehverträge, verpflichten Sponsoren, veranstalten selbst Turniere und betreuen die vertraglich gebundenen Spieler und Sportler einschließlich der Abgabe von Meldungen zu Wettkämpfen und Buchungen ihrer Flüge.
Ihre monopolähnliche Stellung im Profitennis führt sogar mitunter zur Aussperrung von Nachwuchsspielern ohne vertragliche Agenturbindung bei wichtigen Turnieren. Manche eigenständigen Sportveranstalter beugen sich der Machtstellung der Agenturen, da diese nicht nur Sponsorgelder sondern auch die Teilnahme der weltbesten Spieler und Sportler garantieren. Bei Einschaltung der Fördergesellschaft Deutsche Sporthilfe GmbH (FDSH) werden, unter Beibehaltung der olympischen Startberechtigung und zur sozialen Absicherung der Athleten nach ihrer aktiven Laufbahn, Werbeverträge abgeschlossen.
Die bundesdeutschen Sportverbände haben dabei ein kompliziertes System von Rechtsbeziehungen ausgeklügelt. Dadurch wird die olympische Zulässigkeit des Abschlusses von Werbeverträgen durch die Fachverbände genutzt und deren Abwicklung vereinheitlicht (vgl. SEITER 1985, S. 57 ff.).

Abb.19: Rechtsbeziehungen bei Einschaltung der Fördergesellschaft Deutsche Sporthilfe GmbH (FDSH) nach SEITER 1985, S. 58.

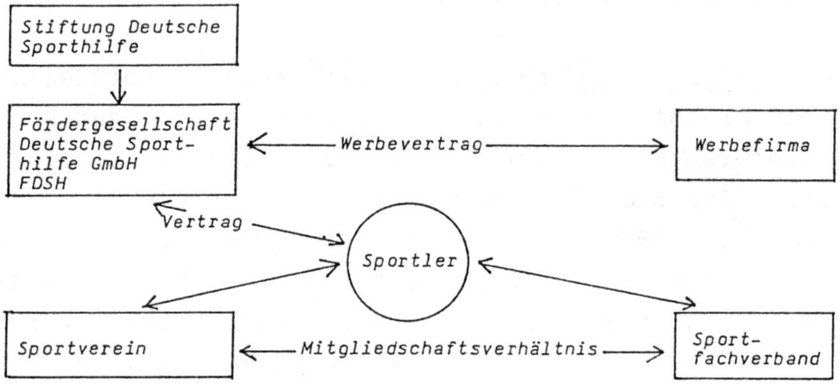

Bei dieser korporativen Sportvermarktung wird zwischen Werbefirma und FDSH der Werbevertrag geschlossen. Die FDSH sichert ausdrücklich ein Werbeverbot des(r) Sportler(s) für andere Produkte zu (§ 10 Mustervertrag). Da der Sportler nicht Vertragspartner ist, können auch Schadenersatzansprüche für eventuell vom Sportler nicht erbrachte Werbeleistungen nur gegen die FDSH geltend gemacht werden. In diesem Fall verpflichtet sich diese, einen gleichwertigen Sportwerbeträger ersatzweise zur Verfügung zu stellen (§ 12 Mustervertrag).

Der Sportler verpflichtet sich zu Werbeleistungen allein gegenüber der FDSH. SEITER 1985, S. 59, nimmt als Vertragstyp in seltenen Fällen eine Arbeitnehmerüberlassung nach dem AÜG an, wobei hierfür die Unterwerfung des abhängigen Aktiven unter das Weisungsrecht der FDSH in erheblichem Ausmaß nötig ist, so daß man ihn für die Vertragsdauer als Arbeitnehmer der FDSH ansehen müßte.

Die Einbeziehung in die Sozialversicherung wäre die Folge. Wahrscheinlicher ist die Charakterisierung der Rechtsbeziehungen zwischen Sportler und FDSH als Werkvertrag bzw. selbständiger Dienstvertrag wie bei einem freien Mitarbeiter.

GREFFENIUS/BORCHERDT 1985, S. 6, weisen auf die terminlichen Schwierigkeiten hin, die dem Abschluß von Werbeverträgen zwischen FDSH und Unternehmen oft entgegenstehen, da Trainings- und Wettkampfpläne der Athleten sich häufig zeitlich mit den Werbeplänen überschneiden. Manche Fachverbände votieren deshalb gegen Werbeverträge.
Obwohl zwischen Sportler und Werbefirma keine gegenseitigen Leistungsbeziehungen bestehen, unterliegt die Firma bei Werbemaßnahmen des Sportlers in ihrem Betrieb, z.B. bei Autogrammstunden, gesetzlichen Schutzpflichten zu dessen Gunsten.
Die von der FDSH vereinnahmten Werbehonorare werden auf einem Athletenfonds angelegt, wobei für jeden Werbeträger ein eigenes Konto geführt wird. Diese bis zum Abschluß der sportlichen Karriere an sich eingefrorenen Beträge können mit Zustimmung des Fachverbandes teilweise für zukunftssichernde Maßnahmen wie Hausbau, Wohnungskauf etc. freigegeben werden. Die bei Einschaltung einer Werbeagentur durch den Sportler auf über 50 % anwachsensenden Abgaben an Fachverband (10 %), Stiftung Deutsche Sporthilfe (10 %), Verein (5 %), FDSH (5 %) und Agentur (15-25 %) werden meist nur zähneknirschend akzeptiert.
Auch die Gründung der Deutschen Sportmarketing GmbH (DSM) im Jahr 1986 mit Hilfe von 6 deutschen Großbanken zur Koordinierung der Vermarktungsaktivitäten durch FDSH und NOK verändert die wirtschaftliche Abhängigkeit der Sportler nicht grundsätzlich.

Die wirtschaftlichen Auswirkungen von FDSH-Werbeverträgen für den professionalisierten Sportler mit offiziellem Amateurstatus liegen zunächst in den bisher nur teilweise gelösten Rechtsproblemen, die durch das Vierecksverhältnis Werbefirma-FDSH-Verband-Sportler bedingt sind. Wie kann beispielsweise der Athlet bei nicht vertragsmäßiger Werbung geschützt werden? Hat er selbst auch rechtliche Möglichkeiten, wenn die FDSH seine Rechte nicht umfassend wahrnimmt? Mit der steigenden Zahl von FDSH-Werbeverträgen ist auch vermehrt mit gerichtlichen Auseinandersetzungen zu rechnen (GREFFENIUS/BORCHERDT 1985, S. 6).

Die wirtschaftliche Bevormundung eines Großteils der bundesdeutschen Sportelite unter dem Vorwand sozialer Absicherung erscheint nicht mehr zeitgemäß. Einerseits wird der Spitzensportler als mündig erachtet, jahrelang selbständig Entscheidungen über sein von den Leistungsanforderungen bedrohtes höchstes Lebensgut, nämlich den Einsatz seiner Gesundheit, zu treffen, andererseits wird ihm unter Berufung auf überholte olympische Zulassungsregeln der Gegenwert seiner nur noch professionell zu schaffenden Sportleistungen temporär vorenthalten und auch der Höhe nach erheblich beschnitten. Die Regelung der vorzeitigen, teilweisen Auszahlung auf Antrag des Sportlers und nach Begutachtung durch die Fachverbände verführt zum Verbandsleitbild des wirtschaftlich abhängigen, fügsamen Athleten.
Auf Dauer geht der Weg an der privaten Vermarktung sportlicher Spitzenleistungen ohne korporatives Gängelband sicher nicht vorbei.

Zum mündigen Athleten unserer freiheitlich orientierten Gesellschaftsordnung gehört das selbständige Auftreten als Werbevertragspartner einschließlich der Vereinnahmung der Werbegelder und deren Verwendung, allerdings auch mit den eventuell damit verbundenen Risiken. Die olympische Sportart Fußball und die bisher nichtolympische Sportart Tennis haben den Beweis längst angetreten, partnerschaftlich die Interessen der Hauptbeteiligten besser zu befriedigen, als es die korporative Sportvermarktung vermag.
Die Sportorganisationen erkennen zunehmend das lukrative Geschäft mit dem Werbekuchen professionelle Sportleistung für sich zu nutzen. So hat das IOC der Marketing-Gesellschaft ISL die Werberechte an den Spielen 1988 in Seoul und Calgary einschließlich der Nutzung der olympischen Ringe für 300 Millionen US $ verkauft. Davon sind dem bundesdeutschen NOK 11 Millionen DM garantiert, welche den staatlichen Zuschuß zur Finanzierung der Olympiamannschaften ersetzen sollen. Die Majorität von 51 % an der ISL soll dem Sportartikelunternehmen "adidas", das bereits 1976 bei den Olympischen Spielen in Montreal mit 126 von 147 Medaillengewinnern und mit 83 % aller 8000 Olympioniken Werbeverträge hatte (Stern vom 27.2.1986), den Einfluß auf sportliche Großveranstaltungen sichern (Münchner Merkur vom 30.5.1985). Durch diese weitere Olympiavermarktung war eine Gefährdung des Sozialwerks des bundesdeutschen Sports, der Stiftung Deutsche Sporthilfe, nicht auszuschließen (SZ vom 19.7.85).
Die Gründung der Deutschen Sport-Marketing GmbH zur Verwertung olympischer Embleme und Mannschaften hat dieses Problem inzwischen entschärft (sid vom 3.7.86).
Die werbliche Nutzung der Europameisterschaft im Basketball 1985 in Stuttgart über eine Werbeagentur

ohne Inanspruchnahme der Ausfallbürgschaften von DM 900.000 der Städte Leverkusen, Karlsruhe und Stuttgart zeigt erfolgreiche, fachmännische Sportwerbung auch in einer Sportart, die bisher in der Bundesrepublik als wenig werbeattraktiv galt, für die im DSB nur wenig mehr als 100.000 Mitglieder organisiert sind. Der 1980 von Leverkusen nach Seattle gewechselte Basketballstar Schrempf wurde in das deutsche Nationalteam zurückgeholt und ausgedehnte Fernsehübertragungen sicherten hohe Einnahmen aus Bandenwerbung (Welt am Sonntag vom 16.6.1985).

Auch der Deutsche Skiverband tendiert zur privatkorporativ gemischten Vermarktung seiner nordischen und alpinen Spitzenläufer, indem er zu diesem Zweck die Gründung einer Werbeagentur durch Heinz Krecek, dem Wirtschaftsreferenten des DSV, Robert Schwan, Beckenbauer-Berater und dem Skistar Christian Neureuther unterstützt. Von den eingehenden Werbehonoraren sollen 75 % den Sportlern, 10 % dem DSV und 15 % der Agentur zukommen (Münchner Merkur vom 31.1.1985).
Der Deutsche Volleyballverband hat nun nach Aufgabe seines mehrfach angekündigten "Sozialmodells" zusammen mit der DSH sog. Athletenvereinbarungen geschaffen, die aus Verbands- und Sponsorengeldern finanziert werden. Dieses mit der Optimalförderung in den Individualsportarten gemäß dem "DSB-Förderungskonzept für den Spitzensport 1977 bzw. 1983" vergleichbare Förderungssystem unterstützt damit erstmals Mannschafts-Spitzensportler. Die Zukunft wird zeigen, ob die Staffelung in drei Zahlungskategorien bei einem bescheidenen Grundbetrag von monatlich DM 625,-- die soziale Absicherung der deutschen Volleyball-Spitzenspieler zufriedenstellend leisten kann (Münchner Merkur vom 16.12.1986).

6.4 Finanzierungsaspekte im professionalisierten Sport

Der Finanzierungsbegriff umfaßt jene Entscheidungstatbestände, "die sich auf die Gestaltung und Steuerung des betriebswirtschaftlichen Geldstroms beziehen" (HEINEN 1985, S. 139).
Finanzierungsprobleme stellen sich im professionalisierten Sport sowohl hinsichtlich der Mittelbeschaffung für die Berufssportler als auch zur Durchführung von Sportveranstaltungen.

6.4.1 Finanzierung der professionalisierten Sportler

Um die soziale und wirtschaftliche Überforderung von Spitzensportlern in der BRD zu vermeiden, erfolgt die Zuführung von Kapital durch öffentliche, korporative und private Aufbringung.

Die Stiftung Deutsche Sporthilfe (DSH), im Jahr 1967 unter Vorsitz von Dr. Josef Neckermann gegründet, unterstützt als eine private Fördergemeinschaft aus Wirtschaft und Industrie deutsche Leistungssportler.
An Einnahmequellen stehen der DSH zu:
- Verkauf von Sport-Sonderbriefmarken
- Erlöse aus Glücksspirale
- Verkauf von Olympiabüchern, Schallplatten und sportlich-lustigen Comic-Heften (Sporthilfe-Billy und -Susy)
- Erschließung durch direkte Spenden, die etwa die Hälfte der Einnahmen ausmachen.

In 19 Jahren ihres Bestehens hat die DSH bis Mitte Juni 1986 daraus Förderungsleistungen in Höhe von knapp 180 Millionen DM für insgesamt 14.000 Sportler erbracht (Mitteilungen der DSH Nr. 12 v. August 1986).

Das Sozialwerk des deutschen Sports gewährt Grund-, Sozial-, Unterhalts- und Ernährungsbeihilfen, Verdienstausfallerstattungen, Studien-, Ausbildungs-, Miet- und Fahrtkostenbeihilfen, Berufsberatung, Stellenvermittlung, Studienplatzbeschaffung, Stipendien, Nachhilfeunterricht, Internats-, Umzugs-, Massagekostenerstattung, ärztliche Betreuung, Regenerationsaufenthalte, Trainingsprämien, Aus- und Weiterbildung nach der sportlichen Laufbahn sowie Unfallversicherungsschutz.
Die DSH, deren geförderte Sportler sich zu einem großen Teil aus Schülern, Studenten und Auszubildenden rekrutieren, finanziert auch Sportinternate mit, bezuschußt die Aktion "Jugend trainiert für Olympia" und vergibt im Rahmen der Nachwuchsförderung die Auszeichnung "Juniorsportler" (DSH-Broschüre: "Leistungssport geht alle an" o.J.).
Insgesamt ist das Konzept der DSH deutlich an den Prinzipien des Amateursports orientiert, wobei die schulischen und beruflichen Ausbildungsnachteile infolge professionalisierter Sportaktivität kompensiert und nach der Sportkarriere der Übergang in eine fundierte Berufslaufbahn ermöglicht werden soll.
Die öffentliche Finanzierung von professionalisierten Sportlern kann indirekt über finanzielle Leistungen an die Vereine mit Profiabteilungen bzw. mit im Professionalisierungsprozeß befindlichen Leistungssportlern erfolgen.
Die kommunale öffentliche Hilfe ist breit gefächert und reicht von Steuererlassen, Steuerstundungen, Ausfallbürgschaften über Kredite und Zuschüsse.

Die Stadt kann auf Bandenwerbung verzichten, mitunter überläßt sie dem Verein kostenlos das Stadion oder kauft vereinseigene Sportanlagen von ihm zu überhöhten Preisen auf. Auch die Bundesligakaution wird manchmal von ihr garantiert.
Grundsätzlich ist die öffentliche Sportförderung durch Bund, Länder und Gemeinden durch das Subsidiaritätsprinzip geprägt, wonach diese nur dann sportorganisatorische Aufgaben übernehmen und dafür auch Mittel bereitstellen sollen, wenn dies in befriedigender Weise von den Vereinen und Verbänden nicht bewältigt werden kann.

Die im Verberuflichungsprozeß befindlichen Sportler profitieren außerdem durch die Finanzierung der kommunalen Gebietskörperschaften wie Städte, Gemeinden und Landkreise zur Errichtung und dem Unterhalt von Sport-, Spiel- und Freizeitanlagen sowie von Zuschüssen für Leistungssport und Übungsleiter bzw. Trainer (vgl. SCHMIDT 1987, S. 17 ff.).

Die als Teil der Kulturhoheit nach Art. 30 GG in der Verfassung nicht ausdrücklich geregelte, direkte Sportförderung obliegt grundsätzlich den Bundesländern. In erheblichem Umfang fördern die Länder den Leistungssport an Leistungszentren, Stützpunkten, Verbandssportschulen, durch Vergütungen für Landestrainer und Übungsleiter sowie durch Zuwendungen zu nationalen und internationalen Sportveranstaltungen. Außerdem werden sportmedizinische Untersuchungszentren für Angehörige der Landeskader unterstützt.

Finanzielle Mittel für professionalisierte Sportler wendet der Bund für Maßnahmen der gesamtstaatlichen Repräsentation (z.B. für Olympische Spiele, Welt- und Europameisterschaften, Länderkämpfe) und für bundeszentrale nichtstaatliche Organisationen wie für Höchstleistungsförderung des DSB, des NOK und der jeweiligen Bundessportfachverbände auf. Förderungsdetails gehen aus den von den Sportorganisationen mit der öffentlichen Hand entwickelten Programmen wie die "Grundsatzerklärung für den Spitzensport" (1977), das "Förderungskonzept für den Spitzensport" (1977) und die "Grundsätze für die Kooperation zur Förderung des Leistungssports" (1985) hervor.

Die materiellen Anforderungen aus dem Bundeshaushalt werden von der Bundesregierung mit dem Bundesausschuß Leistungssport des DSB über folgende Schwerpunkte der Hochleistungssport-Finanzierung festgelegt:

- Vorhaben der Fachverbände wie internationale Wettkämpfe, Lehrgänge der Nationalmannschaften und für talentierte Jugendliche, Beschaffung von Sportgeräten;
- Organisation internationaler Sportveranstaltungen
- Unterhaltung von 27 Bundesleistungszentren und ca. 200 Bundesstützpunkten, u.a. mit 45 hauptamtlichen Führungskräften und 110 Bundestrainern der A-, B- und C-Kader
- Unterstützung von 15 sportmedizinischen Untersuchungszentren
- Zuschüsse für Projekte des DSB im Hochleistungssport
- Sportstättenbau in Bundes- und Landesleistungszentren
- Finanzierung der Mitarbeit deutscher Repräsentanten in Gremien internationaler Verbände und des Bundesinstituts für Sportwissenschaft.

TETTINGER 1987, S. 33 ff., stellt zwar das enorme Gesamtvolumen öffentlicher Sportförderung im Jahr 1987 mit 5 Mrd. DM, aufgeteilt auf Länder (2 Mrd.), Kommunen (3 Mrd.) und Bund mit 229 Millionen heraus, beklagt jedoch die vor allem auf Länder- und Kommunalebene kaum erreichbare Transparenz der öffentlichen Sportförderungsmittel. Sportspezifische Förderungsmittel werden durchweg unter allgemeinen Haushaltstiteln veranschlagt. Umsoweniger ist es möglich, die jeweiligen Anteile für den professionalisierten Sport daraus zu eruieren. Dagegen weist eine Haushaltsübersicht des Bundes aus dem Jahr 1986 rund 271 Millionen DM Sportförderungsmittel aus 10 verschiedenen Ressorts aus. Dieser Betrag kommt überwiegend aufgrund der Aufteilung der Sportkompetenz zwischen Bund und Ländern dem professionaliserten Höchstleistungssport zugute (TETTINGER 1987, S. 35).
Die öffentliche Sportförderung ist im Bereich des professionalisierten Leistungssports noch mehr als bei der Breitensportfinanzierung der Gefahr ausgesetzt, eventuell die Autonomie der Sportorganisationen anzutasten und diese an die goldene Kette zu legen. Obwohl die politischen Parteien überwiegend den Breitensport als vorrangig bezeichnen, so ist der repräsentative Öffentlichkeitswert professioneller Sportveranstaltungen unzweifelhaft. TRZASKALIK 1987, S. 56, stellt fest, daß die Vertreter des Staates primär Berufssportveranstaltungen mit ihrem Besuch ehren.

Die <u>korporative Finanzierung</u> von Berufssportlern und professionaliserten Leistungssportlern mit Amateurstatus erfolgt über die Zuwendungen durch die Vereine.

Das qualitative und quantitative Wachstum des Spitzensports erfordert immer mehr Einnahmesteigerungen nicht nur der Sportverbände sondern auch in den Etatansätzen der Vereine (vgl. WOLF 1986, S. 174 ff.).
So weist auch HEINEMANN 1986 a, S. 186 ff., auf die beobachtbare Ablösung des traditionellen Finanzierungskonzepts durch Mitgliedsbeiträge und freiwillige Mitarbeits-Leistungen bei den Vereinen hin, wobei einerseits zunehmend durch interne Kommerzialisierung die Mittelverwendung für Leistungssportler zu ungunsten der Freizeitsportler zunimmt und andererseits durch externe Finanzierungsmaßnahmen vermehrt Ressourcen von Nichtmitgliedern erschlossen werden.
Gemäß den steuerrechtlichen Vorschriften sind im Sportverein die Einnahmen und Ausgaben im ideellen Bereich mit völliger Körperschaftssteuerfreiheit und beschränkter Umsatzsteuerpflicht von den Einnahmen und Ausgaben der Zweckbetriebe mit steuerlich zulässigem Gesamtgewinn von DM 12.000 im Durchschnitt von 3 Jahren und mit Umsatzsteuerpflicht zum halben Umsatzsteuersatz zu trennen.
Die Einnahmen und Ausgaben der wirtschaftlichen Geschäftsbetriebe als weiterem Bereich der Vereinsgeschäfte werden ohnehin wie jeder normale Gewerbebetrieb besteuert.
Die ideellen Erträge setzen sich aus Beiträgen, Umlagen und Aufnahmegebühren bis zu steuerlich zulässigen Beträgen von DM 1.000 pro Jahr und Mitglied bzw. DM 1.500 pro Aufnahme sowie Zuschüssen, Spenden und Einkünften aus Vermögensverwaltung zusammen (vgl. FINGER 1987, S. 1 ff.).
Einnahmen im steuerlich begünstigten Zweckbetrieb aus sportlichen, geselligen und kulturellen Veranstaltungen tragen außerdem zur Vereinsfinanzierung bei.

Jedoch müssen diese wirtschaftlichen Aktivitäten der Realisierung des steuerbegünstigten Satzungszwecks dienen und der Verein darf dadurch nicht mehr als für den Zweck nötig zu Wirtschaftsunternehmen in Konkurrenz treten. Ab 1.1.1986 gilt zwar § 67 a AO, wonach der Verein bei Einsatz bezahlter Sportler, d.h. bei Vergütungen über die Aufwandsentschädigung von DM 700 monatlich hinaus die Gemeinnützigkeit nicht mehr verliert, aber solche Einnahmen von Veranstaltungen mit bezahlten Sportlern müssen im wirtschaftlichen Geschäftsbetrieb voll versteuert werden.
In diesem Bereich kann der Sportverein außerdem Kapital aufbringen durch gesellige und kulturelle Veranstaltungen mit einem höheren Gewinn als DM 12.000 im Durchschnitt der letzten 3 Jahre, durch gesellige Veranstaltungen mit unbegrenztem Zutritt für Nichtmitglieder, durch eigenes Betreiben von Vereinsgaststätten, durch Verkauf von Sportartikeln und durch Werbung in eigener Regie.
HEINEMANN 1984 a, S. 41, bezeichnet die Finanzierungsquellen aus den wirtschaftlich relevanten Bereichen des Sports als "Finanzierungsverbund".

Im übrigen sind die Einnahmen im steuerfreien Bereich durch Spenden von Mäzenen von den Sponsorzahlungen im wirtschaftlichen Geschäftsbetrieb hinsichtlich ihrer betriebswirtschaftlichen Funktion für die beteiligten Vereine, Mäzene bzw. Sponsoren abzugrenzen.
Ein Mäzen gewährt ohne vertragliche Verpflichtung eine freiwillige Spende, die dem Verein in voller Höhe im ideellen Bereich zur Verfügung steht und welche beim Spender entsprechend der Höhe seines Einkommens- und evtl. Kirchensteuersatzes seine Steuerschuld vermindert.

Beim Sponsoring liegt ein Vertrag vor, in dem die Gegenleistung für die Sponsorzahlung in Form von Werberechten festgelegt wird. Der dem voll steuerpflichtigen Vereinsbereich zufließende Sponsorbetrag steht dem Verein nicht in voller Höhe zur Verfügung, da Mehrwertsteuer, Gewerbesteuer und Körperschaftsteuer abgeführt werden müssen.
Im Gegensatz zum Mäzen hat der Sponsor Vorteile hinsichtlich der höheren Steuerentlastung und als Folge der Werbeeffekte eventuell eine höhere Umsatz- bzw. Gewinnerwartung.
Unter diesen Aspekten sind hohe Sponsorzahlungen wie diejenigen von über 20 Millionen DM des Likörfabrikanten Mast in den letzten Jahren an den Fußballclub Eintracht Braunschweig verständlich (Welt am Sonntag vom 4.12.1983).

Abgesehen von den grundsätzlich methodisch kaum exakt nachweisbaren Werbeeffekten auf betriebswirtschaftliche Kennzahlen wie Umsatz-, Gewinn- oder Rentabilitätsentwicklungen wird man bei vielen Sponsorzahlungen vor allem an kleinere Vereine und deren Sportler mit mittlerem Leistungsniveau außer den steuerlichen Auswirkungen eine Mäzenateneinstellung ohne weitere Profiterwartung voraussetzen können.
FINGER 1987, S. 6 ff., zählt zur Fremdfinanzierung des Vereins alle öffentlichen Zuschüsse von Bund, Ländern und Gemeinden sowie die Zuschüsse der Sportorganisationen. Diese Fremdfinanzierungsmittel sind im Gegensatz zu allen anderen eigenfinanzierten Einnahmen grundsätzlich zweckgebunden.

Die Finanz- und Strukturanalyse FISAS des DSB aus dem Jahr 1982 erbrachte den geringsten Anteil an Eigenfinanzierung bei den hauptamtlich geführten Großvereinen (über 1000 Mitglieder) mit 77,4 % gegenüber den Kleinvereinen (bis 300 Mitglieder) und den mittelgroßen Vereinen (300 - 1000 Mitglieder), die Eigenfinanzierungsquoten von 81 % bis 89,8 % aufweisen (vgl. FINGER 1987, S. 8-12).

Der höhere Fremdfinanzierungsanteil der Großvereine ist neben der größeren Zahl von Übungsleitern auch auf höhere Zuschüsse für Sportanlagen zurückzuführen. Allerdings erscheint die Finanzierung aus Werbeeinnahmen bei mehrspartigen Mittelvereinen mit 2,5 %, bei ehrenamtlich geführten Großvereinen mit 1,6 % und bei hauptamtlichen Großvereinen mit 1,0 % noch relativ wenig ausgeprägt. Dieses Finanzierungspotential ist sicherlich noch nicht völlig ausgeschöpft. Neueste Zahlen könnten sicherlich genauere Aufschlüsse über die Entwicklung der Relation Eigen- und Fremdfinanzierung geben. Der Aufschwung der Sportwerbung im professionellen Sport gerade in den letzten Jahren würde sich wahrscheinlich darin deutlicher niederschlagen.

Die pauschale Einnahmen- und Ausgabenrechnung nach der FISAS-Analyse zeigt für das Jahr 1982 mit 1,9 % ebenfalls den relativ bescheidenen Anteil der Werbung an den Gesamteinnahmen der Sportvereine (GIESELER 1986, S. 115 f.).

Gesamteinnahmen der Sportvereine 1982	3.388	Mio DM
u.a. Zuschüsse aus öffentl. Hand	380	Mio DM
Beiträge und Aufnahmegebühren	1.750	" "
Einnahmen aus Veranstaltungen	592	" "
Einnahmen aus Spenden	253	" "
Einnahmen aus Werbung	64,5	" "

Gesamtausgaben der Sportvereine 1982	3.243 Mio DM
u.a. Bau von eigenen Sportanlagen	614 Mio DM
Unterhalt von eigenen Sportanlagen	480 " "
Vergütungen haupt-/nebenamtlicher Mitarbeiter	474 " "
Fahrtkosten	158 " "
Mieten fremder Anlagen	128 " "
Versicherungen/Steuern	106 " "

Ausgehend von den betriebswirtschaftlichen Besonderheiten der Finanzierung professionalisierter Sportler durch öffentliche, korporative und private Ressourcen stellt sich angesichts teilweise sehr hoher Entgelte für professionelle Sportleistungen die normativ-ethische Problematik, ob grundsätzlich die Inanspruchnahme öffentlicher Mittel und auch die Verschuldung vieler Sportvereine mit Profiabteilungen vertretbar sind. Nach GÄRTNER/POMMEREHNE 1978, S. 166, wird dieses Mißverhältnis zwischen "Sozialisierung der Verluste bei gleichzeitiger Privatisierung der Vorteile für Spieler, Funktionäre und Trainer" künftig noch zunehmen.

Die angespannte Lage der öffentlichen Haushalte einerseits und steigende finanzielle Erwartungen und Forderungen der Sportler unter gleichzeitigem Rückgang ihrer intrinsischen Befriedigung andererseits (COAKLEY 1984, S. 180) verschärfen die Finanzierungsprobleme im professionalisierten Sport. Hinzu kommt die für professionelles Sporthandeln verfehlte Rechtsform in Gestalt der korporativen Struktur.

Nach DOBERENZ 1980, S. 140, liegt die Hauptursache für die Schwierigkeiten der Kapitalaufbringung von Bundesligavereinen in den fehlenden Instrumenten zur Eigenkapitalbeschaffung.

Beim Erwerb von Beteiligungsrechten durch Zuschauer dagegen wäre keine wesentliche Fremdfinanzierung mehr nötig. Deshalb bietet sich als Rechtsform eine Kommanditgesellschaft auf Aktien mit einer GmbH als Komplementär an, in der die Vorstandsmitglieder des Vereins vertreten sind. Die Funktion der teilhaftenden Kommanditaktionäre würde von Zuschauern eingenommen werden. REUTER 1987, S. 40 f., verweist auf die AG als angemessene Rechtsform für Profisportbetriebe (s.S. 203).

6.4.2 Finanzierung von sportlichen Großveranstaltungen

Während die Olympischen Spiele 1972 in München vorwiegend öffentlich finanziert wurden, stellt die vorrangig private Finanzierung des nach WILLI DAUME größten Weltfestes (vgl. Welt am Sonntag v. 30.12.84) 1984 in Los Angeles ein Novum dar.
Allein die Versteigerung der Fernsehrechte an ABC für die USA erbrachte rund 700 Millionen DM - gegenüber den TV-Zahlungen von 20 Millionen US $ in München eine gewaltige Steigerung.
Der Olympiaorganisator PETER ÜBERROTH verlangte von den 30 Sponsoren in Los Angeles nicht nur ca. 470 Millionen US $, sondern einige von ihnen mußten zusätzliche Sach- oder Dienstleistungen einbringen (vgl. Welt am Sonntag vom 13.11.1983):

- IBM installierte die Computer für die Spiele.
- BUICK stellte eine Flotte von 500 Autos zur Verfügung.
- McDonalds erstellte für 4 Millionen US $ das Schwimmstadion.
- Die Supermarktkette "7-Eleven" erbaute das Velodrom für 3 Millionen US $.
- Jeans-Schneider LEVI STRAUSS kleidete im Wert von 40 Millionen US $ kostenlos Athleten und Offizielle ein.

Neben dem finanziellen Gewinn von 215 Millionen US $ aus der privaten Vermarktung der Olympischen Spiele in Los Angeles (Münchner Merkur vom 5./6.6.1985) fielen zusätzlich politische Nutzeneffekte an, die bei solch gut organisierten Sportereignissen in der Regel dem veranstaltenden Land bzw. der Stadt zugutekommen.
Ein anderes Beispiel für die Finanzierung von sportlichen Großveranstaltungen stellen die Nordischen Weltmeisterschaften in Seefeld im Januar 1985 dar. In diesem Mekka des Skilanglaufs in den Zentralalpen, wo übrigens zum ersten Mal überhaupt in den 60er Jahren Loipenspurgeräte Verwendung fanden, wurden 17 Millionen DM investiert; 90 % von der Kommune finanziert, den Rest erbrachten Sponsorzahlungen und Bundes- bzw. Landeszuschüsse.
Allein die Steuereinnahmen im Zusammenhang mit der WM übertreffen die Gesamtkosten (Münchner Merkur vom 15.1.85). Die Zuschauerfreundlichkeit als oberstes Gebot der Veranstaltungsorganisation wurde nicht nur durch den großzügigen Ausbau der Sportanlagen beachtet, sondern als besondere Serviceleistung installierte man im Skistadion eine Videowand aus 368 Fernsehgeräten, auf welcher jeder Meter der Langlaufstrecken verfolgt werden konnte. Nach dem Generalsekretär des Organisationskomittees TRAFLER ist die Werbewirkung durch die WM für den Fremdenverkehr Seefelds unbezahlbar. Denn schon 1964 und 1976 hatten die Olympischen Winterspiele dem Ort einen Touristenboom beschert.

Die Finanzierung sportlicher Großveranstaltungen erfordert nicht nur die Erschließung von Eigen- und Fremdmitteln, sondern die mittelfristige Wiederholung solcher Großereignisse ist ebenso einzuplanen wie die spätere Nutzung der Anlagen. So dient in Seefeld das neuerrichtete Medienzentrum nun als Tennishalle (Münchner Merkur vom 17.1.85).
Bei Nichtbeachtung dieser Grundsätze stellt sich ökonomischer Mißerfolg ein, wie das Beispiel der Olympischen Spiele in Montreal 1976 zeigt.
Die Auswirkungen auf die lokale und regionale Wirtschaftsstruktur durch die mit der Organisation von professionellen Sportereignissen verbundenen Finanzierungsmaßnahmen wird auch am Beispiel des 1985 in Delray Beach, Florida, erstmals von den Spielergewerkschaften ATP und WTA selbst veranstalteten Tennisturniers deutlich.
Nachdem der Sportpromotor BUTCH BUCHHOLZ die Verträge mit Fernsehgesellschaften und mit Haupt- und Nebensponsoren gesichert hatte, wurde innerhalb von nur 2 Monaten (!) auf einer ehemaligen Rinderweide eine Tennisanlage mit 10 Kunststoffplätzen einschließlich eines Centre Courts für 12.000 Zuschauer aus dem Boden gestampft.
Die Premiere des Delray-Beach-Turniers war sportlich und finanziell ein Volltreffer, da bei Damen und Herren fast die gesamte Weltklasse antrat. Nur JOHN McENROE und JIMMY CONNORS meldeten bei diesem von Spielern für Spieler veranstalteten Turnier ohne die sonst im Profitennis üblichen, eigentlich verbotenen Antrittsgelder nicht.

Als die damaligen Top Two der Weltrangliste waren sie gewöhnt, 150.000 bzw. 100.000 US $ Schwarzgeld zu kassieren, bevor sie überhaupt einen Ball geschlagen hatten (Welt am Sonntag vom 17.2.85).
130.000 Zuschauer zahlten Eintrittspreise von 8 bis 25 Dollar, der Ort registrierte 4.000 zusätzliche Übernachtungen und 1.500 zusätzliche Arbeitsplätze. Delray und die umliegenden Gemeinden haben hochgerechnet, daß aufgrund des Tennisturniers 10 - 12 Millionen US $ Einnahmen in allen Wirtschaftsbereichen erzielt wurden.
Sportgroßveranstaltungen tragen, wie auch das Beispiel der Alpinen Skiweltmeisterschaften 1982 in Schladming/ Haus zeigt, wesentlich zur internationalen Profilierung und Markierung von Fremdenverkehrsorten bei. Der sich vom Verkäufer- zum Käufermarkt entwickelnde touristische Markt benötigt ein langfristig angelegtes Marketingkonzept, damit eine mittel- und langfristige Umwegrentabilität erwartet werden kann, die über die zeitlich beschränkte Auswirkung der eigentlichen Sportgroßveranstaltung hinausführt (SCHNEDLITZ/PIBER 1985, S. 129).

6.4.3 Konsequenzen aus privater Finanzierung im professionalisierten Sport

Die mit der Zunahme der privaten Finanzierung im professionalisierten Sport verbundene Kommerzialisierung beinhaltet, daß der Markt als Austauschmechanismus von Sportgütern und monetären Gegenleistungen mehr und mehr an Bedeutung gewinnt. Die sich daraus ergebenden Folgen hinsichtlich der Autonomie des Sports werden in der bisherigen sportökonomischen Literatur überwiegend negativ dargestellt (vgl. HEINEMANN 1984 a, S. 43 ff.; HEINEMANN 1984 b, S. 145/146; HEINEMANN 1985, S. 87 ff.):

- Der sportliche Erfolg wird zunehmend von finanziellen Förderungen abhängig, wodurch ökonomische Prinzipien die Erreichung der sportlichen Ziele bestimmen.

  Diesem Argument ist entgegenzuhalten, daß professionelle Höchstleistungen nur mit hohem Aufwand erreichbar sind und zwangsläufig entstehende sportliche und wirtschaftliche Zielkonflikte wie physiologisch irrelevante Wettkampfzeiten aus Rücksicht auf Fernsehübertragungen nur durch Kompromißlösungen aufgrund sportlichen <u>und</u> wirtschaftlichen Sachverstandes möglich sind. Als Beispiel hierfür mag die Tatsache dienen, daß sich die Beratung von Sportlern durch Manager im wirtschaftlichen Bereich zusätzlich zur Funktion der Trainer im sportlichen Handlungsfeld immer mehr durchsetzt.

- Bisher übliche Finanzierungsformen wie Beiträge, Spenden und ehrenamtliche Mitarbeit treten gegenüber marktbezogenen Leistungsbeziehungen, welche die Stabilität und Eigenständigkeit des Sports bedrohen, immer mehr zurück.

Die Realität erfordert die Anerkennung verschiedener Sportwelten mit unterschiedlichem Finanzierungsinstrumentarium. Professioneller Sport benötigt Zuschauereinnahmen, Medien- und Sponsorzahlungen in wesentlich höherem Umfang als ein vorwiegend beitragsfinanzierter Freizeitsportverein.

- Das Prinzip der Gleichheit im Sport wird in Frage gestellt, da nur publikumswirksame Sportarten vermarktbar sind.

Der wirtschaftlichen Funktion des Sports gebührt das Verdienst, hinsichtlich des Anreizwertes von Sportarten deutlich auf Innen- und Außenaspekte hinzuweisen.
Die Attraktivität sportlichen Handelns kann für Zuschauer und Sportler durchaus unterschiedlichen Stellenwert besitzen. Solange im Fechten ein Treffer von Zuschauern kaum wahrgenommen werden kann, ist mit dieser Sportart kein Geschäft zu machen. Interne und externe Anreizkomponenten bestimmen mit die Vielfalt sportlicher Handlungsabläufe. Das Postulat nach gleichen Förderungs- bzw. Finanzierungschancen für alle Sportarten ist deshalb utopisch. Rangordnungen von Sportarten nach Marketingmöglichkeiten ergeben sich zwangsläufig aus deren unterschiedlicher Strukturierung.

- Wenn Sport zum Beruf und Gelderwerb wird, dann besteht die Gefahr des Abgleitens in das reine Showgeschäft, auch als Verfremdung bzw. Denaturierung des Sports bezeichnet. Der Wert des Sports wird auf seinen ökonomischen Wert, d.h. auf seinen von Marktfaktoren abhängigen Preis reduziert. Dadurch verarmt das individuelle und soziale Leben im Sport, weil alles, was nicht in Geld auszudrücken ist, verloren geht.

  Dieses, durch das MARX-Zitat "Das Geld erniedrigt alle Götter des Menschen und verwandelt sie in eine Ware" (MARX o.J., S. 43) von HEINEMANN 1984 a, S. 45, belegte Argument negiert total die unübersehbare Ausweitung und Bereicherung der sportlichen Ausdrucksfähigkeit in ihren qualitativen und quantitativen Dimensionen im professionalisierten Sport. Nur aufgrund eines undifferenzierten Sportbegriffs kann man die mit dem Berufssport einhergehende enorme Leistungssteigerung mit ihrer medienrelevanten Massenausstrahlung als Verarmung des individellen und sozialen Lebens bezeichnen.

Eine sozioökonomische Analyse der Verberuflichung hat nicht so sehr normative Aspekte der mit privatwirtschaftlicher Finanzierung einhergehenden Autonomiegefährdungen des Sports herauszustellen, sondern vor allem die dadurch erfolgende Differenzierung der Sportbereiche einschließlich ihrer sportwirtschaftlichen Verflechtungen darzulegen. Hierzu gehören Einkommens-, Beschäftigungs- und Kommunikationseffekte, denen man auch soziale positive Wirkungen nicht absprechen kann.

7. Professionalisierung im Tennissport

Bei der Darstellung der wirtschaftlichen und sozialen Ansätze der Professionalisierung in der Entstehungsphase des Sports in England war Tennis bewußt ausgeklammert worden, da die historischen Wurzeln dieser heute zweifellos professionalisierten und kommerzialisierten Sportart im Zusammenhang mit einer empirischen Untersuchung aus unserer Zeit analysiert werden sollen.
Die aufgedeckten rechtlichen und wirtschaftlichen Grundlagen des Berufssports unserer Tage haben dann auch infolge der Fülle dargelegter Beispiele immer wieder auf den Tennissport als professionalisierte Sportart hingewiesen.

7.1 Ansätze der Verberuflichung von der Entstehungsphase des Tennissports bis heute

Ein kurzgefaßter Überblick läßt Professionalisierungsansätze in der Genese des Tennissports bis in unsere Tage erkennen.

Die Familie der mit Tennis verwandten Rückschlagspiele nimmt seinen Ursprung vom "sphairisterion", einem besonderen Gebäude für Ballspiele, das zum wesentlichen Merkmal eines wohlhabenden griechischen und römischen Hauses gehörte (vgl. HARRIS 1972, S. 163 ff.).

Aus dem Real oder Court Tennis als dem bedeutendsten dieser vorwiegend von Aristokraten in Frankreich erst unter dem Namen "Jeu de Paume" und dann auch in England betriebenen Spiele entwickelten sich im 19. Jahrhundert die an Schulen und Universitäten gepflegten Spiele wie Rackets, Squash Rackets und Fives, das in der Residenz des Herzogs von Beaufort entstandene Badminton, Lawn Tennis als Sommersport zunächst für Frauen ohne Förderung durch die Schulen und später um 1900 Tischtennis, das in Jugendclubs und als schulischer Nachmittagssport aufblühte (Abb. 20).

Abb. 20: Ursprung des Tennisspiels

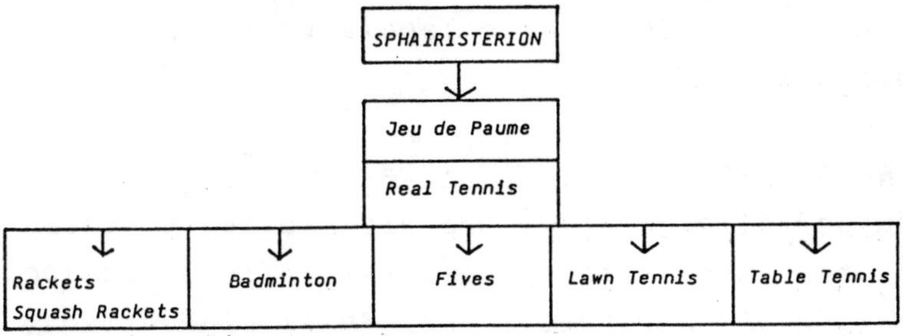

Wirtschaftliche Gründe wie die hohen Kosten für den Bau von Real-Tennis-Plätzen führte zur Entstehung einiger weniger aufwendiger Modifikationen dieses Spiels, da die Rackets-Courts nur die Hälfte eines Real-Tennis-Feldes und Sqash Rackets noch kleinere Plätze benötigten.

In der Regel waren die Real Tennis Courts überdacht. Von den wiederholten Versuchen, das Tennisspiel ins Freie zu verlagern, glückte dem britischen Armeeoffizier, Major Wingfield, der entscheidende Durchbruch, als er 1873 in Anlehnung an das antike Ballspiel die "Regeln für Sphairistiké oder Lawn Tennis" veröffentlichte und dann darüber ein Patent erhielt.

Der Name Lawn Tennis setzte sich durch und der All England Croquet Club, der sein Büro in Wimbledon 1869 gegründet hatte, organisierte 1877 die ersten Lawn Tennis Meisterschaften nach neuen, im großen und ganzen bis heute gültigen Regeln, was Platzmaße, Netzhöhe und Zählweise betrifft.
Nach vorübergehendem Popularitätsverlust nahm Rasentennis gegen Ende des 19. Jahrhunderts einen so großen Aufschwung, daß es 1896 ins olympische Programm aufgenommen wurde, das aus historischen Gründen mehr für Einzelsportler als für Mannschaften konzipiert war. Da Tennis im Gegensatz zum Mannschaftssport Cricket als nicht geeignet für Schüler und Studenten betrachtet wurde, etablierte sich Tennis vor allem als Frauensport.

Nach HARRIS 1972, S. 166, gab es im Real Tennis jahrhundertelang Profis, die als Platzwarte tätig waren, als Schiedsrichter das komplizierte Zählen übernahmen und Anfänger in das Spiel einführten. Ähnlich wie die Watermen und die Clubmanager bzw. Platzwarte beim Golf konnten sie trotz niedriger Herkunft aus dem Spiel ihren Lebensunterhalt bestreiten, jedoch nicht so sehr wie die primärprofessionalisierten Tennisspieler unserer Zeit aus dem sportlichen Wettbewerb selbst. Traten sie untereinander mitunter zu Matches an, dann spielten sie um die Einsätze ihrer Gönner. Sie bezogen ihr Spielentgelt somit nicht vorrangig aus Zuschauereinnahmen.
Im Rasentennis besuchten nach dem 1. Weltkrieg immer mehr Zuschauer die Turniere und Meisterschaften.

Die Spielstärken nahmen so sehr zu, daß Amateure, für die das Spiel eine Freizeitbeschäftigung war, nicht mehr bestehen konnten. Eine kleine Gruppe von Vollzeitspielern, finanziert durch Ausrüstungsproduzenten, reiste nun - wie eine Schauspieltruppe von Theater zu Theater - von Turnier zu Turnier, offiziell als Amateure deklariert.
Der entscheidende Schritt in das offene professionelle sportliche Unterhaltungsgewerbe erfolgte durch W.T. THILDEN, der 1930 als in der Tennisszene dominierender Akteur Berufsspieler wurde. Nun bereisten 2 Tenniszirkusse die Welt; die nominellen Amateure spielten bei den bisherigen Turnieren und Meisterschaften mit, die Profis bei eigens für sie veranstalteten Wettbewerben.
Mit Beginn der 70er Jahre erfolgte dann die Öffnung aller Turniere auch für Berufsspieler, so daß im Tennissport heutzutage die Amateur- bzw. Profiabgrenzung keine Rolle mehr spielt.
Die von HAARIS 1972, S. 167, befürchtete Korruption im bezahlten Tennis durch Vortäuschung von Kampfgeist und vorheriger Aufteilung der Preisgelder wird durch die in den letzten Jahren erfolgte Leistungsexplosion im Tennis erheblich gemindert. So regelt seit 1973 der ATP-Computer (Association of Tennis Professionals) die harte Konkurrenz und damit auch den jeweiligen Marktwert der rund 1.000 Berufsspieler, wobei jeweils montags der Weltranglistenplatz neu berechnet wird. Ein kompliziertes Punktsystem berücksichtigt die Größe des Teilnehmerfeldes, die Höhe des ausgeschütteten Preisgeldes sowie die Wertigkeit des besiegten Gegners (Münchner Merkur vom 9./10.5.87).

Dieser letztgenannte rein sportliche Erfolgsfaktor richtet sich nach den erreichten Runden im Turnier und nach dem Ranglistenplatz des geschlagenen Gegners. Extrapunkte sind durch Überschreiten von jährlich 14 Pflichtturnieren zu erlangen. Da sich der Weltranglistenplatz aus der in den vergangenen 52 Wochen durchschnittlich erreichten Punktzahl errechnet, entscheiden erfolgsorientierte Tennisprofis über ihre Turnierteilnahme häufiger nach der erreichbaren Punktzahl als nach der Höhe des Preisgeldes.
Denn ein günstigerer Ranglistenplatz erspart risikoreiche, kräftezehrende und Kosten verursachende Qualifikationsrunden ohne Price-Money-Ausschüttung.

7.2 Verberuflichung im Tennissport am Beispiel Boris Becker

Die Tennislaufbahn des zweifachen Wimbledonsiegers BORIS BECKER nahm seinen Anfang, als er 1974 als Sechsjähriger nach einer Sichtung des badischen Tennisverbandes 3 Jahre lang in das Bezirkstraining aufgenommen wurde (vgl. Tennismagazin 11/1985, S. 73 ff.).
Von 1977 bis 1984 absolvierte er dann im Leistungszentrum Leimen ein tägliches, in der Regel dreistündiges Training. Dies entspricht etwa 8.000 erhaltenen Ausbildungsstunden. Schon als Achtjähriger ließ er sein Tennistalent mit großer Geschicklichkeit, gutem Ballgefühl und enormen Kampfgeist erkennen. Als bisher jüngster Wimbledonsieger verfügte BECKER mit 17 Jahren neben den für Tennischampions wichtigen motorischen Eigenschaften auch über eine Wettkampfpsyche, die der "Einsamkeit des Tennisspielers" entspricht.

Geringe Streßanfälligkeit, beste Konzentrationsfähigkeit und starke Erfolgsorientierung prägten ihn als Siegertyp.
Der badische Tennisverband und der DTB ermöglichten BECKER nicht nur Dauertraining im heimischen Leimen und neun Lehrgänge im Bundesleistungszentrum Hannover; sondern viele Turniereinsätze in Europameisterschaften, Pokalwettbewerben und internationalen Turnieren erbrachten auch umfangreiche Turniererfahrungen.
Nach Cheftrainer SCHÖNBORN sind insgesamt 1.270.000 DM für BECKERS Tennisausbildung aufgewendet worden. Darin enthalten sind alle Kosten wie Trainerhonorare, Hallenmieten und Reisekosten, nicht eingerechnet den Aufwand der Eltern vor der Verbandsförderung.
Den Erfolgsweg BORIS BECKERS ebneten im einzelnen seine Eltern, die Nähe des Wohnorts zum Verbandsleistungszentrum, die langfristige Betreuung durch den qualifizierten Trainer BORIS BRESKVAR, die nationale Talentförderung des DTB, die Zuwendung zur beruflichen Sportausübung unter Aufgabe der schulischen Ausbildung, das erfolgreiche Coaching und Counselling durch Trainer BOSCH und Manager TIRIAC in der Zeit vor dem großen sportlichen Durchbruch sowie der hohe Finanzeinsatz während der Tennisausbildung. BECKER stellt ein Exempel dafür dar, daß sportliche Spitzenleistung nicht nur Talent und Einsatzwillen des Athleten sondern auch große materielle Mittel in seinem Umfeld erfordert; Leistungsbedingungen, welche überwiegend heutzutage nur durch professionelles Handeln im Sport bereitzustellen sind. Der Champion BORIS BECKER wurde geboren <u>und</u> er wurde gemacht (TENNISMAGAZIN 11/1985, S. 73).

7.3 Deutsche Tennisspieler im Professionalisierungsprozeß

Der Aufschwung des Tennissports nach dem 2. Weltkrieg in der BRD gibt Anlaß zu konträrer Bewertung seines sozialen Standortes im Vergleich zu anderen Sportarten. LÜSCHEN/WEIS 1976, S. 209, reihen Tennis in die "obere Sozialgruppe der Sportarten" ein, während TIMM 1979, S. 38, Tennis zu den Prestigesportarten zählt. In der Tennisszene stützen hohe Aufnahme- und Mitgliedsbeiträge sowie ein häufig elitäres Aufnahmeverfahren mit Wartelisten, Clubeintritt über großzügige Spenden und Stellung von Bürgen diese These des Tennis als <u>Elitesportart.</u>
Die Einschätzung des Tennisspiels als <u>Volkssport</u> widerspricht dieser Meinung. Über den DTB waren immerhin Ende 1986 1.813.675 Vereinsmitglieder organisiert, die auf insgesamt 36.336 Plätzen in 8.243 Clubs bzw. Vereinsabteilungen spielten (DTB-Jahrbuch 1987, S. 63-69). Damit nimmt der Tennissport nach Fußball und Turnen den 3. Rangplatz innerhalb der im DSB erfaßten Sportarten ein, die insgesamt 19.588.607 Mitglieder aufweisen. Schätzungsweise 40 - 50 % der organisierten Spieler sind zusätzlich als nicht vereinsgebundene Tennisfans auf Mietanlagen und ähnlichen Einrichtungen aktiv. Wenn auch die jährlichen zweistelligen Zuwachsraten der DTB-Mitgliederstatistik der 70er Jahre in letzter Zeit deutlich geschrumpft sind und damit auf eine Minderung des Nachholbedarfs hinweisen, so untermauert dennoch die Vielzahl deutscher Tennisspieler den Trend zum Massensport.

Im Vergleich zu Turnen und Fußball ist außerdem sicherlich die Quote der aktiven Spieler gegenüber den passiven Vereinsmitgliedern nicht geringer. Vermehrte Fernsehübertragungen von Tennismatches steigerten in letzter Zeit deutlich das öffentliche Interesse an dieser Sportart.
Die Aufklärung des Gegensatzes Tennis als Elite- oder Volkssport würde eine umfangreiche Analyse vor allem breitensportlicher Strukturen im Vergleich mit anderen Sportarten erfordern. Die Verberuflichungsproblematik im Sport zwingt jedoch zur Untersuchung des Leistungsbereichs im Tennis. Da sportsoziologische Analysen über Tennis insgesamt sehr spärlich sind und über Leistungstennis bisher überhaupt fehlen, wurden im Rahmen einer Pilotstudie sportliche, soziale und wirtschaftliche Variablen von Tennisleistungsspielern erkundet. Die Daten dieser Querschnittsuntersuchung geben einen Einblick über die sportliche, soziale und ökonomische Situation von Tennisspielern aus dem Jahr 1985. Als Leistungskriterium dient die Ranglistenzugehörigkeit. Somit treten im ersten Jahr des Becker-Booms Merkmale des Professionalisierungsprozesses im Tennissport zu Tage, welche die Besonderheiten der individuellen Karriere eines Weltspitzenspielers ergänzen. Längsschnittuntersuchungen könnten die Kriterien des Verberuflichungsvorgangs allerdings noch wesentlich genauer erarbeiten.
Die Erhebung wurde mittels eines anonymen, 10seitigen Fragebogens an allen 384 Spielern und Spielerinnen der Bezirksranglisten München und Oberbayern, der Landesranglisten Bayern sowie der deutschen Ranglisten jeweils für Damen und Herren aus dem Jahr 1985 durchgeführt.

Die Rücklaufquote dieser Totaluntersuchung von 33,0 % (n = 127, davon 49 Damen und 78 Herren) kann angesichts der u.a. heiklen Fragestellung nach der wirtschaftlichen Aufwands- und Ertragssituation als zufriedenstellend bezeichnet werden.
Zunächst war der Fragebogen unter Hinzuziehung von Expertengesprächen mit Tennisvereins- und Tennisverbandsfunktionären erstellt worden. In einem Pretest wurde er danach in Form persönlicher Interviews mit 12 Spielern/-innen der Münchner Tennisrangliste 1984, von denen jeweils 4 auch der bayerischen und der deutschen Rangliste angehören, überprüft.
Die Versendung der Fragebögen erforderte umfangreiche Recherchen bezüglich der aktuellen Spieleradressen, da sich die Anschriftenverzeichnisse bei den für die Ranglisteneinstufung zuständigen Stellen teilweise als lückenhaft erwiesen. Die Ursache hierfür liegt vorwiegend in den häufigen Vereinswechseln der offensichtlich hoch mobilen Leistungsspieler begründet. Deshalb mußte auch die anfangs geplante Einbeziehung der ausländischen Spieler/-innen auf den C-Ranglistenplätzen entfallen.
Die Fragebögen konnten erst relativ spät, Ende Februar 1986, versandt werden, da sich die Aufstellung der endgültigen Deutschen Rangliste 1985 verzögert hatte und infolgedessen die Bayerische Rangliste und die Bezirksranglisten von München und Oberbayern dementsprechend später erschienen. Anfang Mai 1986 war der Rücklauf beendet.
Die Untersuchung wurde organisatorisch über den Lehrstuhl für Sporttraumatologie der TU München, Leitung Prof. Dr. P. BERNETT, abgewickelt.
Die Auswertung erfolgte am Leibniz-Rechenzentrum der Bayer. Akademie der Wissenschaften, München, durch SPSS (Statistical Package for the Social Sciences).

Herr W.S. FRANTZ, M.A. München, war bei Datenerhebung und Auswertung behilflich.
Für freundliche Unterstützung bei der Adressenbeschaffung ist zu danken Herrn Dr. von PIERER vom DTB, Herrn J. LAASS vom BTV, den Herren WOLFRAM und WOLFRUM vom Tennisbezirk Oberbayern, Herrn R. KESSELE vom Tennisbezirk München sowie Herrn DINCKELS von der Deutschen Interessenvereinigung der Turnier-Tennisspielerinnen und -spieler (DITT).
Für das Ausfüllen des Fragebogens danke ich den Ranglistenspielern.
Das Ausschreiben an die Spieler und der Inhalt des Fragebogens gehen aus dem Anhang hervor.

7.3.1 Sportliche Variablen von Tennisleistungsspielern

Von den untersuchten Angehörigen der DTB-Ranglisten werden 1985 gleichzeitig 13 Spieler und nur 2 Spielerinnen in den Weltranglisten geführt. Dies ist bei der Differenzierung der Untersuchungsergebnisse nach dem Leistungsniveau besonders zu beachten.

Abb. 21: Ranglistenzugehörigkeit 1985

Rangliste	gesamt	Damen	Herren
DTB	59	23 (WITA 2)	36 (ATP 13)
BTV	29	8	21
Oberbayern	15	7	8
München	24	11	13
	127	49	78

Der sportliche Werdegang vom Anfänger bis zum Leistungsspieler wird am Kriterium des Lebensalters bei Beginn mit Tennis überhaupt, bei Einstieg in das Wettkampftennis und bei Aufnahme in Ranglisten festgemacht.

Die Ranglistenspieler/-innen haben durchschnittlich mit 8 1/2 Jahren mit dem Tennisspielen begonnen, wobei der/die jüngste 3 Jahre und der/die älteste 15 Jahre alt war (Abb. 22). Mit 11 Jahren begannen sie durchschnittlich mit Wettkampftennis. Der Beginn variiert hierbei von 6 Jahren bis 20 Jahren (Abb. 23).
Die erstmalige Aufnahme in eine Jugendrangliste (nicht Vereinsrangliste) erfolgte mit durchschnittlich 12 1/3 Jahren (Minimum 8 Jahre, Maximum 18 Jahre) (Abb. 24).
Mit 16 3/4 Jahren erscheint der/die Leistungsspieler/in erstmals in einer Erwachsenenrangliste (nicht Vereinsrangliste). Die früheste bzw. späteste Aufnahme geschah mit 11 bzw. 36 Jahren (Abb. 25).
Durchschnittlich haben die Ranglistenspieler/-innen etwas über 4 Jahre lang regelmäßig 2 1/2 Trainerstunden pro Woche erhalten, wobei Maximalwerte von 12 Wochenstunden (Abb. 26) bzw. 10 Jahren auftreten (Abb 27).

+ Abbildungen

Abb. 22: Lebensalter bei Tennisbeginn

Häufigkeit	Jahre
1	3
3	4
10	5
19	6
12	7
23	8
15	9
16	10
9	11
10	12
4	13
3	14
2	15

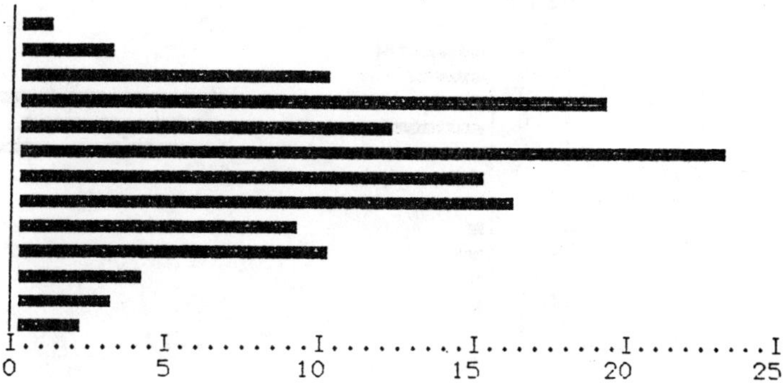

Abb. 23: Alter bei Beginn mit Wettkampftennis

Häufigkeit	Jahre
1	6
5	7
16	8
16	9
25	10
13	11
11	12
15	13
14	14
5	15
2	16
2	17
0	18
1	19
1	20

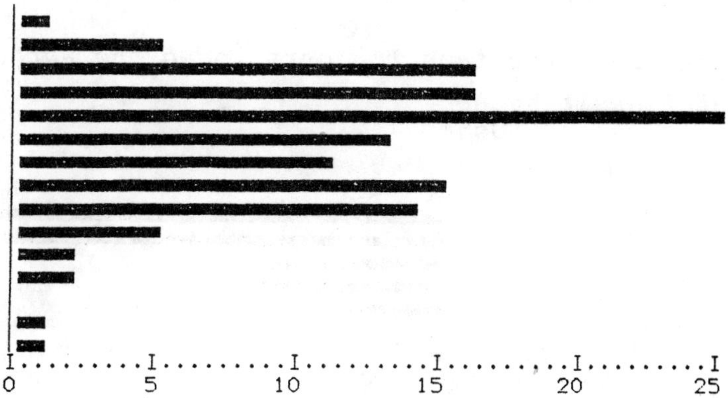

Abb. 24: Alter bei Aufnahme in Jugendrangliste

Häufigkeit	Alter
1	8
11	9
18	10
21	11
18	12
11	13
13	14
9	15
8	16
6	17
2	18

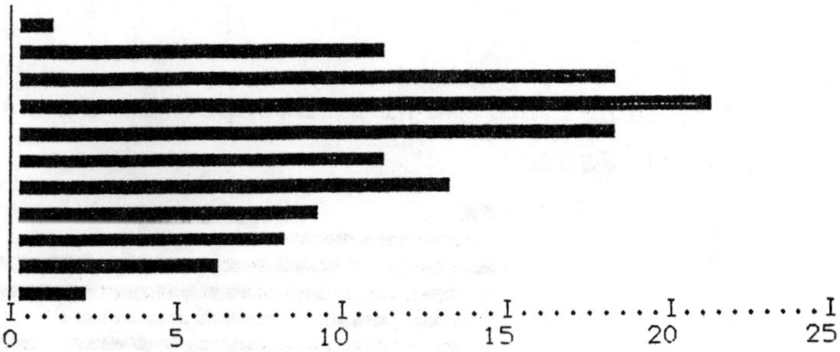

Abb. 25: Alter bei Aufnahme in Erwachsenenrangliste

Häufigkeit	Intervall
6	11.5
4	13.0
34	14.5
24	16.0
36	17.5
5	19.0
6	20.5
1	22.0
2	23.5
1	25.0
1	26.5
0	28.0
1	29.5
0	31.0
0	32.5
1	34.0
1	35.5

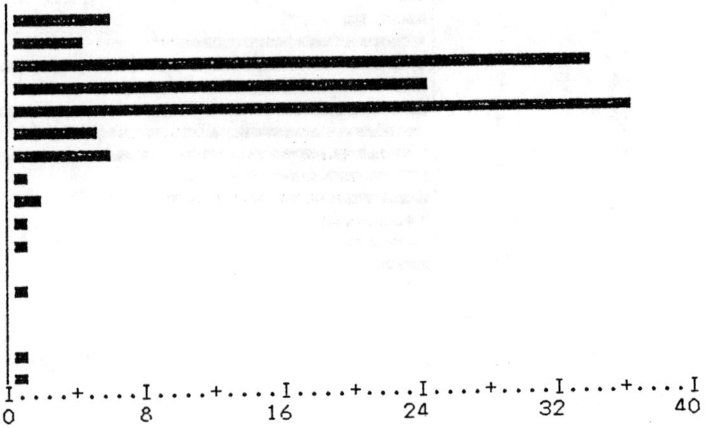

Abb. 26: Erhaltene Trainerstunden pro Woche

Häufigkeit	Wochenstunden
1	0
37	1
35	2
10	3
11	4
6	5
1	6
1	7
1	8
1	9
1	10
0	11
1	12

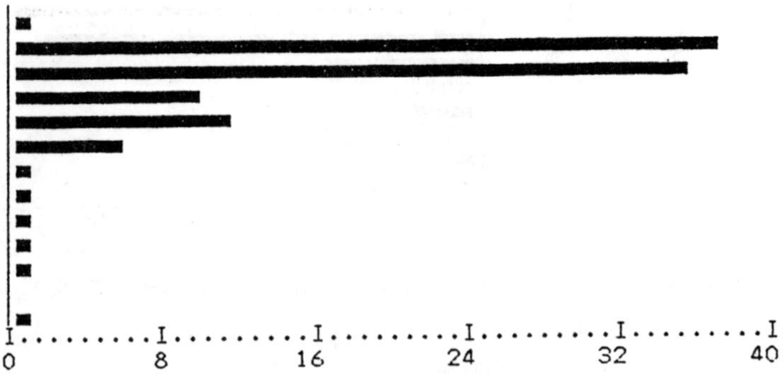

Abb. 27: Dauer der Trainerstunden in Jahren

Häufigkeit	Jahre
1	0
8	1
18	2
21	3
13	4
21	5
6	6
7	7
7	8
1	9
2	10

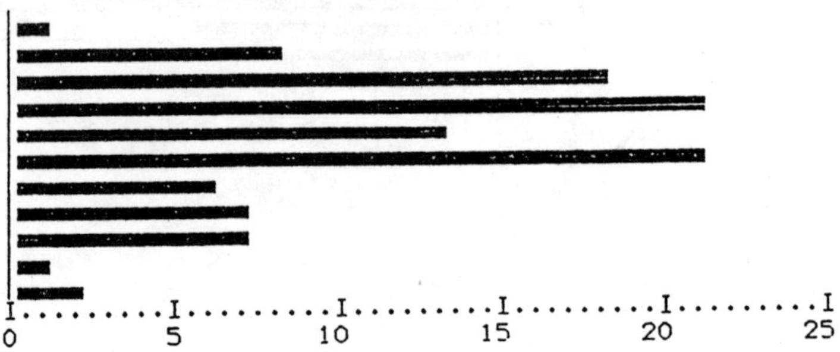

Nach Einschätzung durch die Spieler trugen von den gesamten Tennisausbildungskosten (Trainer-, Hallen-, Platz-, Material-, Turnierkosten) bis zur erstmaligen Aufnahme in eine Erwachsenenrangliste die Eltern ca. 2/3, der Verein ca. 1/5 und der Verband ca. 1/6. Somit dauerte der sportliche Werdegang der Leistungsspieler/-innen vom Anfänger bis zur Aufnahme in eine Bezirks- oder Landesrangliste der Erwachsenen durchschnittlich 8 1/4 Jahre und war mit erheblichen Aufwendungen, vor allem der Eltern verbunden. Der relativ späte Ausbildungsbeginn mit 8 1/2 Jahren ist auffällig.
Die Wettkampfsituation der Leistungsspieler im Jahr 1985 hängt von der Spielklasse in den Kleinen Medenspielen, der Zahl der jährlichen Wettspiele für Mannschaften und bei Turnieren sowie der Beanspruchung pro Wettkampftag ab. Die Mannschaftsmeisterschaften der Verbände der Herren (Große Medenspiele) werden wie die Vereinsmannschaftsmeisterschaften (Kleine Medenspiele) nach dem 1. Präsidenten des DTB, C.A. von der Meden, benannt.

92,9 % der Befragten spielten in den obersten 3 Spielklassen. Außer den 6 vorgegebenen oberen und mittleren Spielklassen sind je nach Verbandsstatuten noch weitere 3 bis 5 untere Ligen vorhanden (Abb. 28).

Abb. 28: Spielklassen der Mannschaftsspiele

Häufigkeit	Liga
41	1.
59	2.
18	3.
6	4.
2	5.
1	6.

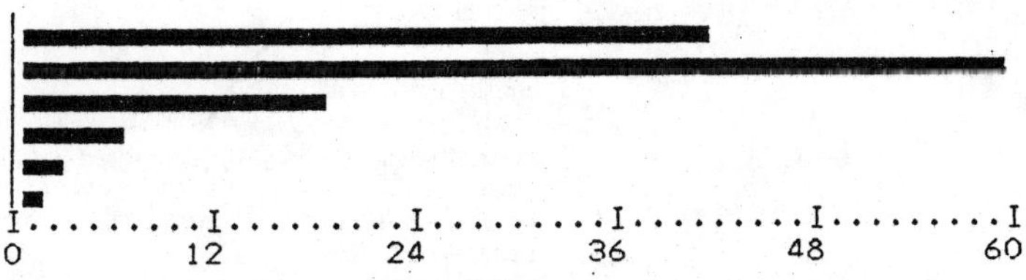

Am häufigsten wurde in der 2. Liga gespielt, was bei den Damen entweder 2. Regionalliga, Oberliga oder Gruppenliga, bei den Herren Regionalliga oder Oberliga bedeutet. Daß ca. 1/3 in Bundesliga (Herren) bzw. Regionalliga/Oberliga (Damen) und damit der höchsten Klasse Mannschaftsspiele bestritten, zeigt auch, daß Ranglistenspieler in den höchsten Klassen gefragt sind. Diese Ergebnisse stützen übrigens die in der Untersuchung zugrundegelegte Definition der Leistungsspieler/-innen nach dem Kriterium ihrer Ranglisteneinstufung ab.

9 - 10 Mannschaftsspiele wurden durchschnittlich absolviert, wobei die Angaben zwischen 3 und 25 Wettspielen schwanken. Darüber hinaus haben die Leistungsspieler/-innen an durchschnittlich 13 Turnieren teilgenommen. 4 von ihnen traten zu überhaupt keinem Turnier an, 2 Spieler/-innen unterzogen sich 35mal dem Turnierstreß (Abb. 29, Abb. 30).

Abb. 29: Zahl der Mannschaftsspiele

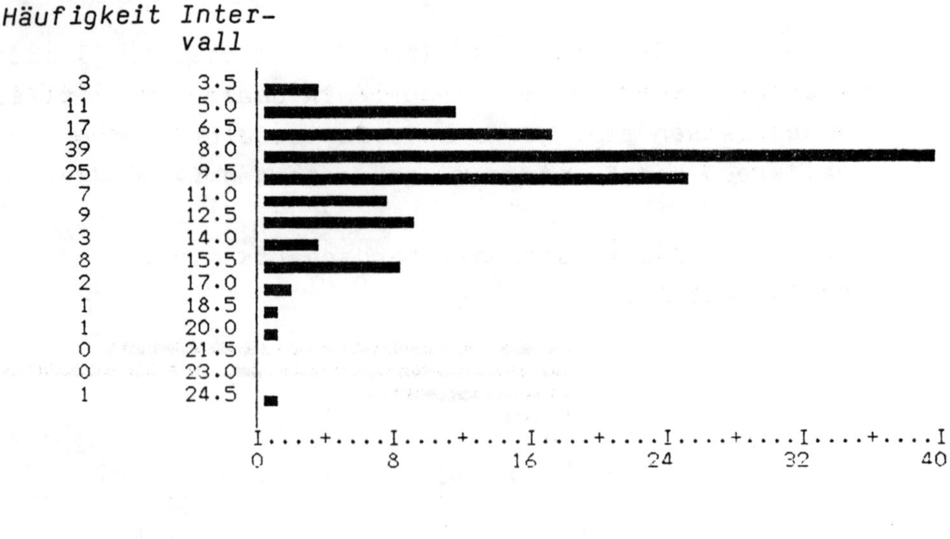

Abb. 30: Zahl der Turniere

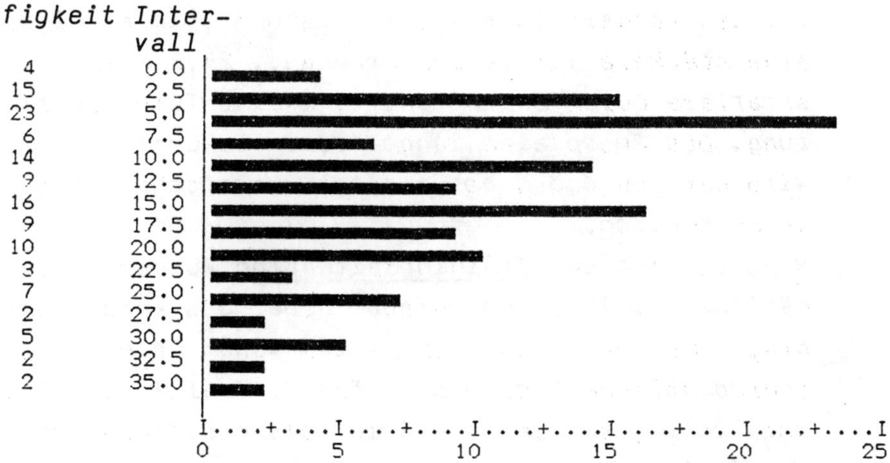

Da die Angehörigen der Bezirksranglisten im Mittel an 8 Turnieren, diejenigen der BTV- und der DTB-Ranglisten jeweils an etwa 13 Turnieren und die Weltranglistenangehörigen an 24 Turnieren teilnahmen, ist im höchsten Leistungsbereich eine überaus deutliche Zunahme des Wettkampfengagements feststellbar.
Bei Turnieren wurden durchschnittlich 8mal 2 Einzel pro Tag gespielt (Minimum: 10 Spieler/-innen kein einziges Mal, Maximum: 2 Spieler/-innen 40mal).
Über die Hälfte der Ranglistenspieler/-innen mußten ein- bis zweimal zu 3 Einzeln pro Tag antreten.
Ein Spieler mußte sich sogar 15mal dieser sportlich kaum vertretbaren Belastung unterziehen.
Die Leistungsdifferenzierung ergab, daß die Gruppe der Bezirksranglistenspieler/-innen am häufigsten 3 Matches pro Tag absolvieren mußten. Daß Weltranglistenangehörige am wenigsten häufig 3 Matches pro Tag spielen, weist auf ausgewogenere und damit auch professionellere Turnierorganisation in diesem Leistungsbereich hin.

Bezüglich der Turniergestaltung bei großen Teilnehmerfeldern fordern 50,4 % der Leistungsspieler/-innen eine stärkere Turnierbeschränkung, 29,1 % eine straffere Durchführung und 26 % eine Turnierverlängerung. Das Ausspielen langer oder verkürzter Sätze wird nur von 6,3 % befürwortet. Mehrfachnennungen waren möglich.
Hinsichtlich der Trainingssituation wurden Trainingshäufigkeit, Trainingsumfang, Dauer des Konditionstrainings, Lehrgangstage und Zeitaufwand für medizinisch-therapeutische Betreuung erfragt. Trainingshäufigkeit und -umfang wurden nach Spielsaison differenziert, wobei die Wintersaison Oktober bis März einschließt.

Die Trainingshäufigkeit ergibt folgendes Bild (Abb. 31):

	Sommer		Winter	
	n	%	n	%
kein Training	-	-	2	1,6
bis 2mal pro Woche	18	14,2	46	36,2
3-4mal pro Woche	41	32,2	46	36,2
meist täglich	48	37,8	23	18,1
meist 2mal täglich	20	15,7	8	6,3
ohne Angabe	-	-	2	1,6
	127	100	127	100

85,8 % der Leistungsspieler/-innen trainieren im Sommer 3 - 4mal pro Woche oder noch häufiger. In der Wintersaison wird deutlich seltener trainiert.
Die Kreuztabelle Ranglistenzugehörigkeit versus Trainingshäufigkeit im Sommer (Abb. 32) läßt die Zunahme der Trainingshäufigkeit mit steigendem Leistungsniveau deutlich erkennen.

Abb. 32: Ranglistenzugehörigkeit versus Trainingshäufigkeit im Sommer

Rangliste	Trainingshäufigkeit: bis 2mal pro Woche	3-4mal pro Woche	meist täglich	meist 2mal täglich	n
Bezirk	12	12	13	1	38
BTV	3	13	11	2	29
DTB	3	14	21	7	45
ATP/WITA	-	2	3	10	15
	18	41	48	20	127

Mehr als 3/5 der DTB-Spieler/-innen trainiert täglich bzw. zweimal täglich, 2/3 der Weltranglistenspieler/-innen sogar zweimal täglich, ein auffälliger Hinweis auf professionelles Handeln im Tennissport.

Der Trainingsumfang, ausgedrückt in den gesamten Tennistrainingsstunden pro Woche, lag im Sommer bei durchschnittlich 10, im Winter bei 7 Stunden. Der Maximalwert liegt im Sommer bei 40, im Winter bei 24 Stunden. Eine Leistungsdifferenzierung ergibt, daß der wöchentliche Trainingsumfang im Sommer bei DTB- und Weltranglistenangehörigen im Vergleich zu Bezirks- und Landesranglistenspielern/-innen deutlich zunimmt (Abb. 33). ATP- bzw. WITA-Spieler/-innen trainieren durchschnittlich doppelt so lange wie Angehörige der Münchner, Oberbayerischen oder Bayerischen Rangliste.

Abb. 33: Ranglistenzugehörigkeit und wöchentlicher Tennis-Trainingsumfang im Sommer

Rangliste	Trainingsstunden pro Woche im Sommer: 0	2	3	4	5	6	7	8	9	10	12	13	14	15	20	24	25	28	40	n	durchschnittlich
Bezirk	-	4	1	7	3	2	1	3	-	12	-	-	-	2	1	-	1	-	1	38	8,7
BTV	1	2	1	1	1	3	-	6	1	8.	3	-	1	1	-	-	-	-	-	29	8,1
DTB	-	-	1	3	4	2	2	10	-	6	4	-	1	5	4	3	-	-	-	45	10,9
ATP/WITA	-	-	-	-	-	-	-	3	-	1	2	1	1	-	2	4	-	1	-	15	16,6
																				127	10,3

Für zusätzliches Konditionstraining in Form von Ausgleichssport, Waldlauf, Krafttraining etc. wendeten die Leistungsspieler/-innen im Winter (2,9 Stunden) etwas mehr Zeit auf als im Sommer (2,3 Stunden).
In der Sommersaison ist dagegen das spezifische Tennistraining umfangreicher.
Unvereinbar mit leistungsmäßiger Einstellung zum Tennissport erscheint der Befund, daß im Sommer 11 % und im Winter 12,6 % der Spieler/-innen ihre Fitness überhaupt nicht durch zusätzliches Konditionstraining zu steigern versuchen.
Bezirksranglistenspieler/-innen und bayer. Ranglistenspieler/-innen wenden sowohl im Sommer als auch im Winter weniger Zeit für zusätzliches Konditionstraining auf als Angehörige der DTB-, ATP- bzw. WITA-Ranglisten (Abb. 34).

Abb. 34: Durchschnittlicher wöchentlicher Zeitaufwand für Konditionstraining in Stunden

Rangliste	Konditionstraining in Stunden: im Sommer	im Winter	n
Bezirk	2,1	2,5	38
BTV	1,9	2,8	29
DTB	2,6	3,2	45
ATP/WITA	2,7	3,4	15
	2,3	2,9	127

Der gesamte durchschnittliche wöchentliche Trainingsumfang der untersuchten Ranglistenspieler/-innen lag im Sommer bei etwa 13 Stunden, im Winter bei etwa 10 Stunden.

Durchschnittlich betrug im Jahr 1985 der zeitliche Aufwand für Lehrgänge 3,7 Tage, für medizinische Betreuung (ärztliche Untersuchungen, Massage, Behandlung bei Verletzungen etc.) wurden im Mittel nur rund 20 Stunden aufgewendet, d.h. nicht einmal alle 14 Tage 1 Stunde.
Die Schlafdauer ergibt im Durchschnitt 8,2 Stunden.

Bei der Beurteilung der zeitlichen Gesamtbelastung von Tennisleistungsspielern/-innen ist der Zeitaufwand für Wettkämpfe und Trainings- und Wettkampfreisen ebenfalls zu berücksichtigen.
Insgesamt betrachtet ist die Wettkampf- und Trainingssituation von Tennisranglistenspielern/-innen durch den Befund geprägt, daß mit zunehmendem Leistungsniveau das sportliche Engagement in intensitätsmäßiger und zeitlicher Hinsicht deutlich ansteigt.
Obwohl sich teilweise Ansätze für geregelteres Tennistraining aus den Minimumwerten erkennen lassen, unterscheiden sich Spieler/-innen der Deutschen Rangliste und der Weltranglisten von Bezirks- und Landesranglistenangehörigen durch ihren wesentlich höheren zeitlichen Aufwand, was auf professionelles Verhalten im Tennissport schließen läßt.

7.3.2 Soziale Variablen von Tennisleistungsspielern

Als soziale Variablen wurden Lebensalter, Bildungsvoraussetzungen, berufliche Position und soziale Absicherung durch Versicherungen herangezogen.

Das Alter der Ranglistenspieler des Jahres 1985 betrug im Mittel 22,8 Jahre, das der Spielerinnen 21,3 Jahre. Die jüngste Spielerin war ebenso wie der jüngste Spieler 15 Jahre alt. Die älteste Spielerin war 46 Jahre, der älteste Spieler 37 Jahre alt. 80 % der Befragten waren nicht älter als 25 Jahre, 47,2 % nicht älter als 20 Jahre. In Anbetracht der technisch anspruchsvollen Sportart fällt das niedrige Lebensalter der Leistungsspieler/-innen auf.

Die Frage nach dem angestrebten Schulabschluß erbrachte:

	n	%	
Hochschulstudium	60	52,2	
Abitur	40	34,8	
			87,0
Mittlere Reife	13	11,3	
Volksschule	2	1,7	
	115	100	

Jede(r) 2. Ranglistenspieler/-in hat ein Hochschulstudium absolviert oder studiert noch. Annähernd 9 von 10 Spieler/-innen haben Abitur oder streben dieses an!

Untersuchungen von PFETSCH 1975, S. 128, ergaben bei Spitzensportlern in Leichtathletik, Schwimmen, Basketball und Skilauf einen eindeutigen Zusammenhang zwischen sportlicher Leistung und fortschreitend höherem Bildungsgrad.

Die <u>berufliche Position</u> stellt sich folgendermaßen dar:

	n	%	
Schüler	41	32,8	
Studierende	40	32,0	
			64,8
Selbständige	19	15,2	
			80,0
Angestellte	8	6,4	
Azubi	7	5,6	
Soldaten	6	4,8	
Arbeiter	1	0,8	
Beamter	1	0,8	
Sonstige	2	1,6	
	125	100	

Fast 2/3 aller untersuchten Leistungsspieler/-innen sind Schüler und Studierende. Zusammen mit der Gruppe der Selbständigen rekrutieren sich hieraus 4/5 aller Antworten. Dieses Ergebnis erscheint in bezug auf das für Leistungstennis nötige Zeitbudget sowohl in quantitativer als auch dispositiver Hinsicht von Bedeutung.
Daß immerhin 37,9 % der Ranglistenspieler/-innen angesichts ihres geringen Lebensalters bereits eine Ausbildung zum staatlich geprüften Tennislehrer, zum Übungsleiter, zum B-Trainer oder zu sonstiger Tennis-Lehrbefähigung absolviert oder begonnen haben, weist auf den Trend zur (neben-) beruflichen Absicherung hin.

Zur eventuellen Eingrenzung der Sozialschicht von Tennisleistungsspielern erscheint das Merkmal "Berufliche Position" allerdings wenig aussagekräftig, da sich der überwiegende Anteil der Spieler noch in Ausbildung befindet.
Der Beruf der Spielerväter eröffnet genauere Anhaltspunkte für die soziale Schicht, aus der die Sportler/-innen entwachsen. Die auf eine offene Frage angegebenen, zuletzt ausgeübten Berufe der Väter wurden in Anlehnung an das Berufsschichtmodell nach INFRATEST 341 (vgl. Sozialatlas 1983/84) in 5 Berufsschichten eingeteilt.

Abb. 35: Berufsschichten der Väter von Tennisranglistenspielern/-innen

	Schicht	n	Anteil %	
Oberste Berufsschicht				
Leitende Angestellte, Beamte im höheren Dienst, freie Berufe, selbst. Akademiker, größere Selbständige, Unternehmensinhaber	1	55	45,0	
Mittlere Selbständige, Einzelhändler mit großem Geschäft, Hauptvertreter, Ingenieure	2	23	18,9	
Qualifizierte Angestellte, Buchhalter, Sachbearbeiter, Beamte im gehobenen Dienst, selbst. Landwirte im Vollerwerbsbetrieb, Handwerksmeister	3	40	32,8	96,7 %
Kleinere Selbständige, Einzelhändler, Handwerker, Facharbeiter, Beamte im mittleren Dienst	4	4	(3,3)	
Ungelernte, angelernte Arbeiter, ausführende Angestellte	5	–	–	
Unterste Berufsschicht				
		122	100 %	

Fast jeder 2. Vater von Tennisleistungsspielern/-innen gehört der höchsten Berufsschicht an. 96,7 % der Spieler/-innen entstammen Familien, deren Väter der ersten, zweiten oder dritten Berufsschicht zugehören. Die berufliche Position der Väter von Leistungsspielern/-innen läßt einen hohen sozialen Status ihres Elternhauses vermuten. Die Väter der Spielerinnen stammen noch häufiger als diejenigen der Spieler aus der höchsten Berufsschicht.

Die soziale Absicherung der Ranglistenspieler/-innen des Jahres 1985 kommt durch die Zugehörigkeit zu einzelnen Teilen der Sozialversicherung zum Tragen:

Art der Versicherung	n	%
Krankenversicherung	127	100 %
Unfallversicherung	100	78,7 %
Rentenversicherung	41	32,2 %
Arbeitslosenversicherung	23	18,1 %

Da fast 2/3 der Befragten sich als Schüler oder Studenten in Ausbildung befinden, ist die Quote der Renten- und Arbeitslosenversicherten relativ gering.

Zusammenfassend ist zur sozialen Situation von Tennisleistungsspielern festzustellen, daß sie sich überwiegend noch in Ausbildung befinden, einen hohen Bildungsstand aufweisen und ihre Väter den obersten Berufsschichten angehören. Der Tennisleistungssport ist akademisch orientiert und als Elitesport zu charakterisieren (vgl. PÖTTINGER 1987).
Vergleichsweise fand RÖLL 1981, S. 18/19, bei Vereins- und Nichtvereinsspielern, daß sich die soziale Schichtung im Tennis kaum den unteren Schichten angenähert hatte. Lediglich der Anteil der mittleren Beamten und qualifizierten Angestellten hatte sich erhöht.

7.3.3 Wirtschaftliche Variablen von Tennisleistungsspielern

Zur Erkundung der wirtschaftlichen Situation der Ranglistenspieler wurden das berufsbedingte Einkommen, die Erträge aus dem Leistungstennis sowie die hierfür nötigen Gesamtaufwendungen eruiert.

Die Frage nach monatlichen Nettoeinkommen aus Berufstätigkeit (ohne Spielervergütungen) ergab für das Jahr 1985 folgendes Bild:

Einkommensintervall DM	n	%	
0 - 500	67	60,9	
500 - 1000	17	15,5	76,4
1000 - 2000	11	10,0	
2000 - 3000	8	7,3	
3000 - 4000	5	4,5	
4000 - 5000	1	0,9	
über 5000	1	0,9	
	110	100	

3/5 aller untersuchten Ranglistenspieler/-innen beziehen ein berufsbedingtes Nettoeinkommen ohne Vergütungen aus dem Tennisspielen von höchstens DM 500 im Monat. Da annähernd 2/3 der Spieler/-innen noch die Schule oder die Hochschule besuchen, ist anzunehmen, daß die Finanzierung der Ausbildung überwiegend durch die Eltern erfolgt.

Die Erträge aus dem Leistungstennis setzen sich aus monetären Zuwendungen für Mannschaftsspiele, aus erspielten Preisgeldern, aus Zahlungen aufgrund von Werbeverträgen sowie aus Vergütungen für die bei vielen Turnieren offiziell verpflichtliche Schiedsrichtertätigkeit zusammen (Abb. 36).

Abb. 36: Durchschnittliche jährliche Erträge von Ranglistenspielern/-innen 1985

Ertragsart	Durchschnittswert in DM	Mimimum	Maximum
Mannschaftsspiele	6.884,13	0 (25x)	50.000,--
Preisgelder	3.761,71	0 (34x)	80.000,--
Werbeverträge	1.917,36	0 (109x)	99.000,--
Schiri-Tätigkeit	10,73	0 (109x)	200,--
Gesamter Jahresertrag	12.573,99	0	220.000,--
Gesamter Monatsertrag	1.047,83		

Die Differenzierung der Ertragsarten nach Spielerinnen und Spielern mit unterschiedlichem Leistungsniveau ergibt im einzelnen:

Abb. 37: Durchschnittliche jährliche Zahlungen für Mannschaftsspiele 1985:

Rangliste	Damen DM	Herren DM
Bezirk	675,--	3.245,--
BTV	542,86	4.602,50
DTB	4.380,--	14.465,--
ATP/WITA	6.250,--	21.036,36
	2.591,48	9.544,37

Eine Bezirks- und Landesranglistenspielerin erhielt 1985 vom Verein, Förderkreis, Sponsor oder Mäzen nur sehr geringe monetäre Zuwendungen für Medenspiele. DTB-Ranglistenangehörige "kosten" den Verein vor allem im Herrentennis deutlich mehr als im unteren Ranglistenniveau.

Über die Hälfte der Befragten (55,6 %) hatten die Spielervereinbarung schriftlich abgeschlossen. Die Zuwendungen für die Mannschaftsspiele waren bei 38 % der Untersuchten pauschal, bei 13 % leistungsbezogen und bei 49 % mit Fixum und Leistungsprämien geregelt worden. Die Auswirkung der Leistungsbezogenheit des Spielervertrags auf die Matchleistung wird von den Spielern als überwiegend indifferent (84,9 %) eingeschätzt (positiver Einfluß 12,9 %, negativer Einfluß 2,2 %).

Abb. 38: Durchschnittliche jährlich erspielte Preisgelder 1985:

Rangliste	Damen DM	Herren DM
Bezirk	109,38	30,95
BTV	1.087,50	1.403,50
DTB	2.250,--	4.247,50
ATP/WITA	11.250,--	21.083,33
	1.669,32	5.022,88

Für Bezirksranglistenangehörige sind die Einnahmen aus Preisgeldern praktisch bedeutungslos. Auch Spieler/-innen der deutschen Rangliste erzielen hieraus nur mäßige Erträge.

Abb. 39: Durchschnittlich jährliche Zahlungen aus Werbeverträgen 1985:

Rangliste	Damen DM	Herren DM
Bezirk	0	47,62
BTV	0	0
DTB	0	2.325,--
ATP/WITA	0	15.458,33
	0	3.148,65

Keine der befragten Spielerinnen erhielt Zahlungen aus Werbeverträgen. Diese Ertragsart spielt erst bei den Herren der ATP-Rangliste eine größere Rolle.

Die bei kleineren Turnieren vorgeschriebene Verpflichtung der Spieler zur Schiedsrichtertätigkeit kommt als Ertragsquelle in der Praxis nicht in Betracht. In Qualifikations- und Anfangsrunden wird häufig ohne Schiri gespielt. Nach der Turnierausschreibung müssen sich jedoch die Spieler auf Verlangen als Schiedsrichter zur Verfügung stellen und erhalten dafür ein Entgelt. Bei größeren Turnieren entfällt diese Verpflichtung ohnehin.

Die durchschnittlichen jährlichen Gesamterträge für Ranglistenspieler/-innen setzen sich im einzelnen zusammen (Abb. 40):

Abb. 40: Jährliche Durchschnittserträge aus dem Leistungstennis 1985 (auf DM gerundet):

Rangliste	Herren				Damen			
	Mannschaftsspiele	Preisgelder	Werbeverträge	gesamt	Mannschaftsspiele	Preisgelder	Werbeverträge	gesamt
Bezirk	3.245,--	31,--	48,--	3.324,--	675,--	109,--	-	784,--
BTV	4.603,--	1.404,--	-	6.007,--	543,--	1.088,--	-	1.631.--
DTB	14.465,--	4.248,--	2.325,--	21.038,--	4.380,--	2.250,--	-	6.630,--
ATP/WITA	21.036,--	21.083,--	15.458,--	57.077,--	6.250,--	11.250,--	-	17.500,--

Die Ranglistenspielerinnen hinken bezüglich ihrer Ertragssituation aus dem Leistungstennis deutlich hinter den Herren hinterher. Bei den Männern dominieren im unteren und mittleren Leistungsbereich die Erträge aus Mannschaftsspielen. Erst für Weltranglistenspieler treten Preisgelder und Werbeverträge als monetäre Ertragsquellen von größerer Gewichtigkeit hinzu.

An sonstigen Vergünstigungen kommen in Betracht:
Von Jahresvereinsbeiträgen waren 79,4 %, von Aufnahmegebühren 90,7 % der untersuchten Ranglistenspieler befreit. Der Verein, Sponsor bzw. Förderkreis war in 11 Fällen bei der Wohnungssuche und fünfmal bei der Arbeitsvermittlung behilflich, viermal wurden Mietzuschüsse und dreimal kostenloses Wohnen gewährt.
In seltenen Fällen, nämlich nur zehnmal bei 125 Befragungen, war der Spielervertrag mit einer Tätigkeit als hauptberuflicher oder nebenberuflicher Vereinstrainer gekoppelt. Auch der Verkauf von Tennissportartikeln war nur mit 4 Spielern/-innen vereinbart.

Die Aufwendungen für das Leistungstennis umfassen die Ausgaben für Material, Fahrten, Übernachtungen, Nenngelder und für eventuelle Mehrverpflegung im Training und Wettkampf sowie für Trainerstunden. Kosten für Tennisplätze und Hallen, die von den Vereinen bzw. Turnierveranstaltern zur Verfügung gestellt werden, bleiben außer Betracht.

Der Materialaufwand setzt sich aus der Anzahl der im Jahr 1985 verwendeten neuen Tennisschläger, der verbrauchten Kunst- und Darmsaiten einschließlich der Reparatur- und Besaitungsleistung durch die Spieler selbst, dem Ballverbrauch im Training sowie der Tennisbekleidung, dem Zubehör und den erhaltenen Trainerstunden zusammen. Die Bewertung des Materialaufwandes erfolgte zu den Anschaffungskosten (WÖHE 1984, S. 962). Als Anschaffungspreis wurde ein durchschnittliches Preisniveau für Artikel gehobener Qualität aus den Katalogen Münchner Sporthäuser des Jahres 1985 zugrundegelegt.

Nur die Bewertung der Tennisschläger wurde von den Befragten selbst vorgenommen. So umfaßte der Materialaufwand eines(r) Ranglistenspieîlers(-in) 1985 im Mittel folgende Einzelposten im Wert von insgesamt DM 8320,--:

5	Tennisschläger	à 320,--	1.600,-- DM
27	Kunstsaiten	à 40,--	1.080,-- DM
12	Darmsaiten	à 100,--	1.200,-- DM
22	Besaitungen/Reparaturen (selbst durchgeführt)	à 15,--	330,-- DM
300	Bälle	à 4,50	1.350,-- DM
2	Trainingsanzüge	à 200,--	400,-- DM
10	Hemden/T-Shirts	à 70,--	700,-- DM
4-5	Tennishosen/-röcke	à 80,--	360,-- DM
2	Pullover	à 120,--	240,-- DM
13	P. Socken	à 20,--	260,-- DM
5	P. Schuhe (incl. Halle)	à 130,--	650,-- DM
1-2	Taschen/Koffer	à 100,--	150,-- DM
Gesamt-Materialaufwand 1985			8.320,-- DM

Bei der Beurteilung des Materialaufwands ist jedoch zu berücksichtigen, daß 119 von 125 Befragten (95,2 %) einen Vertrag mit Ausrüsterfirmen mit überwiegend Einzelausstattungsregelung (85,8 %) gegenüber Mannschaftsausstattung (14,2 %) eingegangen waren.
84,3 % der Vereinbarungen bezog sich auf kostenlose Ausrüstung, 3,5 % der Befragten erhielten Preisreduzierungen und 12,2 % der Spieler/-innen zusätzlich zur kostenlosen Materialausstattung noch Entgelt als Werbeträger.

Die Ausgaben für Fahrten zu Training und Wettkämpfen mit dem PKW, berechnet nach Winter- und Sommersaison, betrugen bei einer durchschnittlichen Fahrtstrecke von 7.655 km nach Abzug von 1.026 km kostenloser Mitfahrt unter Berücksichtigung der steuerlich anerkannten Kilometerpauschale von DM 0,42/km insgesamt DM 2.784,--. Hinzu kommen DM 3.205,-- weitere Reiseausgaben für Flüge, Bahn-, Bus- und Taxifahrten; also insgesamt im Mittel jährlich DM 5.989,--.
Der Aufwand für Übernachtungen von durchschnittlich DM 943,-- im Jahr 1985 ergibt sich aus rund 23 Übernachtungen zu einem Durchschnittspreis von DM 41,-- pro Nacht.

Für Nenngelder in durchschnittlich 13 Einzelkonkurrenzen zu je DM 35,-- und 5 - 6 Doppel- und Mixedwettbewerben à DM 20,-- wurden 1985 im Mittel DM 565,-- aufgewendet.
Der Verpflegungsaufwand umfaßte im Mittel DM 150,-- monatlich, was jährlich DM 1.800,-- ausmacht.

Die Aufwendungen für regelmäßig erhaltene Trainerstunden (2 1/3 Stunden wöchentlich bei 48 jährlichen Trainingswochen à DM 30,--) betrugen im Durchschnitt DM 3.312,--.

Somit erreichte der jährliche durchschnittliche Gesamtaufwand für Material, Fahrten, Nenngelder, Übernachtungen, Zusatzverpflegung und Trainerstunden den Betrag von DM 20.929,-- (Minimum DM 2.445,--, Maximum DM 77.099,--), also monatlich DM 1.744,--.

Darüber hinaus waren tennisleistungsbedingt bei den 127 untersuchten Ranglistenangehörigen viermal ein Wohnungswechsel, achtmal ein Schulwechsel, einmal ein Wechsel der Arbeitsstätte und in 27 Fällen die Anschaffung eines Kfz nötig gewesen.
Der finanzielle Aufwand für Verletzungen im Leistungstennis kann vernachlässigt werden, da alle Untersuchten krankenversichert sind. Trotzdem bleibt erwähnenswert, daß 54,4 % von ihnen im Jahr 1985 wegen einer durch Tennisspielen verursachten Verletzung ärztlich behandelt wurden, wobei am häufigsten Schulter (24mal), Rücken (17mal), Knöchel (17mal), Knie (8mal) und Oberschenkel/Hüfte (5mal) lokalisiert wurden. (vgl. KRAUSE/PÖTTINGER 1988).

Die durchschnittlichen Gesamtaufwendungen der Ranglistenspieler/-innen des Jahres 1985 setzen sich in den einzelnen Leistungsbereichen folgendermaßen zusammen (Abb. 41):

Abb. 41: Durchschnittliche Aufwendungen von Leistungsspielern/-innen im Jahr 1985 (auf DM gerundet):

Rangliste	Aufwandsarten						
Herren:	Material	Fahrtkosten	Übernachtungen	Nenngelder	Verpflegung	Trainerstunden	gesamt
Bezirk	6.119,--	4.801,--	252,--	268,--	1.529,--	1.783,--	14.752,--
BTV	6.578,--	4.733,--	978,--	570,--	1.200,--	1.851,--	15.910,--
DTB	9.870,--	7.349,--	972,--	641,--	1.696,--	1.628,--	22.156,--
ATP	12.723,--	18.939,--	2.831,--	1.136,--	2.239,--	2.831,--	40.194,--
Damen:							
Bezirk	3.944,--	2.598,--	191,--	290,--	988,--	5.082,--	13.093,--
BTV	6.024,--	2.229,--	638,--	425,--	712,--	2.700,--	12.728,--
DTB	7.027,--	9.637,--	1.424,--	468,	1.459,--	6.218,--	26.233,--
WITA	11.135,--	21.122,--	4.470,--	1.170,--	1.350,--	13.680,--	52.927,--

Bei Damen und Herren ist der hohe Anteil der Material- und Fahrtkosten auffällig. Im Gegensatz zu den Männern benötigen die Spielerinnen in allen Leistungskategorien einen hohen Aufwand für Trainerstunden. Der Zusammenhang - je höher die Leistungsklasse, umso höher der Gesamtaufwand - wird bei Angehörigen der Deutschen Rangliste und der Weltrangliste besonders deutlich.

Bei einer Gegenüberstellung der gesamten Aufwendungen und Erträge aus dem Leistungstennis ergeben sich für die einzelnen Leistungskategorien folgende G & V-Rechnungen:

G & V Bezirksranglistenspieler 1985

Material	6.119,--	Medenspiele	3.245,--
Fahrtkosten	4.801,--	Preisgelder	31,--
Übernachtungen	252,--	Werbeverträge	48,--
Nenngelder	268,--		
Verpflegung	1.529,--	Verlust	11.428,--
Trainerstunden	1.783,--		
=	14.752,--		14.752,--

G & V Bezirksranglistenspielerin 1985

Material	3.944,--	Medenspiele	675,--
Fahrtkosten	2.598,--	Preisgelder	109,--
Übernachtungen	191,--	Werbeverträge	--,--
Nenngelder	290,--		
Verpflegung	988,--	Verlust	12.309,--
Trainerstunden	5.082,--		
=	13.093,--		13.093,--

G & V BTV-Ranglistenspieler 1985

Material	6.578,--	Medenspiele	4.603,--
Fahrtkosten	4.733,--	Preisgelder	1.404,--
Übernachtungen	978,--	Werbeverträge	--,--
Nenngelder	570,--		
Verpflegung	1.200,--	Verlust	9.903,--
Trainerstunden	1.851,--		
=	15.910,--		15.910,--

G & V BTV-Ranglistenspielerin 1985

Material	6.024,--	Medenspiele	543,--
Fahrtkosten	2.229,--	Preisgelder	1.088,--
Übernachtungen	638,--	Werbeverträge	--,--
Nenngelder	425,--		
Verpflegung	712,--	Verlust	11.097,--
Trainerstunden	2.700,--		
=	12.728,--		12.728,--

G & V DTB-Ranglistenspieler 1985

Material	9.870,--	Medenspiele	14.465,--
Fahrtkosten	7.349,--	Preisgelder	4.248,--
Übernachtungen	972,--	Werbeverträge	2.325,--
Nenngelder	641,--		
Verpflegung	1.696,--	Verlust	1.118,--
Trainerstunden	1.628,--		
=	22.156,--		22.156,--

G & V DTB-Ranglistenspielerin 1985

Material	7.027,--	Medenspiele	4.380,--
Fahrtkosten	9.637,--	Preisgelder	2.250,--
Übernachtungen	1.424,--	Werbeverträge	--,--
Nenngelder	468,--		
Verpflegung	1.459,--	Verlust	19.603,--
Trainerstunden	6.218,--		
=	26.233,--		26.233,--

G & V ATP-Ranglistenspieler 1985

Material	12.723,--	Medenspiele	21.036,--
Fahrtkosten	18.939,--	Preisgelder	21.083,--
Übernachtungen	2.831,--	Werbeverträge	15.458,--
Nenngelder	1.136,--		
Verpflegung	2.239,--		
Trainerstunden	2.831,--		
Gewinn	16.883,--		
=	57.077,--		57.077,--

G & V WITA-Ranglistenspielerin 1985

Material	11.135,--	Medenspiele	6.250,--
Fahrtkosten	21.122,--	Preisgelder	11.250,--
Übernachtungen	4.470,--	Werbeverträge	--,--
Nenngelder	1.170,--		
Verpflegung	1.350,--	Verlust	35.427,--
Trainerstunden	13.680,--		
=	52.927,--		52.927,--

Die Erfolgsrechnung aus dem Leistungstennis bringt nur den 13 Herren der ATP-Rangliste einen bescheidenen Gewinn von monatlich 1.407,-- DM. Berücksichtigt man die meist kostenlosen Materialzuwendungen, dann erzielen auch noch die 23 DTB-Ranglistenspieler schwarze Zahlen in ihrer G & V-Rechnung. Alle anderen Leistungsspieler und -spielerinnen schließen mit erheblichem Verlust ab. Aus rein wirtschaftlichen Gründen müßte man ihnen von ihrem Engagement im Leistungstennis abraten. Die damit verbundene hohe zeitliche Belastung könnte im Bereich des Tennissports alternativ durch Erteilung von Tennisunterricht im entsprechenden Umfang wesentlich ertragreicher genutzt werden, entsprechende Lehreignung vorausgesetzt.

Die vorliegenden Ergebnisse der betriebswirtschaftlichen Aufwands- und Ertragsrechnung von Tennisleistungsspielern stützen die Meinung von Olympiasieger THOMAS BACH 1984, S. 208 f., der Geld als grundlegende Motivation für Leistungssportler ausschließt. Allerdings räumt er ein, daß mit der Zeit sportspezifische intrinsische Motivation wie Freude an der Bewegung, Vollkommenheits- und Selbstverwirklichungsstreben von extrinsischen Beweggründen überlagert werden können.
Die wirtschaftliche Situation der Tennisleistungsspieler wird außerdem durch ihre Schätzung aufgehellt, wonach sie durchschnittlich insgesamt 8 Jahre lang Erträge aus dem Leistungstennis erwarten.

Mit wirtschaftlichen Vorteilen nach Beendigung ihrer Sportlerkarriere rechnen 55,6 % der Befragten. 14,3 % verneinen dies und 30,2 % sind hierüber unschlüssig. An Vorteilen hoffen die 127 befragten Tennisspieler später in 39 Fällen auf Einkaufsvergünstigungen, 45mal auf Tennislehrtätigkeit, 22mal auf Wohnungsbeschaffung und 63mal (!) auf Erleichterung des beruflichen Einstiegs und Aufstiegs durch die vorausgegangene Laufbahn als Tennisexperten.

Unter dem Strich ist die sportliche, soziale und wirtschaftliche Situation von deutschen Tennisleistungsspielern (-innen) des Jahres 1985 folgendermaßen zu kennzeichnen:

- Der hohe zeitliche Aufwand für Training und Wettkampf weist auf Professionalisierung hin.
- Bildungsvoraussetzungen und Elternhaus deuten eine hohe Sozialschichtlage an. Tennisleistungssport ist elitär orientiert und hat die Wende zum Volkssport (noch) nicht vollzogen.
- Zur wirtschaftlichen Situation fällt auf, daß die Frauen wesentlich geringere Erträge als die Männer erzielen.
- Die Erträge der Herren der Deutschen Rangliste heben sich auffällig vom darunterliegenden Leistungsniveau ab.
- Die Aufwendungen steigen bei Damen und Herren ab DTB-Ranglistenniveau deutlich an.

Die Gewinne aus dem Leistungstermin garantieren auch dem durchschnittlichen deutschen Weltranglistenspieler sicherlich keine dauerhafte Erwerbs- und Versorgungschance.

Dieses aus der Befragung deutscher Spieler vorliegende Ergebnis wird international durch den im Jahre 1987 zwischen der Spielergewerkschaft ATP und Men's International Professional Tennis Council MIPTC vereinbarten Altersfonds für professionalisierte Tennisspieler gestützt (Münchner Merkur vom 14.5.87). Im Vergleich zu amerikanischen Basketball- und Baseball-Profis verdient ein Top-100-Tennisspieler nicht einmal die Hälfte, hat jedoch zusätzlich hohe Ausgaben für Reisen und Trainer.

Die Analyse des sportlichen und materiellen Leistungsaufwands und Leistungsertrages deutscher Ranglistenspieler/-innen läßt an der Schwelle zum nationalen Ranglistenniveau einerseits den Verberuflichungsvorgang erkennen. Andererseits stützt die durch betriebswirtschaftliche Erfolgsrechnung festgestellte Schere zwischen hohen Aufwendungen und unzureichenden Erträgen die These vom "Matthäus-Effekt" im Berufssport insofern, als es auch im Tennis offensichtlich nur international erfolgreichen Spielern und Spielerinnen wie BECKER oder GRAF gelingt, Spitzenbeträge aus dem Tennis-Profi-Geschäft abzuschöpfen.

Eine von der DSH und der Sportillustrierten "Sports" 1987 angestellte Untersuchung von 1053 deutschen Spitzensportlern/-innen der A- und B-Kader über 16 Jahren zum sportlichen und sozialen Status ergab zum Vergleich folgendes Bild (Münchner Merkur vom 21.5.87):

Der BRD-Spitzensportler ist 24 Jahre alt, ledig, wohnt bei seinen Eltern, hat einen überproportional hohen Bildungsstand, ist Student oder arbeitet in einem erlernten Beruf und sieht seine hauptsächliche Motivation zur Ausübung seines Sports in der Selbstbestätigung.

Sein höchstes sportliches Ziel ist der Olympiasieg, seine größten Probleme sind Doping und Gesundheit. Die sportärztliche und sportphysiotherapeutische Betreuung wird meistens als mittelmäßig bis sehr schlecht beurteilt. Zwar sind 59 % der Befragten gegen eine Öffnung der Olympischen Spiele für Profis, doch würden 62,8 % bei entsprechenden Voraussetzungen Berufssportler werden. Die Mehrzahl der Spitzenathleten verspricht sich soziale Aufstiegschancen, fühlt sich als Repräsentanten ihres Landes, bewertet den Einfluß des Leistungssports auf ihre Persönlichkeitsentwicklung positiv, beklagt aber die Einschränkung der Lebensqualität und gesundheitliche Gefahren.

Diese Charakterisierung der bundesdeutschen Spitzenathleten 1987 stimmt in wesentlichen Punkten mit unserer Analyse professionalisierter Tennisspieler des Jahres 1985 überein.
Fundierte Aussagen über die Realität des Professionalisierungsprozesses im Sport bedürfen neben der Darstellung sportlicher, rechtlicher, wirtschaftlicher und sozialer Regelungen der ergänzenden Kontrolle durch Untersuchungen an den betroffenen Athleten selbst, da diese - und nicht das Professionalisierungsumfeld wie Trainer, Manager, Vereins- und Verbandsfunktionäre oder Sponsoren - in erster Linie den Auswirkungen der Normenfestsetzungen in ihrer Gesamtheit unterworfen sind.

8. Konsequenzen aus ökonomischen und sozialen Grundlagen der Professionalisierung im Sport

Die Sport- und Freizeitindustrie mit weltweit jährlich 700 Mrd. US $ Ausgaben für Reisen, Sport und Freizeitbetätigungen führt heute als größter Wirtschaftszweig der Welt, sogar noch vor den Rüstungsausgaben mit 500 Mrd. US $ Umsatz. Hinter dem Nahrungsmittelsektor steht inzwischen in den USA "Leisure-business" als zweitgrößte Branche vor Automobil- und Elektronikindustrie (GIESELER 1986, S. 116 f.).
Auch die Professionalisierung im Sport ist an diesem Aufschwung der Freizeitindustrie als Wirtschaftsfaktor beteiligt. Angesichts dieses internationalen, makroökonomischen Hintergrundes war es sicherlich angemessen, den Versuch der Freilegung sportökonomischer Zusammenhänge im professionalisierten Sport zu versuchen.

Die Analyse der wirtschaftlichen und sozialen Grundlagen der Verberuflichung im Sport erbrachte eine Vielzahl von teilweise unbefriedigend gelösten rechtlichen, volkswirtschaftlichen, betriebswirtschaftlichen und sozialen Problemen der Athleten und ihres Umfeldes. Nach NEIDHARDT 1985, S. 71 f., unterliegt der Sport heute Umgestaltungen, welche in anderen Funktionsbereichen der Gesellschaft wie Wissenschaft, Religion, Recht und Kunst schon früher eingesetzt haben und abgeschlossen sind.
Die aufgrund von Professionalisierungstendenzen in diesen anderen gesellschaftlichen Teilbereichen erfolgte Etablierung von Berufspositionen stößt im Sport an folgende Grenzen (vgl. FISCHER 1984, S. 198):

8.1 Grenzen der Professionalisierung im Sport

Nicht jede Sportart eignet sich in gleicher Weise für Verberuflichung und gewinnt somit Attraktivität als Objekt wirtschaftlichen Handelns. Eine wichtige Voraussetzung stellt die regelmäßige Reproduzierbarkeit des Wettbewerbs mit ungewissem Ausgang dar, welche in Sportarten wie z.B. Rodeln, Fechten, Schießen, Schwimmen und Rudern aufgrund ihrer traditionellen und sportartspezifischen Strukturen fehlt. Das für Berufssport nötige Zuschauer- und Medieninteresse ließe sich nicht kontinuierlich aufrechterhalten.
Die menschlichen Leistungsressourcen setzen dem individuellen Verberuflichungsvorgang eine enge zeitliche Schranke. Deshalb bleiben manche Professionalisierungsprobleme latent, wie z.B. das weitgehende Ausbleiben arbeitsrechtlicher Prozesse bei Transferzahlungen zeigt, oder sie akzelerieren, wie häufige Versorgungsprobleme infolge gesundheitlicher oder leistungsmäßiger Überforderungen erkennen lassen.

Die eng begrenzte Zahl von Berufschancen für Spitzensportler und auch für das Betreuungsfeld trägt außerdem zur Hektik im Profisport bei. 5000 Spitzensportler der BRD, aufgeteilt in einer Vielzahl von Sportarten - ein Potential, welches vorrangig für Berufssportpositionen in Frage kommt - aus der Masse von 19 Millionen organisierten Leistungs-, Breiten-, Freizeit- und Erholungssportlern stehen sich in einem harten Konkurrenzkampf gegenüber (GIESELER 1986, S. 112 f.).

Dies entspricht einer Quote von nur rund 26 Spitzensportlern pro 100.000 organisierten deutschen Sportanhängern.

Nachdem hiermit die Grenzen der Verberuflichung im Sport abgesteckt sind, erscheint es angebracht, die bisher in der Literatur dargestellten Erscheinungsformen der Professionalisierung anhand der vorliegenden sportökonomisch orientierten Untersuchungsergebnisse zu überprüfen und gegebenenfalls zu ergänzen.

8.2 Erscheinungsformen der Professionalisierung im Sport

Für den im Endstadium des Professionalisierungsprozesses angelangten Spitzensportler ist der Sport zur Profession geworden, auch wenn in Unterordnung zur sportlichen Betätigung Berufsausbildung oder Berufsausübung eventuell noch möglich sind. FISCHER 1984, S. 199 f., bezeichnet in Anlehnung an WILENSKY 1961 berufliche Tätigkeiten ohne standardisierte Ausbildungs- und Zugangsregelung und ohne lebenslange Ausübung wie diejenige von Opernsängern, Popmusikern, Malern, Graphikern, Schauspielern, Schriftstellern, Tänzern, Dirigenten, Fotomodellen, Mannequins, Fotografen, Artisten und Berufssportlern als "disorderly careers". Die Zuordnung zum künstlerisch-musischen Schau- und Unterhaltungsgewerbe ist damit vollzogen. Auch die Berufslaufbahn von Politikern als Professionelle auf Zeit ohne garantierte Verweildauer im Amt kann trotz des Trends zum Berufspolitiker nicht als "orderly career" angesehen werden.

Die Berufsdefinition von M. WEBER 1972, S. 80, "Beruf soll jene Spezifizierung, Spezialisierung und Kombination von Leistungen einer Person heißen, welche für sie Grundlage einer kontinuierlichen Versorgungs- und Erwerbschance ist" umfaßt sowohl geregelte als auch ungeregelte Karrieren und ist deshalb geeignet, die unterschiedlichen Erscheinungstypen von professionalisierten Sportlern herauszustellen. Das Ausmaß der kontinuierlichen Erwerbschance, welche später eine dauerhafte Versorgung ermöglicht, stellt dabei das hauptsächliche Differenzierungskriterium dar (vgl. FISCHER 1984, S. 200/202).

8.2.1 Offener Professionalismus im Sport

Bevor auf den offenen Professionalismus im Sport eingegangen werden kann, ist einschränkend festzuhalten: In jeder Sportart mit professionalisierten Sportlern gibt es immer auch nichtprofessionalisierte Sportler. Außerdem findet man im sogenannten "Amateursport" Berufspositionen für hauptberufliche Trainer, Manager und Funktionäre. Häufig werden auch professionalisierte Spitzensportler vom nichtprofessionalisierten Umfeld betreut, eine Tatsache, die immer wieder Zündstoff für Kritik der Aktiven am ehrenamtlichen Engagement von Funktionären, Trainern und Managern bietet.

Den offenen Professionalismus verkörpern die Sportler, für die das Erbringen einer sportlichen Spitzenleistung die Grundlage ihrer Existenz bedeutet. Sie haben ihre gesamte Lebensführung ganz auf die zu erbringende Leistung ausgerichtet.

Ihre sportliche Dienstleistung ist als berufliche Tätigkeit gesellschaftlich anerkannt und wird so überdurchschnittlich honoriert, daß von einer kontinuierlichen Erwerbs- und Versorgungschance gesprochen werden kann. Aufgrund der vorhersehbaren relativ kurzen Erwerbsdauer von ca. 5 bis 15 Jahren muß das Sportleistungseinkommen so hoch sein, daß ausreichende Rücklagen für die Zeit danach vorhanden sind. Denn das Umsteigen auf eine andere Berufstätigkeit nach der Sportleistungszeit erscheint wegen des vorausgegangenen ausschließlichen Leistungssport-Engagements nicht gesichert.
Diese im Professionalisierungsprozeß am weitesten fortgeschrittene Erscheinungsform des Hochleistungssportlers gibt es in der BRD im Berufsfußball, Motorsport, Tennis, Golf.

Unsere empirische Untersuchung zur sportlichen, sozialen und wirtschaftlichen Situation von Tennisleistungsspielern/-innen ergab Hinweise, wonach die Mehrzahl der Befragten aus den nationalen Ranglisten und den Weltranglisten unter dem Einkommensaspekt keinesfalls dem offenen Profitum zugerechnet werden kann.
Obwohl die Höhe der Aufwendungen professionelles Verhalten erfordern, reichen die Erträge nicht aus, um den Lebensunterhalt zu sichern; eine Versorgungschance kommt ohnehin nicht in Frage.
Offener Professionalismus ist im deutschen Tennissport wahrscheinlich nur bei Spitzenspielern/-innen aus dem Kreis der Auswahlteams für Daviscup, Kingscup oder Federationcup anzunehmen. Nur internationale Turniererfolge sichern dauerhaft das materielle Kriterium für offenes Profitum im Tennis ab.

In den USA ist offener Professionalismus im Sport etabliert im Football, Baseball, Basketball, Eishockey, Boxen, Motorsport, Golf, Ringen und Pferdesport.

8.2.2 Verdeckter Professionalismus im Sport

Die Form des verdeckten Professionalismus ist hinsichtlich der sportlichen Leistungsfähigkeit mit offenem Profitum in etwa vergleichbar. Professionalisierte "Amateure" haben einen weiteren Beruf bzw. stehen in Ausbildung, was jedoch nicht die Grundlage ihrer Existenzsicherung ist, da sie diese wegen der Intensität der sportlichen Betätigung nicht im erforderlichen Ausmaß ausüben. Ihre Entlohnung geht weit über den unmittelbaren Lebensunterhalt hinaus und ermöglicht Rücklagenbildung. Die sportliche Tätigkeit ist jedoch in der Öffentlichkeit nicht als Profession anerkannt. Verdeckten Professionalismus findet man in der BRD bei Spitzensportlern im Eishockey, Skilauf, Springreiten, Tischtennis und im Fußball für Ex-Stars in Amateurligen. Abgesehen von einer Handvoll Spitzenkönnern im deutschen Herren- und Damentennis, die sich dem offenen Profitum gewidmet haben, dürften alle deutschen Weltranglistenspieler/-innen diesem Professionalismus-Typus zuzuordnen sein.

8.2.3 Geförderter Professionalismus im Sport

Diese Sportler erhalten zeitliche Freistellung sowie materielle und finanzielle Unterstützung zum Lebensunterhalt, um vorrangig Hochleistungssport zu betreiben. Ihr Entgelt geht nicht weit über das zum Leben Notwendige hinaus. Geförderte Profis richten ihre Existenz hauptsächlich auf das Erbringen einer hohen sportlichen Leistung aus.
Die vielfältigen Förderungen erfolgen durch Eltern, Mäzene, Sponsoren, Sportkompanien der Bundeswehr, Wirtschaftsunternehmen in Form von Scheinarbeitsverträgen, durch Freistellungen für Kommunalbedienstete, durch die Deutsche Sporthilfe etc. Auch "Staatsamateure" östlicher Gesellschaftssysteme oder "Stipendien-Amateure" amerikanischer Universitäten zählen hierzu.
Die Erwerbschance ist zeitlich durch die sportbedingte Unterstützung begrenzt. Eine Versorgungsmöglichkeit ist meist beschränkt auf die Rückkehr in ihren ursprünglichen Beruf, was ihnen häufig garantiert wird. Mitunter erleichtert das geförderte Profitum den Einstieg in eine zweite Kariere, wie z.B. die Hilfsmaßnahmen der DSH zeigen.
Zum geförderten Professionalismus gehören in Deutschland einerseits die infolge mangelnder Attraktivität nicht zum Berufssport geeigneten Sportarten und andererseits Sportarten wie Handball, Basketball und Volleyball, welche sich im Anfangsstadium der Professionalisierung befinden. Wie unsere empirische Untersuchung gezeigt hat, sind auch nahezu alle Tennisspieler/-innen des nationalen Leistungsniveaus auf Unterstützungsleistungen angewiesen.

Dieses Ergebnis bestärkt die Notwendigkeit der Nachwuchsförderung, auch in anderen Sportarten.

Gefördertes, verdecktes und offenes Profitum von Hochleistungssportlern ist durch fließende Übergänge miteinander verbunden. Dennoch kann man sie als charakteristische Entwicklungsstufen des sozioökonomisch determinierten Verberuflichungsvorganges im Hochleistungssport herausstellen.

Die Ergebnisse der deskriptiven und empirischen Analyse der wirtschaftlichen und sozialen Grundlagen der Professionalisierung tragen zur Überprüfung der Merkmale professionalisierter Sportler bei.

8.3 Merkmale der Professionalisierung im Sport

Die von FISCHER 1984, S. 203 f., aufgestellten 22 Merkmale werden hierzu sowohl vom Standpunkt der Sportler als auch des Umfeldes unter Berücksichtigung sozialer und wirtschaftlicher Interessen neu geordnet und ergänzt. Dieser Merkmalskatalog ermöglicht die Einstufung von Sportlern als Profis. Daraus ergeben sich außerdem Anhaltspunkte für den Grad der Professionalisierung von Sportarten.

8.3.1 Leistung als Kriterium für Professionalisierung im Sport

Die professionalisierten Sportler richten ihre Existenz und damit auch die Basis ihrer Erwerbs- und Versorgungschance auf das Erbringen einer sportlichen Hochleistung aus.

Diese wird in einem systematisch geplanten Vorgang erreicht unter Einbeziehung wissenschaftlicher Erkenntnisse aus allen Teilgebieten der Sporttheorie. Die Hochleistungssportler sind am Ende eines extremen Selektionsprozesses übriggeblieben, welcher meistens schon im Kindesalter einsetzte. Die selektierende Sportausbildung führt zu einem hohen Maß an spezialisierter Qualifikation, die nicht wie bei vielen anderen Lehrberufen austauschbar ist.
Die Dynamik und Faszination des Sports unter dem Motto "schneller, stärker, höher" ist Ausdruck der Lebens- und Geistesform des Abendlandes, welche über die Antriebskräfte von Wissenschaft und Technik die heutige Weltzivilisation bestimmt.
"Nach dem Salto kam der Doppelsalto, nach dem Doppelsalto der dreifache Salto" (WEIZSÄCKER 1986, S. 103). Über dieses innere Gesetz des Sports ist die ständige Leistungssteigerung erklärbar. Aussagen über künftige Grenzen des Leistungsfortschritts im Sport sind bisher meistens durch die Realität berichtigt worden.
Anzeigen für künftige sportliche Leistungsstagnation könnte man in der überhandnehmenden Dopingproblematik und in der Limitierung des Trainingsumfanges vermuten. Mehr als zwei bis drei tägliche Trainingseinheiten sind kaum vorstellbar.
Die Leistungsexplosion der letzten Jahrzehnte in allen Sportarten ist ein spezifisches Charakteristikum der Verberuflichung im Sport. Das herausragende Leistungsniveau im professionalisierten Sport wird in der bisherigen sportsoziologischen Literatur meist zu wenig berücksichtigt.

8.3.2 Aufwand als Kriterium für Professionalisierung im Sport

Auch der Aufwandsaspekt wird bei der Beurteilung des Engagements von Leistungssportlern häufig unterschätzt. Der Hinweis auf sportliche Höchstleistungen als Ergebnis professionellen Handelns im Sport genügt nicht. Der Produktionsprozeß sportlicher Höchstleistungen stützt sich auf ein Bündel von Aufwandskomponenten, die in der Öffentlichkeit häufig übersehen werden.

Der zeitliche Aufwand für professionalisierte Spitzensportler setzt für Training, Wettkampf und Gesundheitsvorsorge annähernd einen 8-Stunden-Tag voraus. Erwähnenswert bleibt, daß hierbei die intensitätsmäßige psycho-physische Trainings- und Wettkampfbelastung in keiner Weise mit der üblichen Ausübung eines bürgerlichen Berufes vergleichbar ist.

Die materiellen Aufwendungen für Sportgeräte, -bekleidung, Reisekosten und Ernährung sind zwar sehr sportartabhängig, bereiten aber häufig vor allem den subventionierten und den am Anfang des Professionalisierungsprozesses stehenden Sportlern erhebliche, mitunter sogar existenzielle Probleme.

Der Mobilitätsaufwand umfaßt nicht nur aufgrund der häufig internationalen Wettkampftätigkeit von Spitzensportlern geografische Mobilität mit Klima- und Zeitanpassung sondern auch Schul-, Arbeitsplatz-, Vereins- und Wohnungswechsel mit auch einhergehenden familiären Umstellungsproblemen.

Der asketische Aufwand infolge leistungsbewußter Lebensführung einschließlich des weitgehenden Verzichts auf Genußmittel, strenger Beachtung von Schlafdauer und Ernährungsrichtlinien kann in extremen Fällen zu gesellschaftlicher Isolierung führen. Der durch schamlose Berichterstattung von den Massenmedien erzwungene Verzicht auf die Intimsphäre von professionalisierten Sportidolen verstärkt sich in letzter Zeit immer mehr.

8.3.3 Das Risiko als Kriterium für Professionalisierung im Sport

Der Risikoaspekt muß unter sportökonomischer Betrachtung wesentlich differenzierter analysiert werden, als dies bisher geschah (vgl. FISCHER 1984, S. 204).
Daß die professionalisierte sportliche Tätigkeit unter den starken Konkurrenzbedingungen nur über einen relativ kurzen Zeitraum ausgeübt werden kann, spricht das Erfolgsrisiko als Teilwagnis des Berufssports an. Jahrelanges Mühen und Quälen im Training und Wettkampf ohne zur Spitze durchzustoßen, gehört zur Laufbahn der überwiegenden Mehrzahl von Leistungssportlern. Auch etablierte Berufssportler unterliegen dem Erfolgswagnis, wie das Verweilen auf der Reservebank in Mannschaftssportarten veranschaulicht.

Dem materiellen Erwerbs- und Versorgungsrisiko sind vor allem die subventionierten Professionals ausgesetzt, aber auch alle professionalisierten Sportler in den ersten Jahren, bis ihr überdurchschnittliches Einkommen ausreichende Reserven anzusammeln zuläßt.

Viele, auch ehemals gutverdienende Exprofis, bleiben von materieller Not im Alter nicht verschont, da sie nach jahrelanger asketischer Lebensführung in ihrem Nachholbedarf nach Lebensgenuß ihre finanziellen Möglichkeiten überschätzen. Diesbezügliche Beispiele aus dem Box- und Fußballsport sind zahlreich.
Während in diesen anerkannten Berufssportarten damit die Eigenverantwortlichkeit der Sportler versagt hat, berücksichtigen Förderungskonzepte des DSB in Verbindung mit der Privatwirtschaft, wie das Beispiel DSH zeigt, neben der sozialen Absicherung während der aktiven Zeit auch das Versorgungsproblem.
Häufig stehen die vorgenannten Wagnisse in einem engen Zusammenhang zum gesundheitlichen Risiko für professionalisierte Sportausübung. Das Schlagwort "Spitzensport als der kürzeste Weg zum Frührentnertum" (ORTNER 1987, S. 133) bringt das hohe Verletzungsrisiko für Profisportler drastisch zum Ausdruck. Nicht nur gravierende Sportunfälle und Verletzungen beenden mitunter schlagartig die Profilaufbahn, auch das Nichtausheilen einer Vielzahl kleinerer Schäden und Gesundheitsstörungen setzen dem Leistungsvermögen ein Ende. Finanzielle Absicherung dagegen erfordert einen sehr hohen Aufwand an Versicherungsprämien, die sich am ehesten noch der Spitzenverdiener leisten kann.
Auch für das Professionalisierungsumfeld ergeben sich spezifische Berufsrisiken, wie das "Feuern" von Trainern und die Rücktritte von Managern bei Mißerfolg der Mannschaft zeigen.

8.3.4 Ertrag und Nutzen als Kriterien für Professionalisierung im Sport

Die hohe sportliche Leistung trifft entweder auf einem vereinsinternen, verbandsinternen oder internationalen Markt auf Nachfrage und eröffnet aufgrund der relativen Knappheit eine Erwerbsmöglichkeit. Das Entgelt für professionelle Sportleistungen steigert sich erheblich, wenn die Nachfrage durch Zuschauer und Medien im Showsport hinzutreten. Die Reproduzierbarkeit der Sportveranstaltung mit ambivalentem Ausgang ist hierbei Voraussetzung.
Der Marktwert als wirtschaftlicher Leistungsparameter von Sportlern kann durch Teilnahme an Repräsentativwettbewerben und Auswahlmannschaften angehoben werden. Die öffentliche Anerkennung herausragender Sportleistungen eröffnet die Chance zum sozialen Aufstieg. Ehemalige Berufssportler bereiten ihre Folgekarriere oft schon während der sportlichen Betätigung vor, um sich danach als Trainer, Manager, Handelsvertreter, selbständige Unternehmer oder sonstige Angestellte in Sportvereinen, Sportverbänden, Sportartikelindustrie/ -handel oder sonstigen Branchen, mit denen in der aktiven Zeit (Werbe-) Kontakte geknüpft wurden, zu betätigen. Die empirische Untersuchung über Tennisleistungsspieler ergab, daß bis auf wenige Spitzenspieler die Erträge zu niedrig sind um eine Erwerbschance zu garantieren.
Als Merkmal der Professionalisierung im Sport wird im Rahmen der Nutzenfunktion professioneller Sportleistungen deren Auswirkungen auf das Umfeld der Sportler viel zu wenig beachtet.

Vereinsvorstände, Funktionäre, Mäzene, Sponsoren und Mitglieder identifizieren sich bereitwillig mit den Leistungen "ihrer" Athleten und Spieler und steigern dadurch ihr persönliches Prestige und Selbstwertgefühl auch in der Öffentlichkeit. Dieser soziale Nutzen professioneller Sportleistungen setzt sich über einzelne gesellschaftliche Gruppen bis zur nationalen, politischen Ebene fort.

Bei der gesellschaftlichen Diskussion über die Höhe von Sportlereinkommen und dem Pro und Contra "Ehrenamtlichkeit versus Professionalisierung" wird dieser Aspekt meist unterschlagen.

8.3.5 Organisation und Rechtsgrundlagen als Kriterien für Professionalisierung im Sport

Die sportliche Betätigung wird von Verbänden in monopolisierten Spielklassen bzw. Wettbewerben organisiert. In den USA schließen sich die Anteilseigner von Mannschaftslizenzen (Franchises) in Ligen zusammen.
Durch ein Lizenzierungsverfahren zwischen Verein/Team, Sportler und Verband/Liga wird die professionelle Sportausübung geregelt. Die übergeordneten Verbände bzw. Ligen sind mit weitgehender Selbstverwaltung und Disziplinargewalt ausgestattet.
Die Sportler sind durch Verträge und individuelle Abmachungen für die Vertragszeit an die Vereine bzw. Teams gebunden und internen Vereins- und Verbandsregelungen unterworfen. Die Transfermodalitäten unterscheiden sich sportartspezifisch.

Die allgemeinen Verberuflichungskennzeichen "höherqualifizierte Ausbildung" und "Berufszugangskontrolle" kommen im professionalisierten Sport einerseits durch die anspruchsvollen Trainings- und Wettkampfleistungen qualitativ und andererseits durch das Lizenzierungsverfahren formal zum Tragen.
Ansätze für formalisierte Ausbildung sind erkennbar am Abschluß von Ausbildungsverträgen im Tennis und Fußball ("Fohlenelf") sowie an der Nachwuchs- und Talentförderung im alpinen Skilauf (Münchner Merkur vom 16./17.11.85).

8.3.6 Autonomie als Kriterium der Professionalisierung im Sport

Die durch Analyse der rechtlichen und wirtschaftlichen Bestimmungsfaktoren der Verberuflichung im Sport aufgedeckten Probleme und Mißstände tangieren das Ausmaß der Autonomie professionalisierter Sportler. Während die einschlägige Literatur unter Autonomie im Sport überwiegend die Selbständigkeit, Unabhängigkeit, Eigengesetzlichkeit bzw. das Selbstbestimmungsrecht des korporativ über den DSB organisierten Sportsystems insgesamt versteht, gebietet die sportökonomische und sozialrechtliche Betrachtungsweise, auf die Emanzipation der Sportler, das heißt auf die fällige Befreiung aus ihrem im Übermaß abhängigen Verhältnis zu den im Professionalisierungsprozeß dominierenden Sportorganisationen hinzuweisen. Dabei kann es nicht so sehr darum gehen, Autonomie im Sinne von unternehmerischer Selbständigkeit von etablierten Berufssportlern zu fordern, die den Verberuflichungsvorgang bereits erfolgreich hinter sich gebracht haben.

Vielmehr ist kompromißbereites Überprüfen und Neufestsetzen von sportrechtlichen Verbandsregelungen anzustreben, die bisher den sportlichen, wirtschaftlichen und sozialen Status von denjenigen Hochleistungs- und Spitzensportlern einengen, welche den Einstieg in die Berufssportler-Laufbahn wagen und sich der sportlichen Profession nähern.
Im einzelnen sind anzugreifen: heuchlerische olympische und verbandsrechtliche Bestimmungen über Amateur-Profi-Abgrenzung, Pönalisierung sportwirtschaftlichen Handelns als "unsportliches" Verhalten, Handgelder- und Preisgelderverbote, Wettkampfsperren aus wirtschaftlichen Gründen, Beschränkung von Aufwandsentschädigungen und Ablösesummen im "Amateurbereich", Vortäuschen "allgemein anerkannter Grundsätze des Amateursports", Vereinnahmung von Werbehonoraren durch Fachverbände, Verteilung des Athletenfonds bei korporativer Vermarktung nach Beurteilung der Fachverbände, teilweise Vorenthaltung des individuellen Werbeertrags durch hohe Abgaben, Fehlen von Rechtsschutzbestimmungen für den Sportler bei korporativer Vermarktung, individuelle Werbeverbote, Lizenzentzug, Ausschluß von Berufssportlern von Olympischen Spielen, unkontrollierbare olympische Vorbereitungsmodalitäten in einzelnen Sportarten, restriktive Unterwerfungsklauseln, das Konkursrisiko fördernde Rechtsformverfehlungen bei Vereinen mit Profiabteilungen, Aufnötigung von Schiedsgerichtsverträgen, Behinderung des Arbeitsplatzwechsels durch das Transfersystem, Transferspekulation als Finanzierungsquelle für Vereine, Nichtbeachtung des Betriebsverfassungsgesetzes und der EG-Bestimmungen über Freizügigkeit von Ausländern.

Auch im Professionalisierungsumfeld ist die Abhängigkeit der Vereine von den Sportfachverbänden und dem DSB über das Instrument des Globalvertrages mit den öffentlich-rechtlichen Medien grundsätzlich zu überdenken.
Ebenso ist ein Ertragsausgleich bei der exklusiven Nutzung von Werberechten und olympischen Emblemen durch IOC und NOK im Sinne einer eventuellen Ausschüttung auch an Olympiateilnehmer, Fachverbände und Vereine zu überprüfen.
Die aufgeführten Beispiele lassen eine offensichtliche Fremdbestimmung der professionalisierten Sportler erkennen, was in extremen Fällen an Ausbeutung durch die Sportorganisationen grenzt. Dies erscheint arbeitsrechtlich als unausgewogen und wirtschaftlich als Vorenthaltung zustehender Erträge aus den professionellen Sportdienstleistungen.
Andererseits ist unbestritten, daß die wirtschaftliche Nutzung professioneller Sportleistungen die Hilfestellung von Vereinen, Verbänden, Vermarktungsgesellschaften, Agenten, Rechtsberatern, Managern ect. benötigt, denen dafür ein angemessenes Entgelt grundsätzlich zusteht. Die Interessen des Aktiven dürfen jedoch nicht untergehen. Die reale Durchsetzung finanzieller und anderer rechtlicher Ansprüche von im Professionalisierungsprozess stehenden Hochleistungssportlern gegenüber Vereinen, Verbänden und Sponsoren etc. setzt mehr Selbstbestimmung durch Zusammenschlüsse in Spieler- und Sportler-Interessenvertretungen voraus. Die bestehende Institution von Aktivensprechern in DSB- und Fachverbandsgremien der bisherigen Zusammensetzung vermag dies sicherlich nicht zu leisten.

Eine partnerschaftliche Verhandlungsposition ist entweder durch paritätische Besetzung der zuständigen Gremien oder durch DSB-externe Koalitionen zu erreichen. Als Beispiel mögen die im Tennissport existierende Deutsche Interessenvereinigung der Turnier-Tennisspielerinnen und -spieler (DITT) und die Association of Tennis Professionals (ATP) dienen.
Sicherlich treten u.a. auch deshalb die beschriebenen sozioökonomischen Probleme professionalisierter Sportler im Tennis nicht in dem Maße wie in anderen Sportarten auf. So erscheint es äußerst erstaunenswert, daß es im alpinen Skirennsport mit seinen einerseits enormen Werbemöglichkeiten und andererseits stark risikobehafteten Wettkampfbedingungen noch immer kein Pendant zur Fahrervereinigung der Formel 1 gibt.
Zur Institutionalisierung berufsständischer Interessenvereinigungen und Gewerkschaften sind allerdings solidarische Willensbildungs- und Handlungsaktivitäten erforderlich.

Alleingänge von professionalisierten Sportlern zum Zwecke der privat-autonomen Vermarktung dürften angesichts der monopolistisch-monistischen Struktur des korporativen Sportsystems nur in Ausnahmefällen erfolgreich sein. Außerdem sind bei individueller Verselbständigung die zweifellos höheren Ertragschancen mit dem Zuwachs an persönlichem Aufwand und Risiko abzuwägen.

8.3.7 Hedonismus und Starkult als Kriterien der Professionalisierung im Sport

Der aufstrebende Professionalismus im Sport steht in engem Zusammenhang mit dem Wertwandel in den westlichen Gesellschaften (vgl. KLAGES/KMIECIAK 1979, S. 297 f.).
Nach NEAL POSTMAN 1984 ist die amerikanische Nation, die in der Sportprofessionalisierung eine Vorreiterrolle übernommen hat, auf dem besten Wege, sich zu Tode zu vergnügen (nach GIESELER 1986, S. 119).
Der professionalisierte Sportler profitiert auch bei uns von der sich ausbreitenden Vergnügungssucht weiter Bevölkerungskreise. Die sportliche Leistung wird auf die Nachfrage nach Unterhaltung zugeschnitten, so daß mitunter Spielregeln den Eigentümlichkeiten der Volksmentalität angepaßt werden, wie beispielsweise der "penalty" anstatt des Elfmeters im amerikanischen Soccer beweist. Auch die Geschichte der Abseitsregel im Fußball oder des Tie-breaks im Tennis steht im Zusammenhang mit der Steigerung des Unterhaltungswertes von Sportarten.

Des weiteren ist die Idolatrie von Sportcracks ein Wesenszug des heutigen Berufssports. Ohne den Multiplikatoreffekt der Massenmedien wäre die Pflege des Starkults im heute üblichen Ausmaß nicht möglich. Um auflagensteigernde Schlagzeilen über das Intimleben herausragender Sportler offerieren zu können, ist es heutzutage sogar an der Tagesordnung, daß die Regenbogenpresse mit sich voyeuristisch verhaltenden "Reportern" die Sportstars rund um die Uhr observieren läßt.

Das zwiespältige Verhältnis mancher Berufssportler zu den Medien resultiert aus der persönlichen Erfahrung über solche Entartungen und der realistischen Einschätzung der Vermarktungschancen über die meinungsbildende Macht der Massenmedien.

Die zur Beurteilung des Professionalisierungsgrades von Sportlern und Sportarten angeführten Besonderheiten müssen sicherlich nicht alle zusammentreffen, um einen Sportler als Professional einzustufen. Außerdem ist der Merkmalskatalog nach Einzel- und Mannschaftssportarten zu differenzieren.
Abschließend ist FISCHER 1984, S. 205, zuzustimmen, wenn er auf die Dominanz des hohen sportlichen Leistungsvermögens als das Kapital des professionalisierten Sportlers hinweist.

8.4 Sportethik und Professionalisierung im Sport

Die mit der Ausdifferenzierung des sportlichen Handelns in den letzten Jahren feststellbare zunehmende Professionalisierung läßt Gefahren erkennen, die in der Literatur bisher meist als existenzbedrohend sowohl für Sportler als auch vorwiegend für das einheitliche Sportsystem eingeschätzt werden. Die Gefährdungen berühren die Ethik im Sport, d.h. die ihm zugeschriebenen sittlichen Werte, Handlungen und Gesinnungen.

8.4.1 Ethische Probleme des Kinderleistungssports

Die frühzeitige Spezialisierung im Verberuflichungsvorgang hat zum Hochleistungssport von Kindern geführt,

welche jahrelang bereits vor der Geschlechtsreife mehrmals wöchentlich ein langfristig geplantes und organisiertes Training zur systematischen Leistungssteigerung betreiben und regelmäßig an Wettkämpfen auf Landes- und Bundesebene teilnehmen. Hierbei handelt es sich nicht nur um Kinder, die A-, B-, C- und D-Kadern angehören. Die Forderung des DSB nach humanem Sport auf "allen Ebenen und in allen Bereichen entsprechend der Grundsatzerklärung für den Spitzensport" vom Jahr 1977 wird in der Grundsatzerklärung "Kinder im Leistungssport" vom Jahre 1983 bekräftigt und die zeitlichen, psychischen, physischen und sozialen Grenzen der Belastbarkeit von Kindern aufgezeigt.
Die Fehlentwicklung eines inhumanen, würdelosen Leistungssports für Kinder werden an der Aussage der Weltmeisterin und Olympiasiegerin VERA CASLAVSKA deutlich, wonach Kunstturnen von Kindern als "Vorführungen dressierter Lebewesen" gleichzusetzen sind. Nach MEINBERG 1984, S. 93 f., sind deshalb zur Vermeidung der Fremdbestimmung und zur Sicherung der Selbstentfaltung in einem humanen Kinderhochleistungssport folgende Prinzipien zu beachten:
keine Instrumentalisierung um des Erfolgs willen, Achtung, Gleichwertigkeit, Solidarität, Fairness, Kindgerechtheit, Zumutbarkeit, Schutz gegen Hilflosigkeit, Vertrauen, Partizipation, Verantwortung und kindgerechte Körperethik.

Da in den meisten Sportarten der langdauernde Verberuflichungsvorgang bereits Leistungssport im Kindesalter voraussetzt, treten auch sozioökonomisch bedingte Fehlentwicklungen wie Instrumentalisierung von Sporttalenten um des künftigen finanziellen Vorteils willen durch Eltern (!) und Trainer auf.

Zur Lösung solcher sittlicher Probleme im Kinderleistungssport ist jedoch vorrangig die Pädagogik als normative Handlungswissenschaft aufgerufen. Definitionen über das Wohl des Kindes sind hierzu hilfreich.

8.4.2 Sportethos und Entartungen im professionalisierten Sport

Die gegenwärtig zu beobachtende Standortbestimmung über den Sinn des professionalisierten Spitzensports dreht sich, abgesehen von den kurz angerissenen Problemen des kindlichen Leistungssports, immer wieder um die mit Politisierung, Ideologisierung, Doping, Umweltgefährdung, Gewalt und Kommerzialisierung verbundenen Gefahren (WEIZSÄCKER 1986, S. 101 f.). Nur teilweise sind diese als Entartung bzw. Entfremdung der Sinngebung des Sports bezeichneten Vorgänge ökonomisch bedingt und erklärbar. Sie bedürften jeweils der ausführlichen politikwissenschaftlichen, soziologischen, medizinischen, ökologischen und sozialpsychologischen Analyse, die den Rahmen dieses Themas übersteigt. Dennoch sollen sie kurz erwähnt werden:
Die politische Instrumentalisierung des Spitzensports bewirkt in der Öffentlichkeit übersteigerte Leistungserwartungen. Der Sport wird damit zum Tatort konkurrierender politischer Systeme (GRUPE 1985, S. 13). Mitunter wird sogar die ökonomische Funktion des Sports zur politischen Agitation mißbraucht, wie das fehlgeschlagene Sponsoring des Eishockeyclubs Iserlohn durch den Diktator Ghaddafi zeigt (Welt am Sonntag vom 6.12.1987).

Die Ideologisierung des Sports schafft Abhängigkeit von gesellschaftlich vorgegebenen Mustern, ohne diese zu durchschauen. Doping und Manipulation des Körpers durch Pharmaka und genetische Experimente bezwecken, die natürlichen Leistungsgrenzen zu verschieben. Dopingtests werden entweder überhaupt nicht vorgenommen oder sie besitzen nur Alibifunktion (Welt am Sonntag vom 29.11.1987). Auch gewalttätige Ausschreitungen auf dem Sportplatz oder auf Zuschauerrängen stellen den Sinn des Sports ebenso in Frage wie Landschaftszerstörungen und Umweltbelastungen durch überzogene Sportbauten und -anlagen.

Die fachspezifische Analyse dieser Professionalisierungsprobleme münden letztlich immer wieder in sportethische Reflexionen.
Somit sollte auch die Frage nach der Kommerzialisierung im Sport vorrangig von den wirtschaftlichen Gegebenheiten ausgehen und erst danach die normative Bewertung erfolgen.
In der bisher meist praktizierten umgekehrten Vorgehensweise liegt das Hauptproblem der ethisch und moralisch zu sehr aufgeladenen Aussagen über wirtschaftliche und soziale Strukturen im kommerzialisierten und professionalisierten Sport.

8.4.3 Allgemeines Sportethos und Sportethos-Differenzierung

In seiner grundlegenden Arbeit über Sportethos definiert KUCHLER 1969, S. 13, Ethos im weiteren Sinne als den "Inbegriff der von einem Menschen oder einer Gruppe für das gesamte Leben oder einen Teilbereich

des Lebens erkannten und anerkannten Ideale, Werte und Normen, die sich gestalthaft in Form einer Rangordnung oder nach mehreren Schwerpunkten zusammenfügen oder bildhaft in Vor- und Leitbildern verdichten; Ethos ist demnach die in einem Menschen oder in einer Gruppe für das gesamte Leben oder einen Lebensbereich in Idealen, Werten und Normen lebendige Sittlichkeit".
Demnach kann ein Ethos auch für nur einen Teilbereich des Lebens wie Beruf, Arbeit, Politik, Familie oder Sport bestimmend sein.

Der Ethosbegriff für den Sport beinhaltet:
"Das Sportethos im weiteren Sinn als der Inbegriff der im Lebensbereich Sport lebendigen Werte, Normen und Ideale umfaßt alle sittlich relevanten Eigenschaften und Haltungen, die dem Sportethos im engeren Sinne direkt entsprechen (sozialethische Haltungen, Willenseigenschaften, durch die Vitalität fundierte Eigenschaften, "Ethos des Nützlichen und Notwendigen"). Diese Eigenschaften und Haltungen sind dabei bestimmt durch eine starke Situationsbezogenheit: sie haben in dem sportlichen wie sittlichen, formalen Imperativ des Citius-altius-fortius eine Antriebskraft zur Steigerung und Vervollkommnung und in der Amateuridee einen Schutz vor Verfälschung durch sportfremde Motivationen. Als diesem Ethos charakteristische Eigenschaften und Haltungen können betrachtet werden Kameradschaft, Fairneß, teamspirit, Mut, "Lebensfreude", "Siegen- und Verlierenkönnen" und alle Willenseigenschaften. Je nach Ausprägung der für dieses Ethos möglichen Variationsfaktoren formieren sich diese Eigenschaften und Haltungen zu einer Rangordnung oder zu einem loseren Gefüge mit mehreren Schwerpunkten." (KUCHLER 1969, S. 185).

Den überwiegend dogmatisierenden, abwertenden Urteilen über Kommerzialisierung und Professionalisierung im Sport ist zu entgegnen, daß der vorliegende komplexe Begriff des Sportethos sowohl über die Komponente "Ethos des Nützlichen und Notwendigen" als auch über die starke Situationsbezogenheit der durch "Citius-altius-fortius" geprägten sportlichen Handlung auch grundsätzlich den Professionalismus umfaßt.
Sich auf Grund seiner sportlichen Befähigung eine Existenz zu schaffen, ist ein legitimer Grund, berufsmäßig Sport zu treiben" (KUCHLER 1969, S. 267).
Der Amateurismus als das "Wächteramt" des olympischen Sportethos steht dieser Auffassung entgegen. Wie die Genese des olympischen Amateurparagraphen gezeigt hat (s. S. 165 f.), wurden diese laufend geändert, um die sittenwidrige Überforderung der Spitzensportler abzuschwächen. Da für den professionalisierten Sport andere Strukturen als für den Breitensport gelten, ist das frühere Dilemma zwischen Amateur und Profi angesichts der Trainingsintensität, des finanziellen Aufwandes und des wachsenden Unterhaltungswertes längst zu einem Scheinproblem geworden (GIESELER 1986, S. 121 f.).
Die Zeit des olympischen Amateurs, der in der Antike eine Legende, in England ein Klassenbegriff und später ideologischer Irrtum war, ist vorbei. Damit hat er seine Berechtigung als konstitutiver Faktor eines allgemein gültigen Sportethos, welches auch für den professionalisierten Sport unserer Tage Bestand haben könnte, verloren. Wenn beispielsweise die gesundheitliche Instrumentalisierung des Sports heutzutage allgemeine Anerkennung findet, dann muß auch eine andere Nutzenfunktion des Sports, nämlich seine ökonomische Bedeutung als sittlich akzeptabel gelten.

An dieser Analogie zeigt sich auch die Existenzberechtigung sportökonomischer Überlegungen in der Sporttheorie.
Wenn ein Sportler durch berufliche Sportausübung materielle Vorteile zieht, verstößt er grundsätzlich nicht gegen das Sportethos. Werden andere Werte des Sportethos wie Kameradschaft, Teamgeist, Achtung vor der Gesundheit des Gegners, Fairness etc. durch das Sichern der Erwerbschance verletzt oder ausgeschaltet, dann liegt ein sittliches Versagen gegen Sportethos und Berufsehre des Professionals vor.
Die Ausdifferenzierung sportlichen Handelns in verschiedenen Sportwelten gebietet auch eine Differenzierung wertbestimmender Sinngebungen in diesen Bereichen. Ist es nicht längst an der Zeit, Ethosformen des Individualsports, des Schulsports, des Vereinssports und des professionellen Gewerbesports zu unterscheiden?
Die Darstellung der Merkmale der Professionalisierung hat erkennen lassen, daß in dieser Sportwelt berechtigte Zweifel am Konsens über die von Sportorganisationen und Funktionären postulierte Sittlichkeit und dem real lebendigen Ethos der Aktiven bestehen.
Die Überprüfung der in der "Sportverfassung" durch Absichtserklärungen und diversen Chartas verankerten Idealen, Normen und Werten soll dies nun noch mehr verdeutlichen.

8.4.4 Professionalisierung, Sportethos, Wirtschaftsethos und Sportverfassung

Obwohl die verbindlichen sittlichen Verhaltensregelungen in einer Gemeinschaft nicht gesetzlich erzwingbar sind, prägen doch die rechtlichen Grundlagen wesentlich die Ethosformen in den jeweiligen Teilbereichen des Lebens mit.
Somit kommt der Sportverfassung der weitgehend von der staatlichen Rechtsordnung unabhängigen Sportorganisationen erheblicher Einfluß auf die Ausformung des Sportethos zu. Nach § 3.1 seiner Satzung steht der DSB "auf dem Boden des Amateursports und wird ehrenamtlich geführt". Nach Satzung § 3.9 verfolgt er ausschließlich und unmittelbar gemeinnützige Zwecke.
Diese sportwirtschaftlichen Grundaussagen verweigern an sich dem DSB von vornherein den Vertretungsanspruch für Leistungs-, Hochleistungs- und Spitzensport, da heutzutage auf diesen Leistungsebenen nur überwiegend professionalisierte Sportausübung möglich ist.

Die "Charta des deutschen Sports" vom 15.10.1966 als Verfassungsurkunde des Sports erwähnt mit keinem Wort die Professionalisierung im Sport, fordert jedoch indirekt Umfeldprofessionalisierung durch den Anspruch auf mehr Trainer, Forschungs-, Trainingszentren, Lehrstühle und Sportinstitute für die Leistungsförderung. Dem Leistungssportler soll durch menschliche Führung geholfen werden. Außerdem soll er bei der Lösung sozialer Probleme unterstützt werden.

Diese vagen und inkonsequenten Formulierungen wurden ergänzt in der Ansprache von Prof. Dr. WENDLAND anläßlich des DSB-Bundestages 1966 in München, wonach Perversionen und Auswüchse der modernen Sportbewegung in Form des passiven Zuschauersports "in gemeinsamen Anstrengungen zu überwinden" sind (WENDLAND 1968, S. 13 f.).
Kultusminister MIKAT warnt zwar auf diesem Bundestag davor, bei beruflich betriebenen Sportwettkämpfen vorschnell Zuschauermengen zu verurteilen (MIKAT 1968, S. 23 f.). Nach DAUME ginge jedoch dem Sport sein Schönstes verloren, wenn es die Ehrenamtlichkeit und die Amateure nicht mehr gäbe. "Wir glauben unter allen Umständen an den Agon Agens des Amateurismus und an seine Strahlkraft" (DAUME 1968, S. 29 f.).
Gleichzeitig soll die Kontrolle des Berufssports durch Amateure angestrebt werden. In einem Kommentar zur Charta meint LENK 1968, S. 55/56, daß die mangelhafte soziale Integration des Leistungssportlers mehr eine Frage persönlicher Betreuung sei und finanzielle Zuwendungen oft gerade die soziale Problematik erhöhen würden! Für heutige Verhältnisse im Spitzensport ist diese Aussage sicher nicht mehr zutreffend.
In der "Resolution zur Förderung des Leistungssports vom 8.4.1967" werden wieder hauptamtliche Trainer gefordert und die Gründung der DSH am 26.5.1967 in Berlin angekündigt.
In den "Leitlinien für die Werbung im Sport" vom 30.11.1974 wird Bandenwerbung erlaubt, die Trikotwerbung jedoch als unzulässig erklärt.

Das "Kooperationsmodell zur Förderung des Leistungssports" vom 6.12.1975 bezweckt durch Kooperation aller Förderungseinrichtungen einschließlich der Organisation des Stützpunkt- und Wettkampfsystems sowie der Traineraus- und -weiterbildung, optimale Bedingungen für den Leistungssport zu schaffen. Daß Leistungssportler sich zu dieser Zeit bereits im Professionalisierungsprozeß befanden, dürfte sicherlich beim DSB damals schon erkannt worden sein.

Die Europäische Charta "Sport für alle" der Sportministerkonferenz vom 20./21.3.1975 fordert u.a. die Bewahrung des Sports und der Sportler "vor jeder politischen, kommerziellen oder finanziellen Ausnutzung". Gleichzeitig soll qualifiziertes Führungspersonal in Verwaltung, Leitung und Training des Sports eingesetzt werden.
Einerseits geht hieraus eine gewisse Berührungsangst der Sportverantwortlichen vor der wirtschaftlichen Funktion des Sports hervor, andererseits fordert man letztlich zur Professionalisierung im Betreuungsbereich auf.
Die "Internationale Charta für Leibeserziehung und Sport" der UNESCO vom 21.11.1978 postuliert in völliger sportökonomischer Naivität:
"Der Wettkampfsport darf in keiner Weise von gewinnorientierten, kommerziellen Interessen beeinflußt werden". Unterricht, Training und Verwaltung sollten jedoch durch qualifizierte Kräfte erfolgen. Außerdem seien u.a. Forschung, Information und Dokumentation in Leibesübungen und Sport nötig.

Auch die Aus- und Weiterbildungsforderung für ehrenamtliche und hauptberufliche Kräfte verstärkt wiederum den Trend zur Professionalisierung im Sport.
Nur für die Athleten wollte man wohl immer noch nicht die nötige Konsequenz ziehen!
Die "Grundsatzerklärung für den Spitzensport" vom 11.6.1977, als "Anti-Doping-Charta" und als Art neues Grundgesetz für den Spitzensport bezeichnet, wollte den Sport aus seinen humanen Werten heraus neu begründen. Unter anderem wird darin anerkannt, daß das Erstreben sportlicher Spitzenleistungen mit einem hohen Maß an körperlicher und psychischer Belastung, zeitlicher Einschränkung, individuellen Verzichts und langjähriger Festlegung verbunden ist.
Damit ist der Aufwandsaspekt als eines der wirtschaftlich wesentlichen Merkmale der Professionalisierung im Sport erstmals anerkannt. Doch wo bleibt als Konsequenz hieraus neben der gesellschaftlichen Pflicht zur Förderung des Athleten die Anerkennung seines Status als professionalisierter Sportler?
Die "Entschließung zur Grundsatzerklärung für den Spitzensport" vom 3.12.1983 bestätigt die Grundsätze für einen humanen Spitzensport vom Jahr 1977 und ergänzt sie u.a. durch vertragliche Dopingverbote für Landes- und Honorartrainer und durch Einführung der Dopingkontrollen bei Weltrekorden.
Das "Förderungskonzept für den Spitzensport" vom 3.12.1977 und seine Fortschreibung vom 4.6.1983 steigert durch differenzierte Förderstufen auf Grund von Klassifizierungen und Punktwertungen die Fördergerechtigkeit. Von explizierter Anerkennung des professionalisierten Sportlers ist allerdings nichts zu lesen.

In den Thesen des DSB für die Beratungen des Bundestages über "Das Ehrenamt im Sport" vom 21.5.1982 werden die Leistungen der größten ehrenamtlich geführten und tätigen Organisation für Gesellschaft und Staat in der BRD herausgestellt.
Der Ehrenamtlichkeit als das Management-Gegenstück zum Amateurismus-Leitbild für Aktive wird Priorität vor Haupt- und Nebenberuflichkeit zugesprochen. Letztere sollen die unentgeltlich Tätigen entlasten, wobei die Auffassung vorherrscht, das mittlere Management hauptamtlich und die oberen und unteren Leitungsfunktionen ehrenamtlich zu besetzen. Trotz seiner Vorzüge wie die Förderung des Demokratieverständnisses, der Beitrag zur persönlichen Entfaltung und der Schaffung materieller Werte durch Einsparungen ist gegen das "Ehrenamt im Sport" auch einiges einzuwenden:

- Es bleibt unbewiesen, daß professionelles Management nicht ebenso wie Ehrenamtlichkeit die Unabhängigkeit des Sports garantieren kann.
- Ohne Analysevergleich ehrenamtlicher und professioneller Sportmanagementqualitäten bleibt die Ehrenamtlichkeit als Führungsprinzip fragwürdig!
- Die spürbaren Berührungsängste der ehrenamtlichen Sportfunktionäre vor sportwirtschaftlichen Problemen ließen sich wahrscheinlich beim Einsatz einschlägig ausgebildeter hauptberuflicher Sportmanager vermeiden.
- Der Berufssport auf Zeit benötigt prinzipiell auch ein professionelles Management.
- Dem professionellen Management sind nicht a priori die der Ehrenamtlichkeit als positiv zugeschriebenen altruistischen Motivationen (z.B. Ideale verwirklichen, Verantwortung für andere tragen) abzusprechen.

Die "Leitlinien für den Spitzensport" vom 8.6.1985 mit 14 Leitsätzen gehen von rationaler Leistungs-, Trainings- und Wettkampfplanung und -steuerung einschließlich der Schaffung von Olympiastützpunkten aus, fordern ein letztlich professionalisiertes Umfeld auf allen leistungsrelevanten Gebieten mit Ausnahme des traditionellen ehrenamtlichen Führungsprinzips. Die Chancen zur konsequenten Anerkennung des Professionalismus der Spitzenathleten wurde wieder ausgelassen.

So verwundert es nicht, daß das Leitbild des olympischen Spitzensports immer noch voll Widersprüchlichkeit und Dogmatismus erscheint:
"Der große Spitzensport, der nicht den Regeln platter Unterhaltung oder gar der Volksbelustigung folgt, der sich nicht den Maximen des Kommerzes leichtfertig fügt und der eigenen Vermarktung Vorschub leistet, der sich nicht den Bedingungen des Showbusiness und der Unterhaltungsbranche gefügig unterwirft und der sich politischen Entscheidungen bedingungslos anpaßt, in dem nicht die Mehrzahl der Athleten zu Komparsen und Statisten degradiert wird, um wenigen Stars die große öffentliche Inszenierung zu ermöglichen, sondern der vielmehr glaubhaft, glaubwürdig und konsequent seine eigenen und authentisch sportlichen Grundsätze, Erlebnis- und Erfahrungsformen entwickelt und zu ihnen steht, dieser Spitzensport würde zum einen seiner ursprünglichen Idee mit ihren humanistischen und ethischen Grundwerten treu bleiben, und er würde zum anderen eine großartige pädagogische Idee des letzten Teils unseres Jahrhunderts sein können, indem er

vielen jungen Menschen Chance und Herausforderung zu persönlicher Gestaltung ihres Lebens bedeutet und ihnen Maßstäbe für Qualität und Perfektion sichtbar liefert, dies vor den Augen eines möglichst sachverständigen Publikums, das sich in seinem eigenen sportlichen Verhalten durch die Leistungen der Athleten anregen lassen möge. Das wäre wirklich olympisch." (GRUPE 1985, S. 35).

Der große Widerspruch in dieser Zielvorstellung vom großen Spitzensport liegt in der Nichtakzeptanz des professionellen Sporthandelns, welches heutzutage ausschließlich zu Spitzenleistungen befähigt.
Das Ethos des professionalisierten Sportlers schließt deshalb auch schwerpunktmäßig seine sportwirtschaftliche Orientierung ein.
Die christliche Ethik richtet das sportliche Ethos an der Menschenwürde aus (JACOBI 1985, S. 70).
Nach HERMS 1985, S. 84 f., wurzelt zwar das Sportethos nicht vorrangig im Sport, sondern es ist durch Ideale geprägt, die von der Gesamtheit der Bildungsinstitutionen ausgehen, wozu auch der Sport gehört. Ökonomische Motive allein begründen allerdings keine Fremdbestimmung sportlichen Handelns, so lange die beteiligten Sportler, Organisatoren und Zuschauer wissen, aus welchem Zweck sie den Sport betreiben. Somit haben alle am professionalisierten Sport Beteiligten als ethische Grundforderung das Gewinnstreben von im Professionalisierungsprozess stehenden Sportler zu achten.

Der Sport muß als wirtschaftlicher Partner gegenüber der Wirtschaft handeln lernen. Ob jedoch die bisherigen Handlungsmaximen als ausgewogen für alle Beteiligten gestaltet wurden, ist stark anzuzweifeln. Vieles deutet darauf hin, daß im Spannungsfeld professionalisierter Sport - Athlet - Sportorganisationen - Kommerzialisierung - Ökonomisierung die Aktiven als die wesentlichen Leistungsträger leichtfertig übersehen werden.
Stellungnahmen wie von ROY EVANS, Präsident der Internationalen Tischtennis-Förderation "The trick is to accept commercial sponsorship, but to make sure you still control your own sport" (nach NEIDHARDT 1985, S. 76) oder von KURT HELLER, Präsident des Österreichischen NOK "Die hauptsächliche Forderung besteht einfach darin, daß der Sport selbst die absolute Kontrolle über sämtliche Zahlungen in die Hand bekommt ... Am besten dadurch, daß er selber die Funktion des Vermittlers zwischen Sportler und Geldgeber übernimmt oder zumindest diesen Vorgang streng kontrolliert" HELLER 1982, S. 105) belegen das Machtstreben der Funktionäre. Die Realisierung der Tatsache, daß sich "der Sport" heute in verschiedene Sportbereiche mit unterschiedlichen Sinngebungen zergliedert, ist offensichtlich im Verbandsbereich immer noch nicht vollzogen. Das Ethos des professionalisierten Sports hat die Interessen aller Beteiligten zu berücksichtigen. So wie eine Ethosdifferenzierung abweichend vom allgemeinen Sportethos für professionalisierte Sportler nötig ist, sind Ethosformulierungen auch für Trainer, Zuschauer, Medien, Vereine und Verbände bzw. für Sportfunktionäre angebracht.

Die Diskussion über ethische Probleme der Kommerzialisierung und Professionalisierung in der Sporttheorie erinnert im übrigen an den Werturteilsstreit in der Volkswirtschaftslehre zwischen M. WEBER und SOMBART als Vertreter der wertfreien Richtung und SCHMOLLER als Exponent der ethisch-normativen Richtung (SURÁNYI-UNGER 1965, S. 83 f.). Auch der jüngere Methodenstreit in der Betriebswirtschaftslehre drehte sich u.a. um die Standpunkte einer normativen oder wertfreien Betriebswirtschaftslehre als wissenschaftliche Disziplin (GABLER 1984, S. 301 f.).

So wie als Ergebnis dieser Auseinandersetzungen sowohl in Makro- als auch in Mikroökonomie wirtschaftsethische Grundsätze mit Objektivität und Zurückhaltung zu beachten sind, so haben auch alle im professionalisierten Sport Involvierten immer wieder ihre sportethischen Positionen abzustecken. Die ordnungspolitischen Entscheidungen sind im Spannungsfeld Sportsystem - Spitzensportler in Analogie zur ethisch aktzeptablen Ausgestaltung der Wirtschaftsverfassung nach dem Motto zu treffen: das sachlich Notwendige mit dem geringsten Maß an sittlicher Belastung des Einzelnen (NELL-BREUNING 1963, 772 f.). Denn ein wesentliches Ziel der Professionalisierung im Sport besteht in der Unterhaltsfürsorge, damit der Aktive ein seiner Menschenwürde entsprechendes kulturelles Leben führen kann.

Die Überprüfung und kontinuierliche Anpassung des korporativ orientierten Sportrechts an der Meßlatte der allgemeinen Rechtsnormen könnten sicherlich zu einer den verschiedenen Sportwelten angemesseneren Sportverfassung beitragen.

Die bisher übliche sportethische Überforderung der professionalisierten Spitzensportler durch Pönalisierung und Diskriminierung der noch nicht in ihrer vollen Bedeutung akzeptierten ökonomischen Funktion des Sports würde vermieden. Denn die wirkliche moralische Kraft des humanen Sports mit diversen gesellschaftlichen Funktionen und Erscheinungsformen liegt im Bekenntnis zu Leistung und Konkurrenz, welche ihre Grenzen dort finden, wo die Menschenwürde angetastet wird (WEYER 1987, S. 225). Deshalb gilt auch für die wirtschaftlichen und sozialen Probleme des professionalisierten Sports das Wort SCHILLERS: "Der Menschen Würde ist in Eure Hand gegeben. Bewahret sie! Sie sinkt mit Euch. Mit Euch wird sie sich heben ...".

Anhang

Auszug aus Olympic Charter 1985

IV. The Olympic Games

1. Participation in the Olympic Games

RULES: 26 Eligibility code

To be eligible for participation in the Olympic Games a competitor must:

observe and abide by the Rules of IOC and in addition the rules of his or her IF, as approved by the IOC, even if the federation's rules are more strict than those of the IOC;

not have received any financial rewards or material benefit in connection with his or her sports participation,

except as permitted in the bye-laws to this Rule.

BYE-LAWS: To Rule 26

A. Each IF is responsible for the wording of the eligibility code relating to its sport, which must be approved by the Executive Board in the name of the IOC.

B. The observation of Rule 26 and of the eligibility codes of IFs are under the responsibility of IFs and NOCs involved. The Eligibility Commission of the IOC will ensure the application of these provisions.

C. All cases of infringement of Rule 26 of the IOC and of the eligibility codes of IFs shall be communicated by the respective IF or NOC to the IOC to be taken in consideration by its Eligibility Commission. In accordance with Rule 23 and its bye-law, the accused competitor may request to be heard by the Executive Board whose decision will be final.

Guidelines to eligibility code for the IFs

A. The following regulations are based on the principle that an athlete's health must not suffer nor must he or she be placed at a social or material disadvantage as a result of his or her preparation for and participation in the Olympic Games and international sports competitions. In accordance with Rule 26, the IOC, the IFs, the NOCs and the national federations will assume responsibility for the protection and support of athletes.

B. All competitors, men or women, who conform to the criteria set out in Rule 26, may participate in the Olympic Games, except those who have:

1. *been registered as professional athletes or professional coaches in any sport;*
2. *signed a contract as a professional athlete or professional coach in any sport before the official closing of the Olympic Games;*
3. *accepted without the knowledge of their IF, national federation or NOC, material advantages for their preparation or participation in sports competition;*
4. *allowed their person, name, picture, or sports performances to be used for advertising, except when their IF, NOC or national federation has entered into a contract for sponsorship or equipment. All payment must be made to the IF, NOC or national federation concerned, and not to the athlete;*

5. carried advertising material on their person or clothing in the Olympic Games and Games under the patronage of the IOC, other than trademarks on technical equipment or clothing as agreed by the IOC with the IFs;
6. in the practice of sport and in the opinion of the IOC, manifestly contravened the spirit of fair play in the exercise of sport, particularly by the use of doping or violence.

Lehrstuhl für Sporttraumatologie mit
Klinik und Poliklinik für Sportverletzungen
rechts der Isar der Techn. Universität München
Direktor: Prof. Dr. Paul Bernett

☐ Klinikum rechts der Isar
8000 München 80
Ismaninger Straße 22
Fernsprecher (089) 41 40-1
Durchwahl 41 40-25 11 / 25 15 / 25 17
Telegrammadresse Isarklinikum

☒ Zentralinstitut für
Sportwissenschaften
Zentrale Hochschulsportanlage
im Olympiapark, Connollystraße 32
8000 München 40
Fernsprecher (089) 3 54 91-360/1/2
3 51 87 57
Poliklinik Ambulanz 3 54 91-375

Klinik und Poliklinik für Sportverletzungen r. d. Isar
Ismaninger Straße 22, 8000 München 80

An alle
deutschen, bayerischen und
oberbayerischen Ranglistenspieler(innen)

Februar 1986

Analyse der sozialen, sportlichen und wirtschaftlichen Situation von Tennisleistungsspielern

Sehr geehrte(r) Ranglistenspieler(in),

im Rahmen eines Forschungsprojektes der Klinik und Poliklinik für Sportverletzungen der TU München führt Herr Dr. Pöttinger, Mitglied der Lehrkommission des Bayer. Tennisverbandes, eine empirische Untersuchung zu oben genanntem Thema durch.

Zu diesem Zweck werden alle Spieler und Spielerinnen der deutschen, der bayerischen und der oberbayerischen Rangliste um Ausfüllung eines Fragebogens gebeten. Die Anonymität des Fragebogens sowie die Bestimmungen des Datenschutzes sind gewährleistet, da Ihre Angaben ausschließlich sportwissenschaftlichen Zwecken dienen.

Bitte tragen Sie durch Ausfüllen und umgehende Rücksendung des Fragebogens dazu bei, daß erstmals im Tennis eine sportökonomische Untersuchung möglich wird. In Handball, Volleyball, Fußball, Radfahren, Rudern, Schwimmen, Eislauf, Hockey, Ringen, Boxen, Turnen und Skisport gibt es bereits ähnliche Analysen. Der Fragenkatalog kann Ihnen auch selbst gleichzeitig Aufschluß über Ihre Tätigkeit im Leistungstennis geben.

Mit vielem Dank und besten Wünschen
für ein erfolgreiches Tennisjahr 1986

Bernett   Pöttinger

Prof.Dr.P.Bernett

Dr.Peter Pöttinger
Sportzentrum der TU München

Anlage
Fragebogen mit Freiumschlag

Bitte lesen Sie den Ihnen vorliegenden Fragebogen nicht erst vollständig durch, sondern beginnen Sie am besten gleich mit dem Ausfüllen. LK 1 NR 2

Die meisten Fragen können durch Ankreuzen beantwortet werden. Manchmal ist auch eine eigene Formulierung in Stichpunkten erwünscht bzw. eine Mehrfachantwort möglich. 3 4 KA 5 1

Wir versichern Ihnen, daß Ihre Anonymität gewährleistet ist und daß die Bestimmungen des Datenschutzes eingehalten werden.

Vielen Dank für Ihre Bemühungen!

1. Angaben zur Person

1.1 Alter: ...... Jahre 6 7

1.2 Geschlecht: männlich ☐1 weiblich ☐2 8

1.3 Religion: evang. ☐1 kath. ☐2 sonstige ☐3 9

1.4 zuletzt ausgeübter Beruf des Vaters:.................................... 1o 11

1.5 Familienstand: ledig ☐1 verh. ☐2 gesch. ☐3 getrennt lebend ☐4 12

1.6 Zahl der Kinder: 13

1.7 derzeitiger Beruf: Schüler ☐1 Student ☐2 Azubi ☐3 Arbeiter ☐4 Angest. ☐5 Soldat ☐6 Beamter ☐7 Selbständig ☐8 Sonstiges ☐9 14

1.8 Berufsausübung: Vollzeit ☐1 Teilzeit ☐2 nicht tätig ☐3 15

1.9 Wöchentliche Arbeitsstunden: ca. ...... Vollstunden pro Woche 16 17

1.1o Angestrebter Schulabschluß: Volksschule ☐1 Mittlere Reife ☐2 Abitur ☐3 Hochschulstudium ☐4 18

1.11 Nationalität: deutsch ☐1 sonstige ☐2 19

1.12 Sind Sie krankenversichert? ja ☐1 nein ☐2 2o

1.13 Sind Sie rentenversichert? ja ☐1 nein ☐2 21

1.14 Sind Sie unfallversichert? ja ☐1 nein ☐2 22

1.15 Sind Sie arbeitslosenversichert? ja ☐1 nein ☐2 23

2. Angaben zur Struktur des sportlichen Status

2.1 Geben Sie bitte die jeweils höchste Rangliste an, der Sie 1985 angehörten. (nicht Vereinsrangliste)

Erwachsenenrangliste: Bezirk ☐1 Land ☐2 DTB ☐3 ATP ☐4 24

Jugendrangliste: Bezirk ☐1 Land ☐2 DTB ☐3 25

2.2 Sind Ihnen die Kriterien für Ihre Ranglisteneinstufung im Wesentlichen bekannt? ja ☐ 1 nein ☐ 2 26

2.3 Mit wieviel Jahren haben Sie mit dem Tennisspielen begonnen?
mit ...... Jahren 27 28

2.4 Mit wieviel Jahren haben Sie mit Wettkampftennis begonnen?
mit ...... Jahren 29 3o

2.5 Mit wieviel Jahren wurden Sie erstmalig in eine Jugendrangliste (nicht Vereinsrangliste) aufgenommen? mit...... Jahren 31 32

2.6 Mit wieviel Jahren wurden Sie erstmalig in eine Erwachsenenrangliste (nicht Vereinsrangliste) aufgenommen? mit.....Jahren 33 34

2.7 Spielten Sie 1985 Mannschaftsspiele? ja ☐ 1 nein ☐ 2 35

2.8 In welcher Liga spielten Sie 1985 Mannschaftsspiele? 36
1. Liga ☐ 1 2. Liga ☐ 2 3. Liga ☐ 3 4. Liga ☐ 4
5. Liga ☐ 5 6. Liga ☐ 6 darunter ☐ 7

2.9 Wo trainierten Sie 1985? im Verein ☐ 37
im Stützpunkt ☐ 38
im Leistungszentrum ☐ 39

2.1o Mit wem trainierten Sie 1985? mit Clubtrainer ☐ 4o
mit Spielertrainer ☐ 41
mit Verbandstrainer ☐ 42
ohne Trainer ☐ 43

2.11 Wieviele Jahre haben Sie regelmäßig und wieviele wöchentliche Trainerstunden erhalten, bis Sie erstmalig in eine Erwachsenenrangliste (nicht Vereinsrangliste) aufgenommen wurden?
keine Trainerstunden bis zur Aufnahme in Erw.-Rangliste ☐ 44
regelmäßig Trainerstunden erhalten: pro Woche .... Stunden 45 46
.........Jahre lang 47 48

2.12 Schätzen Sie bitte den Anteil in % Ihrer gesamten Tennisausbildungskosten (incl. Trainer-,Hallen-,Material-,Turnierkosten), den Sie selbst bzw. Ihre Eltern, Vereine oder Tennisverbände getragen haben, bis Sie erstmals in eine Erwachsenenrangliste

(nicht Vereinsrangliste) aufgenommen wurden! 49

selbst bzw. von Eltern getragen ca. ...... % 50 51

von Verein(en) getragen ca. ...... % 52 53

vom Verband getragen ca. ...... % 54 55

2.13 Wie oft wurde bisher eine Transferentschädigung bei Vereinswechsel (z.B. für Tennisausbildungskosten) für Sie bezahlt? 56

noch nie ☐ 1 einmal ☐ 2 zweimal ☐ 3 mehr als zweimal ☐ 4

2.14 Wie hoch war die Transferzahlung an den abgebenden Verein 1985? 57 58

keine Transferzahlung 1985 ☐ Transferzahlg. 85 DM............ 59 60 61

2.15 Wieviele Mannschaftsspiele haben Sie 1985 gespielt? .....mal 62 63

2.16 Wieviele Turniere (ohne Mannschaft) haben Sie 1985 gespielt?

Zahl der Turniere 1985 .... 64 65

2.17 Geben Sie bitte die Zahl aller 1985 gespielten Turniere und Mannschaftsspiele an, verteilt auf Sommer- u. Wintersaison!

Sommer (April - einschl. September 85 ....Turniere 66 67

Winter (Januar - einschl. März 85 ....Turniere 68 69

2.18 Wie oft haben Sie 1985 Qualifikation gespielt? ....mal 70 71

2.19 Wie oft waren Sie 1985 insgesamt im Hauptfeld?

(unabhängig von der Art des Turnieres) ....mal 72 73

2.20 Wie oft haben Sie 1985 Turnierkonkurrenzen gewonnen?

Einzel ......mal gewonnen 74 75

Doppel und Mixed .... mal gewonnen 76 77

2.21 Wie oft haben Sie bei Turnieren mehrere Einzel pro Tag gespielt? 2 Einzel pro Tag gespielt ......mal 78 79 80

1 2 3 4 5 2

3 Einzel pro Tag gespielt ......mal 6 7

2.22 Wieviele Matches haben Sie 1985 <u>insgesamt</u> gespielt?

gespielte Einzel 1985 ....Matches 8 9

Doppel und Mixed 1985 ....Matches 10 11

2.23 Sind Sie der Meinung, daß bei Turnieren mit großer Teilnehmerzahl in den ersten Runden lange bzw. verkürzte Sätze gespielt werden sollten oder soll stattdessen das Turnier anders organisiert werden?

langer Satz bzw. verkürzte Sätze ☐ 12

oder stärkere Turnierbeschränkung ☐ 13

straffere Durchführung ☐ 14

Turnierverlängerung ☐ 15

Sonstiges 16

3. <u>Aufwendungen für Leistungstennis im Jahr 1985</u>

Gefragt wird nach dem tatsächlichen Aufwand, unabhängig davon, wer ihn bezahlt bzw. getragen hat!

<u>3.1 Zeitlicher Aufwand</u>

3.1.1 Zahl der erhaltenen, regelmäßigen Trainerstunden pro Woche: 17

Trainerstunden pro Woche 1985:........Stunden 18

3.1.2 Wie oft trainierten Sie 1985?

in der Sommersaison: 19

bis zweimal pro Woche ☐ 1 drei- bis viermal pro Woche ☐ 2

meist täglich ☐ 3 meist zweimal täglich ☐ 4

in der Wintersaison: 20

bis zweimal pro Woche ☐ 1 drei- bis viermal pro Woche ☐ 2

meist täglich ☐ 3 meist zweimal täglich ☐ 4

3.1.3 Trainingsstunden pro Woche insgesamt 1985 21

in der Sommersaison ......Stunden pro Woche 22

23

in der Wintersaison ......Stunden pro Woche 24

3.1.4 Zeitaufwand für Fahrten hin und zurück zum Training, für 25

Umkleiden und Duschen pro Woche ca. ......Stunden 26

3.1.5 Zeitaufwand für mediz.-physiotherapeutische Betreuung(ärztl. Untersuchung, Massage, Behandlg. bei Verletzung etc.) 27

im <u>Jahr</u> 1985 ....Stunden 28

3.1.6 Zeitaufwand für Konditionstraining 1985 (z.B. Ausgleichssport Waldlauf, Krafttraining etc.):

Konditionstraining im Sommer wöchentlich ......Stunden 29 30

Konditionstraining im Winter wöchentlich ......Stunden 31 32

3.1.7 Wie lange schlafen Sie durchschnittlich? ......Stunden 33 34

3.1.8 Wieviele Tage haben Sie 1985 für Tennislehrgänge benötigt?

Lehrgangstage 1985 .... 35 36

3.1.9 Wieviele Tage haben Sie 1985 nicht wettkampfmäßig Tennis gespielt oder dafür trainiert? 37

in der Sommersaison 1985 ca. ......Tage ohne Tennis 38 39

in der Wintersaison 1985 ca. ......Tage ohne Tennis 40 41 42

3.2 Verletzungsbedingte Aufwendungen für Leistungstennis 1985

3.2.1 Wurden Sie wegen einer Verletzung, die Sie sich 1985 beim Tennisspielen zugezogen haben, ärztlich behandelt?

ja ☐ 1 nein ☐ 2 43

3.2.2 Art der Verletzung: Schulterverletzung ☐ 44

Tennisellbogen ☐ 45

Knieverletzung ☐ 46

Achillessehnenverletzung ☐ 47

Knöchelverletzung ☐ 48

Sonstiges: 49

3.2.3 Wie lange waren Sie deshalb sportunfähig? ....Tage 50 51 52

3.2.4 Wie hoch war der nicht erstattete Verdienstausfall wegen dieser Tennisverletzungen? ca. ....DM 53 54 55

3.2.5 Wie hoch waren die von Ihnen getragenen Kosten für Heilbehandlung für diese Tennisverletzungen? ca. ....DM 56 57 58

3.3 Materialaufwand für Leistungstennis im Jahr 1985

3.3.1 Wieviele neue Tennisschläger haben Sie 1985 gebraucht?....Stck 59 60

à ca.DM........ 61 62 63

3.3.2 Wieviele Besaitungen haben Sie 1985 verbraucht?

Kunstsaiten Stück 64 65

Darmsaiten Stück 66 67

3.3.3 Wie oft haben Sie 1985 Ihre Schläger selbst besaitet oder 68

repariert? insgesamt ca. ...... mal 69

3.3.4 Wieviele Bälle haben Sie 1985 für das Training verbraucht?
(1 Schachtel mit 6 Bällen pro Woche bedeutet einen Jahresverbrauch von ca. 3oo Bällen) 7o

o - 1oo Stück ☐ 1 1oo - 2oo Stück ☐ 2 2oo - 3oo Stück ☐ 3

3oo-4oo Stück ☐ 4 4oo - 5oo Stück ☐ 5 über 5oo Stück ☐ 6

3.3.5 Wieviel neue Tennisbekleidung und Zubehör haben Sie 1985

gebraucht? Trainingsanzüge Stückzahl 71 72

Te-Hemden/T-Shirt 73

Te-Hosen/Röcke 74

Te-Pullover 75 76

Paar Strümpfe 77

Paar Schuhe (incl.Hallen-) 78 1 2

Taschen/Koffer/Bag 79 3 4

Sonstiges Zubehör:.. 8o 5

<u>3.4 Fahrtkosten-Aufwand für Leistungstennis im Jahr 1985</u>

3.4.1 Fahrtstrecke mit PKW für <u>Training</u> hin und zurück 1985 6 7

Fahrt-km pro Trainingstag ..... km 8

Trainingstage pro Woche im Sommer ......Tage 9

Trainingstage pro Woche im Winter ......Tage 1o

Trainingswochen im Sommer ......Wochen 11 12

Trainingswochen im Winter ......Wochen 13 14

3.4.2 Fahrtstrecke mit PKW für <u>alle Wettkämpfe</u> hin u. zurück 85 15

gesamte km 1985 für Te-Wettkämpfe ....km 16 17

3.4.3 Wieviele km von allen Trainings- und Turnierfahrten sind Sie 18 19

1985 in fremdem Pkw kostenlos mitgefahren? ....km 2o

3.4.4 Kosten für Flüge/Bahn-/Bus-/Taxifahrten zu Trainings- und 21 22

Turnierreisen insgesamt 1985 DM 23 24

3.5 Nenngeld-Aufwand für Leistungstennis im Jahr 1985

Zahl der Einzelkonkurrenzen 25 26

à DM durchschnittlich ...... DM 27 28

Zahl der Doppel u. Mixed 29 3o

à DM durchschnittlich ...... DM 31 32

3.6 Übernachtungs-Aufwand für Leistungstennis im Jahr 1985

Zahl der Übernachtungen 1985 .... 33 34

durchschnittliche Kosten pro Übernachtung DM 35 36 37

3.7. Verpflegungsmehraufwand für Leistungstennis 1985

Schätzen Sie bitte den Mehraufwand an Essen und Getränken, verursacht durch Ihr Leistungstennis durchschnittlich pro Monat!

o - 5o DM ☐ 1 5o -1oo DM ☐ 2 1oo - 2oo DM ☐ 3 über 2oo DM ☐ 4 38

3.8 Mobilitätsaufwand für Leistungstennis im Jahr 1985

Ist im Jahr 1985 wegen Ihres Engagements im Leistungstennis

nötig gewesen Wohnungswechsel ☐ 39

Schulwechsel ☐ 4o

Wechsel der Arbeitsstätte ☐ 41

Anschaffung eines Kfz ☐ 42

3.9 Sonstige Aufwendungen im Jahr 1985 für Leistungstennis

Bitte angeben:.. 43

4. Erträge aus dem Leistungstennis im Jahre 1985

Bitte bedenken Sie, daß Ihre Anonymität gewahrt bleibt und daß die Bestimmungen des Datenschutzes eingehalten werden.

4.1 Struktur der Spielervereinbarung

4.1.1 Bestand 1985 eine Spielervereinbarung mit einem Verein/Förderkreis/Sponsor/Mäzen wegen der Teilnahme an Mannschaftsspielen? keine Vereinbarung ☐ 1 schriftlich ☐ 2 mündlich ☐ 3 44

4.1.2 Wie sind die Zuwendungen an Sie geregelt?

pauschal ☐ 1 leistungsbezogen ☐ 2 kombiniert ☐ 3 45

4.1.3 Hatte die Leistungsbezogenheit Ihrer Spielervereinbarung im Vergleich zu einer Pauschalregelung einen Einfluß auf Ihre Matchleistung?

keinen Einfluß ☐ 1 positiven Einfluß ☐ 2 negativen Einfl. ☐ 3 46

4.1.4 Bestand 1985 ein Ausbildungsvertrag mit dem Landesverband bzw. DTB? ja ☐ 1 nein ☐ 2 47

4.1.5 Hatten Sie 1985 einen Vertrag mit Ausrüsterfirmen?

ja ☐ 1 nein ☐ 2 48

4.1.6 Falls ja, was beinhaltete dieser Vertrag?

Einzelausstattung ☐ 1 Mannschaftsausstattung ☐ 2 49

4.1.7 Worauf bezog sich dieser Vertrag? 5o

Schläger ☐ Saiten ☐ Kleidung ☐ Schuhe ☐ 51 52 53

Sonstiges 54

4.1.8 Erhielten Sie 1985 aufgrund dieses Vertrages 55

preisreduzierte Ausrüstung ☐ 1 kostenlose Ausrüstung ☐ 2

kostenlose Ausrüstung und zusätzl.Entgelt als Werbeträger ☐ 3

4.1.9 Bestanden 1985 noch sonstige Sponsor- und Werbeverträge?

ja ☐ 1 nein ☐ 2 56

4.1.1o Waren Sie 1985 als Spieler befreit von

Jahresvereinsbeitrag ja ☐ 1 nein ☐ 2 57

Aufnahmegebühr ja ☐ 1 nein ☐ 2 58

4.1.11 War Ihnen 1985 Ihr Verein/Förderkreis/Sponsor etc. behilflich bei der Wohnungssuche? ja ☐ 1 nein ☐ 2 59

4.1.12 Gewährte Ihnen 1985 Ihr Verein/Förderkreis/Sponsor etc.

Mietzuschuß ja ☐ 1 nein ☐ 2 6o

kostenfreies Wohnen ja ☐ 1 nein ☐ 2 61

4.1.13 War Ihnen 1985 Ihr Verein/Förderkreis/Sponsor etc. behilflich bei der Arbeitsvermittlung? ja ☐ 1 nein ☐ 2 62

4.1.14 War Ihr Spielervertrag 1985 gekoppelt mit Tätigkeit als Vereinstrainer? ja, hauptberuflich ☐ 1 ja,nebenberuflich ☐ 2 63

nein ☐ 3

4.1.15 War Ihr Vertrag 1985 verbunden mit der Berechtigung zum Verkauf von Tennissportartikeln? ja ☐ 1 nein ☐ 2 64

4.1.16 Wieviele Wochenstunden gaben Sie 1985 regelmäßig Tennisunterricht? Sommersaison .... Wochenstunden 65 66

Wintersaison .... Wochenstunden 67 68

4.2 Erstattung der Aufwendungen für Leistungstennis 1985

In welcher Höhe wurde Ihnen 1985 der durch Leistungstennis verursachte Aufwand für Material, Fahrtkosten, Nenngelder, Übernachtungen, Zusatzverpflegung und Sonstiges erstattet?

Geben Sie bitte den %-Satz der Erstattung an!

Materialaufwand zu ......% erstattet 69 70 71

Fahrtkostenaufwand zu ......% erstattet 72 73 74

Nenngelder zu ......% erstattet 75 76 77

Übernachtungskosten zu ......% erstattet 78 79 80 1 2 3 4 54

Verpflegungsmehraufwand zu.....% erstattet 6 7 8

Sonstige Aufwendungen zu .....% erstattet 9 10 11

4.3 Erträge aus dem Leistungstennis im Jahr 1985

4.3.1 Welchen Betrag an Preisgeldern haben Sie insgesamt 1985 erspielt? DM................ 12 13 14 15 16

4.3.2 Welchen Betrag haben Sie 1985 für Schiri-Tätigkeit auf Turnieren erhalten? DM 17 18 19

4.3.3 Welchen DM-Betrag haben Sie 1985 vom Verein/Förderkreis/Sponsor/Mäzen für die Teilnahme an Mannschaftsspielen einschließlich Erstattungen von Aufwendungen insgesamt erhalten? insgesamt DM 20 21 22 23 24

4.3.4 Welchen Betrag haben Sie 1985 aus Ausrüstungs- und Werbe- 25 26 27 28 29

verträgen insgesamt erhalten? DM..................

4.3.5 Über welchen Betrag können Sie aufgrund Ihres Berufseinkommens unabhängig von Ihrer Tätigkeit als Tennisleistungsspieler <u>monatlich netto</u> verfügen? 3o

o-5ooDM ☐ 1 5oo-1ooo ☐ 2 1ooo-2ooo ☐ 3 2ooo-3ooo ☐ 4

3ooo-4ooo ☐ 5 4ooo-5ooo ☐ 6 über 5ooo DM ☐ 7

4.3.6 Schätzen Sie bitte, wieviele Jahre Sie insgesamt Erträge einschließlich Aufwandsersatz im Laufe Ihrer Karriere als Tennisleistungsspieler erhalten! ....Jahre 31 32

4.3.7 Rechnen Sie damit, daß Ihnen Ihr Engagement im Leistungstennis nach Beendigung Ihrer Sportlerlaufbahn wirtschaftliche Vorteile bringen wird?

ja ☐ 1 nein ☐ 2 weiß nicht ☐ 3 33

4.3.8 Falls ja, welche Vorteile erwarten Sie?

Wohnungsbeschaffung ☐ 34

Tennislehrer-Tätigkeit ☐ 35

beruflicher Einstieg und Aufstieg ☐ 36

Einkaufsvergünstigungen ☐ 37

Sonstiges 38

4.3.9 Haben Sie eine Ausbildung für Tennisunterricht begonnen bzw. absolviert ?

ja, zum staatl.gepr. Tennislehrer ☐ 39

ja, zum Übungsleiter, B-Trainer ☐ 4o

ja, sonstige Ausbildung ☐ 41

nein ☐ 42

Vielen Dank für Ihre Mühe !

<u>Bitte</u> senden Sie den Fragebogen umgehend zurück !

Abgabenordnung (AO) 1977: in der gültigen Fassung ab 1.1.1986.

ALTHAM, H.S./SWANTON, E.W.: A History of Cricket. 1962.

ATTESLANDER, P.: Methoden der empirischen Sozialforschung. Berlin 1971.

AUBIN, H./ZORN, W. (Hrsg.): Handbuch der deutschen Wirtschafts- und Sozialgeschichte. Bd. 1: Von der Frühzeit bis zum Ende des 18. Jahrhunderts. Stuttgart 1971. Band 2: Das 19. und 20. Jahrhundert. Stuttgart 1976.

BACH, H.: Normen des Sporttreibens zwischen historischer Kontinuität und gesellschaftlichem Wandel. In: Sportwissenschaft 1/1986. S.9-37.

BACH, T.: Fairplay - eine Utopie? Plädoyer für eine fast vergessene Idee. In: BLÖDORN, M.(Hrsg.): Sport und Olympische Spiele. S. 208-216. Reinbek 1984.

BACHLEITNER, R.: Sportsoziologie. In: NIEDERMANN (Hrsg.): Leibeserziehung und Schulsport. S.155-184. Wien 1983.

BAIROCH, P.: Die Landwirtschaft und die Industrielle Revolution 1700-1914. In: CIPOLLA/BORCHARDT: Europäische Wirtschaftsgeschichte. Bd. 3. S. 297-332. Stuttgart/New York 1985.

Bayern-Tennis 6/1986, S. 16.

BERGIER, J.F.: Das Industriebürgertum und die Entstehung der Arbeiterklasse. In: CIPOLLA/BORCHARDT: Bd. 3. S. 261-296.

BERNETT, H.: Die pädagogische Neugestaltung der bürgerlichen Leibesübungen durch die Philanthropen. Schorndorf 1973.

BETTE, K.H./NEIDHARDT, F.: Förderungseinrichtungen im Hochleistungssport. Schorndorf 1985.

BIDLINGMAIER, J.: Marketing. Reinbek 1973.

BILLETTER, E.P.: Grundlagen der Elementarstatistik. Wien/New York 1970.

BLSV: Der Verein im BSLV. Organisationsmappe 1984.

BÜCH, M.P./SCHELLHAASS, H.M.: Ökonomische Aspekte der Transferentschädigung im bezahlten Mannschaftssport. Jahrbuch für Sozialwissenschaft. Bd. 29. S. 255 ff. 1978.

BÖRNER, L.: Berufssportler als Arbeitnehmer. Darmstadt 1969.

BOHUS, J.: Sportgeschichte. München 1986.

BORCHARDT, K.: Grundriß der deutschen Wirtschaftsgeschichte. Göttingen 1978.

BRUSATTI, A.: Wirtschafts- und Sozialgeschichte des industriellen Zeitalters. Graz 1967.

BTV: Satzung, Wettspielbestimmungen 1986.

BUCHNER, H.: Die Rechtsstellung der Lizenzspieler - arbeitsrechtliche Normen als Grenze verbandsautonomer Entscheidungen. NJW 1976. S. 2242.

BUNDESINSTITUT FÜR SPORTWISSENSCHAFTEN: Informationen Nr. 8/84.

BURMEISTER, J.: Sportverbandswesen und Verfassungsrecht. DÖV 1978, S. 1.

BUYTENDIJK, F.J.J.: Das Fußballspiel. Würzburg o.J.

CIPOLLA, C.M.: Die Industrielle Revolution in der Weltgeschichte. In: CIPOLLA/BORCHARDT: Europäische Wirtschaftsgeschichte. Bd. 3. S. 1-10. Stuttgart/New York 1985.

COAKLEY,J.J.: Entwicklungsvoraussetzungen des Profi-Sports und Auswirkungen der Professionalisierung auf Sportveranstaltungen und Sportler. In: HEINEMANN, K.: Texte zur Ökonomie des Sports. S. 170-183. Schorndorf 1984.

COLWELL, B.J.: Sociocultural Determinants of International Sporting Success: The 1976 Summer Olympic Games. Waterloo/Ontario 1981.

COLWELL, B.J.: Ökonomische Bedingungen des Erfolgs im internationalen Spitzensport. In: HEINEMANN: Texte zur Ökonomie des Sports S.91-100. Schorndorf 1984.

DAHEIM, H.: Der Beruf in der modernen Gesellschaft. Köln/Berlin 1970.

DAUME, W.: Einführung in die Charta des deutschen Sports. In: DSB: Charta des deutschen Sports. S.29-34. Frankfurt 1968.

Der Spiegel Nr. 1/1986.

Deutsche Sporthilfe (DSH): Mitteilungen Nr. 12/8/86.

Deutsche Sporthilfe (DSH): Broschüre "Leistungssport geht alle an" o.J.

DHB: Jahrbuch 1986. München.

DIECKERT, J. (Hrsg.): Freitzeitsport. Düsseldorf 1974.

DIECKMANN, A.: Zur Zuständigkeit der ordentlichen Gerichte bei Streitigkeiten zwischen Amateur-Fußballspieler und Verein. In: Das Recht des Fußballspielers. S. 24-39. Württembergischer Fußballverband. Stuttgart 1980.

DIEHL, J.M./KOHR, H.U.: Deskriptive Statistik. Frankfurt 1979.

DIEM, C.: Wesen und Lehre des Sports. Berlin 1960.

DIEM, C.: Weltgeschichte des Sports und der Leibeserziehung. Stuttgart 1960.

DIGEL, H. (Hrsg.): Sport und Berichterstattung. Reinbek 1983.

DIGEL, H.: Über den Wandel der Werte in Gesellschaft, Freizeit und Sport. In: DSB: Die Zukunft des Sports. S. 14-43. Schorndorf 1986.

DINSEL, S.: Computer für Bayerns Tennis. In: Bayern-Tennis 1985 1/2, S.13/14.

DISCH, W.K.A.: Sportwerbung - die "andere" im Kommunikations-Mix. In: ROTH, P.: Sportwerbung. S. 11-14. Landsberg 1986.

DOBERENZ, M.: Betriebswirtschaftliche Grundlagen zur Rechtsformgestaltung professioneller Fußballclubs in der Bundesrepublik Deutschland. Thun/Frankfurt 1980.

DREYER, A.: Werbung in und mit Sport. Göttingen 1986.

DSB: Charta des deutschen Sports. Frankfurt 1968.

DSB: Bericht des Präsidiums 1974-1978. Frankfurt 1978
Bericht des Präsidiums 1978-1982. Frankfurt 1982.
Bericht des Präsidiums 1982-1986. Frankfurt 1986.

DSB: Resolution zur Förderung des Leistungssports vom 8.4.67. In: DSB: Charta des deutschen Sports. S.78/79. Frankfurt 1968.

DSB: Grundsatzerklärung für den Spitzensport 1977. In: DSB: Bericht des Präsidiums 1974-1978. S. 235-239. Frankfurt 1978.

DSB: Leitlinien für die Werbung im Sport 1974. In: DSB: Bericht des Präsidiums 1974-1978. S.80/81. Frankfurt 1978.

DSB: Kooperationsmodell zur Förderung des Leistungssports 1975. In: DSB: Bericht des Präsidiums 1974-1978. S.235-239. Frankfurt 1978.

DSB: Entschließung zur Grundsatzerklärung für den Spitzensport 1983. In: DSB. Bericht des Präsidiums 1982-1986. S.222-225. Frankfurt 1986.

DSB: Satzung.

DSB: Förderungskonzept für den Spitzensport 1977. In: DSB: Bericht des Präsidiums 1974-1978. S.247-253. Frankfurt 1978.

DSB: Förderungskonzept für den Spitzensport II 1983. In: DSB: Bericht des Präsidiums. 1982-1986. S.230-240. Frankfurt 1986.

DSB: Kinder im Leistungssport 1983. In: DSB: Bericht des Präsidiums 1982-86. S.225-230. Frankfurt 1986.

DSB: Leitlinien für den Spitzensport 1985. In: DSB: Bericht des Präsidiums 1982-86. S.240-254. Frankfurt 1986.

DSB: Das Ehrenamt im Sport 1982. In: DSB: Bericht des Präsidiums 1982-86. S.93-99. Frankfurt 1986.

DTB: Jahrbuch 1987. Göttingen.

DUNNING, E.: The structural-functional properties of folk-games and modern sports: A sociological analysis. In: Sportwissenschaft 3/1973. S. 215-232.

DUNNING, E.: Industrialization and the incipient modernization of football. A study in historical sociology. In: Stadion 1/1975. S. 103-139.

DVV, DBB, DHB, DFB, DSV, DEB, DTB: Satzungen Spielordnungen, Wettkampfordnungen, Bundesligastatuten, Amateurordnungen, Finanzordnungen, Rechtsordnungen, Transferbestimmungen, Lizenzspielerstatut 1987.

EHLENZ/GROSSER/ZIMMERMANN: Krafttraining. München 1985.

EICHBERG, H.: Der Weg des Sports in die industrielle Zivilisation. Baden-Baden 1979.

EICHBERG, H.: Leistung, Spannung, Geschwindigkeit. Stuttgart 1978.

EICHBERG, H.: Sport im 19. Jahrhundert - Genese einer industriellen Verhaltensform. In: ÜBERHORST, H.: Geschichte der Leibesübungen, Bd. 3/1. Berlin/ Müchen/Frankfurt 1980.

EILERS, G.: Amateur und Profi im Fußball - Rechtslage und Rechtswirklichkeit. In: RESCHKE, E.: Sport als Arbeit. S. 17-33. Heidelberg 1985.

Einkommensteuergesetz (EStG) 1983 vom 24.1.1984.

Einkommensteuer - Durchführungsverordnung (EStDV) 1981 vom 23.6.1982.

Entschließung der 1. Sportministerkonferenz: Europäische Charta "Sport für alle" 1975. In: DSB: Bericht des Präsidiums 1978-1982. S.64/65. Frankfurt 1982.

FC BAYERN MÜNCHEN e.V.: Bayern- Magazin 11/1984.

FINGER, G.: Die Finanzierung eines Sportvereins in der Praxis. In: TETTINGER P.J.: Subventionierung des Sports. S. 1-15. Heidelberg 1987.

FISCHER, H.: Sport und Geschäft. Berlin 1986.

FRIEDRICHS, J.: Methoden empirischer Sozialforschung. Hamburg 1973.

FÜLLGRAF, L.: Der Lizenzfußball. Berlin 1981.

FURCK, D.-L.: Das pädagogische Problem der Leistung in der Schule. Weinheim 1961.

GABLER, H.: Zum Problem von Gewalt und Unfairness im Leistungssport. In: ADNDERS, G./SCHILLING, G.: Hat der Spitzensport (noch) eine Zukunft? S. 131-144. Magglingen 1985.

GABLER: Wirtschaftslexikon. Wiesbaden 1984.

GÄRTNER, M./POMMEREHNE, W.W.: Der Fußballzuschauer - Ein homo oeconomicus? In: HEINEMANN, K.: Texte zur Ökonomie des Sports. S. 149-169. Schorndorf 1984.

GEISSLER, H.: Sport - Geschäft ohne Illusion. Mainz 1980.

GIENGER, E.: Profis bei Olympia - warum nicht? In: Das Abenteuer der Turnkunst. Karlsruhe 1975.

GIESELER, K.: Frei vom Staat - abhängig von der Wirtschaft? In: DSB: Bericht des Präsidiums 1982-86. S.112-122. Frankfurt 1986.

GREFFENIUS, G./BORCHERDT, W.: Vertragsrechtliche Praxis der Werbung durch Spitzensportler. In: GRUNSKY, W.: Werbetätigkeit und Sportvermarktung. S. 1-11. Heidelberg 1985.

GRIESWELLE, D.: Sportsoziologie. Stuttgart/Berlin/ Köln/Mainz 1978.

GRÖSSING, S.: Sport und Freizeit. In: RÖTHIG/ GRÖSSING: Sportliches Handeln. S. 147-184. Bad Homburg 1982.

GRÖSSING, S.: Ist die Wiederentdeckung des Körpers das Ende der Sportdidaktik? In: Leibesübungen - Leibeserziehung 1985/3, S.67-73.

GROSSER/BRÜGGEMANN/ZINTL: Leistungssteuerung in Training und Wettkampf. München 1986.

GRUNSKY, W.: Haftungsrechtliche Probleme der Sportregeln. Karlsruhe 1979.

GRUPE, O.: Der Athlet im Mittelpunkt. In: DSB: Bericht des Präsidiums 1974-1978. S.227-235. Frankfurt 1978

GRUPE, O.: Hat der Spitzensport (noch) eine Zukunft? In: ANDERS, G./SCHILLING, G.: Hat der Spitzensport (noch) eine Zukunft? S. 13-42. Magglingen 1985.

GRUPE, O.: Künftige Aufgaben und Probleme der Sportwissenschaft. In: DSB: Die Zukunft des Sports. S. 262-268. Schorndorf 1986.

GUTENBERG,E.: Grundlagen der Betriebswirtschaftslehre. Bd. I: Die Produktion 1984. Bd. II: Der Absatz 1984 Bd. III: Die Finanzen 1980. Berlin/Heidelberg/ New York.

GUTSMUTHS, J.C.F.: Gymnastik für die Jugend 1793. Faks. Dresden 1928.

HAAG, H./HEINEMANN, K. (Hrsg.): Berufsfeld Sport. Schorndorf 1987.

HABERMAS, J.: Protestbewegung und Hochschulreform. Frankfurt 1969.

HABSCHEID, W.: Vereinsrecht und staatliche Gerichtsbarkeit. In: SCHROEDER/KAUFFMANN: Sport und Recht. S. 158-174. Berlin/New York 1972.

HAMMERICH, K./HEINEMANN, K.: Berufskarrieren von Spitzensportlern. In: Sportwissenschaft 2/1972. S.168-181.

HANRIEDER, M.: Die Planungssystematik der Sportwerbung. In: ROTH, P.: Sportwerbung. S. 97-144. Landsberg 1986.

HARTMANN, H.: Arbeit, Beruf, Profession. In: LUCKMANN, T./SPRONDEL, W.M.: Berufssoziologie. Köln 1972, S. 36-52.

HARRIS, H.A.: Sport in Britain. In: ÜBERHORST: Geschichte der Leibesübungen.Bd. 4. S. 134-181. Berlin/München/Frankfurt 1972.

HARTWELL, R.M.: Die Dienstleistungsrevolution: Die Expansion des Dienstleistungssektors in der modernen Volkswirtschaft. In: CIPOLLA/BORCHARDT: Europäische Wirtschaftsgeschichte. Bd. 3. S. 233-260. Stuttgart/New York 1985.

HAUBER, H.: Steuerrecht der Vereine. Ludwigshafen 1978.

HECKER, G.: Sportliche Leistung - Sportliches Spiel. In: RÖTHIG/GRÖSSING: Kursbuch 4. Sportliches Handeln. S. 89-115. Bad Homburg 1982.

HEIDUK, G.: Marketing für Sportvereine. In: HEINEMANN, K.: Betriebswirtschaftliche Grundlagen des Sportvereins. S. 204-222. Schorndorf 1987.

HEINEMANN, K./HORCH, H.-D.: Finanzsoziologische Probleme des Vereins. In: HEINEMANN, K.: Betriebswirtschaftliche Grundlagen des Sportvereins. S.101-120. Schorndorf 1987.

HEINEMANN, K.: Entwicklungsbedingungen der Sportwissenschaft. In: Sportwissenschaft 1/1985, S. 33-45.

HEINEMANN, K.: Probleme der Finanzierung des Sportvereins. In: Die Zukunft des Sports. S. 186-193. Schorndorf 1986a.

HEINEMANN, K.: Einführung in die Soziologie des Sports. Schorndorf 1983.

HEINEMANN, K.: Zum Problem der Einheit des Sports und des Verlusts seiner Autonomie. In: Die Zukunft des Sports. S. 112-128. Schorndorf 1986b.

HEINEMANN, K.: Sport und Wirtschaft. In: Schriftenreihe der Bundeszentrale für politische Bildung, Bd. 206. Gesellschaftliche Funktionen des Sports. Bonn 1984b.

HEINEMANN, K.: Besonderheiten einer Betriebswirtschaftslehre des Vereins. In: HEINEMANN, K.: Betriebswirtschaftliche Grundlagen des Sportvereins. S. 10-39. Schorndorf 1987.

HEINEMANN, K. (Hg.): Texte zur Ökonomie des Sports. Schorndorf 1984a.

HEINEMANN, K.: Voraussetzungen und Konsequenzen einer Kommerzialisierung des Leistungssports. In: ANDERS, G./SCHILLING, G.: Hat der Spitzensport (noch) eine Zukunft? S. 83-95. Magglingen 1985.

HEINEN, E.: Grundlagen betriebswirtschaftlicher Entscheidungen. Wiesbaden 1976.

HEINEN, E.: Einführung in die Betriebswirtschaftslehre. Wiesbaden 1985.

HELLER, K.: Zulassungsberechtigung bei Olympischen Spielen - Regel 26 der IOC-Session. In: Nationales Olympisches Komitee für Deutschland. S.103-108. 1982.

HEMBERGER, K.: Steuerwirtschaftliche Probleme im Sport. In: HEINEMANN, K.: Betriebswirtschaftliche Grundlagen des Sportvereins S.251-264. Schorndorf 1987.

HERMS, E.: Ist Sportethik möglich? In: DSB: Die Zukunft des Sports. S. 84-109. Schorndorf 1986.

HESSE, H.A.: Berufe im Wandel. Stuttgart 1972.

HILLEBRANDT, F.: Elementare Statistik für Psychologen, Soziologen und Pädagogen. München/Basel 1965.

HIRN, A.: Ursprung und Wesen des Sports. Berlin 1936.

HOFMANN, W.: Ideengeschichte der sozialen Bewegung. Berlin 1968.

HORCH, H.D.: Personalwirtschaftliche Aspekte ehrenamtlicher Mitarbeit im Verein. In: HEINEMANN, K.: Betriebswirtschaftliche Grundlagen des Sportverein. S.121-141. Schorndorf 1987.

HORTLEDER, G.: Sport in der nachindustriellen Gesellschaft. Frankfurt 1978.

HUECK-NIPPERDEY: Lehrbuch des Arbeitsrechts. Bd. I. Berlin/Frankfurt 1963.

HUIZINGA, J.: Homo ludens. Hamburg 1956.

ILKER, H.-G.: Zur Zukunft des Großvereins im Sport. In: DSB: Die Zukunft des Sports. Schorndorf 1986.

INFRATEST: Sozialatlas 1983/84. München.

IOC: Olympic Charter 1985.

JAKOBI, P.: Der Mensch im Mittelpunkt des Sports. Forderungen einer christlichen Ethik. In: DSB: Die Zukunft des Sports. S. 69-83. Schorndorf 1986.

KAIRAT, H.: "Professions" oder "Freie Berufe". Berlin 1969.

KAUFFMANN, H.: Entwicklungslinien im Sportrecht. In: DSB: Die Zukunft des Sports. Schorndorf 1986.

KASKE, J.: Das arbeitsrechtliche Direktionsrecht und die arbeitsrechtliche Treuepflicht im Berufssport. Bayreuth 1983.

KERR, R.S.R.: The Laws of Cricket. Their History and Growth. 1950.

KLAGES, H./KMIECIAK, P.: Wertwandel und gesellschaftlicher Wandel. Frankfurt 1979.

KLOEREN, M.: Sport und Rekord. Kölner Anglistische Arbeiten. 23. Leipzig 1935.

KÖNIG, R.: Der Beruf als Indiz sozialer Integration. In: KÖNIG, R.: Soziologische Orientierungen. Köln/Berlin 1973. S. 190-205.

Körperschaftsteuergesetz (KStG) 1981 vom 10.12.1981.

Körperschaftsteuer - Durchführungsverordnung (KStDV) 1977 vom 14.6.1977.

KRAUSE, R./PÖTTINGER, P.: Tennisverletzungen von Leistungsspielern. In: Praktische Sport-Traumatologie und Sportmedizin 1/88. S.

KROCKOW, C.v.: Sport und Industriegesellschaft. München 1972.

KRÜGER, A.: Sport und Gesellschaft. Hannover 1980.

KURZ, D.: Vom Sinn des Sports. In: DSB: Die Zukunft des Sports. S. 44-68. Schorndorf 1986.

KUCHLER, W.: Sportethos. München 1969.

LAMPERT, H.: Die Wirtschafts- und Sozialordnung. München/Wien 1965.

LANDES, D.S.: Der entfesselte Prometheus. Köln 1973.

LAUERBACH, E.: Sport und Gesellschaft. In: SCHROEDER/ KAUFFMANN: Sport und Recht. S. 6-20. Berlin/ New York 1972.

LECHNER, K./EGGER, A./SCHAUER, R.: Einführung in die Allgemeine Betriebswirtschaftslehre. Wien 1983.

LEHNERTZ, K.: Berufliche Entwicklung der Amateurspitzensportler in der BRD. Schorndorf 1979.

LENK, H.: Leistungssport. In: DSB: Charta des deutschen Sports. Kommentare. S.49-56. Frankfurt 1968.

LENK, R.: Investitions- und Folgekosten von Sportstätten. In: HEINEMANN, K.: Betriebswirtschaftliche Grundlagen des Sportvereins. S.164-187. Schorndorf 1987.

LEXIKON ZUR SOZIOLOGIE: Hg.: FUCHS W. u.a. Opladen 1973.

LICHTENAUER, P.: Sport und Werbung. In: HEINEMANN, K.: Betriebswirtschaftliche Grundlagen des Sportvereins. S.223-235. Schorndorf 1987.

LILLEY, S.: Technischer Fortschritt und die Industrielle Revolution 1700-1914. In: CIPLOOA/ BORCHARDT: Europäische Wirtschaftsgeschichte. Bd. 3. S. 119-163. Stuttgart/New York 1985.

LINDE, H./HEINEMANN, K.: Leistungsengagement und Sportinteresse. Schorndorf 1974.

LINDER-GROTHEER, C.: Die Professionalisierung des Sportlehrerberufs. Ahrensburg 1986.

LOTZ, F.: Zur Charta des deutschen Sports. In: DSB: Charta des deutschen Sports. S.8-12. Frankfurt 1968

LÜDTKE, H.: Freitzeit in der Industriegesellschaft. Opladen 1972.

LÜSCHEN, G./WEIS, K.: Die Soziologie des Sports. Darmstadt 1976.

LÜTGE, F.: Deutsche Sozial- und Wirtschaftsgeschichte. Berlin/Göttingen/Heidelberg 1960.

MÄRKLE, R.W.: Der Verein im Zivil- und Steuerrecht. Stuttgart/München/Hannover 1978.

MARX, K.: Zur Judenfrage (1943). Neudruck Leipzig o.J.

MAYER-VORFELDER, G.: Die Ausgestaltung des Arbeitsverhältnisses eines Bundesligaspielers zu seinem Verein. In: Schriftenreihe des Württembergischen Fußballverbandes. Heft 12. S. 40. Stuttgart 1980.

McINTOSH, P.C.: Sport in Society. 1963.

McINTOSH, P.C.: Physical Education in England since 1800. 1968.

MEIER, V.: Sport auf der gymnasialen Oberstufe. Diss. 1984, Univ. Graz.

MEINBERG, E.: Kinderhochleistungssport: Fremdbestimmung oder Selbstentfaltung? Köln 1984.

MERTON, R.K.: The Matthew-Effekt in Science. In: ders: The Sociology of Science. Theoretical and Empirical Investigations. S. 437-459. New York 1970.

MEYERS KONVERSATIONSLEXIKON, 4. Auflage, Leipzig 1887.

MIKAT, P.: Moderner Sport im Dienste der Menschenbildung. In: DSB: Charta des deutschen Sports. S.23-28. Frankfurt 1968.

MINCHINTON, W.: Die Veränderungen der Nachfragestruktur von 1750-1914. In: CIPOLLA/BORCHARDT: Europäische Wirtschaftsgeschichte. Bd. 3. S. 47-118. Stuttgart/New York 1985.

MÜLLER, N.: Von Paris bis Baden-Baden. Die Olympischen Kongresse von 1894-1981. Niederhausen 1983.

MÜMMLER, W.G.: Der Spielertransfer im Bundesligafußball. Bayreuth 1982.

Münchner Merkur (MM) v. 8.11.84, 31.12./1.1.85, 15.1.85, 17.1.85, 24.1.85, 31.1.85, 9.5.85, 30.5.85, 5./6.6.85, 16./17.11.85, 26.11.85, 25.7.86, 11.12.86, 16.12.86, 6.3.87, 25.3.87, 9./10.5.87, 12.5.87, 14.5.87, 21.5.87, 2.6.87, 16./17./18.6.87, 2.7.87, 3.7.87, 6.7.87, 11./12.7.87, 14.7.87, 29.7.87, 28.9.87

NEIDHARDT, F.: Professionalisierung im Sport - Tendenzen, Probleme, Lösungsmuster. In: ANDERS, G./ SCHILLING, G.: Hat der Spitzensport noch eine Zukunft? S.71-81. Magglingen 1985.

NELL-BREUNING, O.v.: Wirtschaftsethik. In: Staatslexikon. S.772-781. 1963.

NIETZSCHE, F.: Der hellenische Wettkampf als Lebensprinzip. In: NETZER, H.: Der Wetteifer in der Erziehung. Weinheim/Berlin/Basel 1960.

NIKISCH, A.: Arbeitsrecht. Band I. Tübingen 1961.

OPASCHOWSKI, H.W.: Freizeit und Freizeitaktivitäten im Wandel. In: Skiforum 1983. Berlin.

ORTEGA Y GASSET, J.: Gesammelte Werke. Bd.2. Stuttgart 1955.

ORTNER, H.: Das Geschäft mit dem Sport. Rastatt 1987

PFETSCH, F.R. (u.a.): Leistungssport und Gesellschaftssystem. Schorndorf 1975.

PLESSNER, H.: Soziologie des Sports. In: Deutsche Universitätszeitung 1952. Heft 22.

PLESSNER/BOCK/GRUPE: Sport und Leibeserziehung. München 1970.

PÖTTINGER, P.: Zum sozialen und sportlichen Status von Tennisleistungsspielern. In: Bayern-Tennis 4/1987, S.24-26.

PÖTTINGER, P.: Die Sportökonomie und das ökonomisch orientierte Sportmodell. In: Leibesübungen/Leibeserziehung, Wien 4/1986, S. 98-102.

PÖTTINGER, P.: Die Sportökonomie - ein neues Teilgebiet der Sporttheorie und ihre Lerninhalte im Leistungskurs Sport der Kollegstufe. In: Sportunterricht 11/1986, S. 421-425.

PÖTTINGER, P.: Sport und Wirtschaft. In: RÖTHIG/ GRÖSSING: Sportliches Handeln. S. 185-234. Bad Homburg 1982.

POMMEREHNE, W.E.: Zur Erfassung des Nutzens von Sport- und Freizeiteinrichtungen. In: HEINEMANN, K.: Betriebswirtschaftliche Grundlagen des Sportvereins S.142-163. Schorndorf 1987.

POSCHENRIEDER, F.-J.: Sport als Arbeit. Konsequenzen aus arbeitsrechtlicher Sicht unter Einbeziehung der Grundrechte. München 1977.

PREIS, B.: Der Lizenzspieler im Bundesligafußball. Frankfurt 1973.

PREISER, E.: Nationalökonomie heute. München 1965.

REICHERT/DANNECKER/KÜHR: Handbuch des Vereins- und Verbandsrechts. Neuwied 1977.

Rheinischer Merkur v. 19.9.86, 17.10.86.

RESCHKE, E.: Zur Entwicklung des Amateurstatus - Amateursportler als Vertragssportler. In: RESCHKE, E.: Sport als Arbeit. S. 1-15. Heidelberg 1985.

REUTER, D.: Wirtschaftliche Aufgaben und Rechtsverfassung des Sportvereins. In: HEINEMANN, K.: Betriebswirtschaftliche Grundlagen des Sportvereins. S.40-66. Schorndorf 1987.

RIGAUER, B.: Sport und Arbeit. Frankfurt 1969.

RODER, G.H.: Computer im Sportverein. In: Bayern-Tennis 1985 8/85, S. 57/58; 10/85, S. 61/62.

RÖLL, W.: Zum Status des Tennisspielers. Wiss. Zul.Arbeit f.d. Lehramt an Gymnasien. Erlangen 1981.

RÖSCH, H.E.: Ist das noch Sport? Freiburg 1972.

RÖTHIG, P.: Sportwissenschaftliches Lexikon. Schorndorf 1983.

ROSE, D.A.: Der Konsum des Sports. In: HEINEMANN, K.: Texte zur Ökonomie des Sports. S. 138-148. Schorndorf 1984.

ROSTOW, W.W.: Stadien wirtschaftlichen Wachstums. Göttingen 1967.

ROTH, P.: Sportwerbung. Landsberg 1986.

ROTTENBERG, S.: The Baseball Players' Labor Market. In: Journal of Political Economy, Vol. LXIV. S. 242-258. 1956.

SARFATTI-LARSON, M.: The Rise of Professionalism. Berkeley/Los Angeles/London 1977.

SAUTER/SCHWEYER: Der eingetragene Verein. München 1983.

SCHAUB, G.: Arbeitsrecht-Handbuch. München 1980.

SCHELLHAASS, H.-M.: Preis- und Produktpolitik im Sport. In: HEINEMANN, K.: Betriebswirtschaftliche Grundlagen im Sportverein. S.188-203. Schorndorf 1987.

SCHLAGENHAUF, K.: Sportvereine in der BRD. Teil I. Schorndorf 1977.

SCHLEYER, H.M.: Vom Leistungsverständnis der freiheitlichen Gesellschaft zur bewußten Förderung des Spitzensports. Frankfurt 1977.

SCHMIDT, K.: Voraussetzung und Formen staatlicher Sportförderung. In: TETTINGER, P.J.: Subventionierung des Sports. S. 17-32. Heidelberg 1987.

SCHNEDLITZ, P./PIBER, H.: Sportgroßveranstaltungen und Fremdenverkehrsmarketing. Frankfurt/Bern/ New York 1985.

SCHÖFFLER, H.: England, das Land des Sportes. Hefte zur Englandkunde 9. Leipzig 1935.

SCHOLTZ: Steuerbegünstigte Zwecke. In: Finanz-Rundschau Nr. 8/1976.

SCHROEDER, F.-C.: Sport und Strafrecht. In: SCHROEDER/KAUFFMANN: Sport und Recht S. 21-41. Berlin/New York 1972.

SEIFART, H.: Medienrealität und Medienzukunft. In: DSB: Die Zukunft des Sports. S. 194-201. Schorndorf 1986.

SEIFART, H.: Berufssport am Beispiel des Fußballs. In: PASCHEN, K. (Hrsg): Berufssport am Beispiel Fußball. S. 13-22. Ahrensburg 1976.

SEITER, H.: Vertrags- und arbeitsrechtliche Probleme der Werbung durch Spitzensportler. In: GRUNSKY, W.: Werbetätigkeit und Sportvermarktung. S. 41-66. Heidelberg 1985.

SIGLOCH, J.: Das Rechnungswesen im Sportverein. In: HEINEMANN, K.: Betriebswirtschaftliche Grundlagen des Sportvereins. S.86-100. Schorndorf 1987.

SIMON, H.A.: Entscheidungsverhalten in Organisationen. Landsberg 1981.

SLOANE, P.J.: Die Ziele des Sportvereins. In: HEINEMANN, K.: Texte zur Ökonomie des Sports. S. 126-137. Schorndorf 1984.

Sportinformationsdienst (sid) v. 3.7.86.

STEMMLER, R. (u.a.): Statistische Methoden im Sport. Berlin 1980

STERN, K.: Grundrechte der Sportler. In: SCHROEDER/ KAUFFMANN: Sport und Recht. S. 142-157. Berlin/ New York 1972.

Stern v. 27.2.86

STÖBER, K.: Vereinsrecht. Bonn 1980.
STRUTT, J.: The Sports and Pastimes of the People of England. London 1903.

STÜCHELI, H-P.: Zivilrechtliche und strafrechtliche Aspekte des Spielertransfers im bezahlten Fußballsport. Zürich 1975.

STÜCK, H.H.: Statistik. München 1976.

Süddeutsche Zeitung (SZ) v. 5./6.10.85, 19.7.85.

SURANYI-UNGER, T.: Wirtschaftsethik. In: Handwörterbuch der Sozialwissenschaften. S.83-103. 1965.

Tennismagazin 11/1985, S. 73-77.

TETTINGER, P.J.: Rechtsprobleme der Subventionierung des Sports. In: TETTINGER, P.J.: Subventionierung des Sports. S. 33-54. Heidelberg 1987.

THIEL, E.: In Schlagzeilen und Zitaten: Werbung mit dem Sport 1966-1986. In: ROTH, P.: Sportwerbung. S. 15-22. Landsberg 1986.

TIMM, W.: Sportvereine in der BRD. Teil II. Schorndorf 1979.

TREBELS, A.: Sportbestimmungen in der modernen Spieltheorie. In: HECKER/TREBELS: Sportdidaktik. Ratingen 1970.

TROLL, K.: Wirkung von Bandenwerbung. In: GFK-Jahrbuch der Absatz- und Verbraucherforschung 3/1983.

TRZASKALIK, C.: Die Steuer - ein Instrument der Sportförderung? In: TETTINGER, P.J.: Subventionierung des Sports S. 55-62. Heidelberg 1987.

ULRICH, H.E.: Zur sozialen Situation des professionalisierten Leistungssportlers. In: Leistungssport 5/1975. S.386-393.

ULRICH, H.E.: Leistungssport zwischen Idealisierung und Professionalisierung. Hilden 1977.

UNESCO: Internationale Charta für Leibeserziehung und Sport. In: DSB : Bericht des Präsidiums 1978-1982. S. 65/69. Frankfurt 1982.

VOIGT, D.: Soziale Schichtung im Sport. Berlin/ München 1978.

WAGNER, H.: Sport und Arbeitersport. Köln 1973.

WALKER, S.: Sporting art. England 1700-1900. London 1972.

WEBER, M.: Wirtschaft und Gesellschaft. Tübingen 1972.

WEBER, M.: Die protestantische Ethik und der Geist des Kapitalismus. In: WEBER, M.: Gesammelte Aufsätze zur Religionssoziologie. Tübingen 1922.

WEISEMANN, U.: Sport, Spiel und Recht. München 1983.

WEIZSÄCKER, R.v.: Grundsätze und Grenzen des Sports. In: DSB-Bericht des Präsidiums 1982-86. S.101-107. Frankfurt 1986.

Welt am Sonntag v. 13.11.83, 16.9.84, 4.11.84, 8.11.84, 23.12.84, 30.12.84, 13.1.85, 17.2.85, 17.3.85, 2.6.85, 16.6.85, 15.9.85, 2.2.86, 20.4.86, 28.9.86, 2.11.86, 21.12.86, 15.3.87, 3.5.87, 21.6.87, 2.8.87, 29.11.87, 6.12.87.

WENDLAND, H.-D.: Das moderne Menschenbild und die Bedeutung der Leibeserziehung. In: DSB: Charta des deutschen Sports. S.13-22. Frankfurt 1968

WESTERKAMP, G.: Ablöseentschädigung im bezahlten Sport. Münster 1980.

WESTERMANN, H.P.: Der Sportler als "Arbeitnehmer besonderer Art" - Zur Durchdringung von arbeitsrechtlichen Regelungen durch vereins- und verbandsautonome Bestimmungen. In: RESCHKE, E.: Sport als Arbeit. S. 35-55. Heidelberg 1985.

WEYER, W.: Für einen menschlichen Sport. In: DSB: Bericht des Präsidiums 1974-1978. S.225-227. Frankfurt 1978.

WEYER, W.: Für einen humanen Sport. In: DSB: Bericht des Präsidiums 1974-78. S.235-239. Frankfurt 1978.

WIESE, L.v.: System der allgemeinen Soziologie. München und Leipzig 1933.

WILENSKY, H.L.: The Professionalization of everyone? dt. In: LUCKMANN, T.v./SPRONDEL, W.M.: Berufssoziologie. Köln 1972.

WINCH, D.: Das Aufkommen der Volkswirtschaftslehre als Wissenschaft 1750-1870. In: CIPOLLA/BORCHARDT: Europäische Wirtschaftsgeschichte. Bd. 3. S. 333-377. Stuttgart/New York 1985.

WÖHE, G.: Einführung in die Allgemeine Betriebswirtschaftslehre. München 1984.

WOLF, N.: Kosten des Wettkampfsystems. In: DSB: Die Zukunft des Sports. S. 174-185. Schorndorf 1986.

WÜRTTEMBERGISCHER FUSSBALLVERBAND: Das Recht des Fußballspielers. Stuttgart 1980.

WYSOCKI, J.: Untersuchungen zur Wirtschafts- und Sozialgeschichte der deutschen Sparkassen im 19. Jahrhundert. Stuttgart 1980.

ZIMMERMANN, F.: Es geht um den Athleten. In: DSB: Bericht des Präsidiums 1982-86. S.254-259. Frankfurt 1986.

ZORN, W.: Einführung in die Sozial- und Wirtschaftsgeschichte. München 1974.